W0233761

Lehrbuchreihe
Kaufmännische Aufstiegsfortbildung IHK

Düsseldorfer Ausbilderkreis e.V.
Monika Hönig, Dipl.-Betriebswirtin (FH)
Sebastian Roland Hüsgen, Dipl.-Betriebswirt (FH)
Frank Müller, Dipl.-Ingenieur (FH)
Dirk Weber
Michael Kraus, Dipl.-Ingenieur (FH)
Constanze Ruscheinski, Dipl.-Ingenieur (FH)

Grundwissen 3
Fachwirte, Fachkaufleute, Betriebswirte

Unternehmensführung

Organisation

Kostenrechnung

Tipps zur IHK-Prüfung

2. Auflage, korrigierter Nachdruck

Bestellnummer 02112

Bildungsverlag EINS

www.bildungsverlag1.de

Gehlen, Kieser und Stam sind unter dem Dach des Bildungsverlages EINS
zusammengeführt.

Bildungsverlag EINS
Sieglarer Straße 2, 53842 Troisdorf

ISBN 3-427-**02112**-2

Fachbuchreihe – Vorwort zur 2. Auflage

Die Nachfrage nach der Reihe „Kaufmännische Aufstiegsfortbildung der IHK" war so groß, dass wir schon kurze Zeit nach der Erstveröffentlichung eine Neuauflage starten. Das positive Feedback hat uns gezeigt, dass wir mit dieser Fachbuchreihe tatsächlich eine Lücke im Bereich der Weiterbildungsliteratur schließen konnten.

Wo es angebracht und notwendig war, wurden die Kapitel aktualisiert und überarbeitet. Ansonsten wurde das bewährte Konzept beibehalten. Einige Autoren haben Kapitel abgegeben, dafür sind neue Kollegen zu uns gestoßen. Da alle Autoren nebenberuflich an dieser Fachbuchreihe mitwirken und mit wechselnden Arbeitsbelastungen zu kämpfen haben, sind Veränderungen ein normaler Vorgang, der den hohen Standard, den wir uns auferlegt haben, nicht beeinflusst.

Anregungen und Kritik unserer Leser sind uns auch in der neuen Auflage eine große Hilfe.

Das Autorenteam

Vorwort zur 1. Auflage

Das Buch, das Sie in Händen halten, ist Teil der Reihe „Kaufmännische Aufstiegsbildung IHK". Aus unseren Erfahrungen als Dozenten in Maßnahmen der kaufmännischen Weiterbildung wissen wir, dass die Teilnehmer auf dem Weg zum angestrebten Abschluss einige Probleme zu bewältigen haben. Dieser Weg könnte – mit etwas Phantasie – mit einem Marathon verglichen werden. Bei einem Marathon geht es – zumindest für den Durchschnittssportler – nicht vorrangig darum, als Erster ins Ziel zu kommen, sondern vielmehr darum, durchzuhalten und das Ziel zu erreichen. Am Start hat jeder eine lange Strecke vor sich und keiner weiß so genau, wie der Wettkampf verlaufen wird. Man weiß jedoch, dass es ein langer Weg mit Höhen und Tiefen sein wird und jeder stolz auf sich sein kann, wenn er das Ziel erreicht hat. Auch Sie können stolz auf sich sein, wenn Sie nach vielen Unterrichtseinheiten am Abend und nach der Arbeit oder am Wochenende und zahlreichen Stunden des Lernens allein oder mit Gleichgesinnten endlich den Abschluss erreicht haben. Der Erfolg wird dabei von einigen Faktoren beeinflusst, die Sie nicht alle selbst in der Hand haben. Da wäre zum einen das persönliche Umfeld, wie die applaudierenden Zuschauer am Wegesrand, das erheblichen Einfluss auf die Motivation hat. Stimmt es in diesem Umfeld aus Familie, Freundeskreis und Arbeitgeber und erfährt man von dort Unterstützung so fällt vieles leichter. Zum anderen spielt die Infrastruktur – zum Beispiel Verpflegungsstellen entlang der Strecke – eine große Rolle. So ist auch die Qualität des Weiterbildungsanbieters (von den Räumlichkeiten über die Organisation bis hin zu den eingesetzten Dozenten) ein wesentlicher Einflussfaktor.

Wir wissen um die zu meisternden Schwierigkeiten und haben Achtung vor jedem, der sich auf diesen Weg begibt. Und wir wissen auch, dass die meisten eine solche Weiterbildung neben ihrer beruflichen Tätigkeit absolvieren und deshalb kaum Zeit haben, sich ausgiebig in Bibliotheken oder Büchereien über die notwendige Literatur zu informieren, sich dort Transparenz zu verschaffen und sich aus der Vielzahl der angebotenen Bücher die „richtigen" für die einzelnen Fächer auszuwählen.

Vor diesem Hintergrund wurde die Reihe „Kaufmännsiche Aufstiegsfortbildung der IHK" mit einem ehrgeizigen Ziel konzipiert: Den Teilnehmern der Aufstiegsfortbildungen Fachkaufmann/Fachkauffrau IHK, Fachwirt/in IHK und Betriebswirt/in IHK wird ein „Komplettpaket" an die Hand gegeben, das den gesamten prüfungsrelevanten Stoffinhalt der jeweiligen Fortbildung durch vier Bänden abdeckt. Die drei Grundwissen-Bände sind auf die Inhalte der Rahmenstoffpläne aller Lehrgänge abgestimmt. Die einzelnen Spezialwissen-Bände vermitteln die jeweiligen lehrgangsspezifischen Inhalte. Eine erwachsenengerechte Didaktik und zahlreiche Übungsaufgaben bieten den Kursteilnehmern die Möglichkeit der unterrichtsbegleitenden Aufbereitung und Vertiefung, aber auch der selbstständigen Bearbeitung als Vorbereitung auf die IHK-Prüfung.

Ich bin dankbar, dass mir die Möglichkeit dieses Vorwortes gegeben wird, denn die Realisierung dieser Konzeption, die schrittweise um weitere Abschlüsse erweitert werden soll, ist nicht das Werk einer einzelnen Person. Von mir stammen lediglich Idee und Impuls. Die Reihe wäre ohne die Mithilfe zentraler Akteure nicht möglich gewesen. Ganz oben auf der Liste der Personen, bei denen ich mich herzlichst bedanke, stehen die Koordinatoren der einzelnen Bände, die diese betreut haben, und die jeweiligen Autoren, die den fachspezifischen Input lieferten. Sie haben die eigentliche Arbeit erledigt. Ihre Namen können dem jeweiligen Band entnommen werden. Auch Herrn Wolfram Brecht vom „Düsseldorfer Ausbilderkreis" möchte ich auf diesem Wege unseren großen Dank aussprechen. Er hat das „Projekt" von Beginn an kompetent begleitet und wesentlich zum Gelingen der Reihe beigetragen.

Wir wünschen Ihnen bei Ihrer Weiterbildung viel Spaß, eine „gute Kondition" und natürlich Erfolg!

Velbert, im Juni 2002   Frank Müller

Inhalt

Unternehmensführung

Organisation

1   Organisation im Unternehmen 88
1.1   Der Organisationsbegriff 89
1.2   Aufgaben und Ziele der Betriebsorganisation 89
1.3   Planung, Improvisation und Disposition 90
1.4   Grundprinzipien der Betriebsorganisation 91
1.5   Teilbereiche der betrieblichen Organisation 93

2   Aufbauorganisation 96
2.1   Aufgabengliederung (Aufgabenanalyse) 96
2.2   Stellenbildung 99
2.3   Dezentralisierung und Zentralisierung 106
2.4   Organisationsformen 108
2.4.1 Das Mehrliniensystem 108
2.4.2 Das Einliniensystem 109
2.4.3 Das Stab-Liniensystem 110
2.4.4 Das Spartensystem 111
2.4.5 Die Produktmatrix 112
2.4.6 Die Absatzgebietsmatrix 113
2.4.7 Das Modell der Teamvermaschung 114

3   Ablauforganisation 116
3.1   Die Ablaufbeziehungen 117
3.1.1 Reihenfolgebeziehung 117
3.1.2 Gruppenbeziehungen 117
3.1.3 Reihenfolgebeziehung oder Gruppenbeziehung? 118
3.2   Das Arbeitsablaufverzeichnis 119
3.3   Arbeitsablaufschaubilder 120
3.4   Zehn goldene Regeln für eine gute Organisation 124

**4   Projektmanagement (PM)
      – Einführung und Auswirkung neuer Techniken** 127
4.1   Merkmale des Projektbegriffs 127
4.1.1 Projekt und Kampagne 127
4.1.2 Projekt und Routine 128
4.1.3 Projektgruppe 128
4.2   Teilbereiche der Projektplanung 128
4.3   Formen der Projektorganisation 129
4.3.1 Stabs-Projektorganisation 130

Kostenrechnung

Monika Hönig

Sebastian Roland Hüsgen

Constanze Ruscheinski

Grundwissen 3

Unternehmensführung

Organisation

Kostenrechnung

Tipps zur IHK-Prüfung

Wie ein Unternehmen, ob vom Eigentümer oder angestellten Geschäftsführer bzw. Vorstand, erfolgreich zu führen ist, welche internen und externen Faktoren Einfluss auf die Unternehmensführung und den wirtschaftlichen Erfolg eines Unternehmens nehmen, wie Führungsprozesse aufgebaut sind und welche Instrumente zur Bewältigung der Führungsaufgaben benötigt werden, beschäftigt die Wissenschaft seit Jahrzehnten. Zahlreiche Wirtschafts- und Sozialwissenschaftler haben seitdem umfangreiche Untersuchungen zur Unternehmensführung durchgeführt, ihre Erkenntnisse in die Forschungsdiskussion eingebracht und Modelle für eine erfolgreiche Unternehmensführung entwickelt.

Der wissenschaftliche Ansatz zur Unternehmensführung, auf dem die überwiegende Zahl der Wissenschaftler auch heute noch aufbaut, ist das **Produktionsfaktorsystem** nach **Erich Gutenberg** (1962). Bei diesem System wird davon ausgegangen, dass die optimale Kombination der Produktionsfaktoren das originäre Aufgabengebiet der Unternehmensführung ist.

Gutenberg geht davon aus, dass Produktion mit der Beschaffung von Werkstoffen, Betriebsmitteln und Arbeitskräften für ausführende Tätigkeiten als Produktionsfaktoren auf den zur Verfügung stehenden Beschaffungsmärkten beginnt. Diese Produktionsfaktoren werden planmäßig und sinnvoll im Produktionsprozess kombiniert und die daraus entstehenden Produkte auf den Absatzmärkten verkauft. Aus dem Erlös der veräußerten Produkte werden neue Produktionsfaktoren beschafft und der Gewinn der Unternehmung geschöpft. Für die sinnvolle Faktorkombination bedarf es eines dispositiven Faktors, der diese Aufgabe zu übernehmen hat und das System der Unternehmensführung repräsentiert.

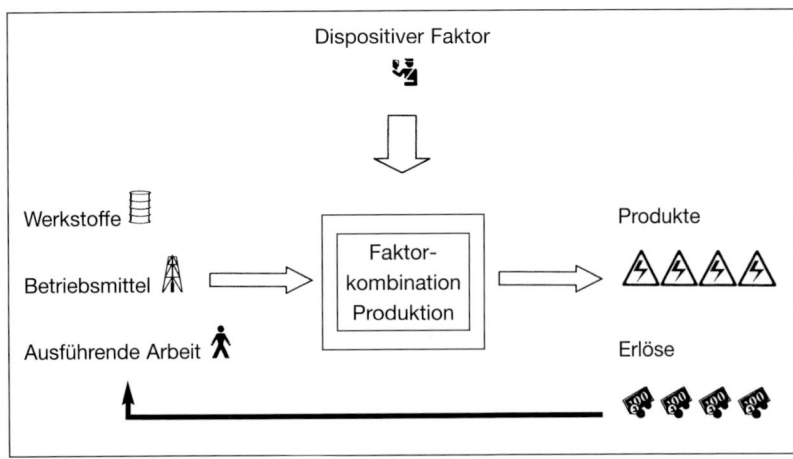

Übersicht 1:
Produktionsfaktor-
system nach
Gutenberg

- Der **dispositive Faktor** umfasst die anordnenden und verfügenden Arbeitsleistungen und Tätigkeiten, die sich mit der Lenkung der betrieblichen Vorgänge beschäftigen und im Vorbereiten und Treffen von Entscheidungen bestehen, welche den Faktorkombinationsprozessen zugrunde liegen.

- Dieses Aufgabenspektrum ist jedoch so komplex, dass Gutenberg den dispositiven Faktor weiter unterteilt hat, um sowohl seine struktur- als auch ablaufgestaltenden Aspekte eingehender zu betrachten:

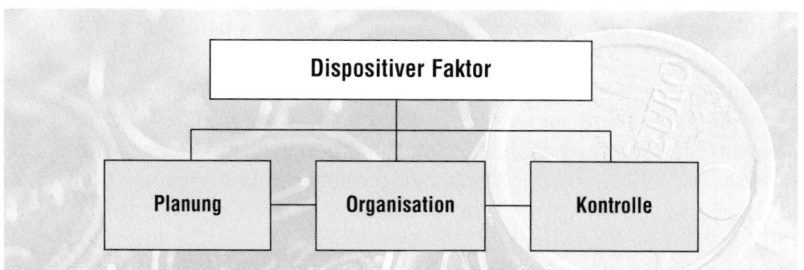

Unter Planung wird dabei die Konzeption des weiteren Vorgehens nach einer Entscheidung verstanden. Die Organisation umfasst die Festlegung und Koordination von betrieblichen Aufgabenbereichen. Bei der Kontrolle werden Soll- und Ist-Zustände miteinander verglichen und Abweichungsursachen ermittelt und analysiert. Die daraus abgeleiteten **Aufgaben der Unternehmensführung** könnten somit folgendermaßen definiert werden:

- Festlegung von Haupt- und Nebenzielen,
- Definition von Unternehmensgrundsätzen,
- Planung von Zielerreichungsstrategien,
- Organisation von Aufgabenbereichen, um Ziele zu erreichen,
- Zielrealisierung durch Verknüpfung der Produktionsfaktoren,
- Kontrolle von Zielerreichung und Realisierungsgrad,
- Durchführung von Zielkorrekturen oder Anpassungsmaßnahmen.

Dieser komplizierte betriebliche Planungs-, Organisations- und Kontrollprozess ist allerdings nur sinnvoll, wenn festgelegt ist, was mit diesem Prozess überhaupt erreicht werden soll. Das Unternehmen benötigt demnach definierte Ziele, die erreicht werden sollen.

2 Unternehmensziele

Überblick über den Zusammenhang von Leitbild, Markt und Umwelt im Hinblick auf die Zielfindung des Unternehmens

Unternehmensziele sind keine abstrakten und feststehenden Gebote, sondern die Ergebnisse von internen Entscheidungsprozessen und externen Umwelt- und Gesellschaftseinflüssen. Unternehmen sind komplizierte soziotechnische Gebilde, die für Menschen produzieren und in denen Menschen arbeiten, die von Menschen geführt werden.

Jede Änderung in den sozialen Strukturen einer Gesellschaft beeinflusst auch die Ziele, nach denen ein Unternehmen tätig wird und mit denen es am Markt auftritt. Im demokratischen Willensbildungsprozess entstandene gesetzliche Normen oder verändertes bzw. wechselndes Konsumentenverhalten sind Faktoren, die heute jedes Unternehmen bei der eigenen Zielbildung und Zielumsetzung unbedingt berücksichtigen muss, um am Markt bestehen zu können.

Aufgabe eines jeden unternehmerischen Zielbildungsprozesses muss es daher sein, die unternehmerischen Ziele mit den gesellschaftlichen Zielen in Übereinstimmung zu bringen.

Wenn durch neue Erkenntnisse und veränderte Sichtweisen die Umwelt als schützenswertes Gut einstuft wird, muss auch im unternehmerischen Zielkatalog der Umweltschutzgedanke mit an vorderster Stelle stehen. Wenn sich qualifizierte Mitarbeiter nicht mehr allein durch Lohnanreize gewinnen lassen, sondern eher das Bedürfnis nach sinnvoller, verantwortungsvoller Tätigkeit vorherrscht, müssen Arbeitsorganisation und Mitarbeiterführung entsprechend angepasst werden, damit auch weiterhin der Personalbedarf gedeckt werden kann.

Aufgrund des massiven gesellschaftlichen Wandels, der in allen Bereichen des täglichen Lebens stattfindet und zu weitreichenden Veränderungen und Umwälzungen führt, befindet sich ein Großteil der Unternehmen in Deutschland derzeit in einer Phase tief greifenden Strukturwandels, der Unternehmensziele und Unternehmensführung betrifft.

Neue Anforderungen seitens der Märkte, Konsumenten und Mitarbeiter, weltweiter Wettbewerb und globalisierte Strukturen auch aufgrund des neuen Mediums Internet, zwingen die Unternehmen zum Überdenken ihrer Unternehmensstrategien, um bei diesem Wandlungsprozess mithalten zu können.

Das gewandelte Selbstverständnis der Mitarbeiter – bedingt durch höherwertige und qualifiziertere Ausbildung – stellt die traditionellen Formen der Unternehmensführung in Frage (vergleiche hierzu Buch II, Personalmanagement, Kap. 1.1.1 Personalpolitik).

Die sich daraus ergebende neue Ausgangssituation bedeutet für die Unternehmen vielfach eine Überarbeitung bzw. Neuausrichtung ihrer Unternehmensziele und ihres unternehmerischen Leitbildes.

2.1 Unternehmerisches Leitbild

Das Unternehmensleitbild ist Ausdruck der Unternehmensphilosophie, die die Werte- und Normvorstellungen der Unternehmensführung (des Managements) in Form von Unternehmensgrundsätzen repräsentieren. Sie geben Einblick in das Zukunftsbild eines Unternehmens, seine Ethik und seine Kultur. Vielfach wird das unternehmerische Leitbild auch als **Corporate Identity** verstanden.

Die Abgrenzung der einzelnen Begriffe ist schwierig, da praktisch jedes Unternehmen den Wunsch hat, sich von der Konkurrenz abzusetzen und sein unternehmerisches Leitbild dementsprechend formuliert und publiziert. Aber auch in Unternehmen, die ihre Leitbilder nicht formulieren, existieren Grundsätze, nach denen die Führung des Unternehmens abläuft. In diesen Fällen ist das unternehmerische Leitbild meist durch die Persönlichkeit eines oder mehrerer Manager geprägt.

Das unternehmerische Leitbild soll in sämtlichen betrieblichen Belangen den Handlungsrahmen und die Handlungsmöglichkeiten für die unternehmerischen Entscheidungsprozesse aller Hierarchieebenen vorgeben. Es ist der nach innen und außen dargestellte Wegweiser in unternehmenspolitischen Fragen.

Dabei werden mit der Aufstellung eines Unternehmensleitbildes und der darin enthaltenen Führungsgrundsätze folgende Zielsetzungen verfolgt:

- Definition (Greifbarmachung) der unternehmerischen Leitidee,
- Festlegung des einzuschlagenden unternehmerischen Kurses,
- Bildung einer Basis für die Führungsverantwortung,
- Bindung und Einbeziehung der Mitarbeiter.

Die in einem Unternehmensleitbild enthaltenen Unternehmensgrundsätze lassen sich allgemein nach den Adressaten, an die sie gerichtet sind, nach ihrem Zweck und nach ihren Inhalten unterscheiden:

extern ausgerichtet	intern ausgerichtet
Hier wird in erster Linie der Kunde, der potenzielle Konsument oder Aktionär auf meist emotionaler Ebene angesprochen. Die so definierten Unternehmensgrundsätze finden sich in den Bereichen Public / Investor Relations und Öffentlichkeitsarbeit. Sie werden häufig in Form von Slogans formuliert.	Angesprochen werden hier die Mitarbeiter des Unternehmens. Die Unternehmensgrundsätze sind rational formuliert und sind die Basis für die strategische Planung des Unternehmens. Mit ihnen kommt der betrieblichen Gesamtperspektive ein größerer Stellenwert zu.
Beispiel	**Beispiel**
„AEG – aus Erfahrung gut" „Vorsprung durch Technik" „Ford – die tun was"	„Moderne Personalführung unter besonderer Berücksichtigung der Eigeninitiative und organisatorischer Talente steht im Vordergrund, damit auch komplizierte Situationen und Aufgaben menschlich wie fachlich auf jeder Unternehmensebene bestmöglich bewältigt werden können." (Vossloh AG, Geschäftsbericht 1993, S. 25)

Tab. 1
Adressaten-
bezogene
Unternehmens-
grundsätze

Orientierungsfunktion	Motivationsfunktion
Hier sollen das unternehmerische Selbstverständnis und die Unternehmensidentität nach innen und außen mit Hilfe von Unternehmensgrundsätzen visualisiert und dadurch verdeutlicht werden.	Es soll eine stärkere Identifikation der Mitarbeiter mit dem Unternehmen und eine realistische Zielvorstellung von der zukünftigen Ausrichtung des Unternehmens erreicht werden, die eine Motivationssteigerung auf allen Führungsebenen zur Folge haben soll.

Tab. 2
Funktions-
bezogene
Unternehmens-
grundsätze

Allgemeine Inhalte	Aufgabenspezifische Inhalte	Adressatenspezifische Inhalte
● Vision ● Selbstverständnis ● Leistungsprogramm ● zukünftige Marktstellung	● Führungsprinzipien ● Personalpolitik ● Organisationsmethodik ● Marktstrategie	● Kapitaleigner ● Kapitalgeber ● Mitarbeiter ● Kunden ● Lieferanten ● Gesellschaft

Tab. 3
Inhaltliche
Aspekte von
Unternehmens-
grundsätzen

Quelle: nach Olfert/Pischulti, 1999, S. 58

Eines der neueren Leitbilder, das alle oben angeführten Aspekte unternehmerischer Grundsätze enthält, kommt von der Siemens AG. Dieses Leitbild wird unter dem Schlagwort „top+" veröffentlicht und ist Teil eines 10-Punkte-Programms zur Geschäftsoptimierung. Es steht unter dem Motto „klare Ziele, konkrete Maßnahmen, eindeutige Konsequenzen". Basis ist das Unternehmensleitbild (Culture Change), mit dessen Hilfe Produktivität, Innovation, und Wachstum (Best Practice Sharing) Kundennutzen und Geschäftswert gesteigert werden sollen.

Das Leitbild gibt allen Mitarbeitern des Unternehmens Orientierung im unternehmerischen Denken und Handeln. Bei der Siemens AG ist es die Basis für die Unternehmenskultur und die Aktivitäten von „top⁺" . Führungskräfte und Mitarbeiter in allen Ländern sind dem im Folgenden beschriebenen Leitbild verpflichtet:

● Der Kunde bestimmt unser Handeln.
● Unsere Innovationen gestalten die Zukunft.
● Erfolgreich wirtschaften heißt: Wir gewinnen durch Gewinn.
● Spitzenleistungen erreichen wir durch exzellente Führung.
● Durch Lernen werden wir immer besser.
● Unsere Zusammenarbeit kennt keine Grenzen.
● Wir tragen gesellschaftliche Verantwortung.

Quelle: Siemens „Daten und Fakten 2001", Informationsschrift der Siemens AG
2001, S. 6–7

Um die mit dem Unternehmensleitbild festgelegten Grundsätze erreichen zu können, sollten im Bereich der Unternehmensführung nicht nur das Management, sondern auch die Mitarbeiter in den Entscheidungsprozess zur Formulierung und Festlegung dieser Grundsätze eingebunden werden. Auf diese Weise wird die Identifikation der Mitarbeiter mit den Zielen und damit auch ihre Identifikation mit dem Unternehmen beträchtlich erhöht.

2.2 Zielsetzung

Die im unternehmerischen Leitbild festgelegten, eher abstrakten Unternehmensgrundsätze bedürfen einer weitergehenden Definition, um Mitarbeitern und Management eine entsprechende Orientierung für ihre tägliche Arbeit zu geben.

Ziele sind Vorgaben mit Bindungswirkung für einen mittel- bzw. langfristigen Zeitraum über einen zukünftig angestrebten Zustand. Das zukünftige Handeln von Mitarbeitern und Management sowie die daraus resultierenden Auswirkungen auf Unternehmen und Umwelt sind damit vorgegeben.

Ziele werden üblicherweise in folgende Zielkomplexe eingeteilt:

Zielsetzung	Beispiele
monetäre Ziele	Gewinnmaximierung Umsatzmaximierung Kostenminimierung Marktführerschaft Liquidität
nicht monetäre Ziele	Serviceverbesserung Qualitätsverbesserung Kundenzufriedenheit Mitarbeiterförderung Verbesserung des Betriebsklimas Arbeitsplatzsicherung Umweltverantwortung

Tab. 4
Zielkomplexe

Ziele stehen in komplexen Beziehungen zueinander, sie können nicht punktgemäß abgearbeitet werden. Sie beeinflussen sich gegenseitig und erzeugen Wechselwirkungen. Dabei sind besonders folgende Wechselwirkungen zu berücksichtigen:

- Ziele ergänzen sich gegenseitig (Ziele-Komplementarität). So wird z. B. durch das Ziel „Qualitätsverbesserung" das Ziel „Kundenzufriedenheit" schneller erreicht.

- Ziele stehen im Gegensatz zueinander (Ziele-Konkurrenz), beispielsweise führt das Ziel „Qualitätsverbesserung" aufgrund höherer Produktkontrollen zu höheren Personalkosten und steht somit dem Ziel „Kostenminimierung" negativ gegenüber.

- Ziele haben keine Beziehung zueinander (Ziele-Indifferenz). So hat z. B. das Ziel „Umweltverantwortung" auf das Ziel „Mitarbeiterförderung" keine messbare Auswirkung.

- Ziele haben unterschiedliche Rangordnungen und werden dementsprechend unterteilt in:
  - Oberziele,
  - Zwischenziele,
  - Unterziele.

- Ziele lassen sich auch nach der Zeitspanne bis zu ihrer Erreichung unterscheiden:
  - langfristige Ziele: Dauer mehr als 4 Jahre,
  - mittelfristige Ziele: Dauer ca. 1–4 Jahre,
  - kurzfristige Ziele: Dauer ca. 3–12 Monate.

Bei der Zielsetzung muss weiterhin beachtet werden, dass die Ziele messbar sein müssen, denn nur dann sind sie ein Maßstab für zukünftig orientiertes Handeln im Sinne einer optimalen Unternehmensführung.

> Beispiel: Bei der Zieldefinition „Verringerung der Mitarbeiter" müssen eine Personenanzahl (z. B. 300 Mitarbeiter) sowie ein Zeitraum (12 Monate) festgelegt werden. Nur mit diesen zahlenmäßig festgehaltenen Vorgaben kann das Ziel geplant, organisiert und realisiert werden und die Zielerreichung ist kontrollierbar.

2.3 Unternehmens-, Markt- und Umweltpotenziale

Unternehmen sind nicht isoliert zu betrachten. Sie bilden vielmehr innerhalb der gesamtwirtschaftlichen und gesellschaftlichen sozialen und technischen Prozesse lediglich Teileinheiten, die mit anderen Teileinheiten in permanenter Wechselwirkung stehen und sich gegenseitig beeinflussen und kontrollieren.

Das Potenzial eines Mitarbeiter ist relativ einfach zu bewerten. Da sind Kenntnisse, praktische und theoretische Fähigkeiten, Ausbildung, Erfahrung, Persönlichkeit usw. Diese Faktoren geben darüber Auskunft, für welche Aufgaben ein Mitarbeiter eingesetzt werden kann und wie leistungsfähig oder leistungsbereit er innerhalb des Unternehmens ist.

Auch Unternehmen, Märkte und die gesamte Umwelt (im sozialwissen-schaftlichen Sinn) haben Potenziale, die allerdings schwieriger zu bewerten sind. Diese Potenziale werden maßgeblich durch unterschiedliche betrieb-liche, wirtschaftliche oder gesellschaftliche Interessengruppen beeinflusst.

Bei der Ermittlung des Unternehmenspotenzials lassen sich beispielsweise Interessengruppen wie

- Gesellschafter, Aktionäre,
- Management, Vorstand, Geschäftsführung,
- Mitarbeiter, Betriebsrat,
- Kunden, Konsumenten,
- Staat und Behörden

unterscheiden. Sie alle nehmen Einfluss auf den Zielbildungs- und Ziel-erreichungsprozess und können je nach ihren Einflussmöglichkeiten diese Prozesse fördern oder behindern. Die immanenten Einflussfaktoren sind auf-grund ihrer Bedeutung für die dauerhafte Unternehmensfortführung

- Markt- und Absatzpotenziale
- Umweltpotenziale (Staat und Öffentlichkeit).

2.3.1 Markt- und Absatzpotenziale

Die Betriebswirtschaftslehre definiert **Marktpotenzial** als die gesamt mög-liche Aufnahmefähigkeit eines Marktes für ein Produkt oder eine Dienst-leistung. Somit gibt das Marktpotenzial an, wie viele Einheiten eines bestim-men Produktes überhaupt auf einem Markt abgesetzt werden können, unter der Voraussetzung, dass:

- alle potenziell erreichbaren Käufer über das erforderliche Einkommen ver-fügen,

- alle potenziell erreichbaren Käufer ein bewusstes Kaufbedürfnis ent-wickelt haben.

Das Markpotenzial wird dabei in erster Linie von folgenden Faktoren beein-flusst:

- von der Gesamtzahl der potenziell nachfragenden Konsumenten,
- von der Intensität, mit der der Bedarf auftritt,
- von der jeweiligen Markttransparenz,
- von der jeweiligen Marktsättigung,
- von den Marktaktivitäten der anbietenden Unternehmen.

Das **Absatzpotenzial** leitet sich aus dem Marktpotenzial ab und definiert den Anteil eines Unternehmens am Marktpotenzial, von dem im Rahmen der Unternehmensplanung angenommen wird, dass er für eigene Produkte erreichbar ist.

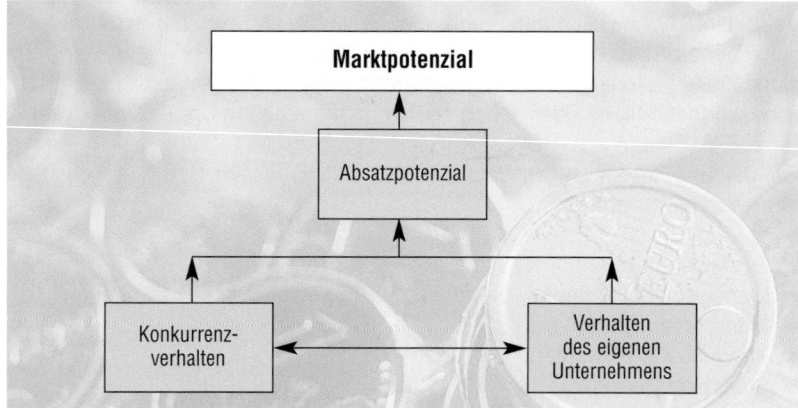

Übersicht 2:
Abhängigkeit des
unternehme-
rischen Absatz-
potenzials
(nach Weis, 1995,
S. 52)

Der eigene Anteil am gesamten Marktpotenzial ist von folgenden Faktoren beeinflussbar, deren Auswahl und Intensität im Rahmen der unternehmerischen Entscheidungsfindung in einer genauen Zielplanung festgelegt werden kann:

- bisheriges Absatzvolumen des Unternehmens,
- marktpolitische Maßnahmen in Vergangenheit und Gegenwart,
- vorhandene Kaufkraft,
- Preis und Produktqualität im Vergleich zur Konkurrenz,
- Kreis der potenziellen Abnehmer,
- Grad der Distribution,
- Substitutionsbeziehungen,
- Konkurrenzverhalten.

2.3.2 Umweltpotenziale

Staat und Öffentlichkeit als stärkste Interessengruppen beeinflussen das Umweltpotenzial, das Verhältnis eines Unternehmens zu seiner Umwelt, am weitreichendsten. Das bedeutet, dass alle Veränderungen in dieser Umwelt direkten oder indirekten Einfluss auf die wirtschaftliche Situation des Unternehmens haben und dementsprechend geplant werden müssen. Dazu zählen im Übrigen auch Veränderungen, die aufgrund von Gesetzen und Verordnungen innerhalb des Unternehmens vorgenommen werden müssen.

Somit entsteht natürlich auch ein erheblicher Einfluss der Umwelt auf die Zielsetzungen des einzelnen Unternehmens. Beispielsweise führt der Einbau von Katalysatoren im Fahrzeugbau aufgrund gesetzlicher Bestimmungen zu Kostensteigerungen in der Produktion und bei den Produkten. Der dadurch erreichte Mehrwert kann jedoch nicht in jedem Fall über den Preis an den Verbraucher weitergegeben werden. Demnach ist hier eine Beeinflussung des Zieles „Kostenersparnis" durch den Staat erfolgt.

Ein anderer Fall, die Greenpeace-Aktion gegen Shell, die aufgrund der beabsichtigten Versenkung der ausgedienten Bohr- und Förderinsel „Brent Spar" durchgeführt wurde, zeigte ebenfalls, dass die Umwelt – hier die Öffentlichkeit – auch aus Umweltschutzgründen auf die Zielsetzung eines Unternehmens Einfluss nehmen kann. Shell musste aufgrund des Kundenverhaltens (Tankstellenboykott) seine Entscheidung zur kostengünstigen Versenkung revidieren.

Damit Unternehmen nicht zum Spielball plötzlich auftretender Modeströmungen werden, die die Beeinflussung durch Umweltfaktoren nicht mehr planbar machen, schließen sie sich in Interessenverbänden zusammen. Auf diese Weise versuchen Unternehmen, den Prozess von Meinungs- und politischer Willensbildung so mitzugestalten, dass sie auch weiterhin mit realistischen Zielvorgaben arbeiten können.

3 Planungs- und Steuerungstechniken

Definition

> **Planung im wissenschaftlichen Sinne ist die gedankliche Vorwegnahme von Entscheidungen bei gleichzeitig unvollständiger Information und unter Unsicherheit über die in Zukunft eintretenden Entwicklungen. Planung beruht auf Vermutungen über den Eintritt zukünftiger Ereignisse und soll dazu dienen, alle unternehmerischen Aktivitäten an vorher festgelegten Zielen auszurichten.**

Die Merkmale der Planung sind somit:

- Zukunftsbezogenheit,
- Systematik,
- Gestaltung,
- Informationsabhängigkeit.

3.1 Bedeutung der Planung für die Unternehmensführung

Einsicht in die Bedeutung der Planung als Interesse der Unternehmensführung

Die Planung ist ein bedeutendes Führungsinstrumentarium und eine Kernfunktion des betrieblichen Führungsprozesses. Sie trägt dazu bei, einmal festgesetzte Ziele zu erreichen, Maßnahmen zu ergreifen, Einstellungen und Erwartungen zu bilden und kontinuierlich zu agieren, zu überprüfen und nicht nur zu reagieren.

Planung stellt demnach ein hervorragendes Mittel der Unternehmenspolitik dar, um den Prozess der betrieblichen Leistungserstellung und Leistungsverwertung zu realisieren. Ohne die positiven Funktionen der Planung wie

- Koordinierung,
- Integration,
- Methodik,
- Systematik,
- Kontrolle,
- Soll-/Ist-Vergleiche

wären Unternehmensziele nicht effektiv und konsequent umsetzbar.

Wichtig für den Einsatz der Planung als Führungsinstrument ist die richtige, d. h. effektive Handhabung der Planungs- und Steuerungstechniken zur Erreichung der vorgegebenen Ziele. Allerdings haben Komplexität und Dynamik der betrieblichen Vorgänge in den letzten Jahren kontinuierlich zugenommen, sodass die Durchführung von Planung erschwert wird und selbst bei der sorgfältigsten Vorbereitung immer auch Unsicherheiten im Planungsprozess berücksichtigt werden müssen. Daher sind bei der Planung auch die folgenden Risiken zu berücksichtigen:

- unrealistische Annahmen,
- hoher Planungsaufwand,
- Planungsfrustration,
- unrealistische Ziele.

3.1.1 Planungsstrukturen

Kenntnis der Struktur der Unternehmensplanung

Der betriebliche Planungsprozess hat sich grundsätzlich an folgenden Vorgaben zu orientieren, denn Planung erfüllt ihren Zweck nur, wenn sie:

- langfristig,
- vollständig,
- flexibel,
- stabil,
- verbindlich,
- kontrollierbar,
- realisierbar

angelegt ist. Dazu ist es notwendig, Planung zu strukturieren und in Stufen mit unterschiedlicher Priorität und Wichtigkeit einzuteilen. Diese Stufen sind als **Hierarchie** zu verstehen, bei der die generelle Unternehmensplanung an erster Stelle steht. Auf diese folgen die strategische, die operative und die taktische Unternehmensplanung.

Die **generelle** Unternehmensplanung legt die Leitlinien und Unternehmenskonzepte fest und definiert die Unternehmensziele.

In der **strategischen** Planung werden die Geschäftsfelder und langfristigen Produktprogramme festgelegt sowie die Ermittlung der Unternehmenspotenziale ermittelt.

Die Festlegung von kurzfristigen Programmplänen innerhalb der einzelnen Funktionsbereiche ist Aufgabe der **operativen** Planung.

Die **taktische** Planung ist ein Instrument zur kurzfristigen Ergänzung strategischer oder operativer Pläne. Sie wird auch bei spontan auftretenden Einflüssen eingesetzt.

Die ergebnisorientierte Dokumentationsrechnung ergänzt die Planungsstrukturen und liefert Planungsinformationen in Form betriebswirtschaftlicher Kennziffern, Analysen und Soll-/Ist-Vergleiche. Durch sie werden generelle, strategische, operative und taktische Planungen geldlich bewertet und damit vergleichbar gemacht, und zwar sowohl im innerbetrieblichen als auch im außerbetrieblichen Bereich.

Planung kann, je nach dem betrieblichem Anlass, für den sie aufgestellt wird, unter verschiedenen Aspekten und Schwerpunkten der Planungstätigkeit weiter unterteilt werden:

- Zeitraum
  - langfristige Planung,
  - mittelfristige Planung,
  - kurzfristige Planung.

- Inhalt
  - Grundsatzplanung,
  - Zielplanung,
  - Strategieplanung,
  - Maßnahmenplanung.

- Gegenstand
  - Projektplanung,
  - Funktionsplanung.

- Verfahren
  - Rollende Planung,
  - Blockplanung,
  - Top-down-Planung,
  - Bottom-up-Planung,
  - Gegenstromverfahren (down-up).

- Intensität
  - Grobplanung,
  - Feinplanung.

Jede Planung kann bei Sicherheit oder Unsicherheit der vorliegenden Daten und Informationen durchgeführt werden.

3.1.2 Planungsprozess

Überblick über die Planungsphasen, Planungsprizipien und die Planungsfristigkeiten

Der Planungsprozess innerhalb der Unternehmensführung wird aufgrund seiner Komplexität über alle Führungsebenen in mehreren Phasen mehrstufig in Gang gesetzt. Er umfasst alle Aktivitäten und Funktionsbereiche des Unternehmens.

In der **Anregungsphase** werden die für den Planungsprozess notwendigen Daten und Informationen zusammengetragen, das Planungsproblem definiert und die Ursachen des Problems analysiert und geklärt.

In der **Suchphase**, die zur Vorbereitung einer Entscheidung dient, erfolgt eine Festlegung der Entscheidungskriterien. Weiterhin wird nach alternativen Lösungsansätzen gesucht.

In der **Entscheidungsphase** erfolgt eine Bewertung der unterschiedlichen Lösungsansätze, eine Festlegung der Prioritäten und die Auswahl des Lösungsansatzes mit dem höchsten Zielerreichungspotenzial.

Die einzelnen Phasen des Planungsprozesses können nach dem Top-down-Prinzip, dem Bottom-up-Prinzip oder dem Down-up-Prinzip (Gegenstromverfahren) durchgeführt werden.

Beim **Top-down-Prinzip** beginnt die Planung auf der obersten Ebene der Unternehmenshierarchie. Die planerischen Vorgaben der Unternehmensleitung werden auf den nachgeordneten Führungsebenen in Form von Teilplänen umgesetzt.

Beim **Bottom-up-Prinzip** wird die Planung von unten nach oben durchgeführt. Die unteren Führungsebenen entwickeln Ziel- und Maßnahmenpläne, die von den übergeordneten Bereichen zu Teilplänen zusammengefasst und in einem Gesamtplan integriert werden.

Beim **Down-up-Prinzip** (Gegenstromverfahren) wird durch das oberste Management lediglich ein Rahmenplan vorgegeben, aus dem in den nachgeordneten Abteilungen vorläufige, aber konkrete und detaillierte Teilpläne erarbeitet werden, die dann zur Prüfung und endgültigen Festlegung wieder an die Unternehmensleitung zurückgehen.

Der eigentliche Planungsprozess läuft bei allen Verfahren nach folgendem Schema ab:

- Festlegung der Ziele: z.B. Kostensenkung, Gewinnmaximierung bzw. andere konkrete Planziele wie die Aufnahme neuer Artikel in die Produktpalette, neue Marketingstategien etc.,

- Ermittlung, Auswahl und Analyse der benötigten Daten: z.B. für Marketingstrategien alle Daten einer Marktforschung; für Kostensenkungsmaßnahmen Ermittlung aller angefallenen Kosten, aufgeschlüsselt nach Kostenarten, Kostenstellen, Kostenträgern etc.,

- Abstimmung aller Teilpläne aus den Bereichen Absatz, Produktion, Personal, Finanzen etc.,

- Aufstellung der endgültigen Planungsdaten in Form eines Gesamtplans,

- laufende Kontrolle des Plans, Analyse von Abweichungen und gegebenenfalls Durchführung von Korrekturen.

Je nach der Bedeutung der Planung für die weitere Unternehmensentwicklung ist die Fristigkeit des Planungszeitraums angelegt. Bei der strategischen Planung, in der grundsätzliche Überlegungen zur Unternehmensführung berücksichtigt werden, beträgt der Planungshorizont zwischen acht und zehn Jahren, er kann aber noch weiter reichen.

Die operative Planung ist mittelfristig angelegt und umfasst einen Zeitraum von vier bis sechs Jahren. Es geht hierbei um die Planung von Maßnahmen (Operationen) für die nähere Zukunft.

Die taktische Planung wird kurzfristig durchgeführt und reicht von monatlichen Planungen bis zum Zeitraum von einem Jahr.

3.1.3 Strategische und operative Planung

Einsicht in die Notwendigkeit der strategischen und operativen Planung

Der Begriff „Strategie" stammt aus dem militärischen Bereich und wurde von der Betriebswirtschaftslehre übernommen, wo er besonders in der **strategischen Planung** Verwendung findet.

Im betriebswirtschaftlichen Sinne Strategien zu entwickeln bedeutet alle Unternehmensbereiche tangierende Grundsatzentscheidungen zu treffen, um unternehmerische Absichten gedanklich in die Realität umzusetzen (Ehrmann, 1997, S. 108).

Aufgabe der strategischen Planung ist die Festlegung von langfristigen unternehmerischen Grundsatzentscheidungen. Die intern und extern vorhandenen Erfolgspotenziale des Unternehmen sollen erkannt, nutzbar gemacht und erhalten werden. Eine weitere Aufgabe der strategischen Planung ist die Schaffung von Quellen, Faktoren und Tätigkeiten, aus denen neue Unternehmenserfolge resultieren sollen.

Die Objekte strategischer Planung sind nicht nur das Unternehmen in seiner Gesamtheit, sondern auch die einzelnen Geschäftsfelder und Funktionen. Durch strategische Planung soll die Unternehmensführung in die Lage versetzt werden:

● Chancen zu erkennen und zu nutzen,
● Risiken zu vermeiden,
● Stärken zu erhalten und auszubauen,
● Schwächen zu reduzieren oder zu beseitigen.

Im Mittelpunkt der strategischen Planung stehen die Erfolgspotenziale. Sie werden durch unterschiedliche Faktoren innerhalb des Unternehmens oder durch äußere Umweltbedingungen beeinflusst:

- vom Marktgeschehen und durch Staat und Gesellschaft geschaffene Bedingungen,

- von der Qualität der Unternehmensführung,

- von der Qualität des Mitarbeiterbestandes und der Personalführung,

- von der Organisation und den eingesetzten Verfahren,

- von der Investitionsintensität,

- vom Forschungs- und Entwicklungsaufwand,

- von der Attraktivität des Unternehmens und seiner Produkte etc.

Aufgrund ihrer Bedeutung für die Unternehmensführung und -planung werden diese Faktoren auch als **strategische Erfolgsfaktoren** bezeichnet. Die Einflüsse dieser Faktoren können jedoch nicht einzeln betrachtet werden, sondern sie stehen in Wechselwirkung zueinander. Nur die sinnvolle Kombination der Erfolgsfaktoren steigert den unternehmerischen Erfolg.

Die **operative Planung** hat die Aufgabe, die durch die Unternehmensleitung festgelegten strategischen Entscheidungen mittels Vorgaben oder Maßnahmen in alle Teilbereiche des Unternehmens zu übertragen. Je nach den strategischen Vorgaben wird kurz- oder mittelfristig geplant bis zu einem Zeitraum von maximal fünf Jahren.

Durch die operative Planung im Unternehmen soll möglichst detailliert und präzise definiert werden,

was wie womit wann von wem unter welchen Bedingungen

durchgeführt werden muss, um die angestrebten Ziele zu erreichen.

Operative Planung erstreckt sich über alle Funktionen des Unternehmens und verknüpft die bereichsspezifische Planung mit der bereichsübergreifenden Planung.

3.1.4 Steuerung und Kontrolle der Planung

Einsicht in die Notwendigkeit der laufenden Anpassung der Planung an veränderte Situationen und methodischer Planungskontrolle

Steuerung und Kontrolle innerhalb des Planungsprozesses sind notwendig, um
- die Zielerreichung zu gewährleisten,
- Abweichungen festzustellen und zu analysieren,
- frühzeitig Korrekturen einleiten zu können.

Steuerungsmaßnahmen erfolgen in jeder Phase des Planungsprozesses und über den gesamten Planungszeitraum. Sie werden durchgeführt, wenn Ziel-

oder Planungsvorgaben vom momentanen Zustand abweichen oder erkennbar wird, dass sie in naher Zukunft abweichen werden.

Daher werden zwei Verfahren der Steuerung eingesetzt:

- Die **Vorsteuerung** ist zukunftsorientiert und erfolgt bereits vor dem eigentlichen Eintritt der Störung.

- Die **Nachsteuerung** ist vergangenheitsorientiert und wird durchgeführt, wenn Planwerte von den tatsächlich entstandenen Istwerten abweichen.

Der Kontrollprozess wird in zwei Phasen durchgeführt. Zuerst werden die in der Vergangenheit entstandenen Daten und Informationen (Istwerte) erfasst und mit den geplanten Daten verglichen. Dabei werden Abweichungen festgestellt. Daran schließt sich die Untersuchung und Analyse der aufgetretenen Abweichungen an. Die Ergebnisse der Untersuchungen können entweder Plan- und Zielkorrekturen oder Steuerungsmaßnahmen notwendig machen. Dabei ist zu beachten, dass Kontrolle nicht nur eine Feststellungs- und Vergleichsfunktion, sondern auch eine Aufdeckungs- und Erklärungsfunktion hat.

Die verschiedenen Kontrollverfahren unterscheiden sich nach

- der Häufigkeit der Kontrolle (Vollkontrolle oder Stichprobenkontrolle),
- der Art der Durchführung (Selbstkontrolle oder Fremdkontrolle),
- dem Gegenstand der Kontrolle (Ergebnis- oder Verfahrenskontrolle).

Genau wie die Planung finden sich auch Steuerung und Kontrolle innerhalb jedes Bereichs und jeder Funktion des Unternehmens, der Prozess der Planung, Steuerung und Kontrolle wird betriebswirtschaftlich als **Controlling** bezeichnet.

3.1.5 Gesamt- und Teilpläne

<u>*Überblick*</u> *über den Zusammenhang von Gesamtplan und Teilplänen*

Zu Durchführung der Unternehmensplanung werden verschiedene operative Teilpläne erstellt, die sich teilweise über mehrere Jahre erstrecken können.

- **Absatzplan**: in Wirtschaftsunternehmen, die den Gesetzen des Marktes unterliegen, wird zweckmäßigerweise vom Absatz ausgegangen, weil der Absatz oder Umsatz nicht beliebig beeinflusst werden kann. Der geplante Absatz ist sozusagen die Basisgröße für die übrigen Teilpläne. Aufgrund von Prognosen über Bevölkerungsentwicklung, Trends, Marktsituation etc. wird im Absatzplan festgelegt, welche und wie viele Produkte abgesetzt werden können.

- **Produktionsplan**: Auf der Grundlage des Absatzplans wird der Produktionsplan erstellt, in dem vor allem Fertigungsprogramme, der Fertigungsvollzug und die Arbeitsabläufe geplant werden.

- **Kapazitätsplan**: Die Gesamtkapazität des Unternehmens wird geplant. Welche und wie viele Produkte lassen sich innerhalb eines festgelegten Zeitraums produzieren? Möglicherweise wird eine Anpassung nach oben oder unten an den Absatzplan notwendig.

- **Investitionsplan**: Um den Produktionsablauf aufrechtzuerhalten, sind Investitionen notwendig. Im Investitionsplan wird festgehalten, wann welche Investitionen erforderlich sind.

- **Finanzplan**: Die aus dem Umsatz und den Kosten geplanten Einnahmen und Ausgaben werden gegenübergestellt, um den eventuell notwendigen zusätzlichen Kapitalbedarf planen zu können.

- **Kostenplan**: Der Kostenplan wird in Form der Plankostenrechnung durchgeführt. Er dient der Kostenkontrolle und ermöglicht Soll-Ist-Vergleiche. Kostenabweichungen werden in Preis-, Beschäftigungs- und Verbrauchskostenabweichungen ausgewiesen.

- **Planergebnis**: Die sich aus den einzelnen Teilplänen ergebenden Aufwendungen und Erträge werden gegenübergestellt und die Differenz als Planergebnis (positiv oder negativ) ausgewiesen.

- **Andere Pläne**: Neben den erwähnten Teilplänen sind weitere Pläne möglich. Dazu zählen Personalplan, Beschaffungsplan, Lagerplan, Verwaltungsplan, Vertriebsplan etc.

Zwischen den Teilplänen herrscht grundsätzlich Interdependenz, d. h., die Teilpläne sind voneinander abhängig.

Die Unternehmensleitung hat die verschiedenen Teilpläne miteinander in Einklang zu bringen, wobei besonders die Abhängigkeit der einzelnen Teilpläne untereinander zu berücksichtigen ist. Manche Teilpläne können einen betrieblichen Engpass bewirken, und bei der Zusammenführung ist zu überlegen, ob diese Engpässe beseitigt oder gemildert werden können. Erst wenn eine Anpassung der verschiedenen Teilpläne erfolgt ist, kann die Erstellung der operativen Teilpläne und des strategischen Gesamtplans als erledigt angesehen werden.

Die Gefahr einer zu starren und durchgeplanten Planung liegt im auftretenden „Etat"-Denken der einzelnen Funktionsbereiche. So passiert es vielfach, dass gegen Ende des Planungszeitraums die Budgets voll ausgeschöpft werden, um vermeintlichen Benachteiligungen bei der neuen Planung vorzubeugen. Oder Budgetzahlen werden aus innerbetrieblichem Konkurrenzstreben höher angesetzt als tatsächlich notwendig. Die Verwendung von Kennzahlensystemen sowie der Einsatz von Planungs- und Analysetechniken reduziert diese Gefahr.

3.2 Methoden und Techniken der Planung

Überblick über die Planungstechniken und Fähigkeit, diese zur Lösung betrieblicher Fragestellungen einsetzen zu können

In der Literatur findet sich eine Vielzahl von Planungs- und Analysemethoden. Es erfolgt dabei keine eindeutige Unterscheidung zwischen Techniken und

Methoden, sodass hier auch keine Differenzierung vorgenommen werden soll. Da nicht alle Planungs- und Analysemethoden für den täglichen Einsatz im Betrieb geeignet sind, werden hier nur die wichtigsten vorgestellt.

Im Einzelnen finden folgende Planungs- und Analysemethoden innerhalb der betrieblichen Praxis häufig Verwendung. Es werden Verfahren eingesetzt, die

- eigens für eine bestimmte Planung neu erhobene bzw. bereits vorhandene Daten, Zahlen und Fakten auswerten durch

  - Potenzialanalyse,
  - Kennzahlensysteme,
  - ABC-Analyse,

- durch die Fortschreibung von Vergangenheitswerten auf die Zukunft schließen und Prognosen über zukünftige Entwicklungen geben:

  Trendextrapolation,

- durch Bewertung oder Gewichtung von Alternativinformationen zu einer Entscheidung gelangen durch

  - Nutzwertanalyse,
  - Pareto-Analyse,
  - Investitionsrechnung,

- eine Nutzung der Mitarbeiterkreativität für die Planung ermöglichen durch

  - Brainstorming,
  - 635-Methode,

- die Planungssicherheit erhöhen mit Hilfe von Modellrechnungen wie

  - Operations Research,
  - Simulationen,

- oder durch die Anwendung von Mess- und Schätzverfahren wie

  - Korrelationsanalyse,
  - Wahrscheinlichkeitsrechnung.

Es ließen sich hier noch zahlreiche Unterscheidungskriterien aufzählen, wobei den einzelnen Planungs- und Analyseverfahren häufig mehrere Unterscheidungskriterien zugeordnet werden können.

Im Folgenden werden einige Planungs- und Analyseverfahren näher erläutert, die in der Praxis Bedeutung erlangt haben. Es ist dabei zu beachten, dass die im weiteren Verlauf erwähnten Methoden und Techniken hochkomplizierte Verfahren sind, für die fundierte Mathematikkenntnisse notwendig sind. Die folgenden Ausführungen stellen demnach nur eine Übersicht dar.

3.2.1 Operations Research

Operations Research kommt aus dem Englischen und bedeutet übersetzt so viel wie „Unternehmungsforschung". Unter Unternehmung ist hier jedoch nicht der Betrieb im eigentlichen Sinne zu verstehen, sondern immer die Handlung oder Aktion, welche näher erforscht wird.

Entwickelt wurde das Operations Research für logistische Probleme des Militärs im Zweiten Weltkrieg. Schnell fand das Operations Research seinen Einzug in die Wirtschaftsunternehmen, bei denen es in weiteren Tätigkeitsfeldern seine Anwendung fand. Die Operations Research-Aktivitäten, oft auch als OR-Prozess bezeichnet, können in drei Phasen gegliedert werden:

In der **ersten Phase** geht es um die Bildung bzw. Konstruktion von mathematischen Modellen als Abbildung vorhandener oder neu zu schaffender Systeme. Die hierfür erforderlichen Maßnahmen beinhalten folgende Teilschritte:

- Problemidentifikation und -formulierung,
- Analyse der Aufbauorganisation,
- Analyse der Ablauforganisation,
- Beschreibung des für das Problem relevanten Systemausschnittes,
- Analyse und Festlegung von Zielen und Entscheidungskriterien,
- Analyse der Systemumwelt,
- Generierung von Entscheidungsalternativen,

Alle Maßnahmen führen letztlich zur Nachbildung eines realen Systemausschnitts innerhalb eines mathematischen Modells.

> Beispiel: Ein großes Automobilunternehmen möchte die Kosten für seine Lagerhaltung senken. Eine Möglichkeit sieht das Unternehmen in der Optimierung seiner Lagerzeiten. Als besonders kostenintensiv stellt sich die Lagerung von Großteilen heraus, bei der hohe Lagerkosten durch Personaleinsatz und Platzbedarf anfallen.
>
> Folgende Feinziele kämen in Betracht, um die Lagerzeiten zu optimieren:
> 1. die Minimierung des Platzbedarfs,
> 2. die Minimierung der Personaleinsatzes.
>
> Da beide Ziele zwangsläufig nicht gleichzeitig realisierbar sind, entscheidet sich das Unternehmen dazu, den Lagerplatz zu minimieren, nachdem eine durchgeführte Modellrechnung diese Alternative als beste Lösung präsentiert hat. In der Modellrechnung werden die problemrelevanten Daten – Lagerumschlagshäufigkeit, alle Lagerkosten, die Bestellkosten – abgebildet.

In der **zweiten Phase** werden die mathematischen Operationen festgelegt, die an dem im ersten Bereich konstruierten Modell angewendet werden sollen. Es erfolgt eine Auswahl von Rechenverfahren, an die sich die Auswahl oder Entwicklung der hierfür benötigten Software anschließt. Mit deren Hilfe wird nun die Modellrechnung erstellt.

Operations Research führt nicht zur optimalen Lösung, aber man kann mit Hilfe dieser Methode Ergebnisse erzielen, die einer Optimallösung am nächsten kommen. Zu diesem Zweck finden verschiedene mathematische Näherungsverfahren Anwendung, auf deren Darstellung aber hier verzichtet wird.

> Beispiel: In der Automobilindustrie wurde Mitte der 80er Jahre die Just-in-Time-Fertigung eingeführt. Die zur Senkung der Lagerhaltungskosten durchgeführten Maßnahmen waren in der Automobilindustrie sehr erfolgreich. Sie führten aber bei den Zulieferern zu radikalen Einschnitten, da die in der Produktion benötigten Fertigungsteile nicht mehr im Werk vorgehalten wurden, sondern Lagerhaltung sowie die damit verbunden Kosten und Risiken auf die einzelnen Zulieferer abgewälzt wurden.
>
> Bei der Umstellung auf Just-in-Time-Fertigung standen die Automobilhersteller vor dem Problem, eine kontinuierliche Belieferung der Fertigungsstraßen aufrechtzuerhalten, ohne dass Engpässe durch Lagerhaltung kompensiert wurden. Dazu wurde eine neue Software entwickelt, die Berechnungen durchführt, um sicher zu ermitteln, zu welchem Zeitpunkt wie viele einzelne Fertigungsteile von welchen Lieferanten benötigt werden.

Die Daten des beschriebenen Modells werden mit Hilfe dieser oder ähnlicher Software bearbeitet. Die Modellrechnung kann dann beispielsweise ergeben, dass künftig – unter Zugrundelegung der bisher benötigten Fertigungsteile und ausgebrachten Fertigungsmengen – eine Verringerung des Lagerplatzbedarfs von 95 Prozent erreicht wird. Es können jedoch zusätzlich keine Aussagen über den Umfang des Personaleinsatzes gemacht werden, da der Personalbedarf für Bestellung und Warenannahme aufgrund engerer Bestell- und Lieferrhythmen steigt.

In der **dritten Phase** erfolgt die Umsetzung oder Übertragung der am Modell gewonnenen Erkenntnisse in die Praxis. Die bisher ermittelten Ergebnisse werden zunächst interpretiert und anschließend implementiert. Bei einem einmalig benötigten Lösungsvorschlag wird das Modell anschließend nicht mehr verwendet, während bei wiederkehrenden Problemen (z.B. Produktionsplanung, Lagerkostenplanung, Transportroutenplanung) eine kontinuierliche Modellpflege unbedingt erforderlich ist.

> Beispiel: Die Umsetzung der Erkenntnisse aus dem oben geschilderten Modell der Automobilindustrie erfordert zuerst eine Umstellung der Lagerwirtschaft auf ein neues Liefersystem. Probleme bei der Umsetzung können hier vor allem daraus erwachsen, dass Lieferanten auf geänderte Lieferzyklen und -zeiten eingestellt werden müssen und das Lagerpersonal davon zu überzeugen ist, dass kürzere Bestellintervalle vorzunehmen sind. Außerdem kann sich im Praxistest zeigen, dass problemlösungsrelevante Umstände nicht berücksichtigt oder übersehen wurden: So passiert es, dass bestimmte Teile einige Tage im Lager liegen müssen, damit sie für die Weiterverarbeitung trocken genug sind. Die von verschiedenen, global verteilten Zulieferern versendeten Teile benötigen beim Einbau in der Fertigungsstraße alle die gleiche Verarbeitungstemperatur.

Diese und weitere mögliche Restriktionen führen zur Modifikation des Modells und damit annähernd zu einer Ideallösung, sodass nach praktischer

Einführung des Modells und nach Abschluss des Operations-Researchs-Prozesses eine Verringerung der Lagerkosten um 70 % erzielt werden könnte.

3.2.2 Lineare Programmierung

In Unternehmen tritt häufig der Fall ein, dass eine optimale Entscheidung bei gleichzeitig begrenzten Mitteln gefunden werden muss. Unter der Voraussetzung, dass sowohl die zu optimierende Funktion als auch die Nebenbedingungen linear verlaufen, kann die Methode der linearen Programmierung angewandt werden.

Bei der linearen Programmierung, die auch unter dem Begriff „lineare" Optimierung bekannt ist, wird das Maximum oder das Minimum einer linearen Funktion mehrerer Variablen mit eingeschränktem Bereich ermittelt.

Definition

Mit Hilfe der linearen Programmierung lässt sich unter anderem sehr gut eine gesuchte Gewinnfunktion bei einer Zweiproduktfertigung ermitteln.

Beispiel: Das Problem des optimalen Produktionsprogramms
Im Rahmen eines zweistufigen Fertigungsprozesses produziert ein Autoteilehersteller Kotflügel und Heckspoiler. Während die Kotflügel die Blechpresse mit jeweils einer Stunde belasten, erfordern die Heckspoiler hier eine Bearbeitungszeit von zwei Stunden. Die zeitliche Inanspruchnahme der Stanzmaschine beträgt für Heckspoiler und Kotflügel jeweils eine Stunde.

Die monatliche Kapazität der Blechpresse beträgt 200 Stunden, wogegen die Stanzmaschine maximal 160 Stunden benutzt werden kann.

Leider können in der derzeitigen Konjunkturlage nur insgesamt 60 Heckspoiler verkauft werden, wogegen der Absatz von Kotflügeln nicht beschränkt ist.

Wie viele Kotflügel und Heckspoiler sollen produziert werden, wenn pro Kotflügel ein Deckungsbeitrag von 200,00 EUR und pro Heckspoiler ein Deckungsbeitrag von 300,00 EUR erzielt wird?

Produkt	Kotflügel	Heckspoiler		
Menge	unbegrenzt	60		
Deckungsbeitrag	200,00 EUR	300,00 EUR	max. Kapazität	tatsächliche Auslastung i.d. Std.
Fertigungszeit Blechpresse i.d. Std.	1	2	200	200
Fertigungszeit Stanzmaschine i.d. Std.	1	1	160	160
Menge	100	53		
Deckungsbeitrag je Produktart	200	300		
Deckungsbeitrag gesamt	36.000,00 EUR			

Tab 5: Lösung

Quelle: Wittich, Excel Aufgaben Pool, 1999, S. 20

Dieses einfache Verfahren kann über ein normales Tabellenkalkulationsprogramm erstellt werden. Wissenschaftlich fundierte Verfahren zur Bearbeitung linearer Optimierungsprobleme verwenden weitaus kompliziertere Methoden (beispielsweise die Simplex-Methode) auf mathematischer Basis.

3.2.3 Warteschlangentheorie

Wie der Begriff „Warteschlangentheorie" schon andeutet, befasst man sich hier mit Schlangen, wie sie sich beispielsweise an Schaltern oder Abfertigungsstationen aller Art bilden. Mit Hilfe der Warteschlangentheorie können Untersuchungen durchgeführt werden, um das Phänomen des Staus in Engpasssituationen zu analysieren, zu bewerten und gegebenenfalls Problemlösungsalternativen zu entwickeln.

Klassische Warteschlangenprobleme sind:

● Wie viele Schalter werden mit welcher Personenzahl geöffnet (eine Kasse mit einer Kassiererin und einer Verpackerin oder zwei Kassen, wobei jeweils dieselbe Person kassiert und einpackt),

● Variationsmöglichkeiten bei Ampelfrequenzen (die Hauptverkehrsader hat längere Grünphasen, oder sie erhält öfter kürzere Grünphasen),

● Variationsmöglichkeiten in der Abfertigungsreihenfolge verschiedener Glieder einer Schlange (ein Parkhaus mit mehreren Einlass-Schranken)

Die Warteschlangentheorie ist Teil der statistischen Wahrscheinlichkeitstheorie und versucht somit, den Einfluss des Zufalls auf bestimmte Vorgänge, deren Ergebnis nicht exakt vorhergesagt werden kann, mathematisch zu erklären.

3.2.4 Methoden zur Geschäftsprozessanalyse

Auf der Suche nach und zur Sicherung von langfristigen Erfolgspotenzialen hat die Betriebswirtschaftslehre gerade in den letzten Jahren verschiedene Methoden zur Analyse und Optimierung von Geschäftsprozessen entwickelt. Globalisierungsdruck und hohe Innovationsgeschwindigkeit verlangen von den Unternehmen ein ständiges Hinterfragen der eigenen Geschäftsprozesse und deren kontinuierliche Anpassung an Veränderungen im wirtschaftlichen und gesellschaftlichen Umfeld.

Definition

Als Geschäftsprozess definiert ist eine zusammenhängende abgeschlossene Folge von Tätigkeiten, die zur Erfüllung betrieblicher Aufgaben notwendig sind. Die Tätigkeiten erfolgen durch Funktionsträger in organisatorischen Einheiten unter Nutzung der dazu benötigten Produktionsfaktoren. Beispiele für betriebliche Geschäftsprozesse sind:

- Erzeugnisentwicklung,
- Beschaffung,
- Fertigung,
- Kundenbetreuung,
- Zahlungsabwicklung etc.

Die durch eine Geschäftsprozessoptimierung zu erreichenden Ziele sind dabei vordergründig:

- Erhöhung der Kundenzufriedenheit,
- Senkung der Durchlaufzeiten innerhalb eines Geschäftsprozesses,
- Qualitätsverbesserung von Produkten und Dienstleistungen,
- Verkürzung der Reaktionszeiten,
- Kostensenkung.

Eine Geschäftsprozessanalyse beginnt mit der Aufnahme des jeweiligen Ist-zustandes, an den sich die Ist-Analyse der Prozesse anschließt. Für die Ist-analyse stehen verschiedene Methoden zur Verfügung:

- **Benchmarking**: Vergleich der eigenen Geschäftsprozesse mit denen von Spitzenunternehmen derselben Branche anhand zu untersuchender Benchmarkingmerkmale, Bildung von Relativzahlen und Vergleich dieser Zahlen mit denen des Spitzenunternehmens.

- **Workflowanalyse**: Untersuchung von Prozessabläufen auf häufig auftre-tende Fehler, um Verbesserungsmöglichkeiten zu finden. Die grundsätz-lichen Fragen der Workflowanalyse sind: Warum machen wir die Dinge, die wir tun, und weshalb machen wir sie auf die Weise, in der wir sie tun?

- **Referenzanalyse**: Erkundung von Verbesserungsmöglichkeiten durch den Vergleich bestehender Prozesse mit einem informationstechnischen Refe-renzmodell (beispielsweise SAP-R/3, ARIS).

- **Schwachstellenanalyse**: Erkundung von Schwachstellen eines Ge-schäftsprozesses aufgrund vorliegender Prozessmängel.

- **Checklistenanalyse**: Erkundung von Schwachstellen durch das Beant-worten einer vorher gestellten Checkliste.

- **Vorgangskettenanalyse**: Suche nach Verbesserungsmöglichkeiten durch Aufstellen eines Vorgangskettendiagramms, bei dem Anordnung und Ver-knüpfung der Vorgänge anschließend auf Schwachstellen hin untersucht werden.

- **Gap-Analyse**: Vergleich zweier extremer Szenarien, beispielsweise bei der voraussichtlichen Umsatzentwicklung. Welcher Umsatz lässt sich bei un-verändertem Verkaufsgeschehen zukünftig erzielen (Szenario A)? Welcher Umsatz lässt sich bei äußerster Anstrengung mit den bisherigen Produk-ten auf den bisherigen Märkten (Szenario B) und bei zusätzlichen neuen Produkten und/oder neuen Märkten erzielen (Szenario B2)? Die Differenz zwischen B1 und A ist die operative, die Differenz zwischen B1 und B2 die strategische Lücke.

● **Produktlebenszyklusanalyse**: Ein erfolgreich am Markt eingeführtes Produkt unterliegt einem Zyklus, der folgenden typischen Verlauf zeigt:

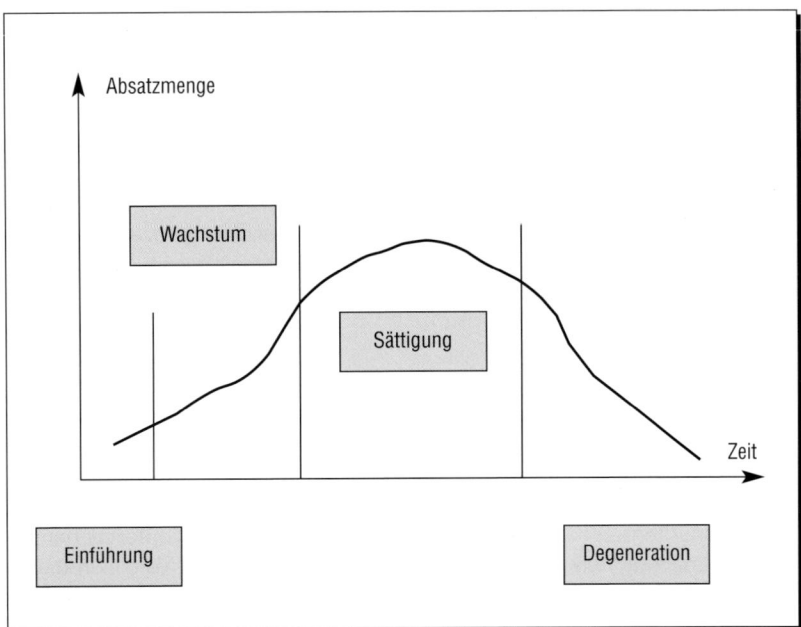

Übersicht 3:
Produktlebens-
zyklus

Produktlebenszyken sind das Ergebnis wirtschaftlicher und technischer Trends und des Verhaltens der Anbieter beziehungsweise Nachfrager.

Die **Portfolioanalyse** gibt besonders der Unternehmensleitung Aufschlüsse. Das Portfolio (frz. Portefeuille) war ursrpünglich ein Wertpapierdepot mit verschiedenen Anlagemöglichkeiten. Inzwischen wird mit dem Begriff Portfolio das Leistungspotenzial eines Unternehmens beschrieben.

In der Literatur gibt es verschiedene Arten von Portfolios, wobei hier nur das bekannteste, das Vier-Felder-Portfolio näher erläutert werden soll.

Das Vier-Felder-Portfolio stellt das Marktwachstum dem relativen Marktanteil (im Verhältnis der größten Konkurrenten) gegenüber.

Die Darstellung erfolgt in einem Koordinatensystem wie folgt:

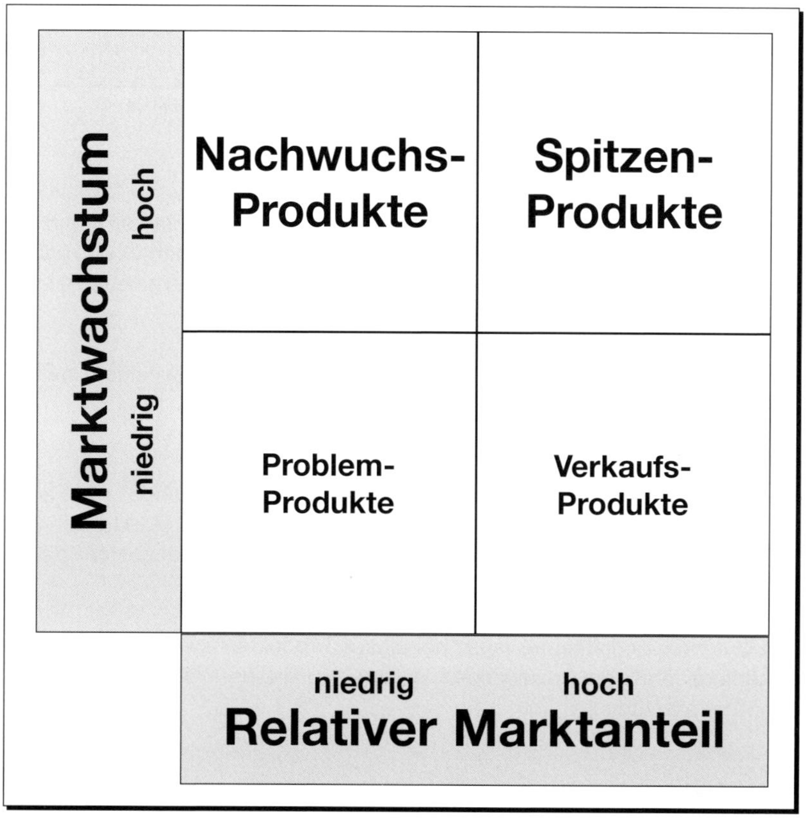

	niedrig	**hoch**
Marktwachstum hoch	**Nachwuchs-Produkte**	**Spitzen-Produkte**
Marktwachstum niedrig	**Problem-Produkte**	**Verkaufs-Produkte**
	niedrig	**hoch**
	Relativer Marktanteil	

*Übersicht 4:
Portfolio-
darstellung*

Die Unternehmensleitung betrachtet nun jedes Produkt im Hinblick darauf, an welcher Stelle es in dieser Matrix zu positionieren ist. Die Produkte lassen sich den folgenden vier Kategorien zuordnen:

- **Nachwuchsprodukte**
  Diese Produkte sind auch unter den Begriffen „Question Mark" „Frage- zeichen" oder auch „Problem Children" bekannt. Sie sind noch nicht aus der Einführungsphase im Produktlebenszyklus heraus. Bei geringer Rentabilität erbringen sie nur niedrige Deckungsbeiträge. Ihr Bekanntheits- grad ist noch nicht sehr hoch und ihre Nachfrage noch nicht stabil.

  Die Unternehmenführung muss bei diesen Produkten prüfen, inwieweit jedes einzelne Produkt weiter gefördert bzw. überhaupt nicht mehr ge- fördert werden soll.

- **Spitzenprodukt**
  Diese Produkte sind die „Stars" des Unternehmens. Sie sind überall bekannt, und lassen sich aufgrund des hohen Marktwachstums und ihres hohen Marktanteils sehr gut verkaufen (Selbstläufer). Solche Produkte

befinden sich in der Wachstumsphase ihres Produktlebenszyklus und haben eine hohe Rentabilität.

Die Unternehmensführung muss bei diesen Produkten entscheiden, welche zukünftige strategische Wettbewerbsposition anzustreben ist.

- **Verkaufsprodukte**
  Diese Produkte sind auch unter den Begriffen „Cash Cows", „Milchkühe" oder auch „Melkkühe" bekannt. Sie sind bei hohem Marktanteil und niedrigem Marktwachstum recht gut absetzbar. Im Produktlebenszyklus haben diese Produkte bereits den Reifegrad erreicht und erzielen einen positiven Cashflow.

Die Unternehmensführung muss bei diesen Produkten entscheiden, welche zukünftige Strategie anzuwenden ist.

- **Problemprodukte**
  Diese Produkte sind auch unter den Begriffen „arme Hunde" oder auch „Auslaufprodukte" bekannt. Sie haben bei niedrigem Marktanteil und niedrigem Marktwachstum eine äußerst schlechte Marktposition, da sie nur geringe oder gar keine Gewinne erwirtschaften.

Die Unternehmensführung muss bei diesen Produkten entscheiden, welche zukünftige Strategie anzuwenden ist bzw. ob dieses Produkt noch weiter produziert werden soll.

4 Wertanalyse

Kenntnis der Aufgaben der Wertanalyse und
Fertigkeit, eine Wertanalyse durchzuführen

Die Wertanalyse fällt unter die Rationalisierungstechniken und versucht hinsichtlich der erforderlichen Funktionen eines Objektes

- kostengünstigere Lösungen zu finden,
- unnötige Funktionen zu eliminieren,
- und den Funktionsbereich eines Produktes zu erweitern,

wenn sich dadurch eine Steigerung des Unternehmensgewinns erreichen lässt. Wertanalysen finden vor allem im Bereich Materialwirtschaft und Beschaffung Anwendung. Außerdem kann die Wertanalyse auch auf Erzeugnisse und Dienstleistungen angewendet werden.

4.1 Begriff und Anwendungstechniken der Wertanalyse

Die „Value Analysis" wurde kurz nach Beendigung des Zweiten Weltkrieges in den USA entwickelt. Das Verfahren ist eng mit dem damaligen Einkaufsleiter der General Electric Company, Lawrence D. Miles, verbunden. Miles gilt als Begründer der Wertanalyse, zu deren Entwicklung er durch Erfahrungen beim Einsatz von Ersatzstoffen für knappe militärisch notwendige Güter kam. Es zeigte sich nämlich, dass die Verwendung von Ersatzstoffen nicht zwangsläufig zu einer schlechteren Produktqualität führte. In vielen Fällen waren die Substitutionswerkstoffe kostengünstiger und qualitativ hochwertiger als die bisher verwendeten Materialien.

Miles gelang es, eine Methode zu entwickeln, mit der man systematisch nach Potenzialen im Bereich Kostensenkung und Qualitätsverbesserung suchen konnte. Die bisher verwendeten Materialauswahlverfahren, Produktionsverfahren und Rationalisierungsverfahren reichten offensichtlich nicht aus, um alle versteckten Gewinnpotenziale eines Unternehmens zu entdecken. Die Wertanalyse macht die bisherigen Verfahren keineswegs überflüssig, aber sie stellt eine zusätzliche, für vielfältige Probleme einsetzbare Methode der Kostensenkung und Produktverbesserung dar.

Charakteristisch für dieses Verfahren ist die funktionsorientierte Objektbetrachtung, die organisierte Teamarbeit, das systematische Vorgehen nach einem Arbeitsplan und der Einsatz von Ideenfindungstechniken.

Darüber hinaus ist die Unternehmensführung durch den Einsatz der Wertanalyse in der Lage, unterschiedliche Abteilungsinteressen besser zu koordinieren.

Die Wertanalyse stellt die Funktion eines Objektes in den Vordergrund, während herkömmliche Rationalisierungsmethoden das Objekt selbst in den Mittelpunkt stellen. Bei der Durchführung der Wertanalyse wird die Betrachtungsweise erweitert, was auf diese Weise zu Lösungen führt, die durch eine rein funktionsorientierte Untersuchung nicht erreicht würden. Die Funktionsbeschreibung ist keine exakte Definition des Objektes, sondern kann nur bezogen auf seinen Verwendungs- oder Einsatzzweck erfolgen. Bei der klaren Angabe der Funktionstätigkeit hat sich die Beantwortung der Frage: „Warum macht der Gegenstand das?" als zweckmäßiges und hilfsreiches Arbeitsmittel erwiesen. Ferner sollte bei der Funktionsbeschreibung darauf geachtet werden, dass quantifizierbare und messtechnisch erfassbare Kriterien erfasst werden, um die funktionellen Anforderungen und funktionsbedingten Eigenschaften besser spezifizieren zu können.

Objekt- und Funktionsbeschreibung

Objekt	Funktion
● Filter	● Verunreinigungen zurückhalten
● Uhr	● Zeitmessung
● Glühlampe	● beleuchten
● Druckbehälter	● komprimierte Gase speichern
● Schraube	● lösbare Verbindungen herstellen

Durch die Tatsache, dass die verschiedenen Funktionsbereiche im Unternehmen, die mit dem Untersuchungsobjekt der Wertanalyse befasst sind, bei der Aufgabenlösung zusammen arbeiten müssen, wird die betriebliche Teamarbeit gefördert. Erfahrungen, Wissen und Ideen können durch die interdisziplinäre Zusammenarbeit optimal genutzt werden. Die dabei eingesetzten Verfahren zur Ideenfindung (Brainstorming etc.) verstärken den Teamgedanken und reduzieren die Egoismen einzelner Führungskräfte und Ressorts.

Bei der Wertanalyse wird versucht, in genau festgelegten und in ihrer zeitlichen Folge zweckmäßig aufeinander abgestimmten Teilschritten zu einer Problemlösung zu gelangen. Das Festhalten an diesem Ordnungskriterium ist wahrscheinlich auch der Grund für die mit der Wertanalyse erreichten Erfolge, denn diese Systematik verhindert, dass wichtige Punkte im Entscheidungsfindungprozess übersehen oder planlos bearbeitet werden. In Deutschland besteht eine DIN-Norm, die sämtliche Arbeitsschritte von der Vorbereitung bis zur Lösung vorgibt.

Grundschritt 1	
● Vorbereitung	● Auswahl des Untersuchungsobjekts
	● Festlegung des quantifizierten Zieles
	● Bilden einer Arbeitsgruppe
	● Planen des Ablaufs
Grundschritt 2	
● Ermittlung des Ist-Zustandes	● Produktbeschreibung
	● Funktionsbeschreibung
	● Ermittlung der Funktionskosten
Grundschritt 3	
● Prüfen des Ist-Zustandes	● Prüfung der Funktionserfüllung
	● Kostenprüfung
Grundschritt 4	
● Ermittlung von Alternativen	● Suche nach vorstellbaren Alternativen
	● Vorprüfung der gefundenen Alternativen
Grundschritt 5	
● Prüfen der Alternativen	● Technische Prüfung (sachliche Durchführbarkeit)
	● Prüfen der Wirtschaftlichkeit
Grundschritt 6	
● Vorschlag und Verwirklichung einer Lösung	● Auswahl der Lösung
	● Empfehlen der Lösung
	● Verwirklichung

Wertanalyse nach DIN 69910

4.2 Praktische Anwendung der Wertanalyse

In der Wertanalyse werden Produkte als Träger von Funktionen angesehen, wobei die Funktion eines Objekts als dessen Wirkung, Aufgabe oder Tätigkeit definiert wird. Die Kennzeichnung einer Objektfunktion sollte knapp, zutreffend und umfassend sein. In den meisten Fällen wird dies mit einem Substantiv (Verunreinigungen) und einem Verb (zurückhalten) erreicht, die die Funktion eines Produktes (Luftfilter) wiedergeben.

Bei der Festlegung der funktionsbedingten Eigenschaften wird die Auswahl der Lösungsalternativen stark eingeschränkt. Es ist im Rahmen der Wertanalyse genau darauf zu achten, dass die aufgestellten Anforderungen für den Verwendungszweck auch erforderlich und berechtigt sind.

Die Funktionen werden nach ihrer Wichtigkeit für einen Einsatz unterteilt. Die erste Unterscheidung erfolgt in

● Gebrauchsfunktion: Gewährleistung der technischen und wirtschaftlichen Verwendung,

● Geltungsfunktion: Geschmacksempfinden, Prestige, Ästhetik.

Beiden Funktionen muss Aufmerksamkeit geschenkt werden, je nach Einsatz des Produktes kann die Bedeutung variieren. Bei Investitionsgütern überwiegt die Gebrauchsfunktion, bei Konsum- und Luxusgütern eher die Geltungsfunktion (Prestigefunktion). Die Rangfolge der Wichtigkeit hängt von der Einstellung der Verwender ab.

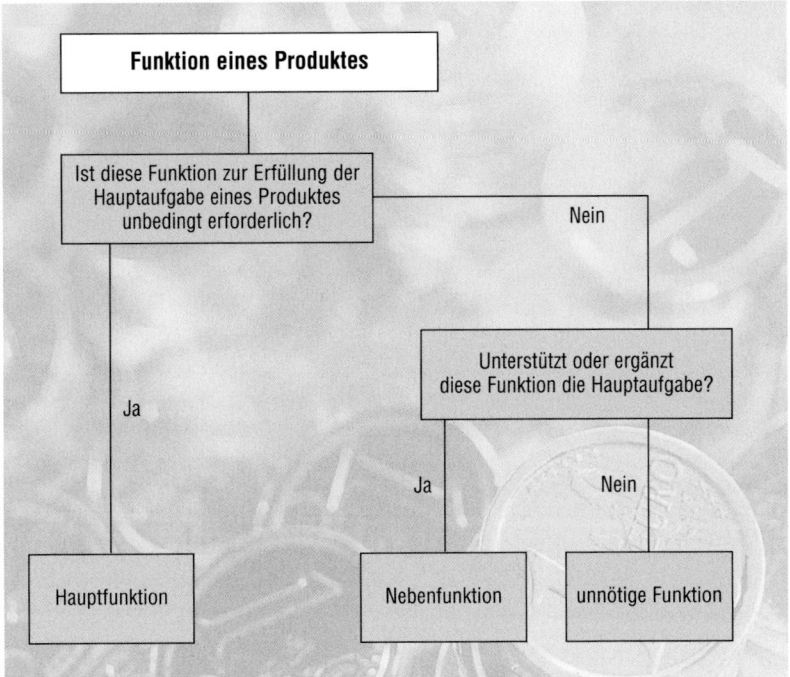

*Übersicht 5:
Einteilung der Produktfunktionen nach ihrer Bedeutung (aus: Arnolds, Heege, Tussing: Materialwirtschaft und Einkauf, 1990, S. 166)*

Je nach Bedeutung einer Produktfunktion für den Verwender wird zwischen Haupt- und Nebenfunktionen unterschieden. Unnötige Funktionen haben weder einen Gebrauchs- noch einen Geltungsnutzen und sind somit zu eliminieren, um Kosten zu sparen.

Wertanalytische Untersuchungen können sowohl für ein gesamtes Produkt (z. B. Kraftfahrzeug) als auch für einzelne Baugruppen (z. B. Motor) und Teile (z. B. Schiebedach) durchgeführt werden. Dabei wird erkennbar, dass zwischen allen Funktionsbereichen Wechselwirkungen bestehen. Diese Wechselwirkung wird folgendermaßen geprüft:

● Wie erfüllt die übergeordnete Einheit ihre Funktion? Die Antwort auf diese Frage lässt sich nur finden, wenn man auch die untergeordneten Produktteile und ihre Funktionsweise berücksichtigt.

● Warum erfüllt dieses untergeordnete Teil diese Funktion? Zur Beantwortung dieser Frage muss die übergeordnete Produktebene mit einbezogen werden.

Lässt sich die Frage nach dem Warum nicht beantworten, handelt es sich wahrscheinlich um ein unnötiges Teil.

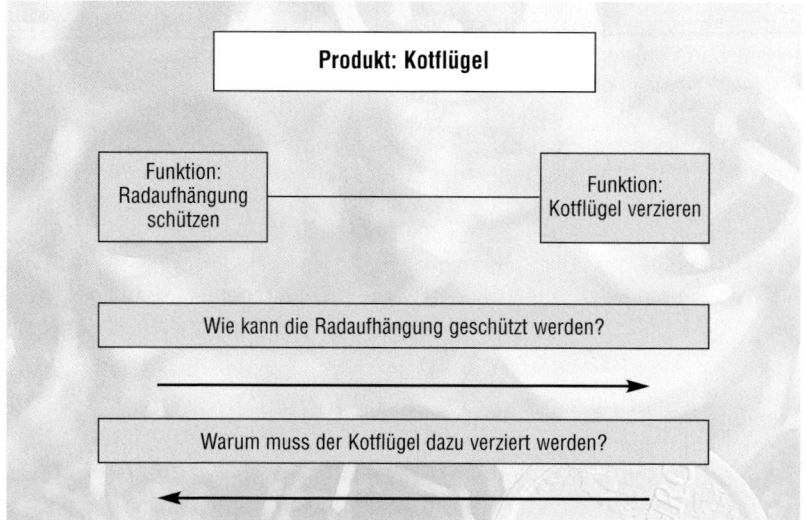

Übersicht 6:
Überprüfung von
Wechselwirkungen

Im Falle des Kotflügels, dessen Funktion hier der Schutz der Radaufhängung ist, lässt sich die Frage nach dem „Wie" leicht beantworten. Das untergeordnete Teil Kotflügelzierleiste besitzt nur eine unnötige Funktion und sollte deshalb aus dem Fertigungsprozess eliminiert werden.

Bei der Auswahl eines Objektes für eine wertanalytische Betrachtung sollte beachtet werden, dass aufgrund des Arbeits- und Zeitaufwandes nur Produkte betrachtet werden, die zu den A-Teilen (Spitzenprodukten) gehören und den größten Rationalisierungsnutzen versprechen.

Nach der Objektauswahl beginnt die Durchführung einer Wertanalyse im Unternehmen mit der Bildung einer Arbeitsgruppe. Zu diesem Team sollten Fachleute aus allen Bereichen des Unternehmens zählen, insbesondere aus der Materialwirtschaft, der Fertigung, der Absatzwirtschaft, der Entwicklung, der Qualitätskontrolle und der Kostenrechnung.

Im zweiten Schritt erfolgt die Ermittlung des Ist-Zustandes. Es werden alle relevanten Daten und Informationen über das Produkt gesammelt und ausgewertet. Dazu zählen Zeichnungen, Muster, Stücklisten, Fertigungspläne, Ausschussstatistiken, Qualitäts- und Prüfvorschriften, Ergebnisse der Absatzmarktforschung etc. Danach folgt die Funktionsbeschreibung des Produktes als Ganzes sowie in Baugruppen und Teilen. Aufgrund der gesammelten Kundenwünsche und Sicherheits- bzw. Qualitätsvorschriften lassen sich die geltungs- und gebrauchsfunktionsbedingten Eigenschaften herausarbeiten. Im weiteren Verlauf werden den Funktionsträgern Kosten zugeordnet und die Kostenschwerpunkte ermittelt.

Sobald der Ist-Zustand vollständig ermittelt ist, werden Ist-Funktionen und Ist-Kosten einer kritischen Prüfung unterzogen. Hierbei werden die Ist-Funktionen mit den geforderten Eigenschaften verglichen, wobei kostenverursachende unnötige Funktionen eliminiert werden können. Weiterhin lassen sich technische Fehlleistungen, übertriebene technische Anforderungen und bisher nicht berücksichtigte, aber notwendige Funktionen ermitteln.

Sollte das bisherige Ergebnis der Wertanalyse nicht zufrieden stellend sein, kann jetzt innerhalb des Teams nach Alternativen gesucht werden. Hierbei kommt es vor allem darauf an, dass alle Gruppenmitglieder ihre Phantasie frei entfalten und alle Ideen zuerst einmal kritiklos gesammelt werden. Weiter ist zu beachten, dass die Summe der Lösungsvorschläge vor der Qualität der Alternativen rangiert. Je mehr Ideen zusammengetragen werden, desto größer ist die Wahrscheinlichkeit, im Team zu entwicklungsfähigen Alternativen zu gelangen.

Die vom Wertanalyseteam als realisierbar eingestuften Alternativen müssen anschließend auf ihre technische und wirtschaftliche Durchführbarkeit hin überprüft werden. Im technischen Bereich können dabei umfangreiche Tests, wie z.B. Prüfverfahren oder die Entwicklung von Prototypen usw. anfallen. Auch das ist zu berücksichtigen.

Aus den überprüften Alternativen ist die günstigste Lösung auszuwählen und den verantwortlichen Führungskräften in der Unternehmensleitung vorzuschlagen.

5 Mitarbeiterführung

In Unternehmen werden Aktivitäten entfaltet, um Ziele zu erreichen. Dazu ist es notwendig, die zur Verfügung stehenden oder zu beschaffenden betriebswirtschaftlichen Produktionsfaktoren zu kombinieren.

Nach traditionellem betriebswirtschaftlichen Verständnis beschäftigt sich die Unternehmensführung mit dem Kombinationsprozess der elementaren Produktionsfaktoren und dispositiven Arbeitsleistungen.

Unter dispositiven (anordnenden, verfügenden) Arbeitsleistungen werden alle Tätigkeiten verstanden, die sich mit der Lenkung betrieblicher Vorgänge befassen und die im Vorbereiten und Treffen von Entscheidungen bestehen. Dispositive Arbeitsleistungen führen zur zielgerichteten Beeinflussung von Mitarbeitern und lösen Handlungen (Aktionen) aus.

Die Mitarbeiter- oder auch Personalführung ist in diesem Zusammenhang der Teilbereich der Unternehmensführung, welcher sich mit der Führung von Menschen und Gruppen innerhalb von – zumeist ökonomisch ausgerichteten – Organisationen beschäftigt. Mit Hilfe der Personalführung wird die Unternehmensführung realisiert.

Untersuchungsgegenstände im Bereich der Mitarbeiterführung sind sowohl die in Organisationen auftretenden menschlichen Verhaltensweisen als auch das Verhalten von Menschen in Gruppen sowie das Verhalten von Führungskräften in Führungssituationen.

5.1 Grundlagen der Mitarbeiterführung

Einsicht in das eigene Verhalten und das unterschiedliche Verhalten der Menschen im Rahmen einer betrieblichen Organisation

Um die komplizierten Vorgänge innerhalb von Führungsprozessen zu erklären, reichen die betriebswirtschaftlichen Untersuchungsmethoden und Erkenntnisse nicht aus. In der Psychologie, der Soziologie und auch der Pädagogik als Disziplinen der Verhaltenswissenschaften haben sich im Laufe der Zeit betriebswirtschaftlich orientierte Fachbereiche herausgebildet, die das menschliche Verhalten in Betrieben und Organisationen und insbesondere das Führungsverhalten untersuchen und erforschen.

Der Begriff Führung wird als Synonym für Personen oder Strukturen verwendet, die Mitmenschen einen Weg weisen sollen. Auf den Bereich der Personalführung übertragen bedeutet dies folgendes: Führung soll bewirken, dass Mitarbeiter ihre Handlungen an den Vorgaben und Informationen der Führung ausrichten.

Führung macht neben einer Aktion der Geführten auch immer eine Steuerung des sich daraus ergebenden Bewegungsablaufs notwendig. Dabei sind sowohl informierende und instruierende als auch motivierende Aktivitäten erforderlich. Um von Führung sprechen zu können, müssen die folgenden Kriterien gegeben sein:

- Bestand einer Gruppe (Führer und Geführte),
- gemeinsame Aufgabe oder zielgerichtete Aktivität,
- Aufteilung oder Differenzierung von Verantwortlichkeiten.

Führung muss als interaktive Beziehung verstanden werden, innerhalb derer eine Führungskraft bewusst Handlungen vornimmt, die die Geführten dazu veranlassen sollen, ihre Aktivitäten mit den bestehenden Vorgaben in Übereinstimmung zu bringen. Führung wird somit als zielbezogene Einflussnahme verstanden, die sich in Unternehmen an den Organisationszielen ausrichtet.

Bei Führung in Unternehmen muss berücksichtigt werden, dass die soziale Beeinflussung des Verhaltens innerhalb einer strukturierten Arbeitssituation erfolgt. Daraus ergeben sich unterschiedliche Führungsarten:

- Führung durch Strukturen und
- Führung durch Menschen.

Das Verhalten von Mitarbeitern wird durch Strukturen zielbezogen beeinflusst, ohne dass es zu einer direkten Interaktion zwischen Führungskraft und Geführten kommen muss. Stellenbeschreibungen, die Arbeitsplatzgestaltung oder Verfahrensvorschriften veranlassen die Mitarbeiter zu einem zielbezogenen Verhalten ohne direkte Einflussnahme der Vorgesetzten.

Die Vorteile der strukturellen Führung liegen in der Unmissverständlichkeit der Zielvorgaben und in der unkomplizierten Übertragungsmöglichkeit auf andere Organisationseinheiten. Allerdings besteht bei der strukturellen Führung die Gefahr, dass Kreativität und Informationsaustausch bei den Geführten eingeschränkt werden.

Aus diesem Grund kommt auch das strukturierteste und organisierteste Unternehmen nicht ohne Führung durch Menschen aus. Die direkte Kommunikation zwischen Führung und Mitarbeitern sorgt dafür, dass notwendige soziale Kontakte aufgebaut und erhalten werden.

Durch das Verhalten der Führungskräfte kann das Gruppen- und Organisationsverhalten der Mitarbeiter positiv oder negativ beeinflusst werden.

- Motivation,   • Gruppenzusammenhalt und
- Kreativität, • Leistung

der Mitarbeiter innerhalb einer Organisationseinheit werden durch unterschiedliches Führungsverhalten unterschiedlich ausgeprägt. Der Führung kommt somit im Planungs-, Steuerungs- und Kontrollprozess der Unternehmensführung eine

● Zielbewegungsfunktion: effizientere Erreichung der Unternehmensziele (Lokomotion) und die

● Gruppenzusammenhaltfunktion (Kohäsion)

zu, um unrentable Einzelleistungen zu reduzieren, Gruppenleistungen effektiver zu machen und angestrebte Ziele besser und schneller zu erreichen.

Jedes Unternehmen ist natürlich daran interessiert, innerhalb der betrieblichen Führungsprozesse diese Merkmale besonders auszuprägen, um den größtmöglichen Erfolg zu erzielen. Aus der Praxis weiß jeder, dass in jedem Unternehmen teilweise große Unterschiede zwischen Anspruch und Realität bestehen.

Die Unvereinbarkeit von Anspruch und Wirklichkeit resultiert aus der Komplexität menschlicher Verhaltensweisen. Führungsbeziehungen werden durch die unterschiedlichen Persönlichkeitsprofile von Führungskräften und Mitarbeitern beeinflusst.

Die Erforschung des menschlichen Führungsverhaltens hat trotz der intensiven Forschung der letzten Jahrzehnte bisher nicht zu einer allgemeinen Führungstheorie geführt. Eine alle Aspekte und Situationen umfassende Definition kann von der Wissenschaft nicht vorgelegt werden. Die am Institut für Führung und Personalmanagement an der Hochschule St. Gallen (insbesondere Wunderer, Grunwald) ausgearbeitete **Definition von Führung** entspricht dem heutigen Führungsverständnis am ehesten.

Unter Führung versteht man die zielorientierte, soziale (d.h. interpersonelle) Einflussnahme zur Erfüllung gemeinsamer Aufgaben in einer strukturierten Arbeitssituation. **[Wunderer, Rolf/Dick, Petra: Führung und Zusammenarbeit, Schäffer und Poeschel, 1993, Seite V (Vorwort)]**	Definition

Mit dem Begriff „interpersonell" soll darauf hingewiesen werden, dass Führung eine wechselseitige Beeinflussung ist. Mitarbeiter beeinflussen durch ihr eigenes Verhalten genauso das Verhalten der Führungskraft, wie sie durch Vorgaben und Verhalten des Vorgesetzten beeinflusst werden. Dass bei diesem Zusammenspiel gegenseitiger Einflussnahme auf beiden Seiten nicht immer (sofort) das gewünschte Ergebnis erreicht wird, ist nachvollziehbar.

Um überhaupt von erfolgreicher Führung sprechen zu können, müssen bestimmte Grundvoraussetzungen erfüllt sein.

Die am Führungsprozess Beteiligten müssen motiviert und in der Lage sein, miteinander zu kommunizieren. Die interpersonelle Einflussnahme darf nicht in Manipulation ausarten, bei der andere bewusst und zum eigenen Vorteil des Manipulators beeinflusst werden, ohne dass den anderen die Art und Weise der Einflussnahme bewusst wird.

Mitarbeiter- oder Personalführung dient nicht nur der Erreichung von Unternehmenszielen, sondern soll darüber hinaus zur persönlichen Entwicklung der Mitarbeiter beitragen. Bei der Planung der unternehmerischen Strategien zur Zielerreichung innerhalb des Managementprozesses sollte das berücksichtigt werden.

Die Personalführung ermöglicht es den Führungskräften, Aufgabenbereiche festzulegen und zu koordinieren sowie Aufträge zu delegieren. Führungskräfte sollten sich ihrer Befugnisse und Verantwortlichkeiten jederzeit bewusst sein.

Durch Führung soll eine funktionierende innerbetriebliche Zusammenarbeit gewährleistet werden. Die Durchführung von Arbeitsaufgaben sollte immer unter dem Kriterium der optimalen Kombination von Produktionsfaktoren erfolgen, ohne dabei den menschlichen Faktor zu vernachlässigen.

Zum Managementprozess zählen nicht nur Planung und Steuerung betrieblicher Vorgänge. Zur Zielerreichung sind auch Kontrollen durchzuführen, um Planabweichungen rechtzeitig zu erkennen und Gegenmaßnahmen ergreifen zu können. Auf den Führungsprozess bezogen bedeutet dies, Leistungen und Verhalten der Mitarbeiter in regelmäßigen Abständen nach objektiven Kriterien zu beurteilen.

Aber auch Mitarbeiter beurteilen die betriebliche Personalführung. Ihre Arbeitszufriedenheit ist der Maßstab, an dem sich erfolgreiche Unternehmensstrategien messen lassen. Hohe Leistungsgrade, geringe Fehlzeiten und eine niedrige Zahl an Mitarbeiterkündigungen können durchaus das Ergebnis einer erfolgreichen Personalführung sein.

5.1.1 Psychologische Grundlagen menschlichen Verhaltens

Unter Verhalten wird die Gesamtheit aller beobachtbaren, feststellbaren oder messbaren Aktivitäten des lebenden Organismus verstanden, meist aufgefasst als Reaktion auf bestimmte Reize oder Reizkonstellationen, mit denen der Organismus in experimentellen oder lebensweltlichen Situationen konfrontiert ist bzw. konfrontiert wird (W.D. Fröhlich, Wörterbuch zur Psychologie 1994, S. 417).

Die Bedeutung des Begriffs „Verhalten" bezieht sich auf alles objektiv Beobachtbare, aber auch auf geistige Tätigkeiten wie zum Beispiel Denkvorgänge oder bewusstes Erleben. Verhalten ist durch die Psychologie klassifiziert worden in:

- angeborenes,
- erworbenes,

- emotionales,
- symbolisches,
- aufgabenspezifisches und
- unangepasstes

Verhalten. Durch Beobachtung und Beschreibung ergeben sich Ordnungs-kriterien bzw. Definitionen menschlichen Verhaltens. Das bei jedem Men-schen anzutreffende, durch anlagen- und umweltbedingte Komponenten ge-prägte Verhalten bezeichnet man als **Persönlichkeit.**

Der Mensch ist laut Definition ein „offenes" Wesen, sein persönliches Ent-wicklungsziel ist nicht festgelegt oder abgeschlossen, Verhaltens- und Ein-stellungsänderungen sind daher in jedem Lebensabschnitt möglich.

Im geistigen Normalzustand wissen alle Menschen, dass sie sind und wer sie sind:

- sie wissen um die eigene Existenz
- sie wissen um die personelle Identität und Kontinuität.

Allerdings ist dieses, aus seinem persönlichen Wissensstand resultierende Weltbild bei jedem Menschen anders ausgeprägt. Den Menschen interessiert nicht ein objektives Weltbild. So wie ein Individuum die Welt sieht, stellt sich für ihn seine Realität dar. Dieses selbst geschaffene Realitätsbild wird konti-nuierlich von einer Unsumme von Eindrücken aus der Umwelt beeinflusst. Um diesen ständig neuen und wechselnden Eindrücken nicht hilflos ausge-liefert zu sein, werden sie

- nach Gruppen kategorisiert,
- bearbeitet und bewertet (interpretiert),
- innerhalb des konzeptionellen Systems mit einbezogen und eingeordnet.

Jeder Mensch legt sich also eine Theorie über die Wirklichkeit und die Welt zurecht, er konstruiert sein eigenes Weltbild. Dieses Weltbild beeinflusst seine persönlichen Grundeinstellungen und seine daraus resultierenden Ver-haltensweisen oder anders ausgedrückt, sein Selbstwertgefühl.
Dieses Selbstwertgefühl ist ebenfalls nicht statisch. Es bezieht seine Infor-mationen aus drei Quellen:

- Selbstbeobachtung,
- Sozialer Vergleich,
- Rückmeldung über die eigene Person.

Die Selbstbeobachtung ist für den Menschen die einfachste Form der Infor-mationsbeschaffung, allerdings besteht hier das Problem fehlender Ver-gleichsmaßstäbe.

> Wenn ein Vorgesetzter seine Führungsqualität aus der Tatsache ableitet, dass sich seine Mitarbeiter, denen er seit fünfzehn Jahren vorsteht, nicht be-schweren, kann dieser Rückschluss ein Trugschluss sein. Bei einem Perso-nalwechsel innerhalb der Gruppe oder bei Übernahme einer anderen Gruppe können sehr wohl Führungsschwächen sichtbar werden. Für eine Bewertung

fehlen dem Vorgesetzten Vergleichsmöglichkeiten, denn die momentane positive Situation kann aus unterschiedlichen Faktoren resultieren (langjähriges Kennen, persönliche Beziehungen, Bequemlichkeit, Macht des Vorgesetzten über die Mitarbeiter oder Angst der Gruppenmitglieder etc.).

Der soziale Vergleich versorgt einen Menschen mit Informationen, um die Ergebnisse seiner Selbstbeobachtungen regulieren zu können. Die meisten Menschen neigen dazu, sich von dem Bild, das andere von ihnen haben, beeindrucken zu lassen. Das heißt, sie sehen sich selbst so, wie sie glauben von der Umwelt gesehen zu werden. Der Hauptbeeinflussungsfaktor des Selbstwertgefühls ist dabei die Wertschätzung. Wer in der Vergangenheit von seiner Umwelt Wertschätzung und Anerkennung erhalten hat, kann ein positives Selbstwertgefühl entwickeln, das auch zukünftig anhält.

Korrekturen des Verhaltens sind schwer durchzuführen, denn die Rückmeldung der Umwelt über die eigene Person wird zum einen gefiltert und zum anderen im Zweifelsfall immer einseitig wahrgenommen und, so wie gewünscht, ausgewertet. Die meisten Menschen interpretieren Informationen entsprechend ihren vorhandenen Hypothesen und Erwartungen.

> Der Selbstwertschwache wird möglicherweise immer schwächer, der Selbstwertstarke immer stärker. Eine Bewerbungsabsage beispielsweise kann bei einem Menschen mit schwachem Selbstwertgefühl zu der Einstellung, nicht geeignet, zu gering qualifiziert zu sein etc. führen. Bei einem Menschen mit starkem Selbstwertgefühl führt die gleiche Absage möglicherweise zu der Einstellung, überqualifiziert zu sein oder den Personalverantwortlichen als unterqualifiziert anzusehen.

Die zwischenmenschlichen Beziehungen innerhalb des Führungsprozesses werden durch das vom subjektiven Weltbild geprägte Verhalten und die daraus resultierenden unterschiedlichen Verhaltensweisen der Beteiligten (Mitarbeiter und Führungskräfte) beeinflusst und bestimmt.

In Bezug auf den optimalen Führungsprozess ergeben sich daraus zwei Auswirkungen:

- als Vergleichs- oder Bezugspersonen werden Menschen gewählt, von denen eine Bestätigung der Selbsteinschätzung zu erwarten ist,

- für eine Änderung des Selbstwertgefühls und neue Selbsteinschätzungen sind nicht objektiv nachvollziehbare Fähigkeiten notwendig, sondern subjektive Vergleiche.

5.1.2 Motive und Motivation

Einsicht in die Bedeutung von Motiven und Motivation für das Unternehmen

Verhalten, Erwartungen und Einschätzungen sind das Ergebnis komplizierter kognitiver und emotionaler Prozesse innerhalb des menschlichen Bewusstseins.

Im Bereich der Unternehmensführung geht man davon aus, dass ein Mitarbeiter ein bestimmtes Verhalten, beispielsweise die Arbeitsleistung, zeigt, wenn er will, kann und darf.

Das „Dürfen" bezieht sich auf die jeweilige Arbeitssituation oder Arbeitsstruktur und ist relativ verhaltensunabhängig.

Das „Können" eines Mitarbeiters ergibt sich aus seiner persönlichen Eignung, seinen erworbenen Fertigkeiten und Kenntnissen sowie seinen Fähigkeiten.

Das „Wollen" resultiert aus Motivation und Erwartungshaltung des Mitarbeiters.

Während „Können" und „Dürfen", also Leistungsfähigkeit und Leistungsmöglichkeit messbar sind, ist die Leistungsbereitschaft, das „Wollen", nur schwer feststellbar. So lässt sich das Leistungsverhalten gemäß dieser Formel erfassen:

Leistungsverhalten = f (Motivation · [Kennnisse + Fertigkeiten])	Formel

> Das Leistungsverhalten zweier Mitarbeiter ist mit 100 Arbeitsgängen pro Stunde festgestellt worden. Die Summe der Kenntnisse und Fertigkeiten des einen Mitarbeiters ist bei 10 (Facharbeiterausbildung und dreijährige Berufstätigkeit), die des anderen bei 3 (angelernt) festgelegt worden. Bei gleichem Leistungsverhalten ist der Faktor „Motivation" ausschlaggebend für die Erfüllung einer Aufgabe.

Die Beweggründe, ein bestimmtes Verhalten zu zeigen, bestimmte Veränderungen herbeiführen zu wollen oder auf ein bestimmtes Ziel hin zu arbeiten, sind unterschiedlicher Natur. Bekannt sind diese Beweggründe als Streben, Bedürfnis, Wille, Trieb, Drang, Abscheu usw.

Die Psychologie bezeichnet diese Beweggründe menschlichen Verhaltens als **Motive**, die dadurch gekennzeichnet sind, dass sie sich in der gedanklichen Vorwegnahme eines angestrebten Zielzustandes in Bezug auf eine bestimmte Situation oder Veränderungserwartung äußern.

Die gedanklichen und emotionalen Prozesse, die dazu führen, Motive zu aktualisieren und in Handlungen umzusetzen, werden als **Motivation** bezeichnet (nach Fröhlich, Wörterbuch zur Psychologie, 1994, S. 275).

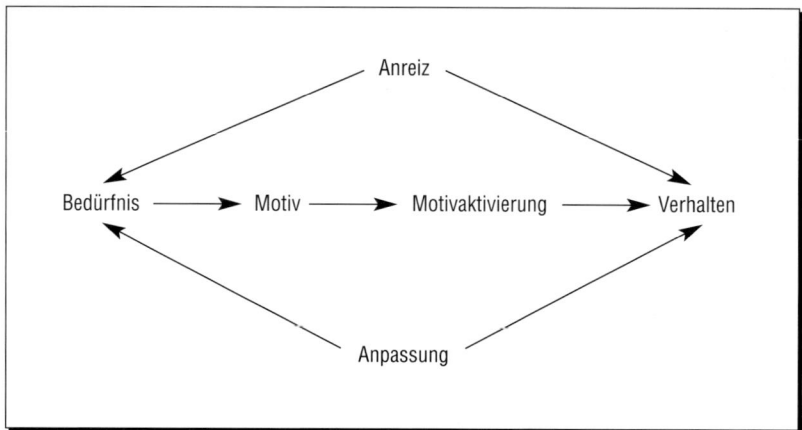

Der Ablauf des Motivationsprozesses lässt sich an einem einfachen Beispiel darstellen:

> Beispiel: Der überhebliche Nachbar kauft sich ein größeres Auto, als es sein Nachbar besitzt (Anreiz). Hierdurch entsteht bei diesem das Bedürfnis nach Geltung mit dem Motiv, ebenfalls ein noch größeres Auto zu kaufen. Dieses größere Auto kann aber nur mit Hilfe eines größeren Einkommens unterhalten werden. Es muss also eine Geldbeschaffungsaktion durchgeführt werden (Motivaktivierung). Ein Schritt zu einer Lösung wäre es, den Vorgesetzten auf eine Gehaltserhöhung anzusprechen (Verhalten). Sollte dieser das Ersuchen ablehnen, müsste eine Anpassung von Bedürfnissen und Motiven erfolgen.

Warum Menschen bestimmte Bedürfnisse haben und welche Motive sie daraus ableiten ist wissenschaftlich nicht eindeutig geklärt. Die Handlungsbereitschaft ist zwar vorhanden, aber weder ist sie für andere offenkundig noch ist sie dem Einzelnen bewusst. Die wohl bekannteste Theorie über das Entstehen von Bedürfnissen und Motiven stammt vom Motivationsforscher **Maslow**, der untersuchte, was im Menschen bestimmte Verhaltensweisen erzeugt und aufrechterhält. Maslow ging den Fragen nach,

● welche Sachverhalte für den Menschen erstrebenswert sind und welche nicht,

● warum bestimmte Sachverhalte vom Menschen als erstrebenswert betrachtet werden,

● welche Faktoren diese Einschätzung im Laufe der Zeit beeinflussen und

● warum Menschen verschiedenen Sachverhalten unterschiedliche Bedeutung beimessen.

Maslow teilte menschliche Bedürfnisse in verschiedene Kategorien ein, die aufeinander geschichtet die Form einer Pyramide haben. Dabei ging er davon aus, dass wenn der Mensch die Bedürfnisse einer Stufe weitgehend erfüllt hat, er sich der Befriedigung der Bedürfnisse auf der nächsthöheren Stufe zuwendet.

In der Praxis ist diese Theorie allerdings nicht immer ganz schlüssig, denn Verhaltensvorhersagen sind schwierig, die Rangfolge der Bedürfnisebenen ist kulturabhängig, und das Phänomen der Frustration bei fehlender Bedürfnisbefriedigung trotz motivierten Verhaltens führt zu Konflikten bei Nichterreichen eines Ziels.

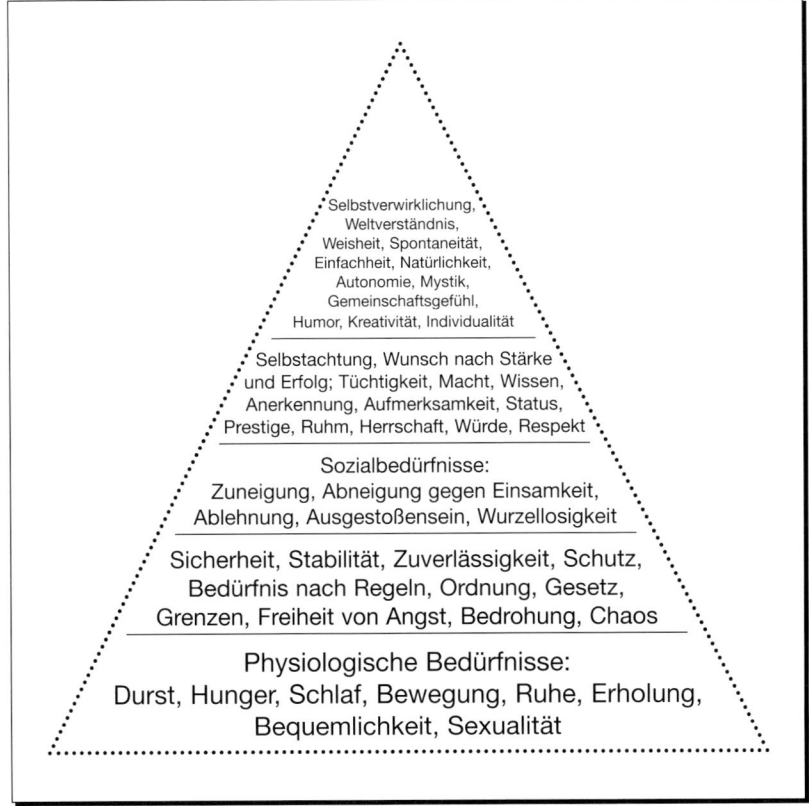

Übersicht 8:
Maslow'sche
Bedürfnispyramide

Ein weiterer Fragenkomplex, der die Motivationsforschung beschäftigt, ist der nach der Entstehung, Ausrichtung und Stärke von Motivationsprozessen. In diesem Zusammenhang interessieren die Wissenschaftler besonders die Fragen nach dem Ablauf von Motivationsprozessen:

● Wie werden menschliche Aktivitäten angeregt?
● In welche Richtung sind die Aktivitäten gerichtet?
● Welches Ziel haben die Aktivitäten?
● Welche Stärke und Dauer haben die Aktivitäten?

Für die Personal- und Mitarbeiterführung sind Faktoren wie Motive und Motivation insofern wichtig, weil sich in zahlreichen Untersuchungen gezeigt hat, dass der Unternehmenserfolg in beträchtlichem Umfang von der Leistungsbereitschaft, der Motivation und der Zufriedenheit seiner Mitarbeiter abhängig ist.

Im Bereich der Arbeitsmotivation von Mitarbeitern und Führungskräften stellt sich zum einen die Frage, welche Motive für das Arbeits- oder Führungsverhalten bestimmend sind. Zum anderen wird der Frage nachgegangen, in welchen Formen Arbeitsmotivation auftritt. An und für sich sind bewusste oder unbewusste Motive beim Menschen nur schwer messbar, die angewendeten Testverfahren sind recht spekulativ.

Im Arbeitsleben lassen sich Motive und Motivationen leichter erfassen, weil Leistungsanreize und Leistungsergebnisse erheblich einfacher gemessen werden können und nur im Zusammenhang mit der Arbeitsmotivation untersucht werden müssen. Die Erklärung von Zusammenhängen zwischen Motiven wie Macht, Geltung, Kompetenz, Sicherheit etc. und der Arbeitsmotivation bleibt allerdings weiterhin spekulativ.

Die im Arbeitsbereich wichtigste Unterscheidung erfolgt in

- extrinsische Motivation und
- intrinsische Motivation.

 Ein Mitarbeiter gilt als **extrinsisch motiviert**, wenn er in starkem Maße auf Belohnungen regiert. Das können Geld und Prämien, aber auch Lob, Anerkennung und Beförderung sein.

 Als **intrinsisch motiviert** gilt ein Mitarbeiter, der bestimmte Leistungsstandards verinnerlicht hat, sodass er in der Lage ist, sich für Erfolge selbst zu belohnen bzw. für Misserfolge zu bestrafen. Im Rahmen selbst aufgestellter Normen sind für diesen Mitarbeiter Pflichterfüllung, Gehorsam, Loyalität etc. der Antrieb für sein Leistungsverhalten. Arbeit wird für diesen Mitarbeiter zum Selbstzweck.

Vom unternehmerischen Standpunkt aus sind intrinsisch motivierte Mitarbeiter die kostengünstigere Lösung. Dabei wird aber gerne vergessen, dass ein Mitarbeiter nur motiviert ist, wenn er einen Sinn in seiner Tätigkeit sieht, denn dieser Sinn macht den Begriff Arbeit aus. Hier kann es sich z. B. um die Erschaffung eines neuen Produkts handeln, wofür eine Reihe von Tätigkeiten unter Einsatz technischer Hilfsmittel und eigener Kreativität ausgeführt werden müssen.

In der Mehrzahl der – insbesondere globalisierten – Unternehmen hat allerdings eine generelle Trennung zwischen Management und Mitarbeitern stattgefunden. Wissen, Verantwortung, Autorität und auch Handlungen sind nahezu ausschließlich der Führungsebene vorbehalten, während die Mitarbeiter lediglich ausführende Tätigkeiten verrichten.

Die von den Führungskräften erwartete Motivation der Mitarbeiter wird zur Manipulation, wenn sie lediglich den fehlenden Sinn einer Arbeit kompensieren soll.

5.1.3 Gruppenverhalten und Gruppenproblematik

Kenntnis der Gruppenproblematik und ihrer Bedeutung für die Führung

Im allgemeinen Sprachgebrauch wird der Begriff Gruppe für nahezu jeden Zusammenschluss von Menschen verwendet. Wenn man nach den Merkmalen von Gruppenverhalten und Gruppenproblematik fragt, muss die Definition von Gruppe etwas differenzierter ausfallen.

Definition

> **Im betriebs- und organisationspsychologischen Sinne wird Gruppe als Mehrzahl von Personen in direkter Interaktion über eine längere Zeitspanne bei Rollendifferenzierung und gemeinsame Normen, verbunden durch ein Wir-Gefühl verstanden (vgl. Rosenstiel, Lutz von, Schäffer Poeschel, 1992, S. 261).**

Wichtig zur Analyse von Gruppenverhalten und Gruppenproblematik sind also die Merkmale direkte Interaktion, Rollendifferenzierung, gemeinsame Normen und Wir-Gefühl der Gruppenmitglieder.

Führung und Gruppe sind zwei Seiten einer Medaille. Führung setzt den Bestand einer Gruppe voraus, denn ohne eine Gruppe gibt es keine Führung.

Im Unternehmen entstehen Gruppen durch Zielvorgaben und Aufgaben, die aufgrund der Organisationsgröße nicht von einzelnen Mitarbeitern erreicht oder erledigt werden können. Die Geschäftstätigkeit des Unternehmens erfolgt durch Gruppen (Abteilungen, Bereiche, Teams) unter der jeweiligen Leitung einer Führungskraft.

Betriebliche Gruppen werden im Rahmen der Unternehmensplanung und Unternehmensführung durch Schaffung organisatorischer Voraussetzungen (Raumverteilung, Stellenbeschreibung) gebildet. Derartige Organisationseinheiten, bei denen die Positionen unabhängig von den Merkmalen der Personen festgelegt werden, bezeichnet man als **formelle Gruppen**.

Der Zusammenschluss von einzelnen Individuen zu einer Gruppe durch Schaffung der organisatorischen Voraussetzungen darf allerdings nicht dazu verleiten, den sozialen Charakter einer Gruppe zu vergessen. Durch die täglichen Kontakte der Gruppenmitglieder und Führungskräfte untereinander entstehen emotionale Bindungen, die positiver, aber auch negativer Natur sein können. Es entstehen Sympathien und Antipathien.

Individuen, die zu einer Gruppe zusammengeschlossen werden oder sich freiwillig zusammenschließen, organisieren sich trotz gleicher Zielsetzung arbeitsteilig. Diese soziale Rollendifferenzierung ergibt sich aus den unterschiedlichen Erwartungshaltungen der einzelnen Gruppenmitglieder. Jedes Gruppenmitglied erwirbt seinen eigenen Gruppenstatus, aus dem es sein individuelles Rollenverhalten ableitet. Es entsteht eine gruppeninterne Hierarchie. Möglich ist auch die Ausprägung einer Hackordnung.

Der Zusammenhalt einer Gruppe leitet sich in erster Linie von ihrer Attraktivität für die einzelnen Mitglieder ab. Die durchschnittliche Attraktivität wird im wissenschaftlichen Sprachgebrauch als **Gruppenkohäsion** bezeichnet. Eine Gruppe mit geringer Attraktivität kann dennoch zusammenhalten, wenn die Gruppenmitglieder von ihr abhängig sind (Dependenz). Diese Abhängigkeit resultiert aus der Vorstellung der einzelnen Gruppenmitglieder, bei Verlust der Mitgliedschaft Vorteile zu verlieren, die sie in einer anderen Gruppe nicht erreichen könnten. Die unterschiedlichen Wirkungen von Kohäsion und Dependenz lassen sich einfach erkennen:

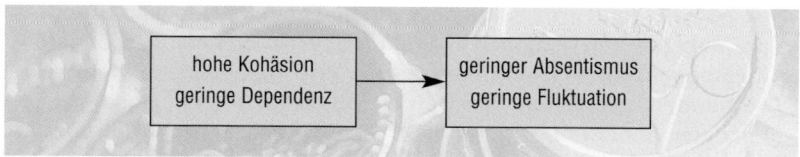

Der Gruppenzusammenhalt ist gut, die Mitglieder halten sich gern in der Gruppe auf.

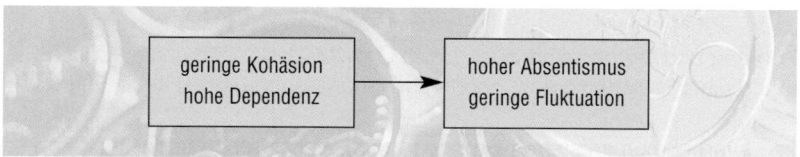

Der Gruppenzusammenhalt ist niedrig, die Mitglieder halten sich von der Gruppe fern, ohne ihre Mitgliedschaft aufzugeben.

Innerhalb einer Gruppe erwarten die Mitglieder, dass von allen in bestimmten Situationen im Sinne der Gruppe gleich gedacht und gehandelt wird. Diese Erwartungshaltung wird auf die Gruppennormen zurückgeführt, die quasi als ungeschriebene Gesetze das Verhalten der Mitglieder innerhalb und außerhalb der Gruppe regeln.

Vielfach werden Gruppennormen auch als Zwang angesehen, wenn beispielsweise abweichendes Verhalten der Gruppenmitglieder negativ sanktioniert wird. Allerdings ist dies nur bedingt richtig, denn vielfach werden durch die Einführung von Normen die sozialen Beziehungen innerhalb der Gruppe erst hergestellt. Im Bereich der Gruppen- und Teamarbeit hat sich auch gezeigt, dass Arbeitsleistungen durch Gruppennormen (selbst gegebene Spielregeln) wesentlich höher ausfallen. Die aus der Mehrleistung resultierenden Belohnungen (Prämien etc.) sind Anreiz für die Gruppenmitglieder, die Normen einzuhalten.

Natürlich können Gruppennormen auf der anderen Seite dazu beitragen, dass das Leistungsniveau einer Gruppe unter ihrem durchschnittlichen Vermögen gehalten wird, um zum Beispiel als ungerecht angesehenen Anforderungen, Systemfehlern oder Führungsmängeln Widerstand entgegenzubringen.

Gegen Mitglieder, die gegen Normen verstoßen, kann eine Gruppe verschiedene Sanktionsmöglichkeiten entwickeln, die bis zum offenen Ausschluss des Mitglieds oder zur Selbstauflösung führen können.

Neben der formellen Gruppe entstehen in jedem Unternehmen auch **informelle Gruppen**. Dabei handelt es sich um Zusammenschlüsse einzelner Mitarbeiter, die nicht durch organisatorische Planung seitens des Managements vorgesehen sind. Dazu zählen beispielsweise Betriebssportgruppen, Fahrgemeinschaften oder auch nur Gruppen, die sich aufgrund gemeinsamer Kantinenbesuche, gleicher Interessenlage oder gleichen Alters abteilungs- und bereichsübergreifend bilden. Die Entstehung informeller Gruppen resultiert aus den Bedürfnissen der Menschen nach sozialen Kontakten, Anerkennung, Sicherheit oder Prestige. Die Mitglieder informeller Gruppen sind auch gleichzeitig Mitglieder formeller Gruppen. Dadurch ergeben sich sowohl positive als auch negative Auswirkungen auf die gesamte Organisation.

Durch informelle Bindungen kann z. B. die Kommunikation zwischen einzelnen formellen Gruppen wesentlich verbessert werden (kleiner Dienstweg, gutes Betriebsklima). Allerdings können Konflikte durch die Entstehung von Gerüchten oder die Vermischung privater und dienstlicher Angelegenheiten entstehen (Cliquenbildung).

Informelle Gruppenbildung kann durch die Unternehmensführung so weit toleriert oder sogar gefördert werden, wie die informellen Gruppen nicht ihr eigenes System bilden und die geplant geführten organisatorischen Einheiten unterlaufen.

Informelle Bindungen finden sich besonders häufig in Gruppen mit überwiegend ausführenden Tätigkeiten, da es dort keine formellen Verhaltensnormen gibt. Alle Gruppenmitglieder befinden sich vom betrieblichen Status her auf einer Ebene. Dadurch zeigen solche Gruppen besonders ausgeprägte informelle Verhaltensweisen (Wir-Gefühl):

● Durch gegenseitige Kontrolle entsteht ein System sozialer Nivellierung. Jedes Mitglied muss sich der Gruppenmeinung anschließen, auch wenn diese lediglich „ungeschriebenes Gesetz" ist. Die Gruppenmeinung kontrolliert und regelt das Gruppenverhalten, ermöglicht Zusammenarbeiten und sorgt für die soziale Stabilität der Gruppe.

● Die Gruppenmeinung beeinflusst Arbeitsabläufe und Leistungsbereitschaft höher als Anweisungen oder Anreize seitens der Führungskräfte. Es ist wichtiger, von seinen Kollegen akzeptiert zu werden, als sich beim Vorgesetzten beliebt zu machen.

● Der interne Leistungsmaßstab der Gruppe ist die Arbeitsleistung des durchschnittlichen Mitglieds. Sowohl der beste als auch der schlechteste Gruppenarbeiter sind soziale Außenseiter. Bei derartigen Gruppen brauchen meist keine Mindestanforderungen festgelegt zu werden, sie werden vielmehr von der Gruppe erzwungen.

- Die Innenwirkung der informellen Gruppe dient der Verhaltensnormierung. Nach außen schützt sie ihre Gruppe vor fremden Einwirkungen. Auf Veränderungen reagieren informelle Gruppen mit Widerstand, was leicht zu Konflikten führen kann.

Konflikte innerhalb sozialer Prozesse sind eine völlig normale Erscheinung. Die Psychologie hat durch langjährige Untersuchungen folgende Ergebnisse zur Konfliktforschung beigetragen:

- Das Konfliktpotenzial ist zwischen benachbarten Gruppen und Personen am höchsten.

- Freundlichkeiten von Führungskräften, die aufgrund formeller Überlegenheit gewährt werden, stoßen bei den Untergebenen auf maximale Zurückweisung, was im Gegenzug zu Enttäuschungen bei den Vorgesetzten führt.

- Konflikte zwischen gleichrangigen Personen werden über Nebensächlichkeiten ausgetragen (Stellvertreterkonflikte).

- Statussymbole werden extrem wichtig genommen, allerdings reagieren Führungskräfte entschieden empfindlicher auf Unterschiede als die Mitarbeiter der unteren Hierarchien.

- Wenn Mitarbeitern der unteren Ebene Führungsaufgaben übertragen werden, wird gegen das Prinzip der Solidarität verstoßen. Die nunmehr Untergebenen betrachten diese Differenzierung als illegitim.

- Abweichungen vom erwarteten Rollenverhalten werden bei höherrangigen Mitarbeitern eher geduldet, als bei Mitarbeitern unterer Positionen. Allerdings wächst mit der Hierarchiestufe der Umfang der Rollenerwartungen, die auch in das Privatleben hineinreichen.

Wenn innerhalb eines Betriebes oder einer Gruppe gegen eines dieser Prinzipien des sozialen Zusammenlebens absichtlich oder unbeabsichtigt verstoßen wird, entstehen Konflikte. Die Beilegung derartiger Konflikte kostet Zeit und Geld. Deshalb sollte man generell Führungsentscheidungen noch einmal auf ihr Konfliktpotenzial hin überprüfen und gegebenenfalls korrigieren.

5.2 Die unternehmerische Aufgabe der Führung

Bewusstsein der Bedeutung von Führungszielen für die Führungsaufgabe
Einsicht in die Zusammenhänge von Organisation und Führung
Kenntnis der Führungsstile und
Einsicht in ihre Bedeutung

Unternehmen sind Organisationen, die es sich zur Aufgabe machen, bestimmte Ziele wie:

- Gewinne erzielen,
- Marktanteile auszubauen,

- Rentabilität erhöhen,
- betriebliche Kosten senken etc.

zu erreichen und dabei rechtlich und wirtschaftlich selbstständig sind. Die Bandbreite dessen, was als Unternehmen angesehen wird, reicht vom kleinen Einzelunternehmen mit ein oder zwei Beschäftigten bis zum multinationalen Konzern mit hunderttausenden von Mitarbeitern.

Gemeinsam ist allen Unternehmen, dass sie nicht demokratisch geleitet werden, sondern durch den Unternehmer oder seine Beauftragten geführt werden. Ein Teil der Menschen innerhalb eines Unternehmens entwickelt Strategien zur Zielerreichung und gibt an einen anderen – weitaus größeren – Teil von Menschen Anweisungen. Die Mitarbeiter führen gegen Entlohnung Handlungen durch, um diese Strategien umzusetzen und Ziele zu erreichen. Sollten bei der Umsetzung Schwierigkeiten auftreten, ist der führende Teil innerhalb des Unternehmens auf Informationen (Feedback) des ausführenden Teils angewiesen. Durch diesen Prozess entstehen wechselseitige Abhängigkeiten, die auch Gegenstand der Forschungen zur Unternehmensführung sind.

Bei näherer Betrachtung des Begriffs Unternehmensführung finden sich Zusammenhänge zwischen **Unternehmensführung** und **Management**.

Unternehmensführung bezieht sich auf den Prozess des Führens unter

- sachbezogenen Aspekten (Produktionsfaktoren),
- prozessbezogenen Aspekten (Unternehmensabläufe),
- strukturbezogenen Aspekten (wechselseitige Abhängigkeiten).

Definition

Der aus dem anglo-amerikanischen Wirtschaftsraum stammende Begriff Management bezeichnet den Personenkreis, der in einer Organisation die grundsätzlichen und wegweisenden (originären) Entscheidungen trifft.

Dem Management wird innerhalb der Unternehmensführung folgendes Aufgabengebiet zugeordnet:

- Zielsetzung (Treffen originärer Entscheidungen),
- Planung von Arbeitsleistungen,
- Organisation von Arbeitsleistungen,
- Realisierung von Zielvorgaben,
- Kontrolle von Zielvorgaben und Arbeitsleistungen.

In Abhängigkeit von der Unternehmensgröße gibt es neben dem Management noch weitere Mitarbeiter, die als Führungskräfte bezeichnet werden (Betriebs- und Abteilungsleiter, Meister, Vorarbeiter etc.). Ihre Aufgabe ist nicht nur die Leitung bzw. Steuerung des Einsatzes an Produktionsfaktoren, sondern sie haben auch ihre unterstellten Mitarbeiter zu betreuen, zu motivieren und zu beurteilen.

Zu der Frage, über welche Eigenschaften eine Führungskraft verfügen muss, hat wohl jeder seine persönliche Meinung. Dennoch sind durch wissenschaftliche Untersuchungen für den Führungsprozess bedeutsame Schlüsselqualifikationen definiert worden, die in Anlehnung an die Fachkompetenz (Kenntnisse und Fertigkeiten) und Methodenkompetenz (Verhaltensweisen) als Sozial- und Motivationskompetenz (Soft Skills) bezeichnet werden. Unter **Sozialkompetenz** werden vielfach folgende Eigenschaften und Fähigkeiten von Führungskräften verstanden (nach Bröckermann, Reiner: Personalführung, WV Bachem 2000, S. 30 ff.):

- Zielführend kommunizieren können,

- kooperative Problemlösungen erarbeiten,

- sachliche Entscheidungen überzeugend vertreten,

- für breite Akzeptanz sorgen,

- Betroffene zu Beteiligten machen,

- weniger leistungsfähige Mitarbeiter in Problemlösungsprozesse einbinden,

- Mitarbeitern eine Entwicklung zu Entscheidungsmündigkeit und Selbstbewusstsein ermöglichen,

- den sicheren Umgang mit Instrumenten der Personalplanung, Delegation, Zusammenarbeit und Beurteilung beherrschen,

- Forcieren von Teams, die nicht unternehmenspolitisch besetzt sind oder den Unternehmensproporz repräsentieren,

- in der Förderung von Querdenkern.

Motivationskompetenz umfasst hauptsächlich die folgenden Fähigkeiten zur Motivation, zum Einfluss, zur Zusammenarbeit und zur Zielsetzung:

- Visionen formulieren und verkaufen zu können,

- Prioritäten zu setzen,

- sinnvollen Einsatz von Zeit und Energie erreichen,

- sinnvolle Optimierung von Entscheidungsprozessen,

- Macht und Einfluss zur Realisierung von Unternehmenszielen und zum notwendigen Wandel nutzbar machen können,

- innerhalb betrieblicher Konflikte ausgleichend sein.

Aus den Elementen von Führungsqualifikation lässt sich erkennen, dass nur wenige Vorgesetzte als Führungskraft geboren werden. Allerdings wird auch deutlich, dass Führung bis zu einem gewissen Punkt erlernt werden kann. Mit Fleiß und Ausdauer können viele, wenn auch nicht alle Mankos im Führungsverhalten aufgearbeitet werden.

5.2.1 Zusammenhänge zwischen Führung und Organisation

In größeren Unternehmen werden Personalangelegenheiten durch die personalwirtschaftlichen Abteilungen geregelt. Planung, Beschaffung, Einsatz, Entlohnung, Beurteilung und Entlassung von Mitarbeitern laufen im organisatorischen Rahmen und nach den betrieblichen Erfordernissen ab.

Nun hängen aber viele Aspekte der personalwirtschaftlichen Tätigkeit von der einzelnen Arbeitsleistung der Mitarbeiter ab. Niemand erwartet jedoch, dass jeder Mitarbeiter durch einen Angestellten der Personalabteilung kontrolliert wird. Da dies nicht praktikabel ist, werden einige an und für sich personalwirtschaftliche Aufgaben an die Führungskräfte delegiert.

Wer einen Mitarbeiter täglich steuert, seine Arbeitsleistungen bewertet und sein Verhalten beurteilt, kann besser entscheiden, ob diesem Mitarbeiter eine Gehaltserhöhung zusteht oder die Entlassung droht.

Im Laufe der letzten Jahrzehnte hat sich aber auch die Betrachtungsweise der wissenschaftlichen Unternehmensführung gewandelt. Während in den Zeiten der Hochindustrialisierung vom rational denkenden und überwiegend ökonomisch ausgerichteten Mitarbeiter, der sich durch monetäre Anreize zu (mehr) Leistung motivieren lässt, ausgegangen wurde (Taylorismus), hat sich dieses Menschenbild heute grundsätzlich verändert.

Die neue Generation von Mitarbeitern ist besser ausgebildet, gebildeter und an ihrer Umwelt interessierter als die Arbeitnehmer früherer Zeiten. Innerhalb der gesamten Gesellschaft hat ein Wertewandel stattgefunden, der vor den Unternehmen nicht Halt gemacht hat.

Dem heutigen Mitarbeiter sind zunehmend nichtmonetäre, soziale Ziele (Sicherheit, Arbeitszufriedenheit, Integration, Mitbestimmung) wichtiger als Gehaltserhöhungen und Karrieren.

Das Management steht somit vor der Aufgabe, betriebliche Strukturen und Prozesse den geänderten Bedürfnissen der Mitarbeiter anzupassen, ohne dabei die unternehmerischen Ziele zu vernachlässigen.

Durch diese gesellschaftlichen Veränderungen am stärksten betroffen sind die Bereiche betriebliche Arbeitsorganisation und Mitarbeiterführung. Starre Hierarchien mit Vorarbeitern, Meistern, Gruppen- und Abteilungsleitern und autoritäre Führungsstile führten zu Demotivation und Fluktuation bei den Mitarbeitern, infolgedessen sank die Arbeitsleistung und die Opportunitätskosten stiegen.

Eine zeitgemäße Unternehmensführung versucht, durch neue Arbeitsformen aus dieser für Mitarbeiter und Unternehmen unbefriedigenden Situation herauszufinden.

Die weitreichendste Veränderung ist die Einführung von Gruppen- oder Teamarbeit. Durch die Bildung von **Fertigungsteams**, **teilautonomen Arbeits-**

gruppen, **Projektgruppen** und **Qualitätszirkeln** wird mehr Verantwortlichkeit, beispielsweise in den Bereichen

- Qualitätsoptimierung,
- Arbeitsvorbereitung,
- Arbeitsorganisation und
- Ergebniskontrolle

auf die Mitarbeiter übertragen, um zu einem geringeren Grad an Arbeitsteilung und mehr Arbeitszufriedenheit zu gelangen. Dadurch steigen generell Leistungsbereitschaft und Leistungsfähigkeit der Beschäftigten. Diese neuen Formen der Arbeitsorganisation verlangen allerdings auch ein verändertes Führungsverhalten.

5.2.2 Führungsstile

Definition

Als Führungsstil im wissenschaftlichen Sinne wird ein Verhalten verstanden, das sich an einer einheitlichen methodischen Grundhaltung orientiert, wobei die Verhaltensmuster der Führungskraft gegenüber den Untergebenen regelmäßig situationsunabhängig wiederkehren.

In zahlreichen Untersuchungen zum Führungsstil wurde bei allen Befragten herausgefunden, dass überwiegend die situative Qualität der Führungsbeziehungen als Merkmal des Führungskräfteverhaltens verstanden wird.

Bei den innerbetrieblichen Interaktionsprozessen wird der Führungskraft die aktive und beeinflussende Rolle zugeordnet, während die Geführten als das Objekt der Führung verstanden werden, auf die die Aktionen der Führungskräfte gerichtet sind.
Dieses passive Verhalten der Untergebenen gegenüber dem Führungsstil des Vorgesetzten wandelt sich zunehmend. Das Aufkommen von Gruppenarbeit, höherqualifizierter Ausbildung als Grundvoraussetzung auch bereits bei ausführenden Tätigkeiten und der vermehrte Bedarf an interdisziplinärer Teamarbeit führen dazu, dass Mitarbeiter aktiv Einfluss auf den Führungsstil der Führungskräfte nehmen.

Im Verlauf dieser Entwicklung innerhalb der Arbeitsstrukturen von Unternehmen und Organisationen werden Führungsstile, die auf Partizipation (Beteiligung) und Kooperation (vertrauensvolle Zusammenarbeit) bauen, mehr Gewicht erhalten als die bisherigen, autoritär geprägten Führungsstile. Bereits von den heutigen, aber mehr noch von den zukünftigen Führungskräften wird erwartet, dass sie flexibel auf situative Veränderungen reagieren können und ihr Führungsverhalten dementsprechend anpassen.

Fachwissen und persönliche Ausstrahlung (Charisma) sind zukünftig für den Führungserfolg wesentlich bedeutsamer als strukturelle Autorität.

Es herrscht heute sowohl bei Wissenschaftlern als auch bei Praktikern in der Unternehmensführung Einigkeit darüber, dass es den idealen Führungsstil nicht gibt. Jede erfolgreiche Führungskraft besitzt einen eigenen Stil, der aufgrund des eigenen Erfolgs als richtig angesehen wird. Erfolglose Führungskräfte werden entweder nicht mehr mit Führungsaufgaben betraut oder verändern ihr situatives Verhalten bzw. das organisatorische Umfeld, bis sich ihr Führungsstil wieder als erfolgreich erweist.

5.3 Grundsätze der Führung

*Kenntnis der Führungstechniken und Führungsgrundsätze sowie
Einsicht in die Zusammenhänge von Führung und Betriebsorganisation*

Grundsätzlich lassen sich Führungsgrundsätze nach zwei voneinander unabhängigen Dimensionen des Führungsverhaltens, die dann als **persönlicher** Führungsstil bezeichnet werden, unterscheiden:

- Aufgabenorientiertes Führungsverhalten,
- Mitarbeiterorientiertes Führungsverhalten.

Diese grundsätzlichen Verhaltensweisen können durch die Persönlichkeit der Führungskraft oder durch strukturelle Besonderheiten des Aufgabenspektrums bzw. des Unternehmens weiter in **autoritäres** und **partizipatives Führungsverhalten** unterteilt werden (nach Bröckermann, Personalführung, WV Bachem, S. 306). Die im Folgenden beschrieben Führungsstile haben autoritäre Züge:

- patriarchalisches Führungsverhalten: Orientierung am Leitbild der Autorität und Güte der archaischen Vaterfigur,

- charismatisches Führungsverhalten: die Führungskraft verlässt sich auf ihre persönliche Ausstrahlung und ihre natürliche Führungsbefähigung,

- autokratisches Führungsverhalten: Führungskräfte sind Alleinherrscher mit großer Machtfülle, die sie einzusetzen wissen,

- bürokratisches Führungsverhalten: die Führung erfolgt durch ein umfassendes Regelwerk.

Diesen eher autoritär geprägten Führungsstilen stehen die partizipativen (kooperativen) Führungsstile gegenüber:

- demokratisches Führungsverhalten: Mitarbeiter werden an den Entscheidungsprozessen beteiligt,

- Laissez faire: die Potenziale der Mitarbeiter sollen sich frei entwickeln und entfalten können.

Alle diese Führungsgrundsätze können die komplizierten Prozesse des Führens und Geführtwerdens nicht abschließend erklären. So kommen aus

der Wissenschaft laufend neue Erklärungsansätze wie die Entscheidungs-
baumtheorie von Vroom und Yetton, der zweidimensionale Verhaltensansatz
von Halpin, Winer und anderen sowie das 3-D-Programm von Reddin als
weiterführende Erklärungsversuche menschlichen Führungsverhaltens hinzu.

5.3.1 Führungstechniken

Führungstechniken sind Verhaltens- und Verfahrensweisen (Führungsmittel),
die von Führungskräften in bestimmten Situationen als Führungsinstrumente
eingesetzt werden.

Die Unterscheidung der Führungstechniken erfolgt in:

- die **mittelbezogenen Techniken**, die sich direkt auf die eingesetzten
  Führungsmittel wie Textformulierung, Konferenztechnik, Zusammenarbeit,
  Delegationstechnik, Beurteilungstechnik, Unterweisungstechnik sowie
  persönliche Entscheidungs- und Arbeitstechnik beziehen.

- die **prozessbezogenen Führungstechniken**, die in direkter Verbindung
  mit den Führungsmitteln stehen. Hierzu zählen Planungstechniken
  (Netzplan, Prognose), Realisationstechniken (Schwachstellenanalyse) und
  Kontrolltechniken (Abweichungsanalysen).

- die **Organisationstechniken**, zu denen

  - Aufbautechniken (10-Stufen-Methode, ARIS-Architekturen, Ereignis-
    gesteuerte Prozesskettendiagramme und Vorgangskettendiagramme),

  - Ablauftechniken (Befragung, Beobachtung, Experiment)

  - Projekttechniken (Mind Mapping, Metaplan, Delphi) gehören.

- die **Kreativitätstechniken**, die zu einer höheren Innovationsneigung der
  Mitarbeiter führen sollen wie z. B. Brainstorming etc.

- die **Management-by-Techniken**

Folgende Management-by-Techniken haben sich aufgrund ihrer Umsetz-
barkeit und Praktikabilität innerhalb der Führungspraxis durchgesetzt:

- **Management by Exception** (MbE) bedeutet Führung durch Ausnahme-
  regelungen. MbE geht von zwei Annahmen aus. Zum einen sind Führungskräfte zu intensiv mit Ausführungsarbeiten belastet, sodass die eigentliche
  Führung zu kurz kommt. Zum anderen arbeiten Mitarbeiter wirkungsvoller,
  wenn sie ihre Aufgaben weitgehend selbstständig erledigen können. Durch
  einen genau festgelegten Ermessensspielraum wird die Entscheidungs-
  kompetenz auf die Untergebenen übertragen. Von der Führungskraft wird
  die Fähigkeit zur Delegation von Aufgaben und Verantwortung erwartet,
  der Vorgesetzte greift nur noch in Ausnahmesituationen ein. Der Ermessensspielraum und die Ausnahmesituation dürfen nicht zu eng definiert
  werden, dies würde bei den Mitarbeitern den Eindruck erwecken: Wir haben eine Entscheidungsvollmacht, aber nicht, wenn es schwierig wird.
  Das wäre keine echte MbE-Technik.

- **Management by Objectives** (MbO) bedeutet Führung durch Zielvorgaben. Die MbO-Technik beinhaltet zwei Aspekte. Die betrieblichen Ziele sind keine auf immer festgeschriebenen Vorgaben. Sie werden vielmehr durch innerbetriebliche Prozesse und externe Umwelteinflüsse immer wieder an veränderte Situationen angepasst. Der zweite Aspekt ist die Annahme, dass Zielformulierungen für Mitarbeiter dann eine Orientierungshilfe darstellen, wenn sie als operationale Einzelziele formuliert werden. Für ein funktionsfähiges MbO bedeutet dies in der Umsetzung, dass eine regelmäßige Zielüberprüfung und Zielkorrektur durch das Management stattzufinden hat und bei der Neufestsetzung von Zielen der Zielbildungsprozess von Vorgesetzten und Untergebenen gemeinsam getragen werden muss. Das Interesse der Mitarbeiter und das Verantwortungsbewusstsein für die Zielerreichung steigen und machen die Zielvorgabe daher realistischer.

5.3.2 Führungsmodelle

Führungsmodelle sollen praxisorientierte Konstruktionen sein, die eine integrierte Einsicht über Führung in Organisationen vermitteln sollen. Diese Modelle haben idealtypischen und normativen Charakter. Sie geben Gestaltungsempfehlungen und Handlungsanweisungen für betriebliche Führungskonzepte. Führungsmodelle machen Aussagen zu den einzelnen Elementen des Führungsgeschehens und beinhalten sowohl die strukturellen als auch die interaktiven Komponenten der Führung.

Unter den zahlreichen Führungsmodellen ist das **Harzburger Modell** eines der bekanntesten. Die Hauptziele des Harzburger Modells, das von der Akademie für Führungskräfte, Bad Harzburg, entwickelt wurde sind:

- Abschaffung des autoritären Führungsstils,

- Entlastung der Führungskräfte,

- Förderung der Eigeninitiative, Leistungsmotivation und Verantwortungsbereitschaft der Mitarbeiter.

Das Harzburger Modell empfiehlt zur Umsetzung dieser Ziele folgende Instrumente:

- die **Delegation von Verantwortung**: Entscheidungen sind auf den betrieblichen Ebenen zu fällen, auf denen sie anfallen. Dadurch soll eine bessere Anpassung an neue Entwicklungen und eine bessere Effizienz innerhalb der Organisation erreicht werden.

- das **Aufstellen allgemeiner Führungsanweisungen**: Hierdurch soll das Zusammenwirken von Führungskräften und Mitarbeitern optimiert werden (Führungsprinzipien für alle).

- das **Aufstellen spezieller Führungsanweisungen**: Diese ergänzen die allgemeinen Führungsprinzipien für bestimmte Stellen.

- das **Erstellen von Stellenbeschreibungen:** Durch die Stellenbeschreibung werden Aufgaben und Kompetenzen schriftlich festgehalten und gegenüber anderen Stellen abgegrenzt.

- die **Durchführung von Mitarbeiter- und Dienstbesprechungen**: Bei der Mitarbeiterbesprechung werden Fragen zu Ausnahmefällen, bei denen der Mitarbeiter Vorschläge unterbreitet, der Vorgesetzte aber die Entscheidung fällen muss, behandelt. In einer Dienstbesprechung erteilt der Vorgesetzte Anweisungen, informiert oder übt Kritik. Mitarbeiter- und Dienstbesprechungen finden im Dialog zwischen Vorgesetztem und Mitarbeiter statt.

- das **Aufstellen von Zielsetzungen**: Alle Stellen erhalten definierte Sollvorgaben, an deren quantitativer und zeitlicher Festsetzung der jeweilige Stelleninhaber beteiligt wird. Die Einhaltung der Sollvorgaben dient der Beurteilung des jeweiligen Stelleninhabers.

Generelle Voraussetzungen für die Funktionsfähigkeit des Harzburger Modells sind die Delegationsbereitschaft der Führungskräfte und die Delegationsfähigkeit der Mitarbeiter. Weiterhin bedarf es eines Kontroll-, Berichts- und Informationssystems und einer genauen Abgrenzung delegierbarer und nichtdelegierbarer Aufgaben, da sonst Anerkennung und Kritik der Mitarbeiter nicht objektiv durchgeführt werden können.

Zahlreiche Führungsmodelle wie das Harzburger Modell postulieren einen kausalen Zusammenhang zwischen Führungsstil und dessen Auswirkungen auf Arbeitsproduktivität, Motivation, Leistungsbereitschaft, Fehlzeiten und Fluktuation.

Dieser Zusammenhang geht zum Teil ganz wesentlich an der Führungspraxis vorbei. Aufgrund ihrer herausgehobenen Stellung kommen Führungskräfte nicht ohne fundierte analytische Fähigkeiten aus, um die tatsächlichen Wechselwirkungen von Führungsverhalten, Situationen und Umwelteinflüssen erkennen zu können. Anders ausgedrückt machen Führungsmodelle aus nicht geeigneten Vorgesetzten keine geeigneten. Fähige Führungskräfte können durch die Adaption von Führungsmodellen allerdings bei ihrer Arbeit unterstützt werden.

5.3.3 Führungsprinzipien und -systeme

Führungsprinzipien sind ein strategisches Mittel der Unternehmensführung, um die Beziehungen zwischen Mitarbeitern und Vorgesetzten im Rahmen einer Führungskonzeption zu normieren. Die Führungsfunktion wird dabei in **Führungsstile** und **Führungssysteme** unterteilt. Beim Führungsstil handelt es sich um die persönliche Art und Weise, wie ein Vorgesetzter mit seinen Mitarbeitern umgeht und wie er z. B. sein Unternehmen, seine Abteilung oder sein Team leitet. Unter Führungssystem wird der Katalog von Anweisungen innerhalb eines Unternehmens verstanden, der das Führungsverhalten generell regelt. Zu den Regelungen können Vorgaben wie „Mitarbeiter sind autoritär zu führen, Aufgaben und Kompetenzen sind an Mitarbeiter weitestgehend zu delegieren, Untergebene sind zu motivieren etc." gehören.

Durch Führungsprinzipien soll eine Verknüpfung mit den sonstigen unternehmenspolitischen Maßnahmen hergestellt werden. So stehen beispielsweise

● das Produkt-Markt-Personalkonzept,
● die dezentrale Organisation,
● die Führungsgrundsätze,
● die kooperative Qualifikation,
● die kooperative Führung und
● die Kooperation als Beförderungskriterium

in ständiger Wechselwirkung zueinander, um Unternehmens- und Mitarbeiterziele in Einklang zu bringen.

Ziel heutiger Führungsprinzipien und -systeme ist die Herstellung eines offenen und sichtbaren Managements, bei dem die Dialogbereitschaft zwischen Mitarbeitern und Vorgesetzten nach innen und außen dokumentiert wird. Die wesentlichen Instrumente dieser Prinzipien und Systeme basieren auf folgenden Grundregeln:

● Offenheit, Bereitschaft zum Dialog und zum Feedback,

● Sachlichkeit, Vermeidung einseitiger Beeinflussung,

● Vermittlung notwendiger Informationen, Vermeidung von Informationsüberflutung,

● Parteilichkeit, kein Verstecken der Interessenlage,

● Relevanz, Vermeidung von Kommunikation über Nebensächlichkeiten,

● Verständlichkeit.

Vom Vorgesetzten wird erwartet, dass er mit dem Mitarbeiter Einzelziele im Rahmen der Unternehmensziele vereinbart und die Entscheidungsbereiche des Mitarbeiters so abgrenzt, dass dieser eindeutige Aufgaben und Befugnisse übertragen bekommt und somit seine Selbstkontrollfähigkeiten gefördert werden. Die psychologische Wirkung dieses Vorgehens soll in der Mobilisierung neuer Energien und der Erhöhung von Ausdauer und Konzentration des Mitarbeiters liegen.

Zwischen erwünschtem und realem Führungsverhalten bestehen teilweise starke Abweichungen, sodass aus der Analyse der Führungsprinzipien und Führungssysteme keine Rückschlüsse auf die tatsächlich praktizierten Führungsstile gezogen werden können. Allerdings liefern durchgeführte Abweichungsanalysen konkrete Informationen über Führungsdiskrepanzen und helfen somit, Lösungsansätze bei betrieblichen Leistungsverlusten zu erarbeiten.

5.4 Mittel der Führung

Kenntnis der Führungsmittel und ihrer Einsatzwirkung;
Fähigkeit, geeignete Führungsmittel für bestimmte Führungssituationen aus-
zuwählen

Den betrieblichen Führungskräften stehen verschiedene Mittel zur Verfügung, auf die sie zur Erfüllung ihrer Führungsaufgaben zurückgreifen können. Welche Führungstechniken sie dabei bevorzugen, hängt von der jeweiligen Situation, der Persönlichkeit und den betrieblichen Normen ab. Hingewiesen sei an dieser Stelle auf folgende Mittel der Mitarbeiterführung:

- Weisungsmittel: Befehle, Aufträge, Anweisungen, Kommandos

- Anreizmittel: Aufstieg, Entgelt, Status, Entwicklung, Verwirklichung, Ermunterung

- Informationsmittel: Rundschreiben, Aushänge, Merkblätter, Mitteilungen

- Kommunikationsmittel: Gespräche, Verhandlungen, Konferenzen, Besprechung

- Kooperationsmittel: Offenheit, Zusammenarbeit

- Delegationsmittel: Aufgaben, Kompetenzen, Verantwortung

- Partizipationsmittel: Vorschlagswesen, Qualitätszirkel, Teams

- Kritikmittel: Tadel, Sanktionen

- Prozessbezogene Mittel: Ziele, Pläne, Projekte, Arbeitsrealisierung, Kontrollen

- Beurteilungsmittel: Beurteilungsbogen

- Organisationsbezogene Mittel: Aufbauorganisation, Ablauforganisation, Projektorganisation

- Gruppenbezogene Mittel: Integration, Ansporn, Förderung, Ermutigung, Wertschätzung, Bremsen

- Sonstige Führungsmittel: Strenge, Güte, Sachlichkeit, Humor, Gewähren von Freiheiten, Ausüben von Druck, Anpassungsfähigkeit.

Natürlich ist die Anwendung dieser Mittel nicht nur auf die Führungskräfte beschränkt. Im Führungsprozess liegt die Problematik aber in der personen- und situationsbedingten Auswahl und Kombination der Mittel, denn

- die eindeutige Reaktion auf ein bestimmtes Mitarbeiterverhalten oder eine Situation ist nicht ohne Schwierigkeiten möglich,

- Mitarbeiterverhalten ist nicht exakt vorhersehbar, sodass es eines gewissen Improvisationstalents seitens des Vorgesetzten bedarf,

- trotz optimalen Einsatzes aller Führungsinstrumente ist die Identifikation der Mitarbeiter mit den Unternehmenszielen nicht immer erreichbar.

5.4.1 Strukturierte Mitarbeitergespräche

Eines der in der Führungspraxis häufig verwendeten praktischen Führungsmittel ist das strukurierte Mitarbeitergespräch. Es unterscheidet sich von den
üblichen Gesprächen zwischen Mitarbeiter und Vorgesetzten dadurch, dass
es

- eine besondere Zielsetzung hat,
- sorgfältig geplant,
- durchgeführt und
- nachbereitet werden muss.

Strukturierte Mitarbeitergespräche sind als Führungs-, Förderungs- und Ent-
wicklungsgespräche eine nicht delegierbare Führungsaufgabe. Sie können
die täglichen Gespräche nicht ersetzen, allenfalls ergänzen.

Die Themen eines strukturierten Mitarbeitergesprächs sind sowohl vergan-
genheits- als auch zukunftsorientiert. Vergangenheitsbezogene Bestandteile
sind die bisher erreichten Leistungen und das bisher gezeigte Verhalten des
Mitarbeiters, zukunftsorientierte Bestandteile sind seine Potenziale und persönlichen Ziele. Die aus dem Gespräch resultierenden Ergebnisse über

- Arbeitsverhalten,
- Sozialverhalten,
- Eignungsbewertung und
- Entwicklungsmöglichkeiten

des Mitarbeiters können zu einer vertrauensvollen Beziehung führen, wenn
der Vorgesetzte in der Lage ist, die sich aus diesem Verfahren ergebenden
Chancen zu nutzen.

Aus der Suche nach der optimalen Gesprächsmethode heraus wurde für
strukturierte Mitarbeitergespräche die nondirektive, mitarbeiterorientierte
Gesprächsführung entwickelt.

Gegenüber der **direktiven Gesprächsführung**, bei der die Führungskraft
alleine das Gespräch steuert und infolgedessen Ansichten und Wünsche des
Mitarbeiters vernachlässigt, ist die **nondirektive Gesprächsführung** kom-
munikativer, schwieriger, aber auch erfolgreicher.

Im nondirektiven Mitarbeitergespräch deutet der Vorgesetzte den globalen
Gesprächsrahmen an, um dann dem Mitarbeiter das Wort zu überlassen. Die
Führungskraft muss sich während des Gesprächs geduldig und freundlich
auf den Mitarbeiter einstellen, wirkliches Interesse an dessen Problemen
zeigen, den Mitarbeiter verbal und nonverbal ermuntern und aktiv zuhören
können.

Durch Dokumentation der Gesprächsergebnisse und deren Weiterleitung an
Personalverwaltung und -entwicklung oder betrieblich interessierte Stellen
wie den Betriebsrat, werden Willkürhandlungen reduziert, Vertrauen aufgebaut und Informationen weitervermittelt.

5.4.2 Mitarbeiterbeurteilung

Kenntnis der Kriterien für die Beurteilung

Das Prinzip der Mitarbeiter- bzw. Personalbeurteilung wurde bereits im Grundwissenband 2, Kapitel Personalwirtschaft behandelt. Aus diesem Grunde erfolgt an dieser Stelle nur eine kurze Zusammenfassung.

Nach Bröckermann (Personalführung, S. 353) sind Personalbeurteilungen Einschätzungen über gegenwärtige oder zukünftige Beschäftigte hinsichtlich ihrer Leistung und ihres Verhaltens gegenüber Mitarbeitern, Kollegen, Vorgesetzten. Beurteilungen werden bei Auswahlverfahren, Leistungs- und Verhaltensbewertungen, Potentialeinschätzungen etc. durchgeführt.

Nach Wunderer/Dietz (Führung und Zusammenarbeit, S. 151) wird Personalbeurteilung als eine institutionalisierte Form zielgerichteter sozialer Urteilsbildung über Mitglieder hierarchisch geführter Organisationen definiert.

Die Definitionen von Bröckermann und Wunderer stehen exemplarisch für zahlreiche wissenschaftliche Definitionen, die alle übereinstimmend feststellen:

Definition	**Menschen beurteilen die Leistung oder das Verhalten ihrer Mitmenschen innerhalb einer Gruppe.**

Mitarbeiterbeurteilung ist eine originäre Führungsaufgabe und als solche nicht delegierbar. Vorgesetzte beurteilen regelmäßig ihre

● Mitarbeiter, die mit Planungs-, Durchführungs-, Steuerungs- oder Kontrollaufgaben beauftragt sind,

● in Bezug auf den Grad der Leistungserfüllung und

● hinsichtlich ihres Verhaltens beim Erstellen der Leistung und im Umgang mit Kunden, Mitarbeitern, Kollegen, Vorgesetzten und sonstigen Geschäftspartnern.

Ohne diese durch Personalbeurteilungen abgeschlossene Meinungsbildung betrieblicher Entscheidungsträger wären
● Lob und Tadel,
● Anerkennung und Kritik,
● leistungsgerechte Entlohnung,
● Personalauswahl bei Beförderungen,
● Personalfreisetzung,
● Personalbeschaffung,
● Personalentwicklung

nicht nach objektiven Kriterien durchzuführen. Personalbeurteilungen sind somit auch ein betriebliches Instrument der Führung und der Kommunikation. Die Ergebnisse von Personalbeurteilungen geben nicht nur Aufschluss über Einzelleistungen und Individualverhalten, sondern auch – insbesondere im Gruppenvergleich – über Gruppenzusammensetzung, Gruppenleistungsfähigkeit sowie Leistung und Verhalten der Führungskräfte innerhalb einer Organisationseinheit.

Beurteilung ist ein interaktiver Prozess zwischen dem Beurteiler und dem Beurteilten. Bei der **Mitarbeiterbeurteilung** beurteilen Vorgesetzte die ihnen unterstellten Mitarbeiter.

Beurteilungsprozesse sind schwierige und teilweise auch unangenehme Prozesse. Niemand beurteilt gern und niemand wird gern beurteilt.

Dennoch sind Personalbeurteilungen zur Planung, Steuerung und Kontrolle von Unternehmenszielen notwendig. Dabei können in den Bereichen Personalwesen und Unternehmensführung unterschiedliche Zielsetzungen unterschieden werden.

Das Personalwesen ist interessiert, im Rahmen der qualitativen und quantitativen Personalbeschaffung und -bereitstellung für folgende Bereiche unternehmensrelevante Informationen zu beschaffen:

- leistungsbezogene Entgeltfindung,
- bessere Nutzung von Mitarbeiterpotenzialen,
- Optimierung der Führungsqualität,
- Ermittlung des Personalentwicklungsbedarfs,
- Personalwirtschaftliche Planungs- und Kontrollaufgaben,
- Personalwirtschaftliche Einzel- oder Kollektivmaßnahmen.

Die betrieblichen Führungskräfte dagegen haben eine andere Intention bei der Personalbeurteilung.

Ihre Mitarbeiter sollen motiviert, engagiert und leistungsfähig sein, damit das vorgegebene Gruppenziel erreicht wird. Für die Erreichung der Zielvorgaben ist der Vorgesetzte verantwortlich, zur Bewältigung seiner Aufgaben steht ihm eine begrenzte Anzahl von Mitarbeitern zur Verfügung.

Die Beurteilung durch Vorgesetzte ist aus diesem Grund ein kontinuierlicher Kommunikationsprozess zwischen dem Vorgesetzten und seinen Mitarbeitern. Führungskräfte informieren permanent über ihre Einschätzung in Bezug auf Verhalten und Arbeitsresultate ihrer Untergebenen. Das ermöglicht den Mitarbeitern, Verhalten und Leistungen zu steuern und zu überprüfen.

Gleichzeitig teilt der Vorgesetzte ihnen auch seinen persönlichen Zielhorizont und Verhaltenskodex mit, denn hieran orientiert er sich bei der Aufstellung seiner Beurteilungskriterien.

Die Beurteilungsziele von Personalwirtschaftlern und Fachvorgesetzten sind selten in Übereinstimmung zu bringen, Personalbeurteilungen beinhalten regelmäßig ein hohes Konfliktpotenzial. Aufgabe eines betrieblichen Beurteilungssystems muss es sein, dieses Konfliktpotenzial auf einer möglichst niedrigen Stufe zu halten.

Aus diesem Grunde sind standardisierte Beurteilungsverfahren den freien Beurteilungen vorzuziehen.

Beurteilungskriterien und -merkmale	nicht erfüllt	teilweise erfüllt	überwiegend erfüllt	voll erfüllt	übererfüllt
Ziele vereinbaren Ziele werden – gemeinsam mit mir – klar formuliert, begründet, vereinbart. Zielerreichung und Aufgabenerfüllung werden intensiv besprochen.					
Delegieren Aufgabenbereiche werden mit den entsprechenden Befugnissen übertragen. Selbstständiges Arbeiten wird gefördert. Eine aktuelle Stellenbeschreibung liegt vor.					
Miteinander reden Informationen erfolgen rechtzeitig und umfassend. Es finden regelmäßige Mitarbeitergespräche und Besprechungen statt. Gegenseitiger Informationsaustausch ist jederzeit möglich. Anerkennung und Kritik werden offen, ehrlich und konstruktiv ausgesprochen Mein Vorgesetzter ist offen für konstruktive Kritik. Mein Vorgesetzter fördert Teamgeist und gegenseitiges Vertrauen.					
Mitarbeiter fördern und fordern Unterstützung in der persönlichen und beruflichen Weiterentwicklung. Gewähren von Freiräumen.					

Tab. 6: Mitarbeiterbeurteilung nach Bröckermann, Personalführung, S. 357

5.4.3 Betriebliche Informationsinstrumente der Führung und Mitbestimmung

Während Mitarbeitergespräche mehr personenzentrierte Mittel der Führung sind, richten sich Mitarbeitermeinungsumfragen, Betriebsversammlungen und das betriebliche Vorschlagswesen als betriebliches Informationsmittel der Führung an die jeweilige Organisation und Gesamtbelegschaft.

Allen Instrumenten gemeinsam ist das Ziel der Optimierung der Kommunikationsbeziehungen innerhalb einer Organisation.

Bei der **Mitarbeitermeinungsumfrage** wird die Gesamtheit aller Mitarbeiter standardisiert befragt. Trotz des Aufwands für eine derartige Maßnahme lohnt sich die Durchführung einer systematischen Befragung. Die Ergebnisse dienen der Unternehmensführung als Instrument zur Orientierung und Bewertung des Realisierungsgrads von Unternehmensstrategien und spiegeln die Führungs- und Kommunikationskultur innerhalb der Organisation wider.

Der Informationsgehalt der Umfrageergebnisse wird erhöht, wenn Daten anonym und einheitsbezogen erhoben werden. Dieser zentrale Ansatz bewirkt, dass jede Führungskraft eine direkte Rückkopplung über ihre Tätigkeit von ihren Mitarbeitern erhält, abgestuft über alle Hierarchieebenen.

Darüber hinaus ergibt die Gesamtauswertung eine Übersicht der vorherrschenden Mitarbeitermeinungen zu Unternehmenskultur, Führungsverständnis und Kommunikation. Diese Ansichten können teilweise stark von der Unternehmenseinschätzung abweichen.

Das **betriebliche Vorschlagswesen** wird bereits seit Jahrzehnten als wichtiges Informationsmedium und als Beispiel für die Kommunikation von unten nach oben erkannt. Die Aufgaben des betrieblichen Vorschlagswesens liegen in

● der Verbesserung der sozialen Beziehungen im Unternehmen,
● der stärkeren Berücksichtigung von Mitarbeiterinteressen,
● der Förderung der Persönlichkeitsentfaltung und
● dem Einsatz als kooperatives Führungsinstrument.

Moderne Systeme zum betrieblichen Vorschlagswesen bewerten motivierende Aspekte höher als finanzielle Anreize. Die aktive Beteiligung der Mitarbeiter am Unternehmensprozess steht im Vordergrund, nicht die reine Verbesserung technischer oder organisatorischer Abläufe.

So hat die Einführung von **Qualitätszirkeln** als Instrument eines kontinuierlichen betrieblichen Verbesserungsprozesses vielfach zu einer Erneuerung des Vorschlagswesens beigetragen. Qualitätszirkel dienen aber auch als Instrument zur Mitarbeiterqualifizierung in extrafunktionalen Kenntnissen und sozialer Kompetenz. In hochtechnisierten Bereichen, in denen die Isolation von Mitarbeitern und Arbeitsgruppen zunimmt, helfen sie, Lerneffekte in Kombination mit Lern- und Gestaltungseffekten zu vermitteln. Die in nahezu allen Produktionsbetrieben eingeführten Qualitätsstandards nach DIN/ISO 4000 ff. haben dort zu einer verstärkten „Werkerselbstkontrolle" geführt, wo früher mehrere Kontrollinstanzen die Ergebnisse der Fertigung auswerteten. Um Fehler zu erkennen und aus Fehlern zu lernen, treffen sich die Werker zum gemeinsamen Erfahrungsaustausch und bilden damit einen Qualitätszirkel. Die Leitung dieses Zirkels übernimmt dabei jeweils wechselnd ein Mitarbeiter aus dem Kreis der Werkergruppe.

Bei den meisten Informationsinstrumenten der Unternehmensführung hat der von der Belegschaft gewählte Betriebsrat ein Mitbestimmungsrecht bezüglich der Einführung, Umsetzung und Auswertung von Aktionen wie Mitarbeiterbeurteilung, Mitarbeitermeinungsumfrage und dem betrieblichen Vorschlagswesen.

Dem Betriebsrat wurde durch das Betriebsverfassungsgesetz (§§ 42 ff. BetrVG) ein zusätzliches Informationsinstrument in Form der **Betriebsversammlung** an die Hand gegeben.

Die Betriebsversammlung besteht aus den Mitarbeitern des gesamten Unternehmens bzw. aus Unternehmensteilen. Sie wird vom Vorsitzenden des Betriebsrats geleitet. Betriebsversammlungen sind einmal im Kalendervierteljahr zu veranstalten. Die Unternehmensführung ist zu den Versammlungen einzuladen, und sie hat das Recht, dort zu sprechen.

Die Unternehmensführung hat die Mitarbeiter in der Betriebsversammlung über das Personal- und Sozialwesen des Betriebs und über die wirtschaftliche Lage und Entwicklung des Unternehmens zu unterrichten.

Sonstige Themen der Betriebsversammlung können sein:

- tarifpolitische Fragen,
- sozialpolitische Fragen,
- wirtschaftliche Fragen,
- Fragen der Frauenförderung.

die den Betrieb unmittelbar betreffen. Obwohl vielen Führungskräften Betriebsversammlungen ein echtes Gräuel sind, hat sich in einigen fortschrittlichen Unternehmen die Betriebsversammlung zu einem von allen Beteiligten akzeptierten Informationsinstrument zum Nutzen von Unternehmen und Mitarbeitern entwickelt.

6 Information und Kommunikation als Instrumente der Unternehmensführung

Verständnis der Notwendigkeit eines optimalen Informationsflusses und der betrieblichen Kommunikation

Man kann nicht **nicht** kommunizieren! Dieser von Paul Watzlawick (1990) entwickelte Lehrsatz der Kommunikationspsychologie gibt einen ersten Einblick über die komplexen Bereiche menschlicher Verständigung und Nicht-Verständigung.

Immer wenn Menschen aufeinandertreffen, kommunizieren sie miteinander, denn zum Bereich der Kommunikation gehören neben dem Sprechen und Hören auch andere körperliche Signale wie das Fühlen oder Riechen.

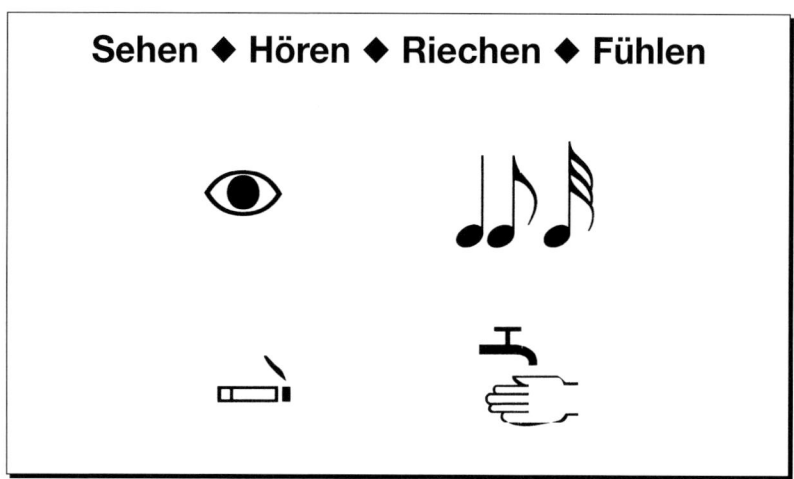

Übersicht 9: Kommunikationswege

Die Sinne bilden demnach die Grundlage zur Kommunikation. Aufgrund sensitiver Eindrücke und Erfahrungen reagieren Menschen auf bestimmte Außenreize, genau wie die Kommunikationspartner auf die jeweils ausgesandten Reize reagieren.

Definition

> Bei einer echten Kommunikation handelt es sich um eine spezielle Form der Interaktion, die sich auf den Informationsaustausch zwischen mindestens zwei Personen bezieht und die beinhaltet, dass dem Gegenüber die Bedeutung der Information vermittelt werden muss.

Definition

> Eine solche Kommunikation bedarf eines Mediums, das die entsprechenden Informationen überträgt. Diese Art der Interaktion stellt einen wesentlichen Teil des Kommunikationsprozesses dar und wird als Kommunikationsmittel bezeichnet.

Sprache

Schrift

SCHRIFT   SCHRIFT   SCHRIFT

Zeichen

Bild

Ausdruck

Handlung

Übersicht 10: Kommunikationsmittel/Kommunikationsprozess

Innerhalb des Kommunikationsprozesses ist zu beachten, dass die Signale der einzelnen Kommunikationsmittel differieren können. Man sagt etwas mit Worten, aber aufgrund der Körperhaltung teilt man unbewusst etwas ganz anderes mit. Oder der Kommunikationspartner fasst aufgrund einer vermeintlichen Haltung eine Aussage völlig anders auf, als sie beabsichtigt war. Das Interpretieren von Signalen macht Kommunikation so schwierig.

Kommunikation umfasst die Elemente **Sender – Nachricht – Empfänger**. Der Kommunikationsprozess beginnt damit, dass der Sender sein Anliegen in erkennbare Zeichen verschlüsselt und diese Nachricht an den Empfänger versendet. Diesem obliegt es nun, die Botschaft zu entschlüsseln und das Anliegen des Senders zu erkennen. Meist stimmen Inhalte von gesendeter und empfangener Information überein. Um Verständnisschwierigkeiten vorzubeugen, kann der Empfänger dem Sender übermitteln, wie er die ihm zugesandte Botschaft interpretiert. Der Sender kann anhand dieser Rückmeldung (Feedback) überprüfen, ob seine Informationen richtig interpretiert wurden.

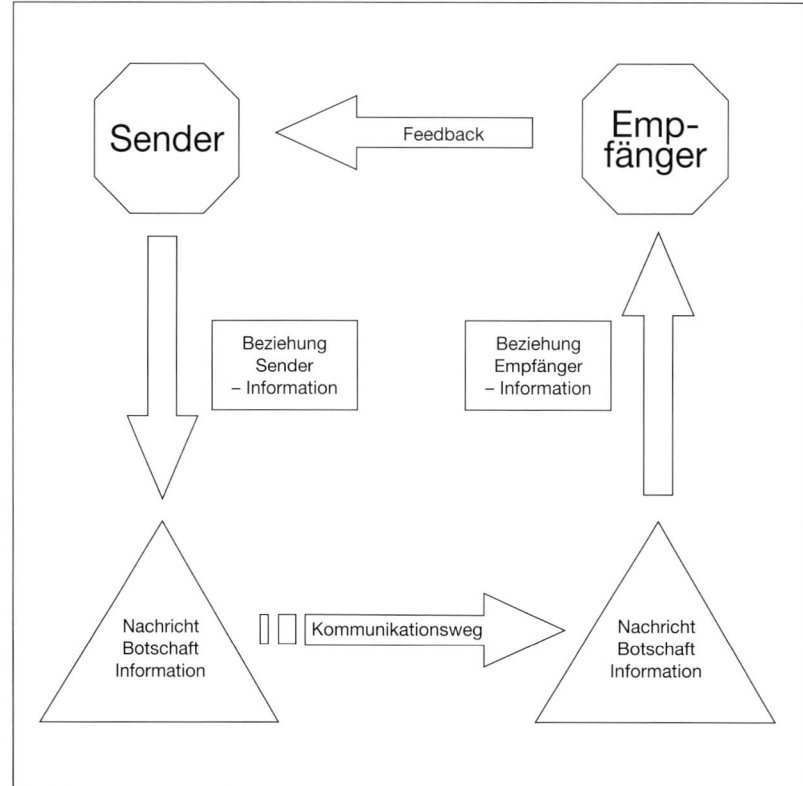

Übersicht 11:
Kommunikations-
diagramm

Was bei einfachen Kommunikationsprozessen zumeist reibungslos funktioniert, kann bei zunehmender Komplexität der Informationen und des Sender-Empfänger-Verhältnisses zu Störungen im Verständnis führen.

In komplexen sozialen Gebilden wie Organisationen oder Unternehmen erfüllt Kommunikation eine wichtige Aufgabe. Sie sorgt dort für:

- Orientierung und Information,
- Anordnung und Anweisung,
- Koordination der unterschiedlichen Aktivitäten,
- Herstellung informeller Interaktionen,
- Steigerung der Arbeitsmotivation,
- Verbesserung der Arbeitszufriedenheit.

Auf diese Weise dient Kommunikation der Zielerreichung innerhalb des Unternehmens oder der Organisation.

Neben dem Inhaltsaspekt beinhaltet Kommunikation auch immer Beziehungsaspekte. Abteilungsdenken, Vorgesetzten-Mitarbeiter-Verhältnisse, Ausbildungs-, Alters- und Geschlechtsunterschiede sowie soziale und kulturelle Einflüsse prägen die spezifischen Kommunikationsprozesse innerhalb eines Unternehmens.

Störungen des Kommunikationsprozesses können dadurch entstehen, dass Informationen verfremdet aufgenommen werden, Rückmeldungen unterbleiben oder dass Nachrichten unvollkommen aufgenommen oder nicht akzeptiert werden. Aufgabe der Unternehmensführung ist es, Führungskräfte und Mitarbeiter dazu zu befähigen, Kommunikationsstörungen zu minimieren und Reibungsverluste zu reduzieren.

Wissenschaftliche Untersuchungen haben ergeben, dass Mitarbeitern wichtige Informationen wesentlich besser durch Gespräche, an denen sie als gleichberechtigte Partner teilnehmen und handeln können als durch schriftliche Mitteilungen weitervermittelt werden. Demnach werden Gesprächsergebnisse vom Empfänger schneller und intensiver wahrgenommen.

Behaltensquote von Informationen (in Prozent)

- durch Hören 20 %
- durch Sehen 30 %
- durch Hören, Sehen 50 %
- durch Hören, Sehen und Sprechen 70 %
- durch Hören, Sehen, Sprechen und Handeln 90 %

Die wichtigste Informationsquelle und die am häufigsten angewandten Kommunikationsformen der Unternehmensführung sollten somit Gespräche und Besprechungen sein. Hier sind aber nicht nur Gespräche mit den Mitarbeitern innerhalb des Hauses, sondern auch die Gespräche mit Geschäftspartnern und sonstigen Gesprächspartnern des Unternehmens gemeint. Im Bereich der **innerbetrieblichen Kommunikation** finden sich folgende **Kommunikationsarten**:

- Bewerbungsgespräche,
- Einweisung neuer Mitarbeiter,

- Mitarbeitergespräche,
- Delegation von Aufgaben,
- Beurteilungs- und Fördergespräche,
- Kritikgespräche,
- Team- und Gruppenbesprechungen.

Gespräche und Besprechungen sind das wichtigste Instrument der Unternehmensführung, um Informationen zu erhalten, aber auch um Informationen weiterzugeben. Nur durch den Austausch von Informationen ist die Unternehmensführung überhaupt in der Lage, Entscheidungen zu treffen (ohne Basisinformationen keine Entscheidungsfindung) und diese Entscheidungen im Unternehmen auch umzusetzen (worüber Mitarbeiter nicht informiert sind, das können sie auch nicht umsetzen).

Nachrichten und Informationen werden über **Kommunikationskanäle** weitergegeben bzw. aufgenommen. Diese Kanäle unterscheiden sich nach Art des Weges

- horizontal (Gespräche zwischen Mitarbeitern einer Hierarchiestufe),

- vertikal (Vorgesetzten-Mitarbeiter-Gespräche),

- diagonal (direkter Austausch zwischen verschiedenen Strukturebenen zur Beschleunigung des Nachrichtenflusses)

und nach ihrem Verhältnis zur betrieblichen Kommunikationsstruktur in

- formell und
- informell.

Sind diese Wege in der Organisation strukturell verankert, handelt es sich um eine **formelle Kommunikation**.

Durch die Beziehungen der Organisationsmitglieder, durch deren Präferenzen und Aversionen entstehen **informelle Kommunikationswege**, die neben den formellen Strukturen bestehen. Gerade in Organisationen, die durch umfangreiche formelle Kommunikationsstrukturen stark reglementiert sind, kann die informelle Kommunikation das Organisationsklima und die Leistungsbereitschaft der Mitarbeiter verbessern.

Allerdings kann sich die informelle Kommunikation negativ auswirken, wenn konkurriert statt kooperiert wird und dies zur unbewussten Beeinflussung bzw. Manipulation führt. In schwierigen Unternehmensphasen kann informelle Kommunikation – sie befriedigt das erhöhte Informationsbedürfnis der Mitarbeiter – durch Verbreitung von Gerüchten zu Konflikten führen oder bestehende verstärken. Gerüchte sind problematisch, weil sie sich sehr schnell und überwiegend horizontal verbreiten, sodass Führungskräfte nur mit zeitlicher Verzögerung reagieren können.

6.1 Gesprächsführung und Rhetorik

*Fertigkeit, Gespräche im Rahmen der Mitarbeiterführung zielgerichtet führen
zu können*

Von erfolgreichen Führungskräften in zukunftsorientierten Unternehmen wird
neben ausgeprägtem Fachwissen Sozialkompetenz und Fähigkeit zur Menschenführung und Kommunikation gefordert. Gespräche sind dabei ein
wesentlicher Bestandteil. Einen großen Teil ihrer Arbeitszeit verbringen Führungskräfte mit Besprechungen, Diskussionen, Konferenzen, Kontaktge-
sprächen sowie Motivations- und Kritikgesprächen. Dennoch werden
Gespräche vielfach als notwendiges Übel betrachtet, denn

- sie finden zu häufig und unvorbereitet statt,
- sie dauern zu lange,
- sie sind schlecht organisiert,
- die Kommunikation ist selten offen und ehrlich,
- oft wird am Thema vorbeidiskutiert.

Der Mitarbeiterstamm ist in den meisten Unternehmen äußerst heterogen.
Man findet:

- überqualifizierte und deswegen wenig motivierte Mitarbeiter,
- nicht mehr leistungsbereite, aber nicht freisetzbare Mitarbeiter,
- nicht mehr entwicklungsfähige oder anpassungsbereite Mitarbeiter,
- nicht führungsbereite Mitarbeiter,
- leistungsbereite und leistungsfähige Mitarbeiter.

Um Motivation und Leistungsbereitschaft möglichst aller ihnen unterstellten
Mitarbeiter zu steigern und somit zur Zielerreichung beizutragen, müssen
Führungskräfte ihre kommunikativen Fähigkeiten einsetzen. Sie müssen die
Techniken der Gesprächsführung und der Argumentation lernen und in
Moderation umsetzen, und sie sollten sich der Wirkung ihres eigenen
Kommunikationsverhaltens bewusst werden.

Kommunikation kann von Nichtbeachtung bis Manipulation reichen, wobei
die tatsächliche Wirkung meist in der Mitte beider Extreme pendelt. Allerdings macht es Schwierigkeiten, innerhalb des Kommunikationsprozesses
die Wirkung eines bestimmten Kommunikationsverhaltens zu interpretieren.
Häufig besteht eine große Diskrepanz zwischen Simultan- und Nachwirkung
einer Botschaft. Für die Wirkung von Kommunikation sind verbaler und non-
verbaler Kommunikationsstil von besonderer Bedeutung.

So können Botschaften gleichen Inhalts zu unterschiedlicher Wirkung beim
Kommunikationspartner führen, wenn sie in einem unterschiedlichen Stil prä-
sentiert werden:

- bedürftig abhängiger Stil,
- helfender Stil,

- selbstloser Stil,
- aggressiv entwertender Stil,
- sich beweisender Stil,
- bestimmend kontrollierender Stil,
- sich distanzierender Stil,
- mitteilungsfreudig dramatisierender Stil.

Innerhalb des Kommunikationsprozesses nehmen die Beteiligten nicht nur den reinen Inhalt einer Botschaft auf (verbale Kommunikation), sondern sie bewerten auch subjektiv den Zusammenhang, in dem die Aussage getätigt wird bzw. wie der Partner sich verhält (nonverbale Kommunikation). Ein Beispiel für nonverbale Kommunikation ist die Körperhaltung und wie sie beim Gesprächspartner aufgenommen wird.

Körpersprache	mögliche Deutung
• Arme verschränken	• Abwehr oder Ablehnung
• Stirnrunzeln	• Zweifel, Nachfrage
• Blickkontakt	• Sicherheit, Selbstbewusstsein
• lässige Sitzhaltung	• Sicherheit, Arroganz
• Augenbrauen hochziehen	• Erstaunen, Skepsis

Nachrichtenübertragung im Rahmen des Kommunikationsprozesses geht aber noch weiter. Der Kommunikationspsychologe **Friedemann Schulz von Thun** hat hierzu das so genannte **Vier-Ohren-Modell** entwickelt. Danach kann jede Nachricht grundsätzlich auf vier verschiedenen Ebenen wahrgenommen (decodiert) werden, nämlich als

- Sachinhalt bzw. Sachinformation,
- Beziehungsaspekt,
- Selbstoffenbarung,
- Appell oder Aufforderung.

Daraus lassen sich Gesprächs- und Wahrnehmungsregeln für die Kommunikation zwischen Sender und Empfänger ableiten, um eine weitgehend unmissverständliche Gesprächsführung zu erreichen.

Beim Sender:

- Betonung der Sachebene durch Fakten, sachlichen Sprachstil und die Verwendung prägnanter Begriffe,

- Betonung der Beziehungsebene durch direkte Benennung der Gefühle und Feedback über Wahrnehmungen,

- Betonung der Selbstoffenbarung durch die Vermittlung von Ich-Botschaften und das Herausstellen der eigenen Meinung,

- Betonung der Appellebene durch Aufforderung zum Handeln und die Durchführung von Lenkungsmaßnahmen.

Beim Empfänger:

- Wahrnehmung der Sachebene durch Bewusstmachen des Sachverhalts und des Kerngehalts der Äußerungen,

- Wahrnehmung der Beziehungsebene (Wie wird mit mir umgegangen?)

- Wahrnehmung der Selbstoffenbarung (Was will der Gesprächspartner übermitteln?)

- Wahrnehmung der Appellebene (Was wird von mir erwartet, welcher Grund steckt hinter der Nachricht?).

Durch das Vier-Ohren-Modell wird deutlich, dass funktionierende Kommunikation hauptsächlich darauf beruht, dass gegenseitiges Feedback wichtiger ist als Interpretationsversuche auf mangelhafter Informationsbasis. Natürlich kann gute Kommunikation nicht von heute auf morgen entstehen, sie ist vielmehr ein andauernder langwieriger Prozess und bedarf täglicher Übung.

Unter Rhetorik wird allgemein die Kunst der Rede verstanden. In der Antike galt die Redekunst (Rhetorik) als kulturelles Ausdrucksmittel, das gelehrt, gelernt und gepflegt werden musste. Nicht der Zweck der Rede stand im Vordergrund, sondern die Brillianz der Gedanken, die Formvollendung sprachlichen Ausdrucks und die Qualität des Redners. Der heutige Redner dagegen setzt Sprache als Mittel ein, um das Publikum zu überzeugen und damit einen bestimmten Zweck zu erreichen. Um diese Wirkung zu erreichen, muss Rhetorik vier Kriterien erfüllen:

- Sprache und sprachlicher Ausdruck müssen beherrscht werden.

- Der Redeinhalt muss moralisch und qualitativ ansprechen.

- Die Form der Rede muss stimmig sein.

- Die Gestaltung des stimmlichen Vortrags muss Redeinhalt, Redezweck und Publikum berücksichtigen.

Dass man in eine Trauerrede keine Witze einfließen lassen sollte und eine getragene Redeweise in diesem Fall angebrachter ist als eine überschwengliche, wird jeder nachvollziehen können. Für kompliziertere Rhetorik bedarf es nicht nur genauer Kenntnis der kommunikationswissenschaftlichen Grundlagen, sondern auch langer Übung.

6.2   Argumentationstechniken

Fähigkeit, sich und seine Sache überzeugend, verständlich und sicher darzustellen

Wenn zielgerichtete Kommunikation in Überzeugung, nicht in Überredung oder Zwang mündet, ist sie erfolgreich. Um sich und sein Anliegen innerhalb eines Gesprächs überzeugend darzustellen, benötigt man gute Argumente oder Begründungen, die den Gesprächspartner von einer bestimmten Sache überzeugen oder zu einem bestimmten Handeln bewegen.

Die Kunst der Argumentationstechnik ist, immer die richtige Begründung parat zu haben. Begründungen, die auf Fachwissen, Erfahrung, Normen und wissenschaftlichen Erkenntnissen basieren, werden schnell akzeptiert. Aber auch die Art, wie Argumente vorgebracht werden, trägt zur Überzeugung des

Gesprächspartners bei. Dazu zählen neben Kommunikationsstil, Verhalten, Körperhaltung etc. auch die im Folgenden genannten Reaktionen während des Gesprächs:

- aktives aufmerksames akzeptierendes Zuhören,
- Paraphrasieren (Wiederholung von Aussagen des Gesprächspartners),
- Mitteilung eigener Gefühle,
- Wahrnehmungsprüfung,
- Einfachheit der Sachverhalte,
- Prägnanz (auf den Punkt kommen),
- Gliederung und Ordnung der Argumente,
- Stimulanz (Informationen anregend darstellen).

6.3 Grundlagen der Moderation

Fähigkeit, eine Gruppe zu moderieren

Die Moderation von Gesprächen hat den Zweck, den Meinungs- und Willensbildungsprozess einer Gruppe zu ermöglichen und zu erleichtern. Der Moderator übernimmt die Steuerungsfunktion, wobei er zu jedem Zeitpunkt des Gesprächs einen neutralen Standpunkt beibehalten muss. Es ist also vom Moderator besonders darauf zu achten, dass er als Gesprächsleiter inhaltlich nicht eingreift, damit die Gruppe kooperativ den vorgefassten Zielpunkt erreicht.

Wichtig für eine gut funktionierende Moderation sind folgende Voraussetzungen:

- intensive Vorbereitung des Themas, der Moderation und der Umgebung,

- Durchführung der Moderation in definierten, aber dennoch variierbaren Einzelschritten,

- Verwendung von Moderationstechniken,

- Steuerung durch einen Moderator.

Das Verfahren der Moderation wird eingesetzt, um Aufgaben oder Probleme zu definieren und abzugrenzen, Lösungen zu erarbeiten, Schwachstellen zu analysieren und kreative Ideen zu produzieren. Moderation kann überall dort eingesetzt werden, wo Gruppen durch kommunikativen Austausch gemeinsam Ergebnisse erarbeiten. Der Ablauf einer Moderation sollte sich an einem bestimmten Schema orientieren:

- Einstieg durch Eröffnung, Kennenlernen etc.,

- Sammlung von Themen oder Vorstellung der Tagesordnung,

- Auswahl der Themen und Festlegung der Reihenfolge,

- Festlegung der Arbeitsschritte, Sammeln von Informationen, Problemanalyse und Problemlösung,

- Maßnahmen und Verantwortlichkeiten festlegen, Termine planen,

- Rückblick und Würdigung der Arbeitsergebnisse.

Um Moderation effektiv zu gestalten, stehen verschiedene Methoden und Medien zu Verfügung:

- Visualisierungskarten, Metaplantafeln, Flipcharts, Pinnwand,
- Video-Audio-Systeme, OHP,
- Fragetechnik (offene und geschlossene Fragen, rhetorische Fragen, Suggestivfrage, Gegenfrage),
- Problemlösungstechniken (Netzbilder, Ursache-Wirkungsdiagramm, Mind-Mapping etc.).

6.4   Problemlösungstechniken

Fähigkeit, analytische und kreative Problemlösungsmethoden einzusetzen

Voraussetzung für den Erfolg von eingesetzten Problemlösungstechniken sind systematische und geordnete Ablaufschritte, die Einhaltung einer vorgegebenen Reihenfolge und die Anpassungsfähigkeit des gewählten Ablaufs an veränderte Rahmenbedingungen. Ein möglicher Ablauf eines Problemlösungsverfahrens könnte folgendermaßen aussehen:

- Problem herausstellen: Beobachtung der Sachverhalte, Eingrenzung, präzise und eindeutige Beschreibungen, Richtungsvorgabe,
- Analyse, Soll-Ist-Zustand: Soll-Ist Differenzen aufzeigen, Informationen sammeln, Ursachenforschung, Hypothesenformulierung,
- Festlegung von Zielen: erwartete Ergebnisse und Prozessschritte formulieren,
- Aktionsplan: Schrittweise Entwicklung von Lösungen unter Anwendung von Problemlösungstechniken,
- Risikoabschätzung: Erörterung verschiedener Folgen und Risiken,
- Bearbeitung einzelner Lösungsschritte: Aktions- und Arbeitsplan erstellen, Verantwortlichkeiten klären, Mittelbereitstellung,
- Bewertung des Ergebnisses: Sicherung und Dokumentation der Ergebnisse,
- Standardisierung: Übertragung der Problemlösung auf andere Fälle.

Eine der häufig eingesetzten Problemlösungstechniken ist das Brainstorming. Es wird eingesetzt, um möglichst schnell viele Ideen zu finden. Durch dieses Verfahren wird die Kreativität der Teilnehmer gefördert. Oft werden unorthodoxe Ideen gefunden und die Teilnehmer motiviert. Beim Brainstorming werden innerhalb eines abgesteckten Zeitraums möglichst viele seitens der Teilnehmer zugerufene Ideen gesammelt und stichwortartig optisch visualisiert (z.B. Flipchart, Weißwand). Es erfolgt dabei keine Wertung der Gedanken, vielmehr ist die Quantität der Ideen entscheidend, nicht die Qualität. Der Moderator ist gehalten, keine Killerphrasen zu dulden und darauf Einfluss zu nehmen, dass sich alle Teilnehmer an die Regeln halten. Nach der Ideensammlung wird jede einzelne Idee im Team auf Nützlichkeit und Brauchbarkeit geprüft.

Ein weiteres Verfahren zur Problemlösung und Ideenfindung ist das Netzbild oder Mind-Mapping. Es wird zur Sammlung von Ideen sowie zur Strukturierung und Vertiefung eines Themas eingesetzt. Mit dem Mind-Mapping lassen sich schnelle und weitreichende Überblicke über verzweigte Themen verschaffen. Unter Verwendung von Flipchart oder Tafel wird zunächst das Hauptthema zentriert vom Moderator visualisiert. Die Gruppe ergänzt per Zuruf das Schema, und der Moderator notiert die Nennungen in Form von Hauptästen (Hauptpunkte) oder Nebenästen (Teilaspekte). Das Netzbild entwickelt sich dabei von innen nach außen.

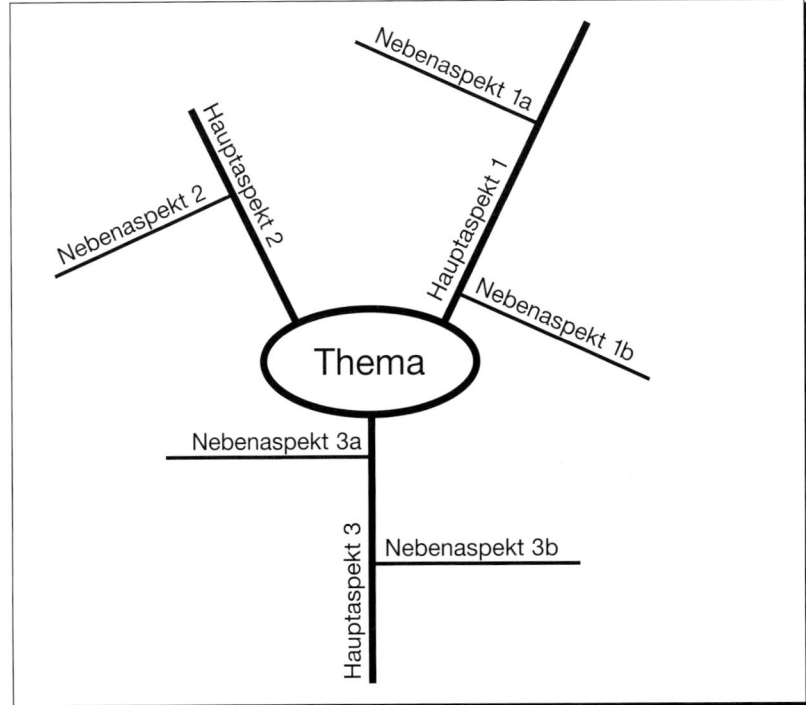

Übersicht 12:
Mind-Mapping

Weitere Verfahren zur innerbetrieblichen Problemlösung sind die Bildung von Arbeitsgruppen (Zirkel) für bestimmte Bereiche wie Qualität, kontinuierliche Verbesserung, Gesundheit usw.
Vorteile der Gruppenarbeit gegenüber der Einzelarbeit bei dieser Problemlösungsvariante sind

- der Synergieeffekt durch unterschiedliche Denkrichtungen, Sichtweisen und Erfahrungen der Teilnehmer,
- der aktive Austausch unterschiedlicher Gedanken,
- die Lernimpulse sowohl für den einzelnen Teilnehmer als auch für die gesamte Organisation,
- die Motivation und allgemeine Akzeptanz,
- Schnelles Erkennen und Beheben von Systemschwächen und Fehlern.

6.5 Präsentation von Arbeitsergebnissen

Fähigkeit, adressatengerechte Arbeitsergebnisse aufzubereiten und zu präsentieren.

Zum Bereich der Unternehmenskommunikation gehört auch der Bereich der **Präsentation**. Arbeitsergebnisse müssen nicht nur erstellt werden, sie müssen den Empfänger auch erreichen, d. h. ansprechen und überzeugen. Bei der Präsentation sind die generellen Regeln der Kommunikation zu beachten wie Sprache, Haltung, Gestik, Mimik usw. Allerdings sollte eine gute Präsentation kein reiner Vortrag sein, der vom Konzeptpapier abgelesen wird. Sprachaussagen werden anschaulicher und deutlicher, Zusammenhänge werden klarer und Kernaussagen treten hervor, wenn Textbeiträge gleichzeitig visualisiert werden.

Die bereits erwähnten Medien zur **Visualisierung** wie Tafel, Flipchart, OHP, PC etc. sind wichtige Hilfsmittel bei Präsentationen, insbesondere bei der Darstellung komplexer Themen oder Probleme. Bei der begleitenden Visualisierung sollten einige Regeln beachtet werden:

- die Adressaten müssen alle Materialien gut sehen können,
- die Wirkung der Materialien muss bedacht werden (auf Pausen im Redefluss achten),
- verbale Aussagen werden deutlicher, wenn sie mit bildhaften Darstellungen verknüpft werden,
- es ist durch geeignete Reihenfolge eine Art Dramaturgie herzustellen,
- den Blickkontakt mit dem Publikum aufrechterhalten,
- Entfernung nicht mehr benötigter Medien,
- Übersichtlichkeit, Symmetrie, Dynamik, Ballung, Streuung, Rhythmus und Themenstruktur beachten.

Die Verwendung von visualisiertem Text unterstützt die Sprache beispielsweise durch Folien, Plakate, Karten etc.
Zahlenwerke werden durch visualisierte Tabellen verständlicher und anschaulicher.

Strukturen und Abhängigkeiten werden durch Schaubilder klarer und deutlicher.

Die Verwendung von Symbolen reduziert umfangreiche Sprachpassagen – wie beispielsweise Erläuterungen – auf das Wesentliche.

Außerdem lässt sich durch den Einsatz von Farben und Formen die Konzentration der Teilnehmer auf wichtige Aussagen lenken, Bearbeitungsschwerpunkte können auf diese Weise deutlich hervorgehoben werden.

Michael Kraus

Grundwissen 3

Unternehmensführung

Organisation

Kostenrechnung

Tipps zur IHK-Prüfung

1 Organisation im Unternehmen

Einblick in die Organisationslehre (Zielsetzung, Grundprinzipien und Beziehungen)

Die Aufgaben der Betriebe bestehen darin, eine verwertbare Leistung zu erzielen, wobei im Regelfall die Verwertung über den Markt erfolgt. Zur Leistungserstellung sind **Produktionsfaktoren** erforderlich. Produktionsfaktoren werden in der klassischen Volkswirtschaftslehre als **Arbeit**, **Boden** und **Kapital** definiert, wobei Kapital güterwirtschaftlich gesehen und deshalb auch als **„produziertes Produktionsmittel"** bezeichnet wird.

Als in der Mitte des vergangenen Jahrhunderts die Betriebswirtschaftslehre mit Erich Gutenberg neue Forschungsgebiete erschloss, wurde auch die Lehre von den Produktionsfaktoren in die Betriebswirtschaftslehre integriert. Jetzt sprach man nicht mehr von produzierten Produktionsmitteln bzw. von Realkapital, sondern einerseits von Produktionsstätten wie Werkhallen und Büros und andererseits von Produktionsmitteln wie Maschinen, Werkzeugen, Roh-, Hilfs- und Betriebsstoffen. Die frühere Einteilung des Bodens in Standortboden, Anbauboden und Abbauboden erfuhr keine Veränderung, wohl aber der Produktionsfaktor Arbeit. Die überwiegend weisungsgebundene Arbeit behielt ihren Stellenwert, aber die überwiegend leitende Arbeit wurde jetzt als eigenständiger Produktionsfaktor gesehen und als dispositiver Faktor bezeichnet. Die zur Leitungsfunktion gehörenden Instrumente, nämlich Planung, Organisation und Kontrolle, wurden als Teilbereiche des dispositiven Faktors eingestuft.

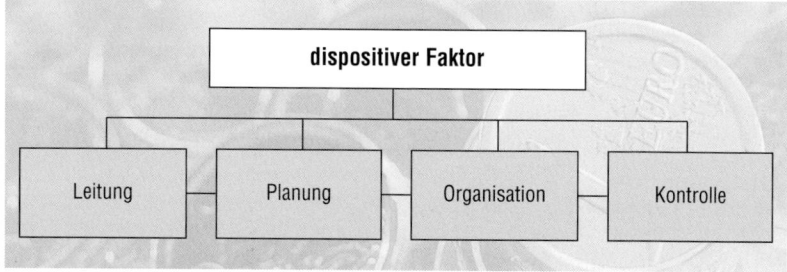

Übersicht 1: Teilbereiche des dispositiven Faktors

 Merke: Planung, Organisation und Kontrolle sind Teilbereiche des dispositiven Faktors.

1.1 Der Organisationsbegriff

Vertrautheit mit dem Grundbegriff

Der Begriff „Organisation" wurde zuerst in Frankreich verwendet. Im 18. Jahrhundert kam dort der Gedanke auf, den Aufbau der Gesellschaft mit dem Organismus des Menschen zu vergleichen, wobei Organismus, genau wie heute, als ein zweckmäßig gegliedertes Ganzes verstanden wurde. Wie die einzelnen Organe ihre besonderen Aufgaben für den ganzen Körper leisten und den Gesamtorganismus erhalten, so wollte man auch die einzelnen Stände als Teile der ganzen Gesellschaft und demgemäß mit abgegrenzten Funktionen ausgestattet begreifen. Später wurde dieser Gedanke auf Behörden, Verbände und Betriebe übertragen. Auch für diese gilt: Das größere Ganze ist ein aus Einzelteilen bestehendes soziales Gebilde.

- Die Einzelteile sind abgrenzbar, haben aber für das größere Ganze bestimmte Funktionen zu erfüllen.
- Der Zusammenhalt ist nur durch ein Regelwerk zu sichern.

Auf diesem Hintergrund lässt sich heute die **betriebliche Organisation** wie folgt definieren:

- Organisation besteht in einer auf Dauer angelegten Zuordnung von Menschen und Sachmitteln.
- Es muss sich um wiederholbare und aufteilbare Vorgänge handeln.
- Das Ziel besteht in einem bestmöglichen Zusammenwirken von Menschen und Sachmitteln, um bestimmte vorgegebene Ziele zu erreichen.

1.2 Aufgaben und Ziele der Betriebsorganisation

Abgrenzung von Aufgaben und Zielen

Grundsätzlich handelt es sich um die Zuordnung von Menschen und Sachmitteln. Das schließt aber ein, dass auch Regelungen vorzusehen sind, bei denen es sich um eine **Mensch-Mensch-Zuordnung** bzw. um **Sachmittel-Sachmittel-Zuordnung** handelt. Letztere kann beispielsweise aus Maschinenaggregaten bestehen.

Feste Regelungen lohnen sich nur, wenn sich die Vorgänge wiederholen. Deshalb spricht man von „auf **Dauer angelegten Regelungen**". Planbar sind nicht alle Vorgänge im Betrieb. Für selten auftretende Vorgänge lohnt es sich nicht, ein Regelwerk aufzubauen.

Aufgaben, die auf mehrere Mitarbeiter verteilt werden sollen bzw. deren Lösung verschiedene Sachmittel erfordert, müssen teilbar sein. Die Betriebsorganisation sorgt für klare Trennungen, allerdings gleicherweise für klare Zusammenführungen. Arbeitsteilung bzw. Arbeitszerlegung erzwingt die planvolle Zusammenführung.

Betriebe setzen sich unterschiedliche Ziele. Grundsätzlich wird zwischen Sachzielen und Formalzielen unterschieden. Das **Sachziel** bestimmt, welche Leistung im Betrieb erbracht werden soll, z. B. das Herstellen von Fahrrädern bestimmter Form und Güte oder die Bereitstellung der Dienstleistung „Abwicklung des Zahlungsverkehrs". Das **Formalziel** bestimmt, nach welchen Prinzipien das Sachziel erreicht werden soll, beispielsweise mit höchstmöglichem Gewinn oder nur kostendeckend.

1.3 Planung, Improvisation und Disposition

Vertrautheit mit den Begriffen und Zusammenhängen der Organisation, Improvisation und Disposition

Definition

> **Planung ist die gedankliche, zielgerichtete und systematische Vorwegnahme zukünftigen wirtschaftlichen Handelns.**

Die Planung gibt Ziele vor und legt die entsprechenden Maßnahmen fest, um ein definiertes Ziel zu erreichen. Die Unterteilung in Sachziele und Formalziele wurde bereits erörtert. Es gibt aber noch zwei weitere wichtige Unterscheidungen: So werden nach der Zielebene bzw. nach ihrem Wirkbereich folgende Unterscheidungen getroffen:

Zielebene	Wirkbereich	Ziel
strategisches Ziel	gesamtes Unternehmen	Steigerung des Unternehmens gewinns im 1. Jahr
Bereichsziel	Personalwesen	Senken der Personalkosten um 10 %
Abteilungsziel	Personalplanung	Abbau von 10 % der Stellen durch Reorganisation im 1. Jahr
Teilziel	Sachbearbeiter	Aufstellen eines Detailplans für einen Bereich mit 15 % weniger Personal

Tab. 1: Struktur von unternehmerischen Zielen

Ziele werden ferner danach unterschieden, wie sie sich zu anderen, gleichzeitig angestrebten Zielen verhalten. Dies verdeutlicht die folgende Tabelle.

Wertung	Bezeichnung	Beschreibung
hoch	Zielidentität	Trotz einer unterschiedlichen Formulierung und Identität ist eine gerichtete Zielverfolgung möglich.
sehr hoch	Zielharmonie	Die endgültige Erreichung eines Zieles fördert zugleich die Erreichung eines anderen Zieles.
mittel	Zielindifferenz	Das Erreichen eines Zieles geschieht völlig ohne Einfluss auf andere Ziele.
schlecht	Zielwiderspruch	Bei Erreichung eines Zieles werden andere Ziele behindert.
sehr schlecht	Zielausschluss	Wird ein Ziel erreicht, verhindert es die Erreichung eines anderen Zieles ganz.

Tab. 2: Zusammenhänge zwischen unternehmerischen Zielen

Nicht alle Vorkommnisse im Betrieb sind gedanklich vorwegzunehmen. Bei unvorhergesehenen oder gar unvorhersehbaren Vorgängen muss man improvisieren, d. h. für diesen Fall eine Regelung treffen. Für Unvorhergesehenes ist allerdings auch vorzusorgen: Es muss feststehen, dass Mitarbeiter die nötigen Vollmachten haben, um erforderliche Anordnungen zu treffen. Die in solchen Fällen erforderlichen Anordnungen werden als **Dispositionen** bezeichnet.

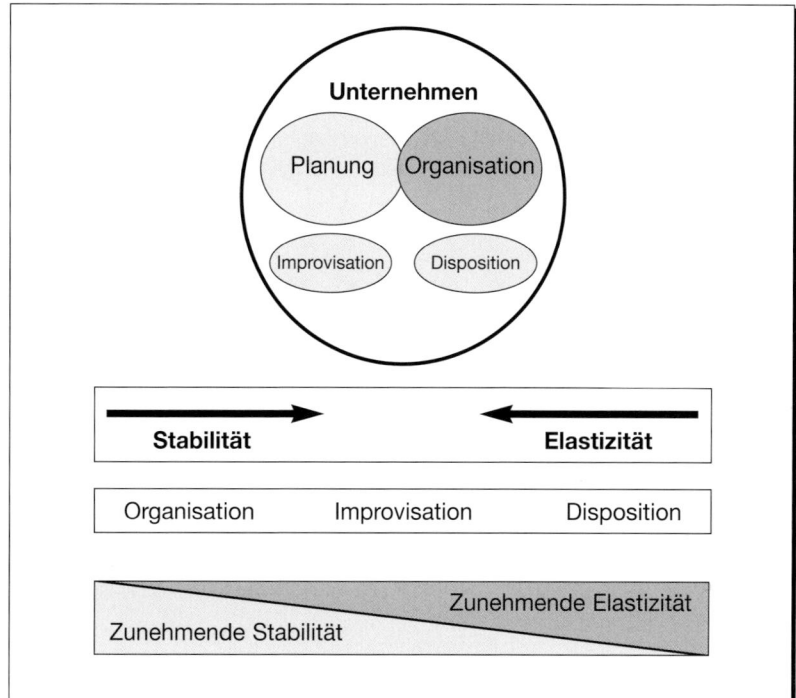

Übersicht 2:
Zusammenhänge
der Elemente

1.4 Grundprinzipien der Betriebsorganisation

<u>Überblick</u> über die rationelle Gestaltung betrieblicher Regelungen

Arbeitsteilung

Da ein Unternehmen seine Aufgabe mittels konsequenter Arbeitsteilung durchführt, ergibt sich hier die Notwendigkeit einer straffen Organisation. Dabei ist zu berücksichtigen, dass die Vielzahl der Aufgaben und deren Erfüllung vom Umfang her nicht von einer Person alleine bewältigt werden kann. Bedingt durch die Vielzahl an benötigten Fachkenntnissen und bestimmten Fähigkeiten müssen die Aufgaben auf mehrere Personen verteilt werden. **Diese Tätigkeit des Aufgliederns** bezeichnet man als **Analyse**, die **Zuordnung von Tätigkeiten** als **Synthese**.

Merke: Analyse und Synthese sind damit der Kern organisatorischen Gestaltens.

Rationalisierung

Rationalisierung bedeutet so viel wie zweckmäßige Gestaltung der betrieblichen Vorgänge und lässt sich auf vier Wegen erreichen:

1) Aufgaben durch Vereinfachung und Gliederung klarer gestalten

> Beispiel: Es gibt einen Ansprechpartner für Kunden und nicht mehrere.

2) Technische und arbeitsorganisatorische Rationalisierung durch wirtschaftliche Gestaltung der Bereiche Arbeitsvorbereitung, Materiallager, Arbeitsfluss, Mechanisierungsgrad, Arbeitsentlohnungssysteme

> Beispiel: Besondere Leistungen werden durch Prämien belohnt.

3) Berücksichtigung der persönlichen und sozialen Bedürfnisse der arbeitenden Menschen mit dem Ziel der stärkeren Motivation

> Beispiel: Berücksichtigung ergonomischer Grundsätze bei der Arbeitsplatzgestaltung; persönliche Einrichtungen am Arbeitsplatz gestatten. Kreativteams erarbeiten die Gestaltung ihrer Arbeitsumgebung.

4) Bereitstellung von schnelleren Informationswegen zur Steigerung der schnelleren Aufgabenerfüllung

> Beispiel: Jeder Mitarbeiter verfügt über ein multifunktionales DV-System.

Definition

> **Merke: Rationalisieren umfasst das Optimieren und Vereinfachen der Arbeitsvorgänge, um Kosten zu senken.**

Unter dem Schlagwort „Rationalisierung" wird oft die Entlassung von Mitarbeitern gerechtfertigt. Das sollte jedoch nur das letzte Mittel sein. Oft ergeben sich neue Einsatzbereiche bei einer Umstrukturierung, wenn Geschäftsfelder ausgeweitet oder neue Ziele definiert werden. Die Suche nach geeignetem Personal ist immer mit Kosten und Zeit verbunden. Bewährtes Personal und bewährte Fachkräfte sind auf dem Markt oft nur schwer zu finden.

Wirtschaftlichkeit

Mit **Wirtschaftlichkeit** wird das Verhältnis zwischen Betriebsertrag und Betriebsaufwand bezeichnet.

$$\text{Wirtschaftlichkeit} = \frac{\text{Betriebsertrag}}{\text{Betriebsaufwand}}$$

Hierbei ist das Prinzip des günstigsten Aufwands anzuwenden. Das heißt, es ist immer eine Handlungsalternative zu wählen, bei der das Verhältnis Ertrag zu Aufwand möglichst günstig ist. „Günstig" drückt sich in einem hochwertigen Bruch aus.

> Beispiel: Ein Fahrzeug wurde vorher mit 20 Stunden Arbeitsaufwand hergestellt, jetzt mit 10 Stunden. 1/10 stellt einen doppelt so hohen Wert dar wie 1/20.

Überwachung (Kontrolle)

Die Überwachung ist das Messinstrument für eine kontinuierliche Weiterentwicklung. Durch das Feststellen von Tatbeständen (IST-Zustand) und das nachfolgende Vergleichen mit den gedachten Sollgrößen wird deutlich, ob eventuelle Korrekturmaßnahmen einzuleiten sind.

● **Kontrolle**: Sie dient als dauernde oder zeitweise Überwachung.

Durchgeführt wird die Kontrolle meist von Personen, die zum Ausführungsbereich gehören. Sie sind in der Lage, Korrekturen unmittelbar durchzuführen. Vorteil: kurze Reaktionszeiten.

● **Revision**: Sie dient als mehr oder weniger periodisch auftretende Überwachung durch Personen, die nichts mit der Ausführung zu tun haben (interne oder externe Revision). Sie wird meistens durch externe Berater, Wirtschaftsprüfer und/oder Unternehmensberater durchgeführt.

● **Prüfung**: Eine stichprobenartige Prüfung erfolgt nur situationsbedingt oder fallweise. Sie wird meist durch einen internen Mitarbeiter durchgeführt, ist kurzfristig zu disponieren, und die Ergebnisse liegen meist sehr schnell vor. Nachteil: mangelnde Transparenz.

Unternehmen sind in der heutigen Zeit mehr als sonst gefordert, sich schnell weiterzuentwickeln. Veränderte Marktbedingungen und ein wechselhaftes Kundenverhalten lassen den Unternehmen nur sehr wenig Zeit für Umstellungen. Ist eine Umorientierung der Organisation gerade abgeschlossen, so können sich die äußeren Einflussparameter schon wieder geändert haben. Heute noch gültige Regeln können morgen schon veraltet oder unzweckmäßig sein. Hieraus ergibt sich für heutige Unternehmen, dass sie ständig dazulernen müssen. Sich verändern und dazulernen heißt, das Gewollte mit dem Erreichten vergleichen und die Abweichungen ständig dokumentieren und Korrekturmaßnahmen einleiten. Dieses Prinzip der Soll-Ist-Auswertung sollte in regelmäßigen Abständen durchgeführt werden. Unternehmen, die solche Systeme erfolgreich anwenden, verändern sich ständig und gehören zu den erfolgreichen am Markt.

1.5 Teilbereiche der betrieblichen Organisation

Kenntnis der Grundzusammenhänge

Durch die Betriebsorganisation sollen der Betriebsaufbau und der ordnungsgemäße Arbeitsablauf für immer wiederkehrende Arbeitsaufgaben geregelt werden.

Das vereinfacht die Arbeitsmethodik und senkt Kosten. Arbeitsgänge bleiben durchschaubar und Fehler sowie Änderungen sind in kurzer Zeit realisierbar. Die Organisation umfasst immer zwei Bereiche. Die **Aufbauorganisation**, zu der eine detaillierte Stellenbeschreibung für die dargestellten Positionen gehört, und die **Ablauforganisation**, in der Wege und Verfahren sowie die Verknüpfung mit anderen Bereichen dargestellt sind.

Beide sind untrennbar miteinander verbunden. Dieser Aspekt wird nachfolgend in verschiedenen Abschnitten dargestellt.

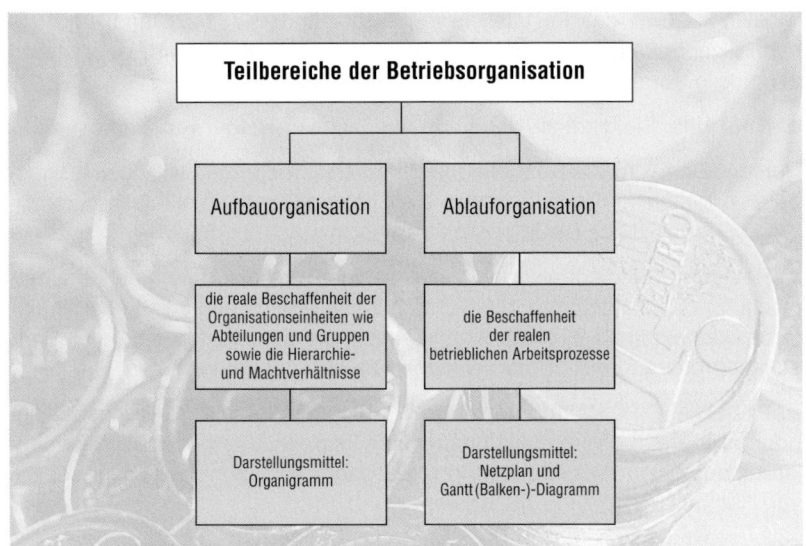

Übersicht 3: Die zwei Teilbereiche der betrieblichen Organisation

Um einen Arbeitsablauf sinnvoll zu gestalten, sollte der Aufbau des Betriebes ebenso sinnvoll gestaltet werden. Nur eine übersichtliche Aufbauorganisation kann eine wirksame Ablauforganisation garantieren. Diese Gedankengänge lassen sich durch folgendes Bild veranschaulichen: Die Aufbauorganisation kann man mit dem Straßennetz vergleichen, die Ablauforganisation mit der Regelung des Verkehrsflusses. Die übersichtliche Gestaltung des Verkehrsnetzes erleichtert die Regelungen für den Verkehrsfluss. Die Anforderungen an ein vernünftiges Regelwerk für den Verkehrsfluss wirken auf die Gestaltung des Verkehrsnetzes ein.

Der enge Zusammenhang zwischen Aufbauorganisation und Ablauforganisation lässt sich auch mit Hilfe des Organisationswürfels zeigen. Für beide Organisationsbereiche gelten die gleichen Elemente.

Hier wie dort müssen die Aufgaben klar definiert und auf die Aufgabenträger verteilt werden. Hier wie dort ist die Sachmittelverteilung zu regeln, ist der Informationsbedarf zu klären und sind die Informationswege festzulegen. Für die Dimensionen Zeit, Raum, und Menge gilt das Gleiche.

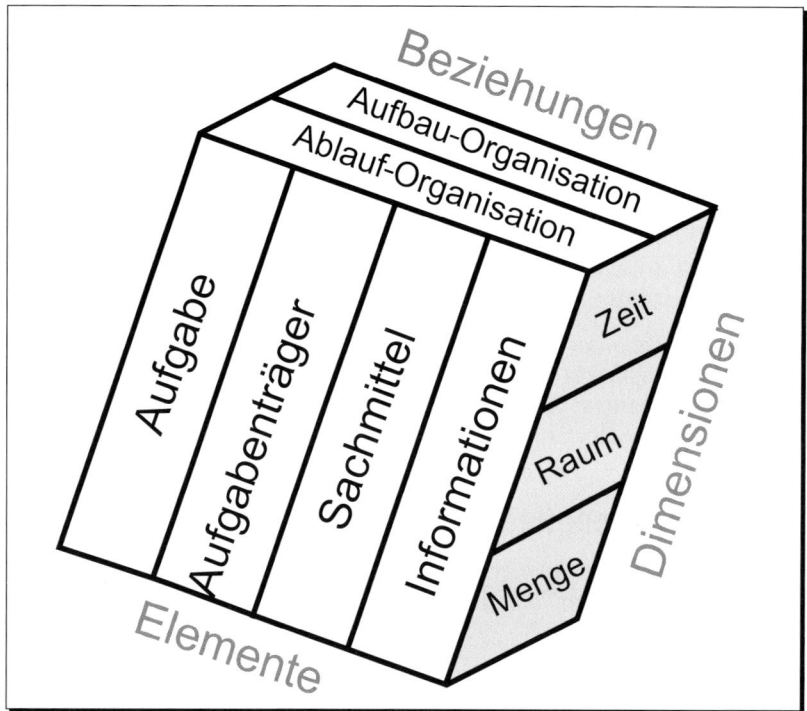

Der Organisationswürfel

Oft sind Unternehmen nur schlecht organisiert oder es kommt zu Überschneidungen von Tätigkeiten. Manche Arbeiten werden doppelt ausgeführt, Kontrollorgane werden zwischengeschaltet, um die Ergebnisse zu kontrollieren. Der hierdurch bedingte Stellenüberhang ist oft ein Resultat von Misstrauen der Geschäftsführung in die Arbeit ihrer Mitarbeiter. Zur Wahrung ihrer Interessen hat z. B. die Automobilindustrie, bedingt durch den Kostendruck und durch die globale Vernetzung von Unternehmen, ihre Zulieferbetriebe verpflichtet, sich nach der neuen ISO 9000 ff. (gültig ab 12/2000) oder VDA 6.1 bzw. ISO TS 16949 Norm zu zertifizieren. Der Anlass zu diesem Regelwerk ist der, die Zulieferbetriebe zu zwingen, ihre Organisation zu überdenken und die Produktqualität zu heben, um Sonderkosten (Nacharbeiten, Reklamationen, Produktionsausfälle etc.) zu vermeiden. Da in der heutigen Zeit zwischen Anlieferung von Bauteilen oder Baugruppen und deren Weiterverarbeitung oft nur Stunden vergehen und keine Abnahmeprüfung im Wareneingang erfolgt, muss der Zulieferer eine Qualität seiner Produkte garantieren, die unter 30 ppm (parts per million) fehlerhafte Teile liegt.

Viele Unternehmen sind hiermit überfordert. Sie betrachten diese Forderungen als einen Knebel der Automobilindustrie. Die bessere Sichtweise wäre die, diese Regelwerke als Chance zu sehen, die Unternehmen in eine erfolgreiche Zukunft zu führen.

2 Aufbauorganisation

Überblick _über die Bildung und die Gliederung von Organisationseinheiten,_
Kenntnis _der Möglichkeiten der Gestaltung der Aufbauorganisation_

Die Hauptaufgabe der Aufbauorganisation besteht darin, den unüberschaubaren Gesamtablauf in Teilaufgaben oder Einzelaufgaben zu zerlegen. Dabei werden organisatorische Einheiten gebildet. Gleichzeitig ist zu planen, wie die Aufgaben und Zuständigkeiten auf die Aufgabenträger (Personen) zu verteilen sind.

2.1 Aufgabengliederung (Aufgabenanalyse)

Einblick _in das Analyseinstrumentarium_
Bewusstsein _seiner Bedeutung für die rationelle Gestaltung organisatorischer_
Regelungen

Unter einer Aufgabe versteht man grundlegend eine Vorschrift zur Erreichung eines Zieles. Um dieses Ziel zu erreichen, muss der Mensch handeln, damit ein gewollter Zustand hergestellt wird.

Kosiol beschreibt in seinem Buch „Organisation der Unternehmung" sechs Zielrichtungen der Aufgabengliederung, die als Gliederungsmerkmale bezeichnet werden.

1) **Verrichtungsanalyse**: Eine Aufgabe wird in die einzelnen Verrichtungen zerlegt, die zu ihrer Erfüllung notwendig sind.

   Beispiele: Beschaffung, Produktion, Absatz

2) **Objektanalyse**: Eine Aufgabe wird nach den einzelnen Objekten, an denen sie erfolgt, zergliedert.

   Beispiele: Teilaufgaben an Rohmaterial, Teilaufgaben an Endprodukt, Produktgruppen

3) **Sachmittelanalyse**: Eine Aufgabe wird nach den Sachmitteln, die zu ihrer Durchführung benötigt werden, in Teilaufgaben aufgespalten.

   Beispiele: Drehbank, Computer

4) **Ranganalyse**: Alle Teilaufgaben werden in ein Rangverhältnis (1. 2. 3. etc.) eingeordnet.

   Beispiele: Grundsatzentscheidung, Differenzierungsebene, Konkretisierung

5) **Phasenanalyse**: Alle Teilaufgaben werden nach ihrer sachlichen Zugehörigkeit in das Phasenschema „Planung, Realisation, Kontrolle" eingeordnet.

6) **Zweckbeziehungsanalyse**: Alle Aufgaben werden nach ihrem Zweck eingeordnet, wobei man in primäre Aufgaben und sekundäre Aufgaben unterscheidet. **Primäre Aufgaben** führen zur Erbringung der eigentlichen Betriebsleistung, während **sekundäre Aufgaben** lediglich die Erbringung der primären Aufgaben fördern, z. B. Putzkolonne und Kantine.

Beispiele für Gliederungsmerkmale

● Aufgabenanalyse nach dem Objekt

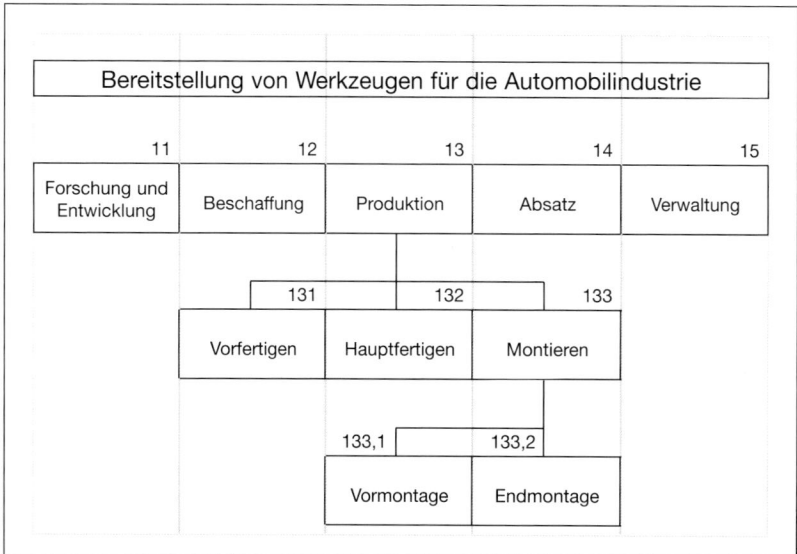

● Aufgabenanalyse nach den Sachmitteln

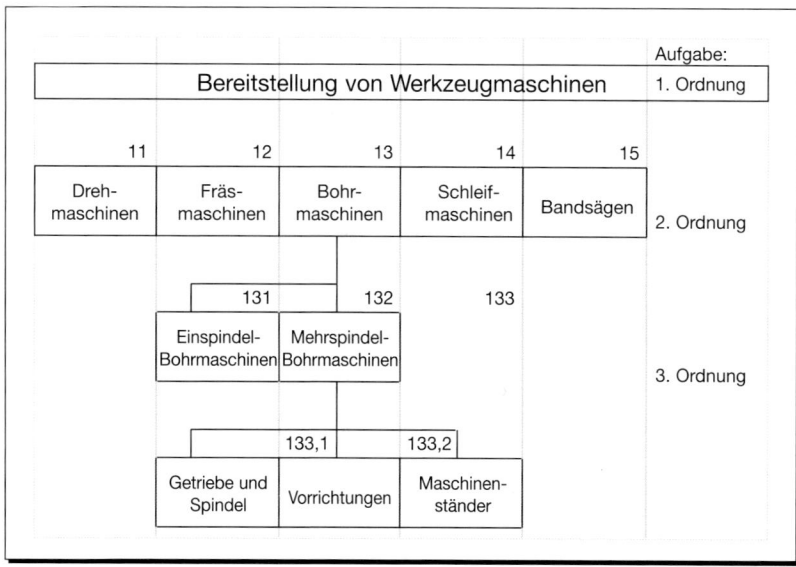

● Aufgabenanalyse nach dem Rang

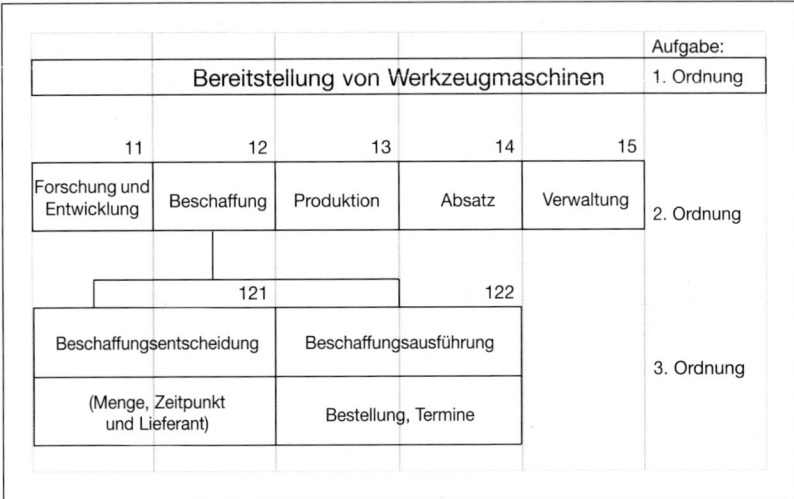

● Aufgabenanalyse nach der Phase

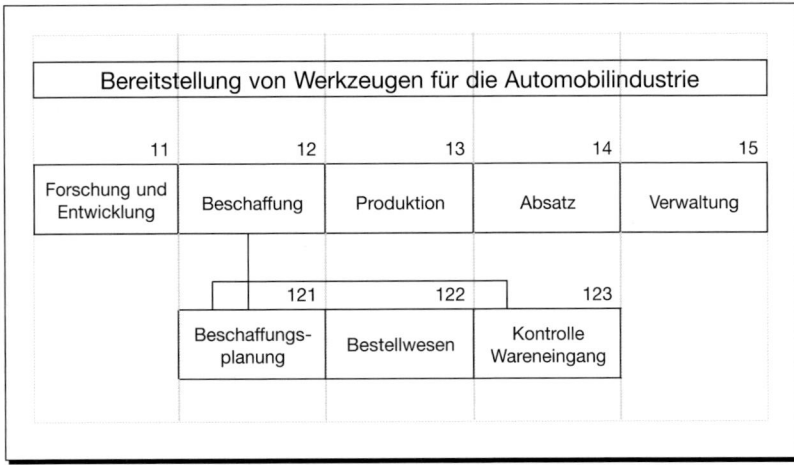

Diese hier beschriebenen Gliederungsmerkmale können auf keinen Fall einzeln für die Aufgabenanalyse herangezogen werden, sondern es werden
meistens mehrere Merkmale benötigt. Erst nachdem ein so komplexes
System wie ein Betrieb anhand der Gliederungsmerkmale komplett zerlegt
ist, erhält man eine Übersicht über die Gesamtheit der Teilaufgaben, die
durch das vordefinierte Unternehmensziel festgelegt sind.

2.2 Stellenbildung

Einsicht in die Aspekte der Stellenbildung

Bei der beschriebenen Vorgehensweise ist eine Aufgabe (Ziel) zu analysieren und so zu zerlegen, dass die letzten Teilaufgaben dann von Mitarbeitern übernommen werden können. Für die einzelne Stelle werden gebündelte Teilaufgaben festgelegt. Die Gesamtheit der Stellen fasst man in einem Stellenplan zusammen. Der Stellenplan wird meistens in Form eines Organigramms dargestellt. Erst nach Analyse der Gesamtaufgabe in einzelne kleinste Teilaufgaben liegen die nötigen Informationen vor, um Aussagen über die benötigten Stellen zu treffen.

Dieser Prozess kann folgendermaßen veranschaulicht werden:

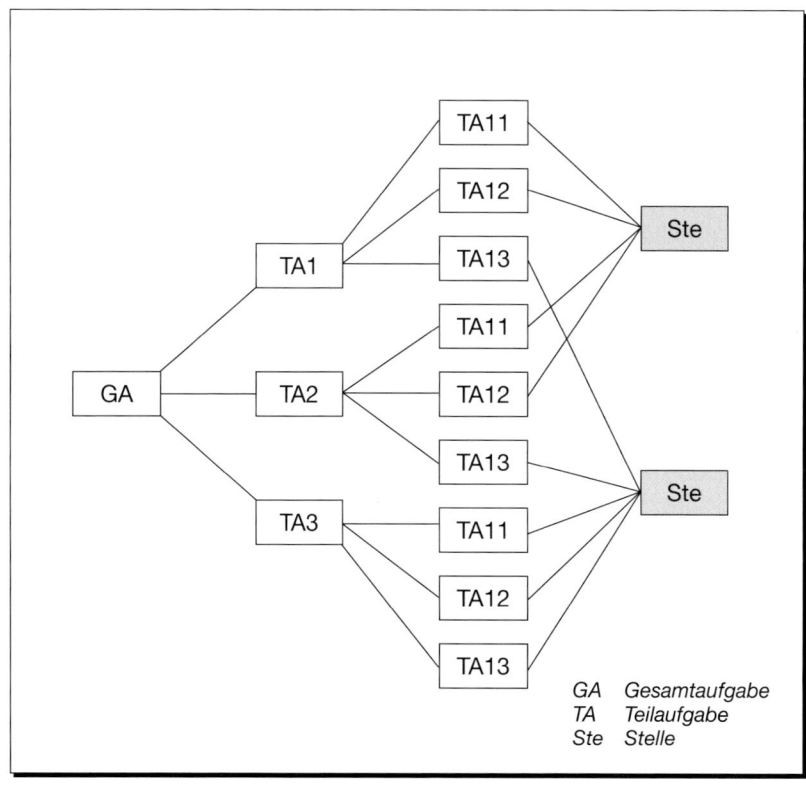

GA   Gesamtaufgabe
TA   Teilaufgabe
Ste Stelle

Übersicht 4:
Stellenbildung

Beispiel der Aufgabenanalyse für Stelle1 = Einkauf

Verrichtungsanalyse	Objektanalyse
TA1 = Einkaufen	TA11 = Kunststoffprodukte
TA2 = Produzieren	TA12 = Metallprodukte
TA3 = Verkaufen	TA13 = Holzprodukte

Die hier aufgezeigte Aufgabenanalyse zerlegt eine Gesamtaufgabe (GA) zuerst in die Teilaufgaben erster Ordnung. Diese werden nach der Verrichtungsanalyse aufgeteilt in TA1 bis TA3.

Dann erfolgt die Zuordnung in die Teilaufgaben zweiter Ordnung TA11, TA12 bis TA33, und zwar nach Objekten. In dem Beispiel wird also nach Verrichtung und Objekt analysiert.

Bei der Stellenbildung sollte nicht nur eine Stelle isoliert betrachtet werden, sondern es ist als Anforderung der „maximale Grad der Beherrschbarkeit" gefordert. Der Nachteil dieser Vorgabe ist, dass die maximale Auslastung einer Stelle zur Monotonie der jeweiligen Arbeit führt und so der Leistungswille und die Leistungserbringung eines Mitarbeiters stark gebremst werden.

Das Ergebnis der Gesamtanalyse ist, wie oben schon erwähnt, der **Stellenplan**. Die schriftliche Festlegung der Aufgaben der jeweiligen Stellen geschieht in der **Stellenbeschreibung**. Die Stellenbeschreibung dient als praktisches Hilfsmittel, um die Funktionen, Aufgaben und Zuordnungen innerhalb des Stellenplanes wiederzugeben. Sie ist ein Instrument, mit dessen Hilfe auch die Verantwortlichkeiten und Kompetenzen festgelegt sind. Die Stellenbeschreibung ist die höchste Form der organisatorischen Festlegungen in einem Unternehmen und ist zwingend notwendig, um eine Organisation konfliktfrei zu betreiben. In Unternehmen, die zwar eine Organisationsstruktur haben, in denen aber eine exakte Stellenbeschreibung fehlt, treten oft Konflikte auf.

Stellenbeschreibungen sind zwingend notwendig, weil es auch um klare Aufgabenabgrenzungen, Kompetenzen, Hierarchien und Vertretungen geht. Stellenbeschreibungen werden nicht nur für Abteilungsleiter erstellt. **Alle Stellen** und die damit verbundenen Aufgaben sind über eine exakte Stellenbeschreibung klar zu formulieren. Die Vorlage sollte für ein Unternehmen einheitlich festgelegt werden. Wenn die Stellenbeschreibungen definiert sind, können die Personalauswahl und die Bewertung der Stelle (Budget) sowie die Auswahl von geeigneten Bewerbern wesentlich vereinfacht werden.

Nachfolgend werden anhand eines Beispiels die wichtigsten Punkte einer Stellenbeschreibung aufgezeigt.

Beispiel für eine Stellenbeschreibung

Muster
Stellenbeschreibung: Leiter Fertigung
1. Bezeichnung der Stelle: Leiter Fertigung
2. Name des Stelleninhabers: N.N.
3. Organisations-Nr.
   Personal-Nr.
4. Kostenstelle:
5. Unterstellung:
   Stelleninhaber ist unterstellt: **dem Betriebsleiter**

6. Überstellung:

Dem Stelleninhaber sind folgende Stellen unterstellt:

alle Gruppenleiter in der Produktion

7. Ziele der Stelle:

Stelleninhaber ist unterstellt: dem Betriebsleiter

● Der Stelleninhaber hat seine Aufgaben so wahrzunehmen, dass alle in seinem Bereich anfallenden Aufgaben sachlich richtig, termingerecht, zügig und wirtschaftlich erledigt werden,

● die vereinbarten/vorgegebenen Liefertermine eingehalten werden,

● die vereinbarte/vorgegebene Qualität jederzeit gewährleistet ist,

● zu wettbewerbsfähigen Stückkosten produziert wird,

● die vorgegebenen Kostenbudgets sowie die festgelegten sachlichen und terminlichen Vorgaben eingehalten werden,

● Maschinen, Geräte und andere technische Einrichtungen in der Fertigung wirtschaftlich eingesetzt, mit steigender Produktivität genutzt und werterhaltend gepflegt werden,

● die Durchlaufzeiten der einzelnen Aufträge reduziert werden,

● die Materialausbeute erhöht wird,

● der Kundendienst mit Ersatzteilen aus der Fertigung termingerecht versorgt werden kann,

● Vorgaben der Entwicklung in der Produktion in geeigneter Weise umgesetzt werden,

● die Entwicklungsabteilung über die technische Machbarkeit ihrer Vorgaben für die Produktion rechtzeitig informiert ist,

● die Initiative und das Mitdenken seiner Mitarbeiter gefördert werden,

● die Fertigung jederzeit über ausreichend qualifizierte und motivierte Mitarbeiter verfügt,

● die Verbundenheit seiner Mitarbeiter mit dem Unternehmen gestärkt wird,

● die Arbeitsplätze in seinem Bereich zeitgemäß und entsprechend den geltenden Sicherheitsbestimmungen und ergonomischen Richtlinien ausgestattet sind,

● die Belange der Unfallverhütung, der Arbeitssicherheit und des Katastrophenschutzes in seinem Bereich in vorbeugender Weise beachtet und eingehalten werden und Schäden an Personen und Material verhindert werden,

● das Ansehen und der Ruf des Unternehmens als eines leistungsfähigen und modernen Betriebs bei den Beschäftigten des Unternehmens und in der Öffentlichkeit gewahrt und gestärkt werden,

● die vorgesetzte Stelle jederzeit über den Stand der Entwicklung bei einzelnen Projekten sowie über außergewöhnliche Vorkommnisse in seinem Bereich unterrichtet ist,

● Betriebsgeheimnisse und die Vertraulichkeit von Daten, die nicht allgemein zugänglich sind, gewahrt bleiben.

● Der Stelleninhaber hat die vorgesetzte Stelle so zu informieren und zu beraten, dass diese in der Lage ist, Ersatz- und Neuinvestitionen termingerecht, sachgerecht und unter Berücksichtigung aller aus der Sicht der Fertigung relevanten Gesichtspunkte zu planen und zu entscheiden,

● die Einführung neuer Verfahren und Technologien in der Fertigung zu planen und zu entscheiden,

● eine langfristige Personalentwicklungsplanung zu betreiben,

● Probleme im Zusammenhang mit der sozialen Infrastruktur im Bereich der Fertigung frühzeitig zu erkennen und auf diese angemessen zu reagieren,

● Der Stelleninhaber hat die Zusammenarbeit seines Bereiches mit den anderen Stellen des Unternehmens so zu gestalten, dass der Informationsfluss jederzeit reibungslos funktioniert und insgesamt eine gute Zusammenarbeit gewährleistet ist.

8. Aufgaben und Kompetenzen:
Folgende fachliche Aufgaben hat der Stelleninhaber selbst wahrzunehmen:
Er entscheidet – unter Beachtung ggf. vorhandener Vorgaben durch die Arbeitsvorbereitung – über:

● die Zielvorgaben und das Jahresprogramm für die nachgeordneten Bereiche,

● die Richtlinien und schriftlichen Anweisungen für die nachgeordneten Bereiche,

● Einzelheiten des Produktionsablaufs,

● die Festlegung der Wochenpläne für die Produktion,

● die Durchführung von Sonderschichten, Einsätzen an arbeitsfreien Tagen sowie bezahlter oder unbezahlter Überstunden in seinem Bereich im Rahmen der hierfür geltenden generellen Regelungen,

● die Arbeitsverteilung an die Gruppen und die Schwerpunktsetzung für seine Mitarbeiter,

● den vorübergehenden Personalausgleich innerhalb der nachgeordneten Bereiche bei Kapazitätsengpässen ggf. unter Anforderung von Aushilfskräften,

● das Auflegen neuer Produktionslose,

● die Produktion von Prototypen,

● Einzelheiten der Materialbereitstellung für die Fertigung,

● die Anforderungen von Hilfs- und Betriebsmitteln für die Produktion,

● die Anforderung von Werkzeugen, Material, Betriebsstoffen und Ersatzteilen für seinen Bereich, sofern dies im Einzelfall nicht in den Kompetenzbereich einer anderen Stelle fällt,

● die Vorgehensweise bei technischen Problemen und Abweichungen vom Normalfall in der Produktion,

● die Prioritäten bei Reparaturen in der Produktion,

● die Durchführung notwendiger Nacharbeiten sowie über Einzelheiten derselben, ggf. unter Berücksichtigung der Vorgaben des Qualitäts-Sicherungs-(QS) Beauftragten,

- die Durchführung von Qualitätsprüfungen in der laufenden Produktion,
- die Durchführung von Wartungsschichten in seinem Bereich,
- die Qualifikationsanforderungen für einzustellende Mitarbeiter in seinem Bereich,
- die Einstellung, Umsetzung und Entlassung von Mitarbeitern in den nach-geordneten Bereichen,
- die Ernennung von „Paten" zwecks Einarbeitung und Eingliederung neuer Mitarbeiter in seinem Bereich,
- die Anpassung der Stellenbeschreibungen in seinem Bereich, sofern da-von keine übergeordneten Interessen oder Vorgaben der Geschäftsleitung berührt werden,
- die Festlegung und Veränderung der Bezüge der nachgeordneten Stellen;
- die Freistellung der Mitarbeiter im nachgeordneten Bereich für Schulungsmaßnahmen,
- die stundenweise Beurlaubung seiner Mitarbeiter in dringenden persönlichen Angelegenheiten,
- die Urlaubsplanung in seinem Bereich,
- die Erteilung von Ermahnungen und Abmahnungen in seinem Bereich,
- die Genehmigung von Dienstreisen und Dienstgängen für die nachgeordneten Bereiche, ggf. in Form einer allgemeinen Regelung.

Beratung der vorgesetzten Stelle in folgenden Angelegenheiten:
- Vergabe von Aufträgen an Subunternehmer,
- Personalentwicklungsplanung für die Produktion,
- Planung und Durchführung von Ersatz- und Neuinvestitionen in der Produktion,
- Einführung neuer Produktionsverfahren und Technologien,
- Einsatz neuer Materialien,
- Erarbeiten und Aktualisierung von Fortbildungsplänen für die Beschäftigten in der Produktion,
- Aufstellung der einzelnen Budgets für die Produktion,
- Außendienstmitarbeiter, Verkaufssachbearbeiter sowie (bei Bedarf) alle anderen Stellen im Unternehmen in technischen Angelegenheiten.

Er informiert
- den Leiter Arbeitsvorbereitung rechtzeitig über eine sich abzeichnende oder eingetretene zu geringe Auslastung der Produktion,
- alle betroffenen Stellen über absehbar nicht einhaltbare Liefertermine, Qualitätsprobleme, Materialengpässe.

Er kontrolliert
- die Vorgaben der Entwicklung auf Richtigkeit und Vollständigkeit und leitet diese an die entsprechenden Stellen weiter,
- die Einhaltung der Planvorgaben in seinem Bereich,

● die Einhaltung der vorgegebenen Qualitätsstandards und Qualitätsmerkmale im laufenden Fertigungsprozess nach Maßgabe des QS- Systems,

● die Einhaltung der vereinbarten / vorgesehenen Produktions- und Liefer-termine,

● die in seinem Bereich anfallenden Lieferscheine und Rechnungen auf sachliche Richtigkeit und leitet diese mit einem entsprechenden Vermerk weiter,

● den Zustand der Maschinen, Anlagen und Geräte sowie die Einhaltung der Wartungsintervalle in seinem Bereich,

● den Lagerbestand bei Verbrauchsmaterialien und Ersatzteilen im Lager seiner Abteilung und veranlasst rechtzeitig Nachbestellungen,

● den Material- und Werkzeugverbrauch sowie die Bedarfsmeldungen und An-forderungen der nachgeordneten Bereiche,

● die Einhaltung der Arbeitszeiten sowie der Sicherheits-, Unfallverhütungs- und Umweltschutzvorschriften in seinem Bereich,

● die sachliche Richtigkeit von Überstundenmeldungen in seinem Bereich.

Er erstellt
● Vorschläge für Produktions- und Qualitätsverbesserungen und schafft die Voraussetzungen für deren Realisierung;

● regelmäßige Produktionsberichte und legt diese der Geschäftsführung vor.

Er nimmt teil an
● den Besprechungen des Führungskreises,

● den regelmäßigen Meisterbesprechungen und leitet diese,

● den regelmäßigen Besprechungen über die Reklamations- und Garantiefälle.

Er bearbeitet
● die von der Arbeitsvorbereitung oder technischen Verkaufssachbearbeitung ein-gehenden Aufträge, prüft die Vorgaben auf Richtigkeit und Vollständigkeit, er-gänzt sie ggf. und bringt sie in eine fertigungsgerechte Form.

Führungsgrundsatz:
● Bei der Erfüllung seiner Aufgaben hat sich der Stelleninhaber die Initiative und das Mitdenken seiner ihm unterstellten Mitarbeiter nutzbar zu machen. Im Einzelnen wird auf die „Allgemeine Führungsrichtlinie" verwiesen.

Einzelaufträge
● Der Stelleninhaber ist verpflichtet, neben den oben aufgeführten Aufgaben, auf Weisung des Vorgesetzten Einzelaufträge auszuführen, die dem Wesen nach zu seiner Tätigkeit gehören oder sich aus betrieblichen Notwendigkeiten ergeben.

Besondere Befugnisse
● Der Stelleninhaber hat Einsicht in alle vertraulichen Unterlagen, die er zur Wahr-nehmung seiner Aufgaben benötigt: (es folgt eine Aufzählung, z. B. Personal-akten der Mitarbeiter, Bilanz, Rezepturen etc.).

● Er hat folgende Vollmachten: (Aufzählung folgt).

● Er kann seinen Arbeitsplatz (alternativ: das Unternehmen, die Räume ...) in begründeten Fällen auch nach Dienstschluss sowie an Sonn- und Feiertagen betreten.

● Er ist berechtigt, die zur Wahrnehmung seiner Aufgaben notwendigen Spesen und Bewirtungsaufwendungen zu machen.

Stellvertretung

Der Stelleninhaber wird vertreten nebenamtlich (begrenzt/unbegrenzt) durch den Inhaber der Stelle (hier angeben) in folgenden Angelegenheiten:

Der Stelleninhaber vertritt nebenamtlich (begrenzt/unbegrenzt) den Inhaber der Stelle (hier angeben) in folgenden Angelegenheiten (Auflistung der Vertretungs- angelegenheiten):

Diese Stellenbeschreibung tritt mit dem Tag der Unterzeichnung in Kraft. Sie gibt den gegenwärtigen Stand wieder. Die Geschäftsleitung behält sich vor, die Stelle an die sich verändernden Bedingungen anzupassen.

der Stelleninhaber: (Datum, Unterschrift)

der Vorgesetzte der Stelle: (Datum, Unterschrift)

Inkraftsetzung durch die Geschäftsführung: (Datum, Unterschrift)

nächster Revisionstermin: (Datum)

Revision-Nummer:

▍ Instanz und Abteilung

Bei der Aufschlüsselung der Aufgaben und der daraus entwickelten Stelle ist zu berücksichtigen, dass ausführende Arbeiten und Leitungsaufgaben unter- gebracht werden müssen. Wenn man solche Leitungsfunktionen auf eine ein- zelne Stelle fixiert, so entsteht eine neue Stelle: **die Instanz**. Eine feste Anzahl an untergeordneten Stellen lässt meist auf eine übergeordnete Stelle schließen. Die Summe aller Stellen einschließlich der Instanz bezeichnet man als **Abteilung**.

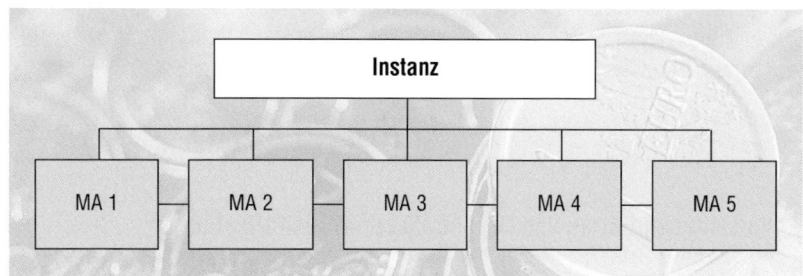

Übersicht 5:
Die Instanz

Merke: Sobald eine Stelle als Instanz definiert wird, ist die Abteilungsbildung abgeschlossen.

2.3 Dezentralisierung und Zentralisierung

Einsicht in die Wirkungsweise der verschiedenen Möglichkeiten

Die Aufgaben, die sich bei der Analyse herausgebildet haben, werden nach festgelegten Gesichtspunkten zusammengefasst oder getrennt. Diesen Vorgang bezeichnet man als Zentralisation (Zusammenfassen) oder Dezentralisation (Trennen).

Merke: Zentralisieren bedeutet die Zusammenfassung von festgelegten Teilaufgaben, die gleichartig sind.
Dezentralisieren bedeutet die Teilung der Aufgaben, die gleichartig sind.

Der Vorteil der Dezentralisation von Verwaltungsaufgaben besteht darin, dass sich durch die Aufgabenverteilung der Verwaltungsapparat drastisch reduziert. Die Delegation von leitenden Aufgaben auf viele untergeordnete Mitarbeiter erfordert eine hohe Kunst der Menschenführung. Grundsätzlich muss für eine Ausweitung von Kompetenzen die Reife der Mitarbeiter vorhanden sein. Dieser Prozess ist sehr langwierig und bedarf großer Kraftanstrengungen der Führungskräfte, die sich der Gefahr aussetzen, ihre Mitarbeiter zu überfordern, da diese mit ihren neuen Kompetenzen nicht umgehen können. Zwangsläufig sind Fehlentscheidungen und Demotivation die Folge. Als in der Vergangenheit aus Kostengründen (Wettbewerbsfähigkeit auf internationalen Märkten) ganze Firmenorganisationen mit dem „Wunderheilmittel lean production" (= flache Hierarchien) dezentralisiert wurden, die ein zentralisiertes funktionierendes System in Jahren aufgebaut hatten, gab es in diesen Unternehmen den totalen Zusammenbruch. Der Grund war eigentlich sehr einfach. Mitarbeiter, denen zusätzliche Aufgaben und Kompetenzen zugesprochen wurden, waren nicht in der Lage, diese neuen Anforderungen umzusetzen. Die zu schnelle Umsetzung in ein völlig neuartiges Konzept hatte sie überfordert.

In der Praxis werden heute beide Organisationsprinzipien angewandt. Die völlige Zentralisation bzw. Dezentralisation sind sehr selten vorkommende Extremfälle. Wenn man heute von zentralisierter Organisation oder dezentraler Organisation spricht, bedeutet dies: Hier überwiegt jeweils ein Prinzip.

> Beispiel: Ein Filialsystem regelt die Personalplanung innerhalb der einzelnen Filialen, der Einkauf ist jedoch an einem Ort zentralisiert.

▌ Verschiedene Arten von Dezentralisation/Zentralisation

Verrichtungszentralisation

Vorteile der Verrichtungszentralisation:

● bessere Ausnutzung von spezifischen Fähigkeiten bestimmter Mitarbeiter,

● eine höhere Ausnutzung von Betriebsmitteln wird erreicht,

- möglicher Einsatz von unqualifizierten Arbeitskräften bei einer oft wieder-kehrenden Spezialaufgabe.

Objektzentralisation

Sie wird oft in den höheren Managementebenen eingeführt. Dort kommt es mehr auf den Gesamtüberblick auf das Ganze und weniger auf eine Verrichtungsspezialisierung an.

Vorteile der Objektzentralisation

- Verringerung von Transportkosten bei gleichzeitiger Raumzentralisation,

- abwechslungsreiche Arbeiten,

- bessere Ausrichtung auf die Aufgabe und gleichzeitig bessere Bewertung der Leistung.

Entscheidungszentralisation/Entscheidungsdezentralisation

Sie wird angewandt, wenn bei der Analyse eines Unternehmens entschieden werden muss, ob mehrere Entscheidungsaufgaben zusammenzufassen sind oder auf die entsprechenden Organisationseinheiten verteilt werden sollen (Entscheidungsdezentralisation).

Vorteile der Entscheidungszentralisation:

- einheitliche Willensbildung,
- wenig Personaleinsatz,
- kurze Kommunikationswege.

Vorteile der Entscheidungsdezentralisation:

- Die oberen Leitungsorgane werden entlastet.

- Entscheidungsfindungen werden sachlich getroffen, da die Entscheidungsträger näher am Objekt stehen.

- Gesteigerte Initiative und Verstärkung der Führungskräfte.

- Planung und Überwachungs- Zentralisation/Dezentralisation.

Wichtig hierbei ist die Erfahrung, dass Planung und Überwachung, die sich in ihrer Funktion auf ein Objekt beziehen, niemals auf einer Stelle zentralisiert werden sollten. Es sollte immer einer dezentralen Planung eine zentrale Überwachung gegenüberstehen.

Verwaltungszentralisation/Verwaltungsdezentralisation

Bestimmte Betriebsbereiche lassen sich von vornherein nicht dezentralisieren. Hierbei handelt es sich um Aufgaben, die nicht unmittelbar der Leistungserbringung des Betriebes dienen. Hierunter fallen z. B. das Personalwesen, die Betriebssicherheit oder die Immobilienverwaltung. Eine Ausnahme bilden Filialbetriebe, wie oben bereits erwähnt wurde.

Bei der Entscheidung für eine Dezentralisation von Verwaltungsaufgaben spielen Problemnähe, Dienstbereitschaft und kurze Wege eine Rolle.

Sachmittelzentralisation

Ob Sachmittel zentral oder dezentral eingesetzt werden, richtet sich nach der Aufgabe. Im Handel beispielsweise ist zu beobachten, dass das Warenwirtschaftssystem mittels entsprechender Rechner zentralisiert gehandhabt wird.

Raumzentralisation / Raumdezentralisation

Bei der örtlichen Zusammenfassung von relativ ungleichen Teilaufgaben spricht man von **Raumzentralisation**.

> Beispiel: Produktion von CDs , Verpackung, Lagerung und Versand an einem Ort.

Erfolgt die Verteilung auf mehrere Orte, spricht man von **Raumdezentralisation**.

> Beispiel: Produktion von CDs in Irland, Verpackung in Holland, Versand von Deutschland aus.

Zeitzentralisation / Zeitdezentralisation

Wichtiges Merkmal ist hierbei, dass bestimmte sachliche oder formale Teilaufgaben nach ihrem zeitlichen Anfall aufgeteilt oder entsprechend zusammengefasst werden.

> Beispiel: Zerlegung von Teilaufgaben auf Frühschicht / Nachtschicht.

2.4 Organisationsformen

Einsicht in die Wirkungsweise der verschiedenen Möglichkeiten

Im Laufe ihrer Entwicklung machen Unternehmen hinsichtlich ihrer Aufbauorganisation vielfach mehrere Entwicklungsstufen durch. Dies ist erfahrungsgemäß ein langwieriger und schmerzhafter Prozess.

Eine Umstrukturierung ist meist die Folge sich verändernder Umwelt- und Marktbedingungen. Es ist festzustellen, dass die Unternehmensorganisation, die zu einem Zeitpunkt X existiert, oft eine Mischform aus den verschiedenen Modellen ist.

 Merke: Reine Organisationsformen sind selten, meist sind Kombinationen üblich.

2.4.1 Das Mehrliniensystem

Eine typische Gründungssituation ist die, dass zwei Personen (vielfach intern als OHG oder GbR organisiert) gemeinsam ein Unternehmen gründen und Mitarbeiter einstellen. Die beiden Gründer bilden ein Leitungsgremium, in dem häufig einer die technische und der andere die kaufmännische Leitung innehat. Beide sind gleichermaßen für sämtliche Mitarbeiter weisungsbefugt. Sie **müssen** sich hinsichtlich ihrer Arbeitsanweisungen entsprechend untereinander absprechen.

Diese Organisationsform ist das **Mehrliniensystem**.

Vorteile des Mehrliniensystems:
- einfache und übersichtliche Aufbauorganisation,
- kurze Wege,
- die Führung weiß, was im Unternehmen geschieht,
- große Mitarbeiternähe,
- schnelles und unbürokratisches Handeln,
- demokratischer und partizipativer Führungsstil herrscht vor.

Nachteile des Mehrliniensystems:
- uneinheitliche Führung,

- mangelnde Absprache der Leitungspersönlichkeiten untereinander führt zu Durcheinander,

- die Geschicke des Unternehmens hängen nahezu ausschließlich von den Leitungspersönlichkeiten ab,

- der demokratische und partizipative Führungsstil ist ungeeignet in aggressiven und durch die Konkurrenz bedrohten Marktsituationen.

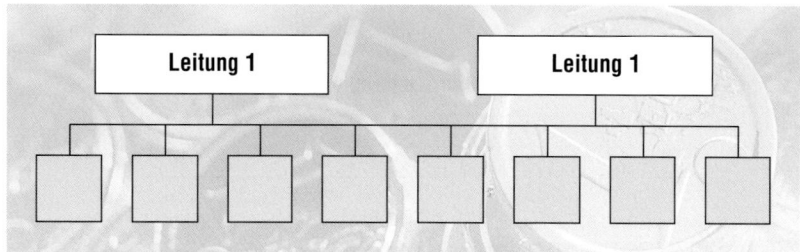

Übersicht 7:
Mehrliniensystem

2.4.2 Das Einliniensystem

Die nächste Stufe innerhalb der betrieblichen Entwicklung könnte das Einliniensystem sein. Sobald die Unternehmensgründer den Überblick verlieren, da das Unternehmen expandiert, muss das Unternehmen in Abteilungen gegliedert werden.

Diese Abteilungsgliederung erfolgt zumeist nach dem Verrichtungsprinzip (z. B. Einkauf, Produktion, Verkauf), seltener und zumeist bei größeren Unternehmen nach dem Objektprinzip (Produktgruppen), sehr selten nach dem räumlichen Ordnungsprinzip (nach Absatzgebieten).

Das Einlinienmodell ist typisch für kleine mittelständische Unternehmen mit einem relativ schmalen Produktprogramm.

Vorteile des Einliniensystems:

● Einheitlichkeit der Leitung durch Einhaltung des Dienstwegs,

● Anordnungs- und Kommunikationswege von oben nach unten, aber auch von unten nach oben,

● Klarheit und Übersichtlichkeit der Organisationsstruktur,

● Schlagkraft und Effizienz bei vertikalem Instanzenweg,

● es gibt Beobachtungen, dass das Einliniensystem den autoritären Führungsstil begünstigt,

● optimal in aggressiven Marktsituationen.

Nachteile des Einliniensystems:

● potenzielle Überlastung der obersten Leitungsinstanz: Alle Informationskanäle enden dort und alle Entscheidungen sind dort zu treffen,

● große Anforderungen an die Führungsfähigkeiten der obersten Leitungsspitze,

● schwache Leitungspersönlichkeiten führen zu schwachen Leistungen des gesamten Systems,

● Gefahr der Bürokratisierung, Verordnungsflut, Reglementierung,

● Mitarbeiterferne und „Versteinerung" der Anordnungen,

● lange Informationswege und langsame Entscheidungen bei einer Vielzahl von Hierarchiestufen.

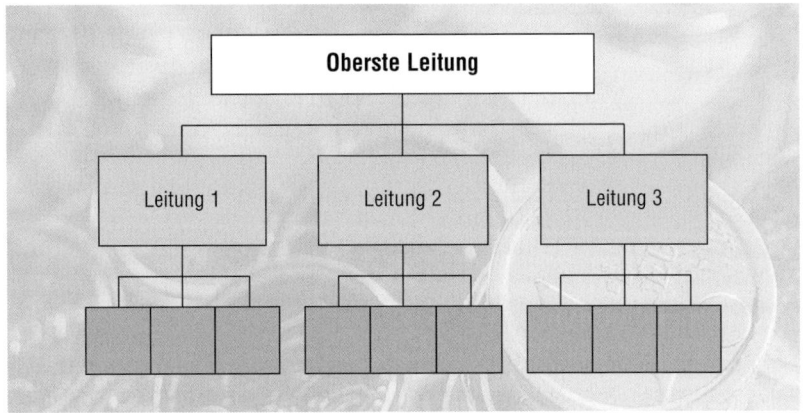

Übersicht 8:
Einliniensystem

2.4.3 Das Stab-Liniensystem

Mit der zunehmenden Größe eines Einlinien-Unternehmens macht sich der gravierende Nachteil der Informationsüberlastung der Leitungsinstanzen immer deutlicher bemerkbar. Als Abhilfe werden Stellen ohne Anordnungsbefugnis den Leitungsinstanzen zugeordnet, die ausschließlich Informationen sammeln, verarbeiten und zur Entscheidungsfindung durch die Leitungsinstanz vorbereiten. Diese Stellen heißen **Stäbe**.

Beispiele: Vorstandsassistenten und Managementassistenten

Stabsstellen sind häufig Sprungbretter auf der Karriereleiter zu höheren Leitungsinstanzen.

Vorteile des Stab-Liniensystems:
- siehe Einliniensystem,

- optimale Informationsausnutzung und -verarbeitung durch Experten in Stäben,

- Leitungsunterstützung durch Stabsstellen und damit Entlastung der Instanzen,

- Entschärfen des im Einliniensystem häufig typischen autoritären Führungsstils durch den Zwang, mit den Stabsstellen zusammenzuarbeiten.

Nachteile des Stab-Liniensystems:
- siehe Einliniensystem,

- Gefahr der Unschärfe in Bezug auf die Kompetenzen zwischen Leitungsinstanz und Stab. Faktische Anordnungsmacht der Stäbe kann zur faktischen Mehrlinienführung führen,

- Informations- und Expertenmacht der Stäbe bedingt Informationsmanipulation und indirekte Leitung ohne Verantwortung,

- Missbrauch der Stäbe als Sprachrohre der Geschäftsleitung und damit die Vertiefung von Mitarbeiterferne und Bürokratisierung.

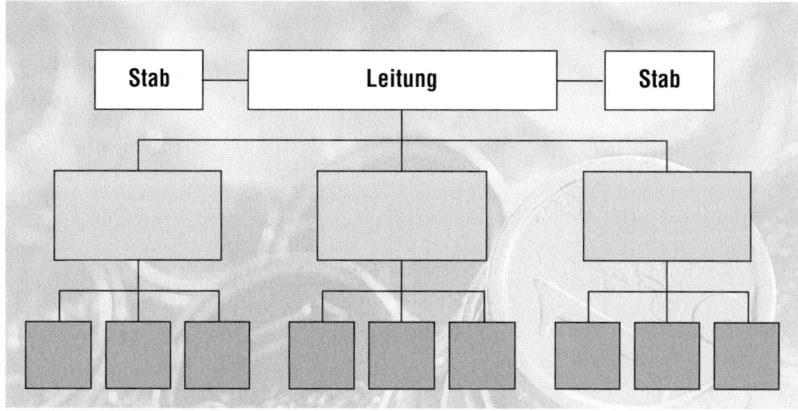

Übersicht 9: Stab-Liniensystem

2.4.4 Das Spartensystem

Wenn eine Unternehmung wächst, kann das Produktprogramm hinsichtlich Breite und Tiefe anwachsen. Durch die sehr unterschiedlichen Anforderungen in den verschiedenen Bereichen entstehen teilweise selbstständige Sparten.

Diese vereinen alle für die besonderen Anforderungen der jeweiligen Leistungserstellung erforderlichen Abteilungen auf sich (z. B. Einkauf, Produktion), während für alle Sparten gleichermaßen wichtige Funktionen (Finanzbuchhaltung, Kosten- und Leistungsrechnung) zentral organisiert bleiben.

Die Sparten sind oft intern wieder als Stab-Linien-Systeme strukturiert und der Führung unterstellt.

Vorteile des Spartensystems:
- bessere Anpassung betrieblicher Teilbereiche an Marktgegebenheiten,

- bessere Ausnutzung von in den Sparten vorhandenen Ressourcen,

- Teilselbstständige rechtliche Gliederung (mit Sparten als selbstständige Gesellschaften) möglich und damit bessere Risikoabschottung untereinander bei Konjunkturwandel.

Nachteile des Spartensystems:
- Gefahr der „Verselbstständigung" einzelner Sparten und schließlich des Auseinanderbrechens der gesamten Organisation,

- extrem langer Anweisungsweg von der obersten Leitung zu den ausführenden Stellen,

- Schwerfälligkeit, Bürokratie und Mitarbeiterferne,

- Unübersichtlichkeit und Übergröße des Gesamtsystems.

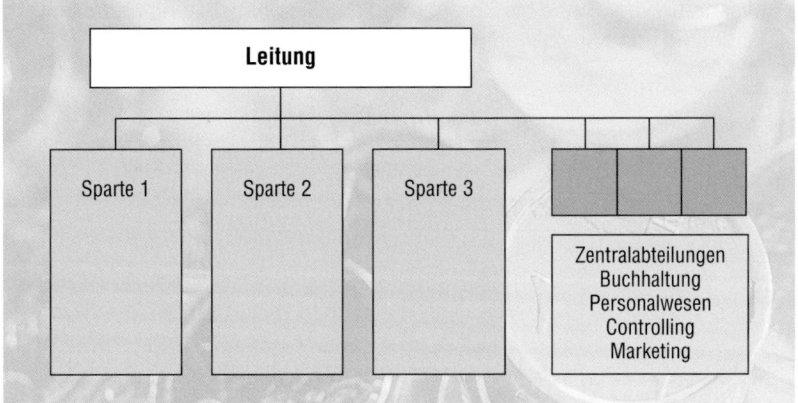

Übersicht 9:
Spartensystem

2.4.5 Die Produktmatrix

Die negativen Seiten des Spartensystems lassen sich ausgleichen, indem man die objektorientierte Organisation der Produktsparten mit der verrichtungsorientierten Organisation des Stab- Linien- Systems überlagert.

Merke: Jeder verrichtungsorientierten Stelle wird eine objektorientierte Stelle zugeordnet.

Das so entstehende Netz heißt **Matrix**.

In der Produktmatrix hat jede ausführende Stelle zwei für sie zuständige Leitungsinstanzen, eine für die jeweilige Abteilung und eine für die Produkte. Die Matrix ist also ein Sonderfall des Mehrliniensystems.

Vorteile der Produktmatrix:
● Beherrschung der „Fluchttendenzen" („Auseinanderdriften") der Sparten,

● zentralere Organisationsform,

● formal elegante und theoretisch befriedigende Lösung, um große und sehr große Unternehmen mit entsprechend breitem Produktprogramm zu zentrieren und zentral zu führen,

● bessere Ausnutzung von Kreativität und Spezialkenntnissen der Mitarbeiter.

Nachteile der Produktmatrix:
● konfliktträchtige Konstruktion durch zwei Instanzen und die damit verbundenen Nachteile,

● sehr bürokratischer und schwerfälliger Führungsstil durch unzählige Besprechungen und nicht enden wollende Konferenzen (Abstimmungen),

● häufig schlicht Versagen und Rückkehr zu – zum Teil ungeplanten – Stab-Linien-Systemen, was für die Organisation fatal sein kann.

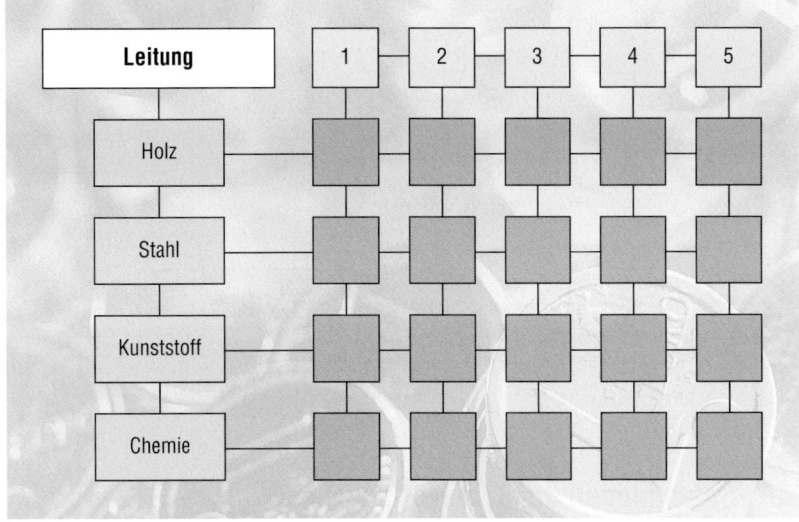

Übersicht 10:
Produktmatrix

2.4.6 Die Absatzgebietsmatrix

Spartensysteme sind besonders instabil, wenn sie in Unternehmen mit globaler Ausdehnung eingeführt werden und auch die oberen Führungskräfte sich gegenseitig nicht mehr kennen und darüber hinaus auch verschiedenen Kulturkreisen angehören.

In diesem Fall empfiehlt sich die Einführung einer **Absatzgebietsmatrix**. Für diese gelten im Prinzip die gleichen Bedingungen wie für die Produktmatrix.

Die Matrixstellen sind vielfach von oberen Führungskräften nationaler Unternehmenszweige besetzt, die ihrerseits Stab-, Linien- oder Produkt-Spartenorganisationen unter sich haben.

Vorteile der Absatzgebietsmatrix:
● siehe Produktmatrix,

● die einzige praktikable Form, sehr große global agierende Unternehmen zentral zu leiten.

Nachteile der Absatzgebietsmatrix:
● siehe Produktmatrix,

● nur in sehr wenigen Fällen tatsächlich realisiert; ist zu großen Teilen Theorie, da Organisationsstrukturen dieser Größe sehr schwer zu planen sind.

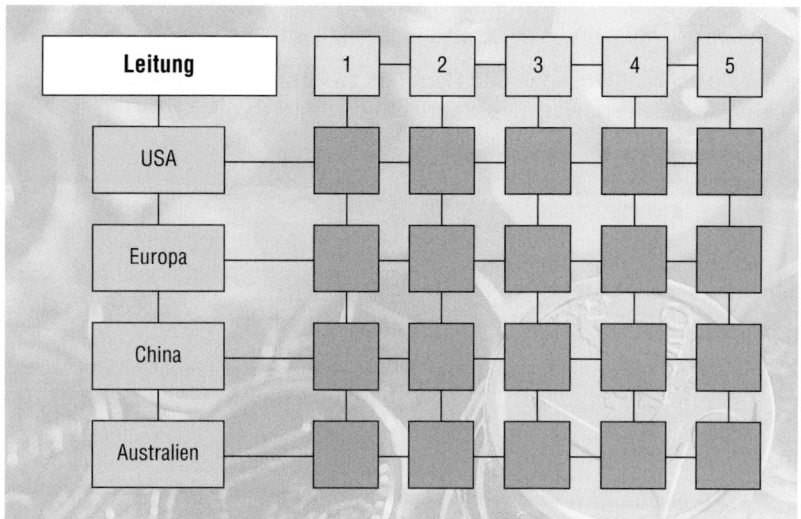

Übersicht 11:
Absatz-
gebietsmatrix

2.4.7 Das Modell der Teamvermaschung

In Arbeitszirkeln (Teams) organisierte Mitarbeiter sind untereinander lediglich durch Teamsprecher und Sprechergruppen verbunden.

Einen vertikalen Informationsfluss gibt es nicht. Das Modell der Teamvermaschung erhebt als einziges Organisationsmodell den Anspruch, hierarchiefrei zu sein. Es ist in der Praxis ausschließlich innerhalb von Abteilungen und dort insbesondere im Kreativbereich einsetzbar.

Beispiele: Werbeabteilung, Produktdesign, PR-Abteilung, Theater, Software-Entwicklung

Das Prinzip der Teamvermaschung erfordert hohe Motivation und viel Kompetenz sowie Teamgeist von den Mitarbeitern und ist daher in der Praxis außerordentlich selten.

Vorteile des Modells der Teamvermaschung:
- freies, herrschaftsfreies Arbeiten in gelöster, druckfreier Atmosphäre,

- Arbeit als Selbstverwirklichung und nicht nur als Broterwerb,

- Abwesenheit von Stress und Druck setzt kreative Kräfte frei, die im Stab-Linien-System unterdrückt und verkannt werden,

- besonders geeignet für den Kreativbereich in Großunternehmen,

- großer Schritt auf dem Wege zur Humanisierung der Arbeit.

Nachteile des Modells der Teamvermaschung:
- „Abwesenheit von Herrschaft" führt bei manchem Mitarbeitern zu unstrukturiertem Arbeiten und Arbeitsverweigerung,

- ungeeignet für Produktion, Absatz, Einkauf,

- in der betrieblichen Praxis ist das Modell im Hinblick auf die Gesamtunternehmung eher eine Utopie. In bestimmten Situationen bzw. in bestimmten Abteilungen (siehe die Beispiele oben) kann diese Organisationsform funktionieren.

3 Ablauforganisation

Kenntnis der Grundsätze ablauforganisatorischer Gestaltung,
Einsicht in die Bedeutung der Ablauforganisation für die rationelle Gestaltung der Unternehmung.

Das vorhergehende Kapitel hat sich mit der Verteilung von Aufgaben, mit den Kriterien der Zuordnungen und den daraus folgenden Beziehungen zwischen den einzelnen Aufgabenträgern befasst.

Da zwischen Aufbauorganisation und Ablauforganisation zu trennen ist und beide Bereiche jedoch generell zusammengehören, soll im Folgenden beides zusammen betrachtet werden. Da sich vielfältige Verknüpfungen zwischen Aufbauorganisation und Ablauforganisation ergeben, ist die Erörterung nicht ohne Probleme.

 Merke: Wenn in der Ablauforganisation Änderungen vorgenommen werden, ändert sich auch die Aufbauorganisation.

Die Ablauforganisation beschäftigt sich mit der Gestaltung von Arbeitsprozessen. Nachfolgende Fragen sind hierbei zu klären:
- Welcher Prozess soll organisiert werden? Arbeitsinhalt
- Wann? Arbeitszeit
- Wo? Arbeitsort
- Wer? Person

Als **Ziele der Ablauforganisation** lassen sich anführen:
- Sicherung von Arbeitsgängen hinsichtlich Wirtschaftlichkeit und gleichmäßiger Ausführung,
- Erreichung von minimalen Durchlaufzeiten von Arbeitsobjekten,
- maximale Kapazitätsausnutzung,
- Garantie der optimalen Handlungsfolge.

Will man einen Auftrag mit minimalen Durchlaufzeiten abwickeln, so sollte zwischen den einzelnen Arbeitsgängen keinerlei Wartezeit oder, sollte sich das nicht realisieren lassen, so wenig Wartezeit wie möglich liegen. Will man dies garantieren, so muss man zwangsläufig die Kapazitäten sehr groß dimensionieren. Sonst kommt es zu teuren Leerlaufzeiten.

Das Gegenteil dazu ist die minimale Kapazitätsplanung, die eine immerwährende hundertprozentige Kapazitätsausnutzung zur Folge hat. Die Durchlaufzeiten sind optimal. So entsteht ein echtes Problem, welches auch unter dem Namen **„Dilemma der Ablaufplanung"** bekannt ist.

Das Problem ist allgemein bekannt und z. B. in Supermärkten zu beobachten:

> Beispiel: Je mehr Kassen vorhanden sind, desto schneller werden die Kunden bedient. Dafür können andererseits auch Kassen leer stehen. Das Gegenteil ergibt sich aus einer sparsamen Ausstattung mit Kassen. In diesem Fall müssen die Kunden lange Wartezeiten in Kauf nehmen. Es versteht sich, dass beide Wege für das Unternehmen Vorteile und Nachteile mit sich bringen. Es besteht ein Zielkonflikt.

Bei der Gestaltung von Arbeitsprozessen muss man entscheiden, wann ein neuer Arbeitsgang beginnt und wo er endet.

Ein neuer Arbeitsgang beginnt, wenn:
- sich die ausführende Person ändert,
- ein Objekt in Teilobjekte zerlegt wird,
- Teilobjekte zu einem Ganzen zusammengeführt werden.

3.1 Die Ablaufbeziehungen

Verständnis für die Bedeutung von Ablaufbeziehungen gewinnen

Organisatorische Regelungen lassen sich auf den einzelnen Arbeitsgang beziehen.

Hierbei unterscheidet man zwei Typen – die **Reihenfolgebeziehung** und die **Gruppenbeziehung**.

3.1.1 Reihenfolgebeziehung

Als Reihenfolge der Arbeitsgänge betrachtet man die arbeitstechnischen Arbeitsschritte an einem Objekt.

> Beispiele: Absägen, Vorfräsen, 3-D Fräsen/Anzentrieren, Bohren, Härten, Schleifen, Anpassen, Montage.

In diesem Fall spricht man vom **Stückprozess**.

Werden mehrere Objekte an einem definierten Ort einem bestimmten Arbeitsschritt unterworfen, spricht man von einer **Reihenfolge im engeren Sinne**.

> Beispiel: An einem Schleifplatz werden verschiedene Objekte nacheinander bearbeitet.

3.1.2 Gruppenbeziehungen

Bei der Gruppierung geht es um die zeitliche und räumliche Zusammenlegung von Arbeitsgängen.

Situation: An einem Computerarbeitsplatz wird ein Virenbefall festgestellt. Es stellt sich die Frage, ob man das Virenscanprogramm lediglich über den einzelnen betroffenen Personalcomputer (räumlich) oder über das gesamte Netz (jetzt, also zeitlich) laufen lässt.

So ergibt sich die Unterscheidung in

- **räumliche Gruppierung von Arbeitsgängen**

  Beispiele: Bandstraßen, Sortierbänder, Fließfertigung, Großraumbüro

- **zeitliche Gruppierung von Arbeitsgängen**

  Beispiele: Befüllen eines Härteofens zu einem bestimmten Zeitpunkt, Postgang am Nachmittag

3.1.3 Reihenfolgebeziehung oder Gruppenbeziehung?

Welche der beiden Beziehungen jeweils realisiert werden soll, richtet sich nach folgenden Kriterien:
- die Kapazitätsauslastung der Arbeitsmittel soll gewährleistet sein,

- die gesamte Durchlaufzeit soll minimiert werden,

- eine gleich bleibende Qualität ist zu sichern und ggf. zu erhöhen,

- Es sollte jederzeit sichergestellt werden, dass bei der Durchführung der Handlungen der effektivste Weg eingeschlagen wird.

Alle diese Gründe (Ziele) stehen sich häufig im Weg. Es kommt in bestimmten Bereichen zu Engpässen. Da oft zeitgleich ablaufende Verfahren hohe Kapazitäten fordern, sind diese Engpässe durch eine geschickte Planung im Vorfeld zu entschärfen. Strategische Möglichkeiten sind hier: Fremdvergabe von Arbeiten, rationelle Konstruktionen, neue Arbeitsverfahren.

Mehrarbeitsstunden sind jedoch die Regel, wenn es um die Engpassbeseitigung geht.

Um alle betrieblichen Abläufe darzustellen, müssen verschiedene Unterlagen erarbeitet werden. Nachfolgend die Gesamtauflistung aller benötigten Dokumente, die zur vollständigen Darstellung erforderlich sind:

- ein vollständiges Arbeitsablaufverzeichnis,
- die ermittelte Anzahl von gleichen oder ähnlichen Tätigkeiten,
- aufgezeichnete Zeitangaben aller Einzeltätigkeiten,
- ein Gesamtverzeichnis aller Arbeits- und Hilfsmittel,
- Kostenangaben zu den einzelnen Tätigkeiten,
- erstellte Arbeitsablaufschaubilder.

3.2   Das Arbeitsablaufverzeichnis

Überblick über die Methoden

Bei der Zusammenstellung von Arbeitsabläufen sollte folgende Methode benutzt werden:

Zuerst wird ein **Universalfragebogen zur Erfassung von Arbeitsgängen** erstellt.

Dieser sollte folgende Fragen enthalten:
● Welche Arbeitsschritte werden täglich durchgeführt? Hierzu gehören Zeitangaben sowie Ort und Hilfsmittel.

● Welche Arbeitsschritte werden an bestimmten Tagen in der Woche durchgeführt?

● Bei welchen Arbeiten Ihrer Kollegen helfen Sie gelegentlich mit?

● Welche Arbeiten treten unregelmäßig auf und werden von Ihnen erledigt?

Dazu gehören ebenso Zeitangaben sowie Angaben über Ort und Hilfsmittel. Die Angaben über den Ort erleichtern die Optimierung von Arbeitsplätzen. Die Angaben über benutzte Hilfsmitteln (darunter fallen Arbeitsmittel und verwendete Unterlagen) geben an, welches Arbeitsmittel wo benutzt wird.

Die Angaben über die Häufigkeit von wiederholten Arbeiten lassen eine organisatorische Regelung zu. Oft ist anhand von anfallenden Belegen leicht eine Häufigkeit nachzuvollziehen. Angaben über die benötigten Zeitangaben sind oft zu hoch.

Entscheidend für eine Bewertung ist jedoch die Durchlaufzeit eines Vorgangs.

Sie lässt sich in die drei Zeiten gliedern:

1. Vorlaufzeit	2. Bearbeitungszeit	3. Nachlaufzeit

Im relativ seltenen Idealfall sind Durchlaufzeit und Bearbeitungszeit identisch.

Selbstaufschreibungen liefern oft manipulierte Angaben der untersuchten Stellen. Auch Selbstschätzungen liefern nur ungenaue Angaben.

Abschließend ist zu sagen, dass die rechnerische Zeitermittlung ein sehr aufwendiges Verfahren ist, welches nur bei immer wiederkehrenden Aufgaben sinnvoll ist, jedoch dann auch gute Ergebnisse liefert.

Unterstützend zur Auswertung sollten Interviews benutzt werden, bei denen durch Hinterfragung der aufgezeichneten Tätigkeiten entsprechende Details hinzugefügt werden.

Eine solche umfassende Befragung ist bei der Beschaffung anzusetzen und endet beim Vertrieb.

3.3 Arbeitsablaufschaubilder

Fähigkeit zur Darstellung von Arbeitsabläufen

Die Darstellung von Tätigkeiten in freier verbaler Form ist nicht sehr sinnvoll. Dagegen lassen sich durch grafische Darstellungen die einzelnen Arbeitsabläufe übersichtlicher darstellen.

Verbesserungsmöglichkeiten lassen sich so leichter erkennen und ermöglichen eine objektive Beurteilung. Die dabei ermittelten Unterlagen werden auch für innerbetriebliche Schulungen verwendet. Sinnvoll sind die Erfassungen nur, wenn zu den einzelnen Vorgängen der ermittelte Zeitwert eingetragen wird.

Zur Darstellung eignen sich Tabellen, Schaubilder und einfache Listen.

Bei der Darstellung werden zwei Formen benutzt: die verbale Kennzeichnung (Wörter) und der Einsatz von Symbolen (Sinnbilder nach DIN 66001).

Der Vorteil der verbalen Kennzeichnung ist, dass auch Betriebsfremde eine solche Darstellungsform verstehen können.

Sollen die einzelnen Arbeitsgänge in ihrer funktionalen Folge dokumentiert und beschrieben werden, werden Arbeitsablauflisten erstellt.

Bei der Analyse einer bestehenden Organisation eignet sich vor allem die symbolhafte Darstellungsform. Hier können Rationalisierungsmöglichkeiten schnell erkannt und umgesetzt werden.

Bei der Rasterdarstellung einer Arbeitskarte wird in den Tätigkeitsfeldern der Arbeitsvorgang beschrieben. Der entsprechende Platzbedarf für die Beschreibung ist jedoch erheblich.

Die hier gezeigte Arbeitskarte enthält zusätzlich grafische Elemente, die den Vorgang und die weiteren Schritte veranschaulichen sollen.

| Ablaufstufe | Arbeitsträger | | | | |
	Poststelle	Debitoren	Verkaufsleiter	Fertigung	Materiallager
1	Aussortieren Kundenaufträge				
2		Prüfen der Bonität			
3			sortiert und disponiert		
4				plant und fertigt	
5					lagert und versendet

Rasterdarstellung einer Arbeitskarte

Bereich	Materialwirtschaft		Tag:	11.02.01		
			Bearbeiter:	XXXXXXX		
			Blatt-Nr. von Gesamt: 12		von	122
1	2	3	4	5	Gliederungskriterium	
1 Material bereitstellen						
11 Material einkaufen	12 Material handling				Verrichtung	
121 Material planen	122 Material verteilen				Verrichtung	
121.1 Gebrauchsmat. planen	121.2 Verbrauchsmat. planen				Objekt	
121.11 Gebrauchsmat. planen	121.12 Gebrauchsmat. disponieren	121.13 Gebrauchsmat. verwalten			Phase	
121.21 Verbrauchsmat. planen	121.22 Verbrauchsmat. disponieren	121.33 Verbrauchsmat. verwalten			Verrichtung	
122.19 Material annehmen	122.29 Material ausgeben	122.39 Material transportieren	122.49 Material lagern		Verrichtung	
111 Einkauf- Marketing	112 Einkauf- Abwicklung				Verrichtung	
111.19 Einkaufs- Wertanalyse	111.29 Einkaufs- Marktforschung				Verrichtung	
112.1 Rohstoffe	112.2 Betriebsstoffe	112.3 Hilfsstoffe	112.4 Halb- und Fertigteile	112.5 Investitions- güter	Objekt	
112.11 Planung	112.12 Ausführung	112.13 Kontrolle			Phase	
112.21 Planung	112.22 Ausführung	112.23 Kontrolle			Phase	
112.31 Planung	112.32 Ausführung	112.33 Kontrolle			Phase	
112.41 Planung	112.42 Ausführung	112.43 Kontrolle			Phase	
112.51 Planung	112.52 Ausführung	112.53 Kontrolle			Phase	

Rasterbogen einer Aufgabenanalyse

Fa. Übung GmbH		**Aufgabenstrukturblatt**			Erstellt durch:	
Organisationsweg 1					Datum:	
59229 Ahlen		Blatt/Seite:			Unterschrift:	

Z	Gesamtaufgabe	Aufgabenebene 1	Aufgabenebene 2	Aufgabenebene 3	Aufgabenebene 4	Aufgabenebene 5
01	Fa. Übung GmbH	1: Vertrieb	1.1: Produktgruppe 1	1.1.1 Marketing	1.1.1.1 Vertr. Forschung	
02					1.1.1.2 Verk.-Förderung	1.1.2.1 Verk.-Schulung
03						1.1.2.2 Kundenberatung
04					1.1.1.3 Werbung	
05					1.1.1.4 Absatz-Planung	
06				1.1.2 Verkauf	1.1.2.1 Anfrage-Beantw.	
07					1.1.2.2 Akquisition	
08					1.1.2.3 Angebote	1.1.2.3.1 Vorkalkulation
09						1.1.2.3.2 Preisbildung
10						1.1.2.3.4 Terminwesen
11				1.1.3 VK-Abwicklung	1.1.3.1 Auftragsannahme	
12					1.1.3.2 Kreditprüfung	1.1.3.2.1 Bonitätsprüfung
13						1.1.3.2.2 Zahlungsverkehr
14					1.1.3.3 Rechnungsabteilung	1.1.3.3.1 Inland
15						1.1.3.3.2 Ausland
16				1.1.4 Versand	1.1.4.1 Zentrallager	
17					1.1.4.2 Auslieferungslager	1.1.4.2.1 AL Bonn
18						1.1.4.2.2 AL München
19					1.1.4.3 Export	
20						

Übersicht 12: Personalkostenplanung

Das vorherige Beispiel eines Aufgaben-Strukturblattes enthält schon eine detaillierte Beschreibung der einzelnen Aufgaben. Wesentlicher Mangel einer solchen Darstellung ist, dass hier keinerlei Angaben über die Handlungen, Wege und Zeiten der regulären Arbeitsabläufe enthalten sind.

In modernen Arbeitsablauf-Karten werden neben der rein grafischen Erfassung der Arbeitsbeziehungen zusätzlich Symbole, Wegstrecken und Zeiten verzeichnet. Bei einer Analyse der Vorgänge können Optimierungen kurzfristig durchführt werden.

	Arbeitsablauforganisation						Beteiligte Stellen im Unternehmen								
	Arbeitsablaufbeschreibung														
	Bearbeitung einer Rechnung														
Nr.	Arbeitsgang	Verrichtungsart				Sekretariat	Bürobote	Sachbearbeiter	Geschäftsführer	Buchhalter	Sachgebietsleiter	Registratur		Zeitaufwand in Min.	Tag/Max. Durchlaufdauer
1	Post vom Postfach abholen	0	I	●	S									60	1
2	Öffnen der Post	●	I	T	S									10	1
3	Rechnung zum Geschäftsführer	0	I	●	S									15	1
4	Prüfen der Rechnung	0	●	T	S									10	2
5	Weiterleiten	0	I	●	S									15	2
6	Auftrag suchen	●	I	T	S									20	2
7	Duplikat vom Auftrag	●	I	T	S									10	2
8	Rechnerische Prüfung	0	●	T	S									15	3
9	Sachliche Prüfung	0	●	T	S									15	4
10	Duplikat ablegen	●	I	T	●									30	5
11	Sammelüberweisung schreiben	●	I	T	S									10	2
12	Zahlungsanweisung	●	I	T	S									10	3
13	Buchen des Betrages	●	I	T	S									10	3
14	Ablegen der Rechnung	●	I	T	●									10	5
15	Überweisung zu Bank geben	0	I	●	S									30	4
	Legende	Beschreibung												270	5
0	Operation	Tätigkeit der jeweiligen Person													
I	Inspektion	Prüfungsvorgang													
T	Transport	Änderung des Ortes													
S	Stillstand	Wartezeiten													

Arbeitsablaufdiagramm

Die Zeilen in diesem Arbeitsablauf-Diagramm zeigen einem Aufgabenträger, wie die einzelnen Stellen an einem Vorgang beteiligt sind. Die Spalten zeigen die ausführenden Stellen. Die benötigte Zeit ist ermittelt und über die Tageswerte ist eine Aussage über die Effektivität möglich.

Bei der genauen Analyse dieser Vorgänge können oft Wege eingespart und doppelte Tätigkeiten vermieden werden.

Die Kostenersparnis kann hier enorm sein. Erkannt werden kann, wie unsinnig manche Arbeitsgänge sind, gleichzeitig können auch Fehlerquellen erkannt und diese umgehend behoben werden.

3.4 Zehn goldene Regeln für eine gute Organisation

Bewusstsein der Auswirkungen richtiger und falscher Organisationsentscheidungen

1. Keine Matrix – Organisationen

Diese sind wegen doppelter Verantwortlichkeiten und Zuständigkeiten (zwei Chefs für eine Stelle) abzulehnen. Konflikte sind vorprogrammiert, jeder muss vielmehr wissen, wer sein Vorgesetzter ist.

Je größer ein Betrieb wird, desto schwieriger wird die Organisation. Das darf jedoch nicht in maßlose Bürokratie ausufern.

2. Organisationen nicht ständig ändern

Viel produktive Zeit wird durch Diskussionen und eventuell noch Umzüge vergeudet. Viele Unternehmensleiter sind der Meinung, durch ständige Änderung der Organisation zeigen zu müssen, wie hart sie arbeiten. In Wirklichkeit beweist dieses Vorgehen nur ihre Unsicherheit, die sich auf die Mitarbeiter überträgt. Umorganisationen stellen auch kein Mittel dar, die Flexibilität der Mitarbeiter zu erhöhen, sondern tragen vielmehr zur Unzufriedenheit bei.

3. Mitarbeiter motivieren

Jeder sollte sich in seinem Arbeitsbereich wie ein selbstständiger Unternehmer fühlen. Dann denkt der Ingenieur auch an die Kosten und der Kaufmann an die Technik, der Maschinenbediener an die Qualität, von der das Unternehmen meist lebt. Wichtig ist es, die Weiterbildungswünsche der Mitarbeiter zu fördern. Deren Wissen ist das Kapital des Unternehmens. Es ist falsch anzunehmen, dass höher qualifizierte Mitarbeiter das Unternehmen verlassen, das ihnen eine Weiterbildungsmöglichkeit ermöglicht hat. Motivierte Mitarbeiter, die sich bewusst sind, dass man sie ernst nimmt und ihnen Wertschätzung entgegengebracht wird, empfinden eine höhere Loyalität gegenüber dem Unternehmen als Mitarbeiter, deren Motivation auf ihren Gehaltsüberweisungen beruht.

4. Jeder muss seinem Chef sagen dürfen, was er im Unternehmen für unsinnig hält

Jeder Mitarbeiter muss sich Luft machen können, aber nicht bei seinen Kollegen, oder noch viel schlimmer bei Außenstehenden, sondern bei seinem Chef. Dieser muss zuhören können, ohne auszurasten. Dann hat er die Wahl, den Missstand zu beheben oder dem Mitarbeiter den Grund für die kritisierten Maßnahmen zu erklären. Oft fehlen den Mitarbeitern die Informationen, die zu den Entscheidungen geführt haben. Deshalb ist es sinnvoll, ihnen manche Sachverhalte zu erklären. Fehlende Informationen führen oft zu Missverständnissen und sind demotivierend. Darüber hinaus sollten regelmäßig (monatlich) Infomationsveranstaltungen abgehalten werden. Auch über negative Vorfälle, wie z. B. der Verlust eines Kunden, sollten die Mitarbeiter informiert werden. Mit Sicherheit zahlt sich Offenheit durch neue Motivation der Mitarbeiter aus. Wichtig ist eine Stärkung des Wir-Gefühls. Kein Mitarbeiter kommt in ein Unternehmen mit dem Vorsatz, ihm zu schaden.

5. Querdenker fördern, sie können Staub aufwirbeln und verkrustete Strukturen lösen

Ideen für Weiterentwicklungen der Produkte, für neue Produkte, Aktivierung des Verkaufs und Verbesserung der Unternehmensstruktur kommen jedem, der nachdenkt. Gleichzeitig ist es aber wichtig, auch Ideen anderer anzuhören und ihre Überlegungen einzubeziehen. Warum sollte auf dieses Potenzial verzichtet werden? Oft sind die Resultate von Gruppen in besonderem Maße kundenorientiert. Denn Mitarbeiter sind Kunden bei anderen Unternehmen und ihre jeweiligen Ansprüche sollten das Maß für die Qualität ihrer eigenen Arbeit sein.

6. Controlling und Revision sind Krücken für die Geschäftsleitung, nie diese selbst

Ohne Controlling geht es nicht. Hier werden die Kennziffern für das Unternehmen ermittelt. Die Revision hilft, Betrügereien zu verhindern. Es ist allerdings falsch zu denken, damit wäre das Nötigste getan. Niemals sollte der Blick für den Markt und den Kunden verloren werden.

7. Nicht nur Mitarbeiterbesprechungen abhalten, sondern Mitarbeiter auch regelmäßig am Arbeitsplatz aufsuchen und sie auf eventuelle Probleme ansprechen

Wenn ein Mitarbeiter länger als 10 Stunden täglich an seinem Arbeitsplatz verbringt, ist er überfordert und das Unternehmen ist schlecht organisiert. Wer nach Ende der normalen Arbeitszeit zu seinem Mitarbeiter geht und ihn fragt, womit er gerade beschäftigt sei, ist oft überrascht, was an überflüssigen Arbeiten abgeleistet wird.

8. Kosten senken beginnt bei der Konstruktion, nicht beim Einkauf und den Spesen. Permanente Wertanalyse ist ernst zu nehmen

Es ist sinnvoll, Konstrukteure regelmäßig in die Werkstatt zu schicken. Oft wissen die Mitarbeiter an den Maschinen besser, wie man Konstruktionen kostengünstiger fertigt als der Konstrukteur. Andererseits empfiehlt sich ein regelmäßiger Besuch der Konstruktion. Der Konstrukteur wird sich über das Interesse an seiner Arbeit freuen. Oft führen sogar banale Fragen von Nichtspezialisten zu besseren Lösungen. Sie haben oft ein anderes Blickfeld und erkennen vielleicht Fehler schon frühzeitig.

9. Angebote sortieren

Oft will die Technische Kalkulation bzw. der Verkauf keine Anfrage eines Kunden bearbeiten, weil die Ausarbeitung mit hohen Kosten verbunden und die Aussicht auf den Auftrag sehr gering ist. In diesem Fall sollte man sich mit seinen Kunden verständigen, um diese nicht zu verärgern. Hier sind Arroganz und Borniertheit die allerschlechteste Lösung. Oft ist es möglich, einen Kunden dazu zu bewegen, sich an den Angebotskosten zu beteiligen.

10. Wenn der Auftrag an einen Mitbewerber geht, sollte man die Gründe ehrlich erforschen

Werden Angebote nicht angenommen, und der Kunde vergibt den Auftrag an einen Mitbewerber, sollten man niemals denken, dass dieser mit dem miesen Preis oder mit der miesen Technik zugrunde gehen wird. Ein solch „frommer Wunsch" geht nie in Erfüllung. Oft halten sich Wettbewerber über Jahrzehnte sehr gut, und man ist oft darüber erstaunt.

Vielmehr sollte man darüber nachdenken, was beim nächsten Angebot besser gemacht werden könnte, um den Auftrag zu erhalten. Selbst bei einer Absage sollte man beim Kunden nachfragen, was seine Gründe dafür waren, den Auftrag anderweitig zu vergeben. So können Fehler, die vielleicht in der Abarbeitung des jeweiligen Angebots erfolgt sind, zukünftig vermieden werden. Vielleicht kann dieser Fehler bei anderen Kunden in Zukunft vermieden werden.

4 Projektmanagement (PM) – Einführung und Auswirkung neuer Techniken

Kenntnis über Begriff, Zielsetzung und Einflussfaktoren von Projektmanagement

Vor dem Hintergrund der zunehmenden Globalisierung und dem wachsenden Konkurrenzdruck auch in Deutschland gewinnt das Projektmanagement an erheblicher Bedeutung. Das gilt umso mehr, als Arbeitsverhältnisse ihre festen Konturen verlieren und immer mehr Aufgaben des Unternehmens durch Outsourcing an externe Dienstleister oder freiberufliche Kräfte übertragen werden. Dieser Abschnitt enthält die wichtigsten organisationstheoretischen Grundlagen des Projektmanagements. Er geht gleichzeitig auf die Netzplantechnik ein und stellt grundlegende Planungsmethoden vor.

4.1 Merkmale des Projektbegriffs

Einblick in die Zielsetzung der Projektarbeit

Allgemeine Definition des Projektbegriffs

Definition

1. **Zeitliche Befristung: Projekte sind zeitlich begrenzte Arbeitsvorgänge.**

2. **Zielvorgabe: Für Projekte existieren bestimmte spezifische Zielvorgaben, die mit vorgegebenen Mitteln (personell und finanziell) erreicht werden müssen. Am Ende steht ein eigenes Projektergebnis.**

3. **Neuartigkeit: Projekte umfassen zumeist neuartige Aufgaben.**

4. **Abgrenzung von anderen Aufgaben: Das Projekt muss ein in sich geschlossenes Verfahren darstellen.**

5. **Rahmenbedingungen: Jedes Projekt wird unter spezifische Rahmenbedingungen gestellt.**

Es gibt keine universell anerkannte Definition des Projektbegriffs.
Die Abgrenzung zu ähnlichen Tatbeständen ist oft fließend. Daher sollte in Projekt und Kampagne bzw. Projekt und Routineaufgabe unterschieden werden:

4.1.1 Projekt und Kampagne

Fehlt die grundlegende Eigenschaft der Neuartigkeit, so handelt es sich bei einer Aufgabe nicht um ein Projekt, sondern um eine **Kampagne**. Die

Kampagne kann dabei als Sonderfall des Projekts angesehen werden. Beispiele sind etwa die Startvorbereitungen für Raumfahrzeuge oder auch die Durchführung eines Studienganges: Beides sind nicht neue, aber doch zeitlich begrenzte individuelle Aufgaben.

4.1.2 Projekt und Routine

Entbehrt eine Aufgabe der Neuartigkeit und zugleich der zeitlichen Befristung, so handelt es sich um eine **Routineaufgabe**. Die Grenze zur Projekteinheit kann dabei fließend sein. So wäre etwa die Markteinführung eines neuen Produktes unter Umständen ein Projekt, doch kann es zur Routine werden, wenn auf Märkten mit sehr kurzem Produktlebenszyklus wie etwa dem Softwaremarkt Produkteinführungen in so schneller Folge aufeinander folgen, dass der Projektcharakter verloren geht.

4.1.3 Projektgruppe

Eine weitere wichtige Überlegung besteht darin, die Projektgruppe (Team) optimal zu installieren.
Ein **Team** ist allgemein eine Gruppe von Personen mit Zielidentität oder mindestens Zielharmonie hinsichtlich relevanter Größen. Nach der Aufgabensynthese formt sich das Projektteam.
Hierbei kann oft folgender typischer Ablauf festgestellt werden:

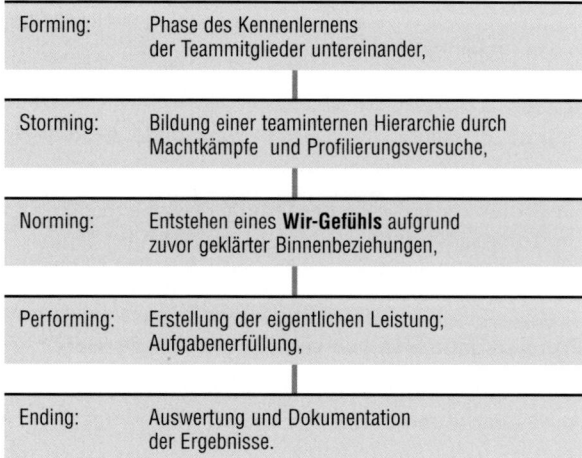

Forming:	Phase des Kennenlernens der Teammitglieder untereinander,
Storming:	Bildung einer teaminternen Hierarchie durch Machtkämpfe und Profilierungsversuche,
Norming:	Entstehen eines **Wir-Gefühls** aufgrund zuvor geklärter Binnenbeziehungen,
Performing:	Erstellung der eigentlichen Leistung; Aufgabenerfüllung,
Ending:	Auswertung und Dokumentation der Ergebnisse.

4.2 Teilbereiche der Projektplanung

Kenntnisse über Teilbereiche der Projektplanung

Die Projektplanung besteht im Wesentlichen aus acht Teilbereichen.
Organisatorischer Hintergrund: Das Projekt muss in die Organisationsform des Unternehmens eingebunden werden.

Projektstrukturplan: Mit Hilfe des Projektstrukturplans lassen sich die Strukturen eines Projektes übersichtlich und hierarchisch geordnet abbilden. Die hierfür geeignete Darstellungsform ist das **Baumdiagramm**.
Diese macht auf einen Blick deutlich, welche (Teil-)Aufgaben, die zu Arbeitspaketen zusammengefasst werden, überhaupt bearbeitet bzw. in welcher Reihenfolge sie abgearbeitet werden sollen.
Werden die Arbeitspakete nach den jeweiligen Objekten, an denen die Arbeiten durchgeführt werden, bezeichnet, spricht man von **objektorientierter Gliederung.**

Beispiele: Rohbau, Innenausbau, Außenanlage

Dagegen liegt eine **funktionsorientierte Gliederung** vor, wenn die Benennung der Arbeitspakete nach der Aufgabe oder Maßnahme erfolgt.

Beispiele: Planung, Materialbeschaffung, Qualitätskontrolle

Projektablaufplan: Er enthält Aussagen über den zeitlichen Ablauf des Gesamtprojektes. Die wesentliche Darstellungsform ist das Balkendiagramm, das so genannte Gantt-Diagramm. Bei komplexen Projekten erfolgt die Darstellung mit Hilfe der Netzplantechnik.

Terminplanung: Sie umfasst aus dem Projektablaufplan abgeleitete Aussagen über die Einsatzzeitpunkte betrieblicher Ressourcen, die zu einer Produktion erforderlich sind. Hier geht es also um konkrete Kalendertermine.

Kapazitätspläne: Diese Pläne enthalten Aussagen darüber, welche Ressourcen zu welcher Zeit benötigt werden und vorhanden sind. Das bezieht sich auf die richtige Art und Qualität, die richtige Menge zur richtigen Zeit und am richtigen Ort.

Projektkostenplanung: Hier werden Aussagen über die Summe aller Kosten gemacht, die ein Projekt verursacht. Bei internen Projekten ist die Projektkostenplanung die Basis für die Höhe des zu veranschlagenden Budgets. Bei externen Projekten ist diese Planung gleichzeitig Grundlage der Kalkulation.

Qualitätsplan: Enthält im Wesentlichen technische Aussagen, die die Produktqualität betreffen. Da dieser Bereich nahezu ausschließlich technischer Art ist, wird er hier nicht weiter betrachtet.

Projektsteuerung: Alle Tätigkeiten der Geschäftsführung und der Mitarbeiter, die der unmittelbaren Durchführung eines Projektes dienen.

4.3 Formen der Projektorganisation

Kenntnis der Projektorganisation

Es lassen sich drei typische Formen des Projektmanagements unterscheiden:

- Stabs-Projektorganisation,
- Matrix-Projektorganisation,
- reine Projektorganisation.

Jede dieser Formen hat ihre Vor- und Nachteile. Welche dieser Formen in ein Unternehmen passt, ist oft von dessen grundlegender Struktur abhängig.

4.3.1 Stabs-Projektorganisation

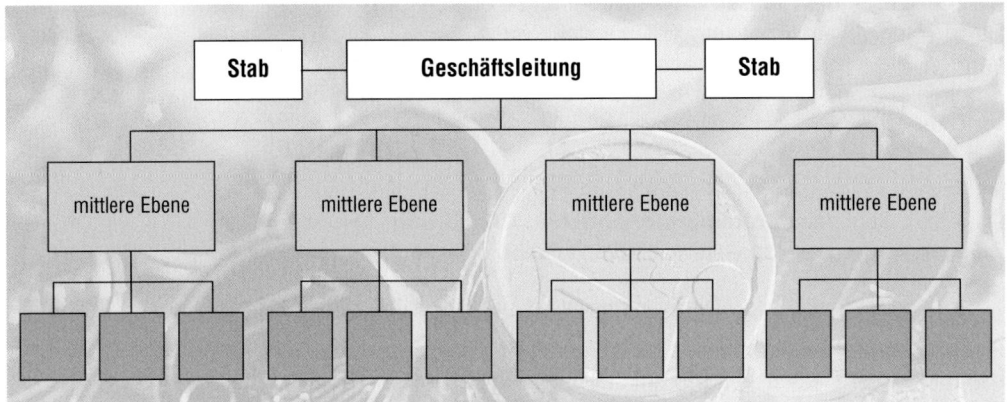

Übersicht 13: Stabs-Projektorganisation

Die **Stabs-Projektorganisation** beruht ausschließlich auf Stabsstellen, denen die Projekte zugewiesen werden. Die grundlegende Organisationsstruktur des gesamten Unternehmens wird nicht verändert. Funktion der Stäbe ist ausschließlich, die entscheidungstragenden und damit verantwortlichen Linienstellen zu beraten, Informationen zu beschaffen und zu verarbeiten sowie Entscheidungen vorzubereiten und zu unterstützen.

▌ Vorteile:

- kein organisatorischer Wandel bei Beginn neuer Projekte erforderlich,
- schnelles Reagieren auf Umweltanforderungen möglich,
- optimale Informationsausnutzung und -verarbeitung durch Experten in Stäben, deren Kapazitäten in Leitungsinstanzen nicht zum Tragen kommt,
- Leitungsunterstützung durch Stabsstellen. Entschärfung des im Einliniensystem typischen autoritären Führungsstils durch verbindliche Zusammenarbeit mit den Stabsstellen.

▌ Nachteile:

- Informations- und Expertenmacht der Stäbe ermöglicht Informationsmanipulation und indirekte Leitung ohne Verantwortung,
- Missbrauch der Stabsstellen als Sprachrohre der Geschäftsleitung und damit Vertiefung der Mitarbeiterferne und Bürokratisierung.

 Bei der Stabs-Projektorganisation besteht die Gefahr der Unschärfe in der Kompetenzabgrenzung zwischen Leitungsinstanz und Stab. Faktische Anordnungsmacht der Stäbe kann zur faktischen Mehrlinienführung führen.

4.3.2 Matrix-Projektorganisation

Die Matrix-Projektorganisation versucht, das der Stabs-Projektorganisation innewohnende Problem der faktischen Uneinheitlichkeit der Leitung auszugleichen, indem sie anstelle der Stabsstellen **Projektmanager** einsetzt. Auf diese Art erhalten die ausführenden Stellen Anweisungen einerseits von einer klassischen Linieninstanz (z. B. „Programmierung") und andererseits auch von einer projektbezogenen Instanz.

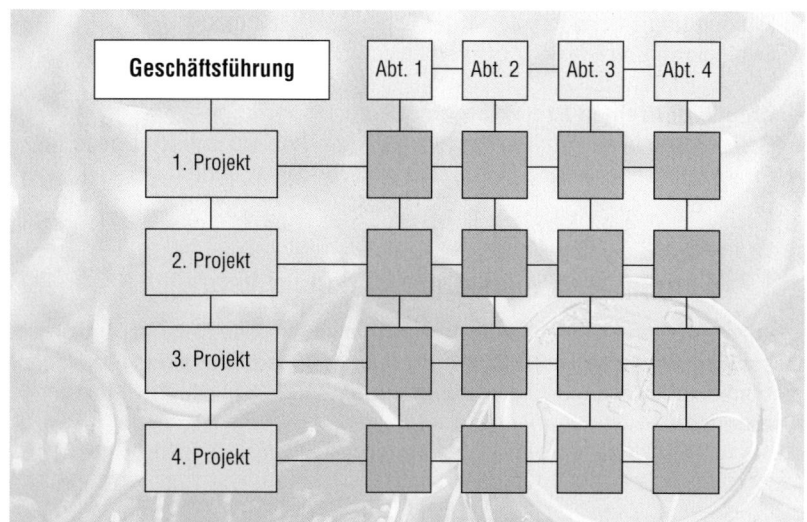

Übersicht 14:
Projektmanager
anstelle von
Stabsstellen

Die Vorteile und Nachteile einer Matrix-Projektorganisation entsprechen den Vorteilen und Nachteilen der Matrix-Organisation allgemein.

4.3.3 Reine Projektorganisation

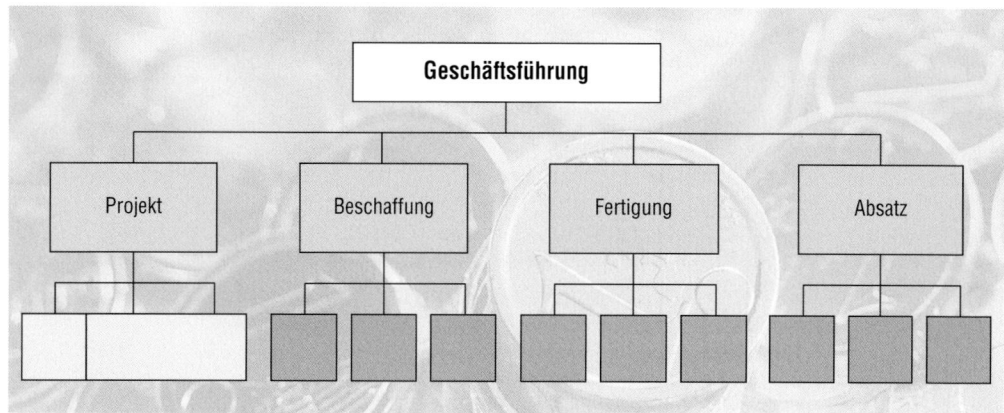

Übersicht 15: Reine Projektorganisation

Die reine Projektorganisation schafft für jedes Projekt eine neue, eigenständige Organisationseinheit, die nur für dieses eine Projekt zuständig ist. Die Mitarbeiter des Projektes werden aus den einzelnen Abteilungen akquiriert, eventuell aber auch dafür eingestellt.

Vorteile der reinen Projektorganisation:
● optimale Ressourcenzuweisung für die Projekte,
● Einheitlichkeit der Leitung,
● Anordnungs- und Kommunikationswege sind eindeutig definiert,
● Klarheit und Übersichtlichkeit der Organisationsstruktur,
● Schlagkraft und Effizienz bei vertikalem, autoritärem Führungsstil.

Nachteile der reinen Projektorganisation:
● Belastung der betroffenen Abteilungen durch Abzug von Mitarbeitern,
● Projektmitglieder können ihre Rolle missverstehen, indem sie sich „überbewerten".

4.3.4 Formen der Projektorganisation im Vergleich

Die dargestellten Formen der Projektorganisation lassen sich hinsichtlich der Geschwindigkeit des Projektfortschritts und der Bedeutung des Projekts für die projektausführende Organisation klassifizieren (vgl. auch die folgende Abbildung):

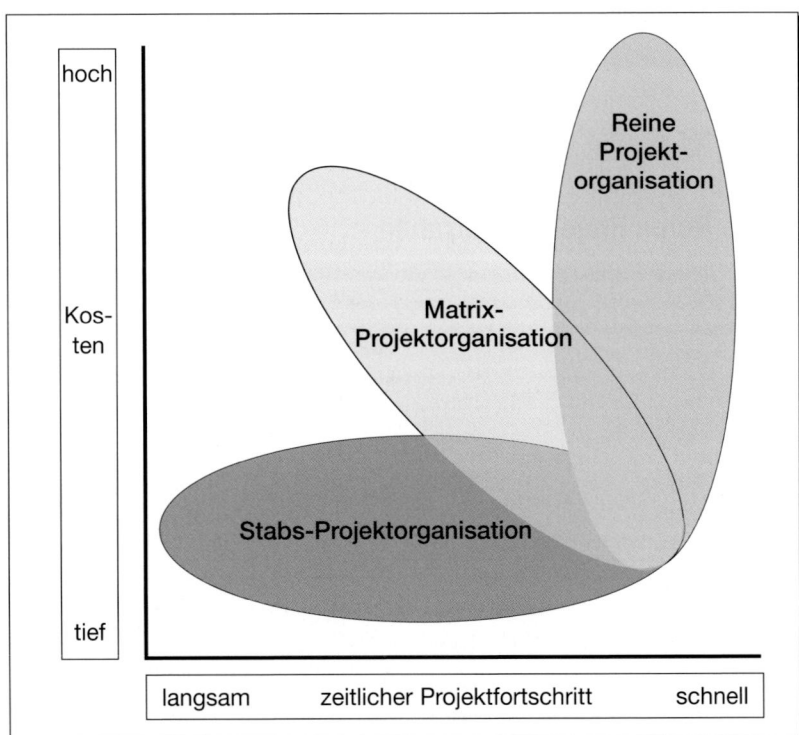

Übersicht 16:
Formen der
Projekt-
organisation

Die **Stabs-Projektorganisation** ist die „preiswerteste" Form der Projekt-organisation, weil den Stäben nur minimale personelle oder materielle Ressourcen zugeordnet werden. Zugleich ist der Projektfortschritt langsamer.

Die Stabs-Projektorganisation ist daher für Projekte von geringerer Bedeutung geeignet.

Die **„reine" Projektorganisation** ordnet dem Projekt die maximal möglichen Ressourcen zu. Sie erzielt daher prinzipiell schnellere Fortschritte, ist aber auch die „kostspieligste" Form der Projektorganisation und daher für besonders wichtige oder dringende Projekte geeignet.

Die „reine" Projektorganisation ist besonders geeignet für dringende Projekte.

Die **Matrix-Projektorganisation** nimmt eine Zwischenstellung ein. Aufgrund der mit ihr verbundenen Probleme ist sie selten. In der Praxis sind vielfach auch Mischformen möglich und üblich, die oft informelle Strukturen aufweisen. Dies vermindert meistens die Leistung der organisatorischen Teileinheit, wenn keine zentrale Planung zugrunde liegt. Es kann sich hierbei jedoch auch um eine ungeplante Situationsanpassung handeln.

4.4 Abgrenzung zwischen standardisierter Organisation und Projektorganisation

Kenntnis der Projektorganisationen im Vergleich

Die vorstehende Systematisierung möglicher Projektorganisationen ist ein Spiegelbild der standardisierten Organisation.

4.4.1 Projektorganisation und standardisierte Organisation

Auch wenn eine einheitliche Definition des Projektbegriffs fehlt, können doch charakteristische Abgrenzungskriterien zwischen dem Projekt und der „standardisierten" Organisation ausgemacht werden. Das „klassische" Einlinien-system eignet sich dabei am besten zur Abgrenzung zum Projekt.

Kriterium	Ausprägungen	Kriterium	Ausprägungen
Ziele	oft unklar	Kontrolle	systemimmanent
Zeitvorgabe	auf Dauer	Messgröße	funktionale Effizienz
Zeiteinschätzung	kalkulierbar	ganzheitliche Lösung	bedingt
Abwicklung	Tagesarbeit	agieren	oft schwerfällig
Art der Aufgabe	sich wiederholend	mitwirken	Funktionen der Mitarbeiter
Kosten	bekannt, kalkulierbar		
Budget	festgelegt	Delegation	hierarchisch

*Tab. 3:
Klassisches
Einliniensystem*

Projektmanagement als Organisationsform

Kriterium	Ausprägungen	Kriterium	Ausprägungen
Ziele	konkret	Kontrolle	durch Vorgaben
Zeitvorgabe	zeitlich begrenzt	Messgröße	Endergebnis, Resultat
Zeiteinschätzung	schwer kalkulierbar	ganzheitliche Lösung	wesentliches Ziel
Abwicklung	Kampagnenarbeit	agieren	rasche Aktion
Art der Aufgabe	neu, einmalig	mitwirken	gemischte Teams
Kosten	nur schätzbar	Delegation	hierarchiearm
Budget	schwer fixierbar		

Tab. 4: Projekt- management

4.4.2 Aufgabenträger der Projektorganisation

Grundlegend sind zwei Aufgabenträger zu unterscheiden – Auftraggeber und Auftragnehmer.

Definition

Auftraggeber ist, wer die Ziele eines Projekts bestimmen kann. Auftraggeber können daher externe oder interne Personen sein, etwa Kunden oder Behörden sowie die Geschäftsleitung.

Auftragnehmer sind alle, die direkt oder indirekt mit der Projektausführung befasst sind.

▊ Rollenverhalten von Projektleitern

Projektleiter können in den folgenden Rollen auftreten:

● Der **Diagnostiker** analysiert einen Ist-Zustand und das Umfeld für künftige Veränderungen.

● Der **Stratege** prüft Szenarien künftiger Veränderungen und ihre Einbettung in das organisatorische Gesamtsystem und das Umfeld.

● Der **Gruppenleiter** formt aus einer Anzahl von Personen ein Team.

● Der **Moderator** leitet Kommunikationsprozesse aufgrund inhaltlicher und formaler Vorgaben, ohne selbst Teil einer Partei zu sein.

● Der **Konfliktmanager** lokalisiert, unterdrückt oder trägt Konflikte durch seine eigene aktive Tätigkeit aus.

● Der **Interviewer** erhebt Informationen von Personen durch empirische Forschungsmaßnahmen.

● Der **Berater** unterstützt oder leitet im Interesse einer Instanz als Außenstehender einen Prozess durch Informationsver- oder bearbeitung.

● Der **Lehrer** vermittelt Fähigkeiten, Fertigkeiten, Wissen oder Können.

- Der **Change Agent** leitet oder steuert einen Veränderungsprozess durch eigene aktive Tätigkeit.

- Der **Organisationsarchitekt** konstruiert eine geplante zukünftige Organisationsstruktur.

- Der **Psychologe** befasst sich mit der Wissenschaft des seelischen Erlebens und des Verhaltens von Menschen.

- Der **Sündenbock** wird für Fehlentwicklungen eines organisatorischen Systems verantwortlich gemacht, ist jedoch nicht immer verantwortlich.

- Der **Revisor** nimmt die abschließende Bewertung der Ergebnisse eines Projektes vor und ist meist ein Mitglied der Gruppe der Auftraggeber.

Die **Arbeitsweise des Projektmanagers** kann durch folgende wünschenswerte Charakteristika und Kriterien beschrieben werden:
- Coach, Moderator statt Manager,
- Generalist statt Spezialist,
- wechselnde Aufgaben statt Routineaufgaben,
- stellt in Frage und vertritt nicht das Bestehende,
- denkt vernetzt statt linear,
- denkt ganzheitlich statt abteilungsorientiert,
- arbeitet innovativ statt konventionell,
- verfolgt Ideen und bricht Regeln,
- ist ziel- und ergebnisorientiert statt karriere- und funktionsorientiert.

4.5 Führungsstile im Projektmanagement

Überblick über wichtige Ansätze der Mitarbeiterführung

Der Begriff „Projektmanagement" kann unterschiedlich interpretiert werden:
- **institutional**: Einordnung des Projekts in die Aufbauorganisation, also in die Kommunikations- und Hierarchiestruktur des Unternehmens,

- **funktional**: Einordnung des Projektes in die Ablauforganisation des Unternehmens, d. h. Planung, Steuerung und Kontrolle der einzelnen zum Projekt gehörenden Arbeitsschritte,

- **instrumental**: Methoden und Verfahren, die der Erreichung des Projektziels dienen.

In diesem Kapitel geht es um die **institutionale** und die **funktionale Sichtweise**.

Die Führungsstile im Projektmanagement entsprechen weitgehend den allgemeinen theoretischen Grundlagen und werden deshalb hier nur kurz skizziert.

4.5.1 Eindimensionale Sichtweise

Die eindimensionale Sichtweise geht von der „Theorie X" und der „Theorie Y" aus.

„Theorie X" vertritt ein eher negatives Menschenbild.

Wichtige Grundannahmen sind in der „Theorie X":

- Das zentrale Führungsprinzip besteht aus Anleitung und Kontrolle, die nur durch Autorität durchgesetzt werden können. Es besteht die Annahme, dass die Menschen kontrolliert werden wollen und keine Freiheit wollen. Dies liegt angeblich in der Natur des Menschen.

- Die organisatorischen Erfordernisse bestehen ohne Rücksicht auf die Bedürfnisse der Organisierten.

- Ungenutzte Fähigkeiten gibt es nicht, sie sind daher auch kein Grund, Zeit und Geld in deren Entwicklung zu investieren. Die Mitarbeiter haben zu leisten, wofür sie bezahlt werden.

„Theorie Y" vertritt ein positives Menschenbild.

Wichtige Grundannahmen sind in der „Theorie Y":

- Das zentrale Führungsprinzip besteht aus Integration: Wichtig ist die Schaffung solcher Bedingungen, dass die Mitarbeiter im Betrieb auch ihre eigenen Ziele und Bedürfnisse artikulieren und leben können. Der Mensch ist von Natur aus kreativ.

- Die Organisation wird umso leistungsfähiger, je mehr sie die persönlichen Ziele und Wünsche der Mitarbeiter berücksichtigt.

- Das Management ist herausgefordert, durch Innovation neue Möglichkeiten der Zusammenarbeit und persönliche Fähigkeiten der Mitarbeiter zu entdecken und zu entwickeln.

Der zunächst dargestellte Ansatz „X" ist eher autoritär. Auf ihm aufbauende Konzepte und Modelle entmündigen den Menschen und üben Herrschaft aus. Führungsstile, die dieses Modell bewusst oder unbewusst zugrunde legen, heißen auch **autoritäre Führungsmodelle**. Sie sind prinzipiell individualistisch, d. h., gewähren dem Vorgesetzten mehr oder weniger großen Spielraum zu alleiniger Entscheidung. Ein autoritärer Führungsstil ist eher für schwache Persönlichkeiten mit mangelhafter Wert- und Zielorientierung in untergebenen Stellungen angemessen.

Der anschließend umrissene positivere Ansatz „Y" ist hingegen kooperativ oder demokratisch. Er entwickelt den Menschen („Humankapital") und vermeidet Unterdrückung und Ausübung von Herrschaft. Er ist in gewissem Maße kollektivistisch, da er die Entscheidungsbefugnis eher an die Gruppe delegiert und die Bedeutung des Vorgesetzten reduziert.

Für die autoritäre Führung aufgrund der „Theorie X" sind folgende Merkmale typisch:

- sehr starkes Bildungsgefälle zwischen Vorgesetztem und Mitarbeiter,

- reine materielle Motivation des Mitarbeiters,

- Delegation nur von reinen Routineaufgaben bei zentraler Entscheidungsmacht,

- Selbstverantwortung, Selbstkontrolle, Sachkundeerfordernis und Durchsetzungsvermögen des Führers,

- Anerkennung des Vorgesetzten und Unterordnung durch den Mitarbeiter.

Für die **kooperative Führung** aufgrund der **„Theorie Y"** ist dagegen Folgendes typisch:

- Geringes Bildungsgefälle zwischen Vorgesetztem und Mitarbeiter,

- Nichtmaterielle Motivation des Mitarbeiters (z. B. Anerkennung, Freude an der Arbeit, erfolgreicher Abschluss),

- Delegation aller Aufgaben, auch von strategischen Entscheidungen bei dezentraler Entscheidungsmacht,

- Aufgeschlossenheit, Vertrauen, Verzicht auf Vorrechte des Managements sowie Delegationsfähigkeit und Führungsqualitäten auf Seiten des Vorgesetzten,

- Verantwortungsbewusstsein, Selbstkontrolle, Kontrolle des Vorgesetzten und Kooperationsfähigkeit auf Seiten des Mitarbeiters.

Für autoritär geführte Gruppen sind Spannungen, Neid, Fluktuation, Unterwürfigkeit, Feindseligkeiten und hohe Arbeitsintensität und Leistung bei geringer Kreativität und Arbeitsunterbrechung bei Abwesenheit der Führerpersönlichkeit typisch.

In nicht autoritär geführten Gruppen werden geringere Fluktuation, Gruppenkohäsion, Solidarität, Weiterarbeit bei Abwesenheit von Kontrolle, mehr Kreativität und Qualität beobachtet.

4.5.2 Die zweidimensionale Sichtweise – Der Ansatz von Blake und Mouton

Die zweidimensionale Sichtweise geht von den Dimensionen „Aufgabenorientierung" und „Mitarbeiterorientierung" aus. Aufgabenorientierung legt den Schwerpunkt auf die Fähigkeit der Führungsperson, die Leistungen der Mitarbeiter zu fördern. Die Mitarbeiterorientierung stellt den Grad der Förderung zwischenmenschlicher Qualitäten durch die Führungsperson in den Vordergrund. Man kann also gleichzeitig leistungsorientiert und mitarbeiterbezogen führen.

Dargestellt wird diese Theorie in Form eines so genannten Verhaltensgitters.

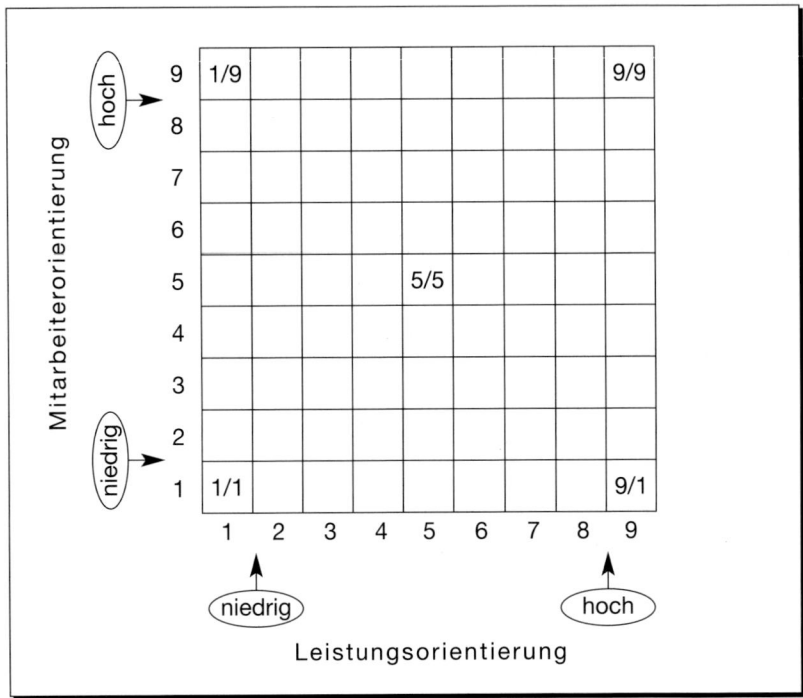

Übersicht 17:
Verhaltensgitter
oder Managerial
Grid nach Blake
und Mouton

Diese zweidimensionale Sichtweise ist ein Instrument, mit dem das Führungsverhalten auch von Projektleitern dargestellt werden kann. Durch die Darstellung wird auch deutlich, dass 9 x 9 = 81 Kombinationsmöglichkeiten der Dimensionen möglich und daher sicher alle vorkommenden Verhaltensmuster abgedeckt sind.

1/9: Beachtet man die Bedürfnisse der Menschen nach befriedigenden Beziehungen sorgfältig, führt dies zu einem bequemen und freundlichen Organisationsklima und entsprechendem Arbeitstempo. Diese auf Zuneigung und Zustimmung, d. h. stark mitarbeiterorientiert ausgelegte Verhaltensweise lässt sich als **Beziehungsstil** bezeichnen.

9/1: Arbeitsleistung wird erreicht durch die Schaffung von Bedingungen, die menschliche Einflüsse soweit wie möglich ausschalten.

9/9: Der optimale Führungsansatz ist bei 9/9 zu sehen. Hier erfolgt eine hohe Mitarbeitermotivation und gleichzeitig eine hohe Leistungseinforderung.

1/1: Als Extrem lässt sich der so genannte Ausharrer sehen. Er hält die Organisation gerade mäßig zusammen.

Quelle: vgl.: Anger u. a.: Handlungsfeld Personalwirtschaft, Köln 1996, S. 330

4.5.3 Mehrdimensionale Ansätze

▌ Der situationsorientierte Ansatz von Reddin

Reddin knüpft hinsichtlich der Beziehungsorientierung und Aufgaben-orientierung an den zweidimensionalen Ansatz an.

Aus dem Verhaltensgitter lassen sich vier Felder der Matrix bilden.

● Niedrige Beziehungsorientierung und niedrige Aufgabenorientierung erge-ben den **Verfahrensstil**.

● Hohe Beziehungsorientierung und niedrige Aufgabenorientierung führen zum **Beziehungsstil**.

● Niedrige Beziehungsorientierung und hohe Aufgabenorientierung werden **Aufgabenstil** genannt.

● Hohe Beziehungsorientierung und hohe Aufgabenorientierung führt zum **Integrationsstil**.

Eine nähere Beschreibung der Stile ist den folgenden Ausführungen zu ent-nehmen:

Verfahrensstil:
Beschreibung: „analytischer Perfektionist", „Experte":
● eher zurückhaltend,   ● stets logisch, rational,
● liebt Details,   ● perfektionistisch,
● Präzisionsliebe,   ● braucht Sicherheit.

Beziehungsstil:
Beschreibung: „freundlicher Idealist", „Betreuer":
● hört zu, lobt gern,   ● vermeidet Konflikte,
● fürsorglich,   ● entscheidet nicht gerne.

Aufgabenstil:
Beschreibung: zielstrebiger Realist, „Macher":
● ungeduldig,   ● hat nur die Aufgabe im Blick,
● mag keine Details,   ● entscheidungsfreudig.
● hat feste Standpunkte,

Integrationsstil:
Beschreibung: „expressiver kreativer Integrierer":
● fragt viel,   ● ist flexibel,
● hat Ideen und regt an,   ● vereinbart Gegensätze.
● ist begeisterungsfähig,

Der entscheidende Unterschied zum zweidimensionalen Ansatz von Blake und Mouton besteht nur darin, dass bei Reddin die **Situation** einbezogen wird. Auch für das Projektmanagement stellt sich nämlich die Frage, welcher Führungsstil in der jeweils gegebenen Situation richtig ist.

Als mögliche extreme Ausprägungen sind je nach Situation denkbar:

Verfahrensstil: Kneifer bis Bürokrat
Beziehungsstil: Gefälligkeitsapostel bis Förderer
Aufgabenstil: Autokrat bis Macher
Integrationsstil: Kompromissler bis Integrierer

▌ Das situative Referenzmodell von Hersey und Blanchard

Dieses Modell führt die Dimension des Reifegrads des Mitarbeiter in das System ein. „Reifegrad" wird dabei nur als „Grad der Identifikation" des Mitarbeiters mit dem Unternehmen verstanden.

Typ	Verfahren	Beschreibung	Gruppe	Reifegrad des Mitarbeiters
S1	diktieren	stark aufgaben- und wenig mitarbeiter- bezogene Führung	M1	gering
S2	argumentieren	stark aufgaben- und stark mitarbeiter- bezogene Führung	M2	mittel
S3	partizipieren	stark mitarbeiter- und wenig aufgabenbezogen	M3	mittel
S4	delegieren	wenig mitarbeiter- und wenig aufgaben- bezogene Führung	M4	hoch

Tab. 5:
Dimensionen des
Reifegrads eines
Mitarbeiters

Die Mitarbeiterreife wird den verschiedenen Verfahren zugeordnet. Aufgaben, die S4-typisiert sind, erfordern Mitarbeiter vom Typ M4. Ebenso können Mitarbeiter vom Typ M1 nur nach dem Typ S1 Aufgaben erledigen.

▌ Lean Production

Im Prinzip versteht man unter **Lean Production** den Aufbau einer Unternehmung mit wenigen Hierarchiestufen. Die Zusammenarbeit zwischen Führung und Mitarbeitern beruht auf hoher Kollegialität und starker gegenseitiger Informationsbereitschaft, und zwar ohne Herrschaftswissen.
Wichtige Grundannahmen dieses Modells sind:

● Teamarbeit und Qualifizierung,

● gemeinsames Schicksal von Mitarbeitern, Händlern und Betrieb, Betrieb und Lieferanten; Kooperation,

● Produktvielfalt, kürzere Produktlebensdauer, Wandel, Variation,

● Humanvermögen statt Sachvermögen,

● geringe Bestände,

● evolutionäres, sukzessives Perfektionsziel: Zusammenarbeit, Kollektivarbeit.

Die folgende Aufzählung gibt Aufschlüsse über die Führungsgrundsätze des Lean Production:

Management:
● Lean Production muss vorgelebt und darf nicht angeordnet werden,
● Projekt- und nicht Produktmanagement,
● machtvolle, aber selbstlose Führerpersönlichkeit,
● Vorrang des Kollektivs

Teamarbeit:
● Verwischung von Unternehmensgrenzen,
● absoluter Vorrang des Projektteams,
● Karriere vom Projekterfolg abhängig.

Kommunikation:
● Vorrang von kollektiven Problemlösungen,
● keine Informationsgeheimhaltung; Offenheit,
● qualitativ einwandfreie Kommunikation.

Simultane Entwicklung:
● paralleler Beginn der einzelnen Arbeitsschritte; wenige Netzpläne,
● Zielkostenbudgetierung, nicht Vollkostenrechnung,
● Beteiligung von Händlern und Zulieferern nach Maßgabe von Qualitäts-vorgaben,
● Übertragung von Verantwortung,
● gemeinsame Kostenanalyse,
● Vertrauen, anstelle von Kontrolle und Machtausübung,
● Kooperation, nicht Konkurrenz.

4.6 Strukturplan eines Projektes

Einsicht in die Abwicklung eines Projekts

Im Vorfeld der Aufstellung der Projektstrukturplanung müssen die genauen Eigenschaften des angestrebten Projektergebnisses definiert werden. Dies ist sehr oft mit dem Zielfindungsprozess eng verknüpft.

Die zwei wichtigsten Begriffe in diesem Zusammenhang sind das Lastenheft und das Pflichtenheft (siehe auch Seite 142).

Unter einer Aufgabe versteht man in der Organisationstheorie eine Verfahrensanweisung für zielgerichtetes menschliches oder maschinelles Handeln. Die Aufgabe kann bestimmt werden nach sechs wichtigen Kriterien, den so genannten Bestimmungselementen.

● nach Verrichtung: Was getan werden soll,
● nach Objekt: Woran die Verrichtung vorgenommen werden soll,
● nach Ort: Wo die Verrichtung vorgenommen werden soll,

● nach der Phase: Reihenfolgeposition der Verrichtung im gesamten Leistungsprozess,

● nach der Zeit: Wann die Verrichtung ausgeführt werden soll und

● nach dem Rang: Hierarchische Einordnung der Verrichtung.

Die Bestimmungselemente der Aufgabe sind die Grundparameter der betrieblichen Organisation. Einschränkende Faktoren sind Umweltgegebenheiten, die eine Aufgabendurchführung beschränken, be- oder verhindern oder in ihrer Art und Weise beeinflussen. Diese sind:

Die Zuordnung erfolgt immer hinsichtlich folgender Punkte:

● nach Aufgabenträger: Wer eine Verrichtung vornehmen soll und

● nach der Ressource: Die zur Aufgabendurchführung erforderlichen Sachmittel oder sonstigen Personen.

Der Grundgedanke der Aufgabenanalyse ist, eine Gesamtaufgabe zunächst in Teilaufgaben zu zerteilen, die sich jeweils einzelnen Aufgabenträgern zuordnen lassen. Dieser Prozess erfolgt in mehreren Schritten, wobei nachfolgend kleinere Teilaufgaben definiert werden. Mit jedem einzelnen Schritt der Aufgabenanalyse ist also stets eine Ranganalyse verbunden. Neben dieser ist jeder einzelne Schritt stets aus einem der Bestimmungselemente der Aufgabe definiert. Nur die ersten beiden Bestimmungselemente sind dabei relevant, die restlichen sekundär:

Als Leitfaden zur Erstellung eines PSP dienen folgende Fragen:

Können Sie für jedes vorhandene Element

● die Erledigung objektiv und messbar feststellen?

● Kosten und Dauer angemessen schätzen?

● klare Verantwortlichkeiten zuweisen?

Wenn nicht, dann entwickeln Sie die nächsttiefere Ebene oder schreiben Sie das Element neu. Gegebenenfalls ist eine Fremdvergabe in Betracht zu ziehen.

Werden Aussagen über die Dauer der einzelnen Arbeitsschritte zugefügt, so lassen sich Angaben über die Anfangs- und Endzeitpunkte sowie über Leerlaufzeiten ableiten und in den Netzplan eintragen. Ein solcher Netzplan ist dann die Grundlage für die Projektablauf und die Terminplanung.

▌ Das Lasten- und das Pflichtenheft

Fähigkeit zur Erstellung eines Pflichtenheftes

In der Produktprofilplanung werden die Eigenschaften und eventuell auch die Positionierung des Ergebnisses (Produktes) festgelegt und in einem Lastenheft zusammengestellt. Es sollte alle Basisanforderungen enthalten, braucht aber nicht vollständig oder exakt detailliert sein.

!

Das Lastenheft enthält Ziel/Kundenvorgaben ohne Anspruch auf Vollständigkeit.

Das Pflichtenheft kann dann als verbindliche Präzisierung oder Konkretisierung des zunächst unverbindlichen Lastenheftes definiert sein.

Ablaufschema

1. Auftraggeber, Benutzer, sonstiger Nachfrager
2. erstellt: Basisanforderung(en)
3. Dokumentation als Lastenheft
4. hinzufügen von Detaillierten Spezifikation(en)
5. Dokumentation als Pflichtenheft
6. Auftragsdurchführung
7. Projektergebnis

Allerdings besteht eine DIN-Norm (DIN 69905) über den Inhalt des Lastenheftes. Demnach muss das Lastenheft folgende Punkte enthalten:

Die grundsätzlichen Spezifikationen des zu erstellenden Produktes sowie die Anforderungen an das Produkt bei seiner späteren Verwendung (z. B. Temperaturverträglichkeit), technische Rahmenbedingungen für Produkt und Leistungserbringungen (z. B. einzuhaltende Normen, zu verwendende Materialien), vertragliche Rahmenbedingungen für Produkt und Leistungserbringungen (z. B. Teilleistungen, Gewährleistung, Vertragsstrafen), Anforderungen an den Auftragnehmer (z. B. dessen Zertifizierung nach ISO 9000), Anforderungen an das Projektmanagement des Auftragnehmers (z. B. Projektdokumentation, Controlling-Methoden).

Das Lastenheft fasst damit die wirtschaftlichen, technischen und organisatorischen Erwartungen des Auftraggebers zusammen und ermöglicht es dem potenziellen Auftragnehmer, sich ein Bild vom zu erwartenden Auftragsumfang zu machen. Das Lastenheft kann damit Grundlage von Vertragsverhandlungen sein; es kann insbesondere auch Grundlage einer Anfrage sein.

Die einfachste praktische Form des Lastenheftes ist die Benennung eines Liefertermins und eines Preises bei der Anfrage nach einem Produkt.

Merke: Lieferte das Lastenheft ein Grobkonzept, so ist das Pflichtenheft das in den meisten Fällen vom Auftragnehmer oder von einer speziellen hierfür eingesetzten Arbeitsgruppe erarbeitete **Detailkonzept** des Vorhabens, aufgrund der Anforderungen des Kunden, Nutzers oder sonstigen Nachfragers. Im Gegensatz zum Lastenheft muss das Pflichtenheft detailliert und vollständig die Anforderungen des beabsichtigten Projektes enthalten. Es dient dann als **verbindliche** Grundlage eines zu schließenden Vertrages. Die Anforderungen des Pflichtenheftes können sich in der Anwenderdokumentation oder dem Anwenderhandbuch niederschlagen.

▌ Analyse eines Projekts durch Zerlegung und Verknüpfung

1. Aufgabe: Bau und Ausstattung einer Fabrikhalle

Es ist geplant, eine neue Maschinenhalle mit vier großen Stanzpressen zu bauen. Die Aufgabe ist in Teilabschnitte zu zerlegen. Meilensteine sind festzulegen und die Abschnitte zu dokumentieren.
Eine Analyse ergibt folgende Einzelheiten.

Das Projekt gliedert sich in zwei Abschnitte (Meilensteine)
Abschnitt 1:
Als Erstes müssen die Fundamente errichtet werden und der Kanalisationsanschluss installiert sein. Dann werden die Wände hochgezogen und der elektrische Hauptanschluss erstellt. Erst dann können die Fenster und die Türen eingesetzt werden. Das Dach kann erst nach den Wänden, der Kanalisation und dem elektrische Hauptanschluss erstellt werden. Das Dach wird nach dem Erstellen der Decke abgedichtet.

Abschnitt 2:
Verlegung der Kraftstromleitungen nach Abschluss des ersten Bauabschnitts. Erstellen der Maschinenfundamentes, des Lichtstroms und der Maschinenhalterung, Aufstellen der Maschinen etc.

Vorgang		Vorgänger	Ausführungsdauer
1. Bauabschnitt			
A	Fundamente einrichten	–	5
B	Kanalisationsanschluss	-	20
C	Wände hochziehen	A	25
D	elektrischen Hauptanschluss herstellen	A	20
E	Fenster einsetzen	B; C	12
F	Dachdecke herstellen	B; C; D	15
G	Türen einsetzen	B; C	10
H	Dach abdichten	F	2

Tab. 6a:
Projektanalyse
durch Zerlegung
und Verknüpfung

Vorgang		Vorgänger	Ausführungsdauer
2. Bauabschnitt			
K	elektrische Leitungen für Kraftstrom verlegen	1. Bauabschnitt	3
L	Maschinenfundamente herstellen	K	4
M	Lichtstrom verlegen	K	3
N	Halterungen für die Maschinen anbringen	L	18
P	vier Maschinen aufstellen	L	21
Q	Verkleidung Halle außen	L; M	15
R	elektrische Anschlüsse für Kraftstrom	L; M	5
S	Verputzen innen	Q	7
T	vier Maschinen anschließen	N; P; R	18
U	Elektrische Anschlüsse für Lichtstrom	S	10
V	Probelauf für vier Maschinen	T	4

Tab. 6b:
Projektanalyse
durch Zerlegung
und Verknüpfung

4.7 Erstellung eines Netzplans

Fähigkeiten zur Darstellung von Arbeitsabläufen mit geeigneten Techniken

4.7.1 Die wesentlichen Elemente des Netzplans

Aus einer vollständigen Projektstrukturplanung kann nunmehr eine übersichtliche Darstellung erfolgen, die die bisherigen Aussagen über einen Projektablauf in grafischer Form aufnimmt. In dieser Übersicht werden die zeitlichen Verflechtungen der einzelnen Vorgänge innerhalb eines Projekts dargestellt, aber auch der Einsatz der zur Durchführung erforderlichen Kapazitäten (Arbeitskräfte, Maschinen, Material). Wichtig ist ferner, dass die Durchführung des Projekts mit dem Gesamtbetriebsablauf abgestimmt werden muss.

Bei Projekten, die in dieser oder ganz ähnlicher Form noch nicht durchgeführt wurden, ist mit unvorgesehenen Ereignissen zu rechnen. Manchmal ergeben sich im Projektverlauf auch veränderte Bedingungen, durch die Veränderungen, ja sogar Improvisationen nötig werden.

Jedes Projekt besteht aus Vorgängen, Ereignissen, Anordnungsbeziehungen.

Vorgänge sind nicht weiter zerlegbare Tätigkeiten, die Zeit erfordern und einen vorgegebenen Anfang und ein vorgegebenes Ende haben. Das gesamte Projekt wird in Vorgänge zerlegt. Beginn und Ende eines Vorgangs müssen eindeutig sein. Vorgänge werden auch als **Aufgaben** oder **Arbeitspakete** bezeichnet.

Ereignisse bezeichnen Zeitpunkte im zeitlichen Ablauf eines Projekts, die einen bestimmten Zustand bezeichnen. Wichtige Ereignisse werden auch Meilensteine genannt. Man unterscheidet zwischen Anfangsereignissen und Endereignissen. Anfangsereignisse bezeichnen den Zeitpunkt, an dem der Vorgang beginnt, während Endereignisse den Zeitpunkt meinen, an dem der Vorgang endet.

Anordnungsbeziehungen (AOB) stellen die logische (zeitliche) Reihenfolge der Vorgänge bzw. Ereignisse dar.

Ein Netzplan besteht aus zwei **Elementen**: Knoten und Pfeile. Je nach Darstellungsform wird den Elementen eine andere Bedeutung zugewiesen.

4.7.2 Darstellungsformen des Netzplans

Bei der **Vorgangspfeiltechnik** werden die Vorgänge als Pfeile dargestellt. Die Anordnungsbeziehungen bezeichnen lediglich die Anfangs- und Endzustände der Vorgänge.

| Beginn A | Vorgang
A | Ende A = Beginn B | Vorgang
B | Ende B |

Vorgangsknotennetzpläne ordnen den einzelnen Vorgängen Knoten zu. Die Pfeile bezeichnen hier die Anordnungsbeziehungen zwischen den Vorgängen.

| Vorgang A | B beginnt nach Ende A | Vorgang B |

In Mitteleuropa ist die **Vorgangsknotentechnik** dominierend, während in den USA die Vorgangspfeiltechnik verbreitet ist. Den folgenden Ausführungen wird die Vorgangsknotentechnik zugrunde gelegt.

4.7.3 Inhalte des Netzplans

Für jede Aufgabe müssen folgende Bestandteile angegeben werden:

● **Vorgang**: Nummer und Kurzbezeichnung des Vorgangs gemäß Vorgangsliste. Die Verwendung von Kurzbezeichnungen wird empfohlen, da umfangreiche Pläne mit hunderten oder gar tausenden von Vorgängen ansonsten vollkommen unübersichtbar würden.

● **Dauer**: Die Dauer der Vorgänge gemäß Vorgangsliste ist in Tagen oder auch anderen Zeiteinheiten anzugeben.

● **Vorgänger**: Ein Knoten kann mehrere Vorgänger, also unmittelbar vorausgehende Aktivitäten, haben. Diese können durchaus in zeitlich unterschiedlicher Abfolge beginnen und enden.

● **Nachfolger**: Ein Vorgang, der auf einen anderen Vorgang folgt, wird als Nachfolger bezeichnet. Es ist durchaus möglich, dass ein Vorgang mehrere Nachfolger hat.

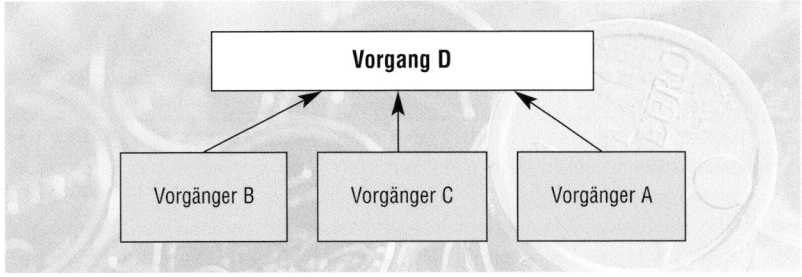

Übersicht 18:
Vorgänger

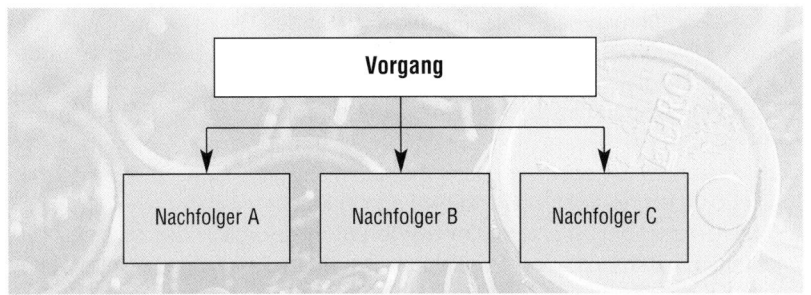

Übersicht 19:
Nachfolger

- **FAZ**: frühester Anfangszeitpunkt der einzelnen Vorgänge. Der FAZ aller Vorgänge, die keinen Vorgänger haben, ist der erste Tag.

- **FEZ**: frühester Endzeitpunkt der einzelnen Vorgänge.
  Es gilt: FEZ = FAZ + Dauer des Vorgangs. Der FAZ des Folgevorgangs = FEZ des letzten fertig werdenden Vorgängers.

- **SAZ**: spätester Anfangszeitpunkt der einzelnen Vorgänge.
  Es gilt: SAZ = SEZ – Dauer.

- **SEZ**: spätester Endzeitpunkt der einzelnen Vorgänge. Der SEZ aller Aufgaben, die Nachfolger haben, ist der SAZ des Nachfolgevorgangs. Der SEZ des letzten Vorgangs, der keinen Nachfolger mehr hat, ist der Zeitpunkt des Projektendes.

- **Puffer**: Die Zeit, um die ein Vorgang verzögert werden kann, ohne das Gesamtprojekt zu verzögern, heißt Puffer. Die Pufferzeiten sind immer auf einen Vorgang bezogen. Man unterscheidet zwischen Gesamtpuffer und freiem Puffer.

Unter **Gesamtpuffer (GP)** versteht man die Differenz zwischen dem jeweils spätest zulässigen und frühest möglichen Zeitpunkt.
Es gilt: GP = FEZ - SEZ = SAZ - FAZ. Beide Berechnungsmethoden müssen zum gleichen Ergebnis führen; ist das nicht der Fall, so ist einer der vorherigen Werte unrichtig berechnet worden. Ein Vorgang kann um diesen Zeitraum verschoben werden, ohne dass der späteste Anfangstermin (SAZ) des Nachfolgevorgangs beeinflusst wird.
Der **freie Puffer (FP)** bezeichnet den Zeitraum, um den man den Vorgang verschieben kann, ohne dass der früheste Anfangstermin (FAZ) des Nachfolgevorgangs beeinflusst wird.

4.7.4 Verwendung der Meilensteine

Ein Meilenstein symbolisiert keine Verrichtung, sondern das Erreichen eines bestimmten Zustands. Es handelt sich dabei um die Bezeichnung von Punkten, die den Stand eines Projekts bezeichnen. An einem solchen Punkt ist es möglicherweise sinnvoll, eine Entscheidung über den weiteren Projektvorgang zu fällen.

Wenn die für diesen Meilenstein vorgesehenen Ergebnisse vorliegen, kann das Projekt, wie geplant, weitergeführt werden. Liegen Differenzen zwischen Soll (Meilenstein) und Ist (dem tatsächlichen Stand des Projekts) vor, muss über die Fortführung des Projektes in der geplanten Weise neu nachgedacht werden. Differenzen im zeitlichen Bereich lassen sich unter Umständen über die Puffer ausgleichen.

Es könnte aber auch notwendig werden, das Projekt in Teilbereichen zu wiederholen. Ist die Diskrepanz zwischen dem Ergebnis am Meilenstein und dem geplanten Ergebnis zu dem Zeitpunkt zu groß bzw. unüberwindbar, muss über den Abbruch des Projekts nachgedacht werden.

Ein Meilenstein hat also eine **Kontrollfunktion** bezüglich des bis dahin erreichten Ergebnisses des Projektstandes. Man bezeichnet Meilensteine daher auch als Eckpunkte der Projektplanung.

4.7.5 Projektkosten und Meilensteine

Fähigkeit zur Berechnung der Projektkosten

Viele Projekte werden erfolgreich abgewickelt und nach dem Erreichen des Projektzieles analysiert. Neben den im Pflichtenheft festgelegten Kriterien sollten auch die Gesamtkosten berücksichtigt werden. Projekte werden immer innerhalb eines vorher festgelegten Kostenrahmens abgewickelt. Die festgelegten Plankosten sind oft Erfahrungswerte aus ähnlichen Projekten oder Schätzungen, die durch vorherige Analyse der Teilkosten zusammengesetzt werden.

Hier kann der Einsatz der Drei-Punkt-Schätzmethode Aussagen über den voraussichtlichen Aufwand ermöglichen, wenn keine messbaren Größen verfügbar sind. Voraussetzung für die Genauigkeit der Drei-Punkt-Schätzung ist eine gute Strukturierung des Projektes. Dokumentiert wird der Projektumfang in einem Projektstrukturplan (PSP) (Kap. 4.6.).

 Merke: Zur Berechnung des Gesamtaufwandes wird der Einzelaufwand aufsummiert.

Beispiel: Fertigung von 10 000 Stanzteilen
a) Optimale Wert   30 Std. aus REFA Zeitberechnung
b) Pessimistischer Wert   60 Std. (schlechtester Erfahrungswert aus der
                          Vergangenheit)
c) wahrscheinlicher Wert 40 Std.

Berechnung des Gesamtaufwandes durch Summieren der Einzelaufwände:

$$\text{Erwartungswert (Aktivität1)} = \frac{\text{pess. W.} + \text{wahr. W.} + \text{opt. W.}}{3} = 43{,}33 \text{ Std.}$$

$$\text{Varianz (Aktivität1)} = \left\{ \frac{\text{pess. Wert} - \text{opt. W.}}{5} \right\}^2 = 36$$

$$\text{Standardabweichung (Projekt)} = \sqrt{\sum \text{Varianz (Aktivitäten)}}$$

Die angegebene Formel zur Ermittlung der Varianz der Einzelaktivitäten liefert einen Näherungswert, der für fast alle Projekte ausreichend ist.

Um gravierende Abweichungen der Projektkosten zu vermeiden, müssen Mechanismen innerhalb des Planungsablaufes eingebaut werden. Diese haben folgende Funktion:

- Signalwirkung bei Überschreitung eines Teilkostenrahmens.
- Fehler innerhalb der Projektplanung früh erkennen.
- Einleiten einer Neuberechnung des Gesamtplanes.

siehe Kostenrechnung, Bd. 3–Kap. 7.3 Target Costing (Zielkostenrechnung)

Die innerhalb des Projektplanes liegenden Meilensteine können hier die Funktion der Prüfung sehr sinnvoll ergänzen. Nicht nur Zeitpunkt und Erfüllungsgrad, sondern insbesondere die Kosten sind hier zu prüfen. Bei Abweichungen sind dann entsprechende Maßnahmen einzuleiten.

4.7.6 Der kritische Pfad

In einem Projekt werden sich von dem ersten bis zum letzten Vorgang stets eine Reihe von Vorgänge finden, die keinerlei zeitliche Reserve vorsehen. Tritt bei nur einem einzigen dieser Vorgänge eine Verzögerung ein, so verzögert sich das ganze Projekt. Diese Vorgänge sind die kritischen Vorgänge, die die minimale Dauer des Projektablaufs bestimmen. Ihre Verbindung, die im Netzplan durch eine fette Linie dargestellt ist, ist der kritische Pfad.

Die Projektsteuerung sollte besonderes Augenmerk auf die Einhaltung der kritischen Vorgänge legen.

Der kritische Pfad eines Projekts kann sich gabeln und mehrere parallele Verläufe nehmen. Er hat aber stets einen einzigen Anfangs- und einen einzigen Endzeitpunkt.
Wenn ein Projekt mehrere parallel verlaufende kritische Pfade aufweist, ist die Zusage eines festen Endtermins an einen Kunden risikoreicher, da es mehrere Vorgänge gibt, die schon bei einem geringen zeitliche Engpass die Durchlaufzeit des Gesamtprojekts verzögern können.

4.7.7 Zeitplanung eines einfachen Vorgangsknoten-Netzplans

▊ Berechnung der Pufferzeiten eines Knotens

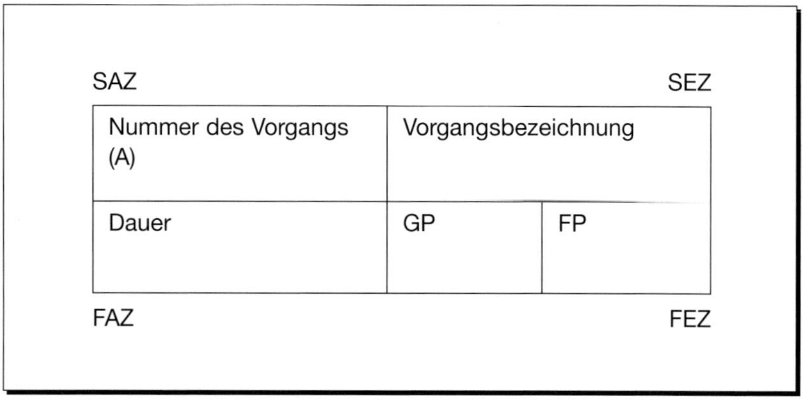

SAZ   SEZ

Nummer des Vorgangs (A)	Vorgangsbezeichnung	
Dauer	GP	FP

FAZ   FEZ

Übersicht 20:
Legende zum
Vorgangsknoten-
Netzplan

Formel

Rechenregeln:

$$GP_{(A)} = SAZ_{(A)} - FAZ_{(A)}$$

$$FP_{(A)} = FAZ_{(des\ Nachfolgers)} - FEZ_{(A)}$$

▊ Zeitrechnung des Gesamtprojektes

Erfolgt die Zeitrechnung über die Dauer eines Projekts vom FAZ eines Vorgangs an, spricht man von der **Vorwärtsterminierung**. Sie muss von dem ersten Vorgang anfangend bis zum letzten Vorgang durchgeführt werden, weil zum Errechnen des FAZ eines Vorgangs die FEZ aller Vorgänger bekannt sein müssen. Der FEZ des letzten Vorgangs ist der Endtermin des gesamten Projekts.

Rückwärtsterminierung bedeutet eine Zeitrechnung, die im letzten Vorgang beginnt. Die SEZ und SAZ müssen, beim letzten Vorgang anfangend, rückwärts bis hin zum ersten Vorgang gebildet werden. Hat ein Vorgang mehrere Nachfolger, wird dessen SEZ mit Hilfe des kleinsten SAZ der Nachfolger gebildet. Auf diese Weise kann der SAZ des gesamten Projektes berechnet werden, wenn in der Projektplanung vom Endtermin ausgegangen werden muss.

	Vorwärtsrechnung	Rückwärtsrechnung
Es werden berechnet:	Projektstart	Projektziel
für jeden Vorgang wird zuerst berechnet:	FAZ Anfangszeitpunkt	SEZ Endzeitpunkt
für die Berechnung notwendig:	Endzeitpunkte der Vorgänger	Anfangszeitpunkte der Nachfolger
maßgebend für den zu berechnenden Zeitpunkt	größtes frühestes Ende aller Vorgänger	kleinster spätester Anfang aller Nachfolger
Bestimmung des zweiten Vorgangszeitpunktes	FEZ Endzeitpunkt = Anfangszeitpunkt + Dauer	SAZ Anfangszeitpunkt = Endzeitpunkt – Dauer
Ergebnis:	früheste Lage FAZ; FEZ	späteste Lage SAZ; SEZ

Tab. 6:
Zeitrechnung
durch Vorwärts-
und Rückwärts-
terminierung

4.8 Weitere Darstellungsformen der Projektablaufplanung

Fähigkeiten zur Darstellung von Arbeitsabläufen mit geeigneten Techniken und Einsicht in die Zusammenhänge

Die vorzustellenden Darstellungsformen der Projektablaufplanung zielen darauf ab, Aussagen über den Zeitpunkt bzw. Zeitraum der Durchführung jeder einzelnen Aufgabe grafisch darzustellen.

In seiner einfachsten Form sind bei einem Projektablaufplan auf der horizontalen Achse die Zeit und auf der vertikalen Achse die einzelnen Aufgaben aufgeführt. Ein solcher Plan kann aus einem Netzplan entwickelt werden und heißt **Balkendiagramm** oder **Gantt-Diagramm**.

Zur Erstellung eines Gantt-Diagramms sind mindestens die Angaben über Dauer, FAZ und FEZ erforderlich. Da ein Gantt-Diagramm auch die Pufferzeiten darstellen sollte, ist es vorteilhaft, auch die Rückwärtsterminierung durchgeführt zu haben und damit über die SAZ und SEZ zu verfügen.

Während der Netzplan die Reihenfolge der einzelnen Aufgaben übersichtlich zeigt, ist das Gantt-Diagramm das primäre Instrument der Zeitplanung. In den gängigen Softwarepaketen zur Projektplanung erstellt das Programm das Balkendiagramm aus den Daten, die der Anwender bei der Erstellung des Netzplanes eingibt. Als manuelles Planungswerkzeug haben sich Magnettafeln bewährt, auf denen farbige Steckelemente die Zeitelemente darstellen und ein vertikal gespannter Faden den gegenwärtigen Zeitpunkt symbolisiert.

Nr.	Dauer	KW1	KW2	KW3	KW4	KW5	KW6	KW7	KW8
1	1								
2	3								
3	3								
4	1								
5	1								
6	1								

Einfaches Gantt-Diagramm

4.8.1 Planung von Terminen und Kapazitäten

▌ Erstellung eines Maschinenbelegungsplans

Die Termin- und Kapazitätsplanung unterscheidet sich von der Projektablaufplanung nur insoweit, als auf der vertikalen Achse des Gantt-Diagramms nun
nicht mehr die Aufgaben, sondern die Aufgabenträger dargestellt sind. Eine
Termin- und Kapazitätsplanung liegt vor, wenn:

- aus einer Projektablaufplanung ein Maschinenbelegungsplan erstellt wird,
  der Auskunft darüber gibt, welche Maschine oder Anlage zu welcher Zeit
  für welche Aufgabe eingesetzt werden soll,

- aus einer Projektablaufplanung ein Personaleinsatzplan erstellt wird, der
  Auskunft darüber gibt, wer zu welcher Zeit welche Aufgabe erledigen soll.
  Da der Netzplan keine Aussagen über Aufgabenträger enthält, kann bei
  einer Termin- und Kapazitätsplanung herauskommen, dass die zu einem
  Zeitpunkt zur Verfügung stehenden Ressourcen nicht ausreichen, um die
  geplanten Aufgaben zu erfüllen. Ein Mitarbeiter kann beispielsweise nicht
  gleichzeitig an mehreren Projekten arbeiten.

Daraus ergibt sich, dass ein Netzplan zur Darstellung der Projektablaufplanung nicht ausreicht, sodass auf die oben genannten Darstellungsformen
zurückgegriffen werden muss.

4.8.2 Faustregeln für die Aufstellung des Maschinenbelegungsplans

Die Grundlage der Termin- und der Kapazitätsplanung ist stets die Summe
aller für eine Zeit relevanten Netzpläne und Projektablaufpläne. Die Aufstellung der Termin- und Kapazitätsplanung erfordert die simultane Abstimmung
aller Teilplanungen. Es handelt sich hier um ein sehr sensibles Instrumenta-
rium. Tritt in einem Terminplan eine Änderung ein, so hat diese durch die damit verbundene Änderung der Maschinen- oder Ressourcenbelegung zumeist auch Einfluss auf andere Projekte, die ansonsten mit dem verzögerten
Vorhaben in keiner Weise verbunden sind. Obwohl hierfür exakte mathematische Planungsalgorithmen zur Verfügung stehen, ist es in der Regel für

einen kleinen oder mittelständischen Betrieb nicht möglich und nicht prakti-kabel, solche Verfahren anzuwenden. Vielmehr haben sich bei der Termin- und Kapazitätsplanung bestimmte Faustregeln bewährt:

- **Verzugszeitregel**: Die Aufträge mit dem größten zeitlichen Verzug werden zuerst eingeplant, d.h., es wird zuerst gemacht, was am meisten Ver-spätung hat.

  Vorteil: Abbau von Wartezeiten und daher unter Umständen zufriede-nere Kunden

  Nachteil: Die Überlastung des Produktionsapparates bleibt bestehen.

  Die Verzugszeitregel ist oftmals ein Notfallsystem bei unzureichender Kapazität.

- **Dynamische Wertregel**: Der Erzeugniswert vor Ausführung des nächsten Produktionsschrittes bestimmt die Ausführungsreihenfolge. Maßstab kön-nen verschiedene betriebliche Messgrößen sein, insbesondere der antei-lige Verkaufspreis oder der erzielte anteilige Deckungsbeitrag.

  Vorteil: Potenzielle Gewinnmaximierung.

  Nachteil: „Billigaufträge" bleiben liegen, was Kunden verärgert.

- **Leistungsgradregel**: Die Aufträge werden nach Deckungsbeitrag/Rein-gewinn geordnet ausgeführt; Sonderfall der dynamischen Wertregel. Die Produktionsreihenfolgeplanung nach absoluten Deckungsbeiträgen ist der Grundgedanke der mathematischen Produktionsprogrammoptimie-rungsmodelle, für die Software-Programme vorliegen.

  Vorteil/Nachteil: siehe unter „Dynamische Wertregel".

- **FIFO-Regel**: Der am längsten wartende Auftrag wird als Nächstes ausge-führt (first-in-first-out).

  Vorteil: „gerechte" Reihenfolge (= Warteschlangenmodell), leichte han-dels- und steuerrechtliche Bewertung der Zwischenfabrikate und Lagerbestandswerte

  Nachteil: Eilaufträge oder besonders profitable Aufträge bleiben unter Umständen länger liegen.

- **Belegungszeitregel**: Die Aufträge, die am schnellsten ausgeführt werden können, gehen vor, d.h. Großaufträge bleiben zunächst länger liegen.

  Vorteil: zumeist „kompaktere" Maschinenbelegung; kann besonders dann sinnvoll sein, wenn die Gewinnaufschläge bei kleineren Produkten oder Mengen branchenüblicherweise höher sind.

  Nachteil: „problematische" Aufträge bleiben liegen, was Kunden verärgert.

- **Schlupfzeitregel**: Die Leerlaufzeiten zwischen den Aufträgen sollen ver-ringert werden, d.h. die Reihenfolgeplanung richtet sich danach, ob die zu einem Auftrag gehörenden Arbeitsschritte in die noch bestehenden zeit-lichen Lücken passen.

  Vorteil: Optimierung der Auslastung.

  Nachteil: Fehlende Zeit für Wartung, wichtige Aufträge bleiben unter Umständen liegen.

● **Endterminregel**: Der seiner Vollendung nächste Auftrag wird zuerst ausgeführt.

Vorteil: Führt zu kurzen Durchlaufzeiten. Was angefangen wurde, wird als Erstes fortgesetzt.

Nachteil: Zumeist suboptimale Maschinenauslastung. Bei bereits bestehender Überlastung werden neue Aufträge eventuell nicht oder nicht mehr rechtzeitig angefangen. Dadurch kann es zu Unzufriedenheit von Kunden, Konventionalstrafen und ähnlichen Problemen kommen.

● **Rüstzeitregel**: Aufträge mit geringen Rüstzeiten werden bevorzugt. Dieses Verfahren ist zumeist bei hoch spezialisierten, d. h. tiefen Produktionsprogrammen sinnvoller als bei wechselnden Produkten und Produktionsverfahren.

Vorteil: Minimierung der Rüstkosten insbesondere in maschinenintensiven Fertigungsverfahren

Nachteil: Manche Aufträge bleiben liegen.

● **Externe Prioritätsregel**: Kundenwünsche, zu erwartende Konventionalstrafen, absatzpolitische Erwägungen usw. bestimmen die Bearbeitungsreihenfolge.

Vorteil: Negative Einwirkungen von außen sind abgefedert.

Nachteil: Konflikte mit produktionstechnischen Gegebenheiten, unter Umständen hohe Rüst- und Wartungskosten.

Die externe Prioritätsregel ist zwar marktangepasst; ihr fehlt jedoch jede Gewinn- oder Deckungsbeitragsorientierung.

● **Minimization-of-regret**: Das Unternehmen tut, was es am wenigsten bedauert, d. h. es wählt die Alternative, die die geringsten negativen Folgen verursacht. Hierzu muss eine Entscheidungsmatrix aufgestellt werden, die Konsequenzen ausweist, die durch das Unterlassen eines Handelns entstehen würden.

Vorteil: konzeptionell „reinstes" Modell

Nachteil: Rechenaufwand, prognostische Fehler, schwierige Quantifizierbarkeit.

4.8.3 Mathematische Methoden der Maschineneinsatzplanung

Aus mathematischer Sicht ist die Maschineneinsatzplanung ein lineares Optimierungsproblem, bei dem es gilt, eine Zielvariable unter Berücksichtigung linearer Nebenbedingungen zu optimieren. Das optimale Lösungsverfahren ist der Simplex-Algorithmus; alternativ kommen das Gauß'sche Verfahren und die Bestimmung von Lösungen mittels Extremwerten infrage.

Da die Umsetzung aufwendig ist und mangels Know-how selten angewandt wird, soll in diesem Zusammenhang nur ein grundlegendes, vereinfachtes Beispiel betrachtet werden. Die grundsätzliche Arbeitsmethode geht in folgenden Schritten vor:

- Aufstellung aller möglicher Maschinenbelegungspläne, die eine gewählte Projektaufgabe erfüllen,

- Aufstellung eines Gleichungssystems aufgrund der möglichen Produktionsvarianten, das die linearen Beschränkungen abbildet,

- Aufstellung einer Simplex-Basistabelle mit Hilfe der Dualkonversion,

- Auflösung des Optimierungsproblems durch die Rechenschritte des Simplex-Verfahrens.

- Eventuelle Interpretation der Ergebnisse mit einer Ganzzahligkeitsbetrachtung.

4.8.4 Voraussetzung der Anwendbarkeit

Um das skizzierte Verfahren anwenden zu können, müssen in einem Maschinenbelegungsplan mehrere Produkte oder Projekte simultan vorkommen. Wird nur ein einzelnes Projekt gefahren, so reduziert sich das Problem auf eine Variante des reinen Reihenfolgeproblems (so genanntes „Traveling Salesman Problem"). Dieses soll in diesem Zusammenhang nicht betrachtet werden, um den Rahmen der vorliegenden Betrachtung nicht zu sprengen.

Beispiel aus der Praxis

Ein Haushaltsprodukthersteller bezieht von einem Lieferanten Zellstoffrollen von 80 cm Breite. Daraus sollen mit einem Schneideautomaten hergestellt werden:

- 7 200 Rollen Toilettenpapier zu 18 cm Breite,
- 6 600 Rollen Papierhandtücher zu 30 cm Breite,
- 9 100 Küchenrollen zu 40 cm Breite.

Im Folgenden wird vereinfachend jedes einzelne Produkt als Projekt betrachtet. Verschnitt durch den Schneideautomaten soll nicht betrachtet werden. Die minimale Anzahl der einzukaufenden Rollen ist zu ermitteln. Zunächst werden möglichen Produktionsprogramme aufgestellt. Jedes mögliche Produktionsprogramm entspricht dabei einem Maschinenbelegungsplan. Nur solche Produktionsprogramme sind zu berücksichtigen, deren Rest (Verschnitt) kleiner als das kleinste Produkt ist:

Produkt	1	2	3	4	5	6
40 cm	2 St.	1 St.	1 St.	0 St.	0 St.	0 St.
30 cm	0 St.	1 St.	0 St.	2 St.	1 St.	0 St.
18 cm	0 St.	0 St.	2 St.	1 St.	2 St.	4 St.
Summe	80 cm	70 cm	76 cm	78 cm	66 cm	72 cm
Rest	0 cm	0 cm	4 cm	2 cm	14 cm	4 cm

Tab. 7:
Beispiel

Jede Spalte entspricht hierbei einer eingekauften Rolle. Jedes Rohprodukt kann an allen drei Endprodukten (Projekten) in unterschiedlichem Maße beteiligt sein. Insgesamt gibt es nur diese sechs in der Tabelle ausgewiesenen Möglichkeiten.

Jede Spalte entspricht dabei auch einer Handlungsalternative. Eine spezifische Kombination der möglichen Handlungsalternativen ist aufzufinden. Die Kosten aller möglichen Handlungsalternativen sind stets 1, d.h., sie entsprechen einer eingekauften Rolle.

Dieses Ergebnis kann als folgendes Ungleichungssystem dargestellt werden:

Formel

$$2\,Y_1 + Y_2 + Y_3 \geq 7\,200$$

$$Y_2 + 2Y_4 + Y_5 \geq 6\,600$$

$$2Y_3 + Y_4 + 2Y_5 + 4Y_6 \geq 9\,100$$

Die Zielfunktion lautet: $K = Y_1 + Y_2 + Y_3 + Y_4 + Y_5 + Y_6$

Durch Einfügen von drei Schlupfvariablen X_1; X_2; X_3 kann das Ungleichungssystem in ein Gleichungssystem überführt werden:

Formel

$$2\,Y_1 + Y_2 + Y_3 + X_1 = 7\,200$$

$$Y_2 + 2Y_4 + Y_5 + X_2 = 6\,600$$

$$2Y_3 + Y_4 + 2Y_5 + 4Y_6 + X_3 = 9\,100$$

Dieses Gleichungssystem kann als Simplex-Basislösung folgendermaßen dargestellt werden:

	X1	X2	X3	Y1	Y2	Y3	Y4	Y5	Y6	R
Z1	2	0	0	1	0	0	0	0	0	1
Z2	1	1	0	0	1	0	0	0	0	1
Z3	1	0	2	0	0	1	0	0	0	1
Z4	0	2	1	0	0	0	1	0	0	1
Z5	0	1	2	0	0	0	0	1	0	1
Z6	0	0	4	0	0	0	0	0	1	1
Z	-9600	-6600	-7200	0	0	0	0	0	0	0

Tab. 8: Simplex-Basislösung

Betrachtet werden soll hier nicht die Zeilen- und Spaltenoperationen im Einzelnen, da eine detaillierte mathematische Diskussion den Rahmen der vorliegenden Betrachtung sprengen würde.

Die Lösung ist nach drei Iterationen erreicht und sieht folgendermaßen aus:

	X1	X2	X3	Y1	Y2	Y3	Y4	Y5	Y6	R
Z1	1	0	0	0,5	0	0	0	0	0	0,5
Z2	0	0	0	-0,625	1	0,25	-0,5	0	0	0,125
Z3	0	0	1	-0,25	0	0,5	0	0	0	0,25
Z4	0	1	0	0,125	0	-0,25	0,5	0	0	0,375
Z5	0	0	0	0,375	0	-0,75	-0,5	1	0	0,125
Z6	0	0	0	1	0	-2	0	0	1	0
Z	0	0	0	3575	0	1950	3300	0	0	8825

Tab. 9: Lösung

Liest man die Lösung nach der bekannten Ableseregel für dualkonvertierte Optimierungsprobleme ab, so erhält man folgendes Ergebnis:

- 3 575 mal   Sortiment 1
- 1 950 mal   Sortiment 3
- 3 300 mal   Sortiment 4

Mit einer kleinen Kontrollrechnung lässt sich überprüfen, ob diese Lösung tatsächlich das gewünschte Ergebnis erbringt:

Die Mengenwerte in den Spalten „1", „3" und „4" entstehen dabei aus der Multiplikation der Produktionsmengen aus der vorstehenden Analyse der möglichen Produktionsprogramme mit der Anzahl der tatsächlich zu fahrenden Sortimente „1", „3" und „4".

Das Ergebnis wird also präzise ohne ein einziges überschüssiges Produkt erreicht. Die optimalen Gesamtkosten betragen 8 825 einzukaufende Rollen, d.h. die Kosten einer Rolle multipliziert mit 8 825.

Prod.	Soll	1	3	4	Ist-Ergebnis
40 cm	9 100	7 150	1 950	0	9 100 St.
30 cm	6 600	0	0	6 600	6 600 St.
18 cm	7 200	0	3 900	3 300	7 200 St.

Da die Lösung ganzzahlig ist, erübrigt sich eine Ganzzahligkeitsanalyse.
Dieses Verfahren entspricht dem, was oben als „zeitgemäße" Lösung bezeichnet worden ist. Das Verfahren ist nur mit Softwareunterstützung anwendbar, liefert aber bessere Ergebnisse, als sie mit Faustregeln je erreichbar wären.

Beschränkungen des Sortiments etwa durch Konventionalstrafen, extern festgelegte Liefertermine, politisch gewollte Mindestmengen oder staatlich fixierte Zwangspreise lassen sich als singuläre oder auch interdependente Restriktionen in das System einführen. Insgesamt ist aber die Abbildung einer komplexen Wirklichkeit aufwendig und erfordert einen Mathematiker als Stabsmitarbeiter.

▌ 4.8.5 Software im Projektmanagement

Einsicht zur Nutzung von PM-Softwaresystemen

Die Verwaltung von Wissen wird sowohl innerhalb eines Projektes als auch über die Projektgrenzen hinweg für die Unternehmen immer wichtiger. Dazu gehören vor allem Kontextinformationen wie:

- sorgfältig gepflegte Adressen aller Personen und Firmen.
- Zugriff auf Musterdokumente (Verträge, Vorlagen, Formblätter).
- Überblick über Termine aller eingebundenen Mitarbeiter.
- Integration des Qualitätshandbuches.

Eine Vielzahl von Software soll hier den Projektleiter unterstützen und dem Ziel der vollständigen elektronischen Projektdokumentation näher bringen. Das auszuwählende Werkzeug eines integrierten Projektmanagement- und -bearbeitungssystems sollte ein einheitliches System sein, bei dem Manager, Projektleiter und Mitarbeiter von der Planung bis zum Projektcontrolling in ihren jeweiligen individuellen Tätigkeitsbereichen unterstützt werden.

Die meisten am Markt befindlichen Softwaresysteme lassen sich nicht nach absoluten Qualitätskriterien beurteilen. Wichtig ist auf den jeweiligen Zweck abgestimmte Brauchbarkeit. Benötigt werden hier Systeme, die es verstehen, die Integration mehrerer Applikationen unter einer Oberfläche zu erreichen.

Hier sind je nach den Anforderungen an die Dezentralität Lotus Notes Domino- oder Web-basierte Integrationslösungen am Markt erhältlich.

Darunter verbergen sich dann die Spezialisten für die Einzelaufgaben: Zur Projektstrukturierung und Struktur-Darstellung haben sich Programme wie MS Project oder CA Superproject vielfach bewährt.

Entsprechende bidirektionale Schnittstellen sind von mehreren Anbietern erhältlich. Eine Finanzbuchhaltung gilt es bei allen Anforderungen einzubinden, bei denen auch externe Kosten berücksichtigt werden müssen. Dabei ist zu beachten, dass eine Schnittstelle oft nicht ausreicht, da Daten im Umfeld des Projektcontrollings anders bewertet werden als in der Finanzbuchhaltung.

Bei größeren Unternehmen trifft man häufig auf SAP R/3-Lösungen. Je nach Anforderung sind Module wie FI oder CO zu integrieren. Erstaunlicherweise liegen beiden Unternehmen eine Vielzahl unternehmensrelevanter Daten in Excel (tabellenorientierte Form) vor. Einige Skeptiker gehen davon aus, dass diese einen Prozentsatz von deutlich über 80 % ausmachen.

Aus diesem Grund ist es für viele Unternehmen vorteilhaft und wichtig, wenn eine Schnittstelle für das Gesamtsystem bereitgestellt werden kann. Neben diesen Applikationen liegen Daten häufig in SQL-Datenbanken oder anderen Systemen vor. Auch hier gibt es eine Reihe individueller Lösungen der Applikationsanbieter zur Integration.

Kriterien zur Auswahl:

- Korrespondenzbearbeitung und Adressverwaltung
- Elektronischer Projektordner
- Terminplanung für Personen und Gruppen
- Einbindung in persönliche Organisationswerkzeuge
- Unterstützung der Projektstrukturierung
- Zeiterfassung, Leistungsabrechnung sowie Leistungsdokumentation
- Berichtswesen und Kennzahlensystematik

4.9 Berichtswesen und Projektdurchführung

Fähigkeit zur Darstellung des Projektergebnisses

4.9.1 Definition des Berichtswesens

Zum Berichtswesen gehören alle Einrichtungen, Mittel und Maßnahmen eines Unternehmens zur Verarbeitung, Weiterleitung und Erarbeitung von Informationen über taktisch oder strategisch relevante betriebliche Prozesse und Umweltprozesse.

Das Berichtswesen umfasst daher die folgenden Fragen:
- Wozu soll berichtet werden?
- Was soll berichtet werden?
- Wer soll berichten?
- Wem soll berichtet werden?
- Wann soll berichtet werden?

In der Praxis werden die folgenden Hauptgruppen der Berichtszwecke gesehen:
- Dokumentation von Ereignissen (z. B. Sitzungsprotokolle, Prüflisten),
- Auslösen von betrieblichen Vorgängen (z. B. ein Budgetbericht löst eine Planrevision aus),
- Kontrolle des Betriebsablaufs (z. B. monatliche Verkaufsberichte),
- Vorbereitung von Entscheidungen (z. B. Berichte über die laufende Liquidität).

4.9.2 Das strategische und operative Berichtswesen

Das Berichtswesen kann als die Brücke zwischen der Führungsebene (strategische Ebene), der mittleren Ebene (operative Ebene) und Ausführungsebene (Sachbearbeiterebene) angesehen werden. Ihm kommt daher eine zentrale Rolle in der internen Unternehmenssteuerung zu. Es begleitet die Projektdurchführung.

Die grundsätzliche Problematik des betrieblichen Berichtswesens liegt darin, dass Informationsentstehung und -verwendung insbesondere bei Projekten zeitlich, sachlich und organisatorisch auseinander fallen:

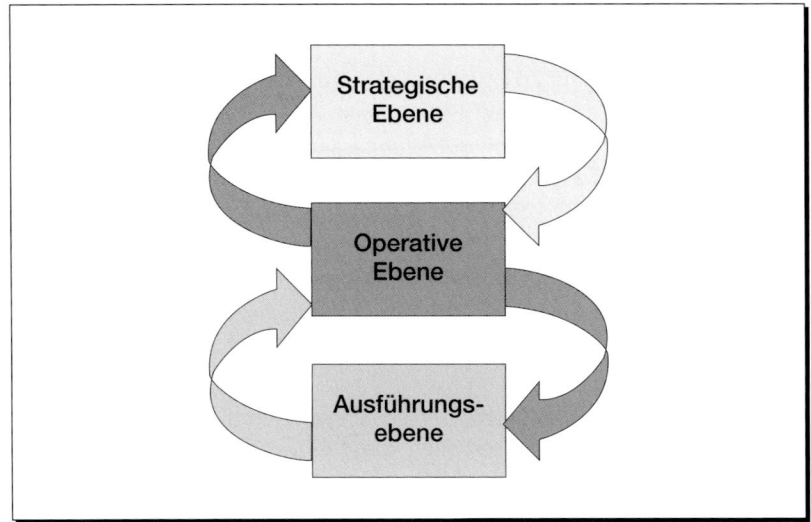

Übersicht 9:
Strategisches und
operatives
Berichtswesen

4.9.3 Das Berichtswesen im Projektmanagement

Für die Berichterstattung ist nicht primär der Rhythmus der Ausarbeitung der Berichte maßgebend, sondern der Rhythmus der tatsächlichen Auswertungsnotwendigkeit etwa bei Projektrevisionen oder regelmäßigen Zwischenkontrollen. Der Rhythmus der Auswertungsnotwendigkeit ist aber nur der zeitliche Parameter im System sich ständig verändernder Anforderungen an das interne Berichtswesen.

Die gravierendsten Anforderungen an ein Berichtswesen erwachsen aus dem Sachverhalt des sich qualitativ und quantitativ permanent ändernden Informationsbedarfs.

Da dieser Informationsbedarf nur unvollständig und teilweise auch gar nicht im Voraus zu bestimmen ist, gilt für ein wirkungsvolles Berichtswesen in der Unternehmung die Forderung nach permanenter Anpassung an veränderte Konstellationen – sowohl aufseiten des Dateninputs als auch aufseiten des Informationsoutputs.

Die in der Unternehmungspraxis vorkommenden Berichte lassen sich nach vielerlei Gesichtspunkten systematisieren:

- Sachgebiet oder Abteilung (z. B. Produktion),
- Auswahl (Gesamtbericht, Abteilungsbericht, Detailbericht, Übersicht),
- Zeitbezug (z. B. Ist-Daten, Daten der Planung, gesammelte Daten),
- Art des Mediums (z. B. elektronische Medien, Papier, Präsentation),
- Frequenz (z. B. regelmäßig, bei Bedarf, bei Projektende),
- Höhe des Verdichtungsgrads (z. B. Kennzahlen, verbale Darstellung),
- Funktion (z. B. Dokumentation, Planung, Vision, Warnung).

Innerhalb des Projektmanagements wird unterschieden in Formen hinsichtlich Zweck, Inhalt, Sender, Empfänger und des Berichtstermins.

Bei der Informationsverwendung im Planungs- und Kontrollprozess sind drei Berichtsformen von Bedeutung:

- **Standardberichte**: Ein Berichtswesen dieser Art basiert auf dem weitgehend einmalig ermittelten Informationsbedarf einzelner Stellen und Abteilungen. Es ist inhaltlich durch umfassende Einzelposten-Darstellung gekennzeichnet. Der Berichtsempfänger muss daraus die für ihn relevanten Informationen erkennen und auswählen. Die Berichtserstellung und Verteilung erfolgt zu geplanten Terminen.

- **Abweichungsberichte**: Diese Art von Berichten lenkt die Aufmerksamkeit auf Sachverhalte, die individuelle Entscheidungen und Eingriffe der Geschäftsleitung erfordern. Auslösungsgrund ist die Überschreitung von Toleranzgrenzen, Terminen und Mengen.

- **Bedarfsberichte**: Sie werden fallweise angefordert und dienen zur ergänzenden Analyse von Sachverhalten, die z. B. durch Abweichungsberichte angezeigt wurden.

Grundwissen 3

Unternehmensführung

Organisation

Kostenrechnung

Tipps zur IHK-Prüfung

1 Grundlagen der Kostenrechnung

Einblick in die unterschiedlichen Aufgaben des Rechnungswesens

1.1 Kostenrechnung als Bestandteil des betrieblichen Rechnungswesens

1.1.1 Teilgebiete des betrieblichen Rechnungswesens

Die Kostenrechnung, genauer die Kosten- und Leistungsrechnung, ist Teil des betrieblichen Rechnungswesens. Damit die Unternehmensleitung jederzeit fundierte und richtige Entscheidungen treffen kann, benötigt sie Informationen über das betriebliche Geschehen (Döring/Buchholz, 1991, S. 9 ff.). Diese Informationen werden vom Rechnungswesen bereitgestellt.

 Das betriebliche Rechnungswesen kann als Inbegriff eines Informationssystems angesehen werden, dessen Gegenstand die Erfassung, Speicherung und Verarbeitung von betriebswirtschaftlich relevanten quantitativen Informationen über angefallene oder geplante Geschäftsvorgänge und -ergebnisse ist.

Je nachdem, ob historische oder zukünftige Größen zahlenmäßig erfasst werden, spricht man von einer Vergangenheits- oder einer Prognoserechnung. Das Rechnungswesen besteht zum einen aus Bereichen, für die gesetzliche Vorgaben existieren und zum anderen aus Bereichen, die vom Unternehmen selbst gestaltet werden können.

In Abhängigkeit vom Adressatenkreis, für den die bereitgestellten Informationen bestimmt sind, unterscheidet man das **interne** und das **externe Rechnungswesen**. Denn nicht nur unternehmensinterne Interessengruppen, wie die Unternehmensleitung, sondern auch unternehmensexterne Interessengruppen (z. B. Banken oder Gläubiger) weisen Informationsbedürfnisse auf.

Die **Teilbereiche des betrieblichen Rechnungswesens** sind die **Finanzbuchhaltung und die Bilanz, die Kostenrechnung, die betriebliche Statistik und die Planungsrechnung** (vgl. Übersicht 1, S. 165).

Die **Finanzbuchhaltung** ist gesetzlich vorgeschrieben und erfasst vorwiegend die wirtschaftlich bedeutsamen Geschäftsvorfälle zwischen dem Unternehmen und seiner Außenwelt, also den Beschaffungs-, Absatz- und Kapitalmärkten und dem Staat. Diese Geschäftsvorfälle werden dokumentiert und zum Geschäftsjahresende in einer Bilanz zusammengefasst. Somit ist die Buchhaltung grundsätzlich vergangenheitsorientiert. Bestimmten unternehmensexternen Interessengruppen müssen gesetzlich vorgeschriebene Informationen vermittelt werden. Dazu dient die Bilanz. Die Aufgaben der Finanzbuchhaltung sind demnach die Ermittlung des Jahreserfolgs, was durch die Aufstellung der Gewinn- und Verlustrechnung geschieht, und die Ermittlung der Vermögens- und Schuldbestände durch die Aufstellung der Bilanz.

Die **Kostenrechnung** ist im Gegensatz zur Finanzbuchhaltung schwerpunktmäßig nach innen gerichtet. Sie verfolgt den Weg der Inputfaktoren im betrieblichen Kombinationsprozess und beschränkt sich dabei auf die rechnerische Erfassung jenes Werteverzehrs, der im Rahmen der Leistungserstellung und der Leistungsverwertung verursacht wird. Die Aufgaben der Kostenrechnung sind vor allem die Kontrolle der Wirtschaftlichkeit, die Kalkulation der betrieblichen Leistungen und die Bereitstellung von Informationen für dispositive Zwecke bzw. bestimmte Entscheidungen. Die Kostenrechnung lässt sich in die Teilbereiche Kostenarten-, Kostenstellen- und Kostenträgerrechnung untergliedern.

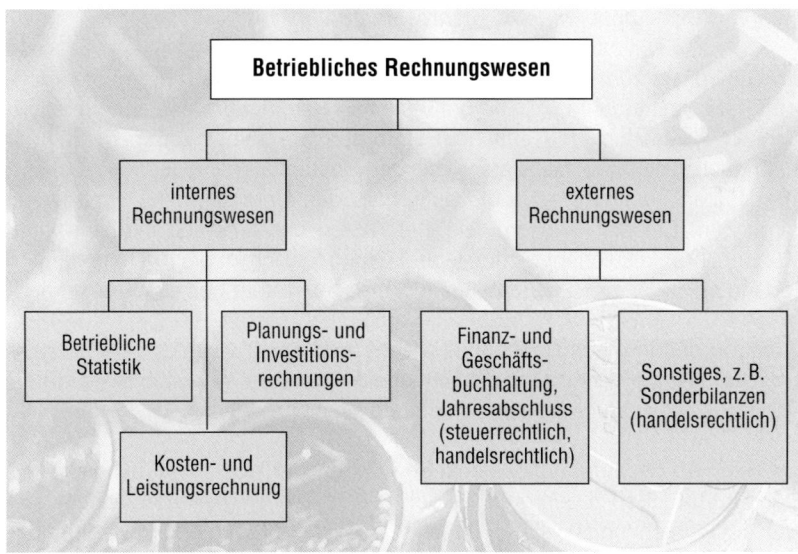

Übersicht 1:
Teilgebiete des
betrieblichen
Rechnungswesens

Die **betriebliche Statistik** beschäftigt sich mit der Zusammenstellung und Auswertung interessierender Zahlen, die nicht bereits in anderen Teilbereichen verarbeitet werden. Beispielhaft seien die Aufstellung von Umsatz-, Kosten- oder Unfallstatistiken, die Ermittlung von Kennzahlen, wie der Lagerumschlagshäufigkeit oder der Produktivität, oder die Durchführung von zwischenbetrieblichen Vergleichen genannt. Die betriebliche Statistik ist demnach eine Nebenrechnung ohne einheitliches Abrechnungssystem.

Die **Planungsrechnung** hat die Aufgabe, unternehmerische Entscheidungen in sämtlichen Betriebsbereichen vorzubereiten. Sie stellt eine mengen- und/oder wertmäßige Schätzung der erwarteten betrieblichen Entwicklung dar. Auf der einen Seite bedient sie sich des bereits von den anderen Teilgebieten des Rechnungswesens erfassten und verarbeiteten Zahlenmaterials. Auf der anderen Seite ist Planung stets in die Zukunft gerichtet. Deshalb sind die zu erwartenden Zukunftsentwicklungen insgesamt und die Wirkungen bestimmter Maßnahmen zu prognostizieren. Je unvollkommener dabei die bestehenden Informationen sind, desto größer ist die Unsicherheit, die in den Erwartungen steckt. Nicht immer lässt sich die Planungsrechnung eindeutig von den anderen Teilbereichen des betrieblichen Rechnungswesens trennen. Die **Kostenrechnung** in Form einer Plankostenrechnung zum Beispiel ist ihrem Wesen nach eine Planungsrechnung, zugleich jedoch auch Bestandteil der Kostenrechnung. Beispiele für Planungsrechnungen sind die Make or buy-Entscheidung, die Berechnung optimaler Bestellmengen und Losgrößen oder die Ermittlung kostenminimaler Maschinenbelegungen.

1.1.2 Aufgaben der Kostenrechnung

Kenntnis der Aufgaben der Kostenrechnung

Im Gegensatz zum externen Rechnungswesen richtet sich die Kostenrechnung als Bestandteil des innerbetrieblichen Rechnungswesens hauptsächlich an Adressaten, die aus dem Unternehmen selbst kommen. In Ausnahmefällen können die Daten aus der Kostenrechnung jedoch auch für Adressaten bestimmt sein, die außerhalb des Unternehmens anzusiedeln sind. Zum Beispiel müssen viele Lieferanten der Automobilindustrie ihren Kunden ihre Kalkulationen offen legen. Grundsätzlich ist die Kostenrechnung jedoch ein nach innen gerichtetes Informationssystem des Unternehmens.

 Aufgabe des internen Rechnungswesens und damit vor allem der Kostenrechnung ist die Versorgung der Entscheidungsträger innerhalb eines Unternehmens mit quantitativen Informationen (Heinen/Dietel, 1991, S. 1159).

Im Rahmen der Informationsfunktion können der Kostenrechnung die folgenden Aufgaben zugeordnet werden, die in Abhängigkeit vom ausgewählten Kostenrechnungssystem in unterschiedlichem Maße erfüllt werden können (vgl. Heinen/Dietel, 1991, S. 1162 ff.).

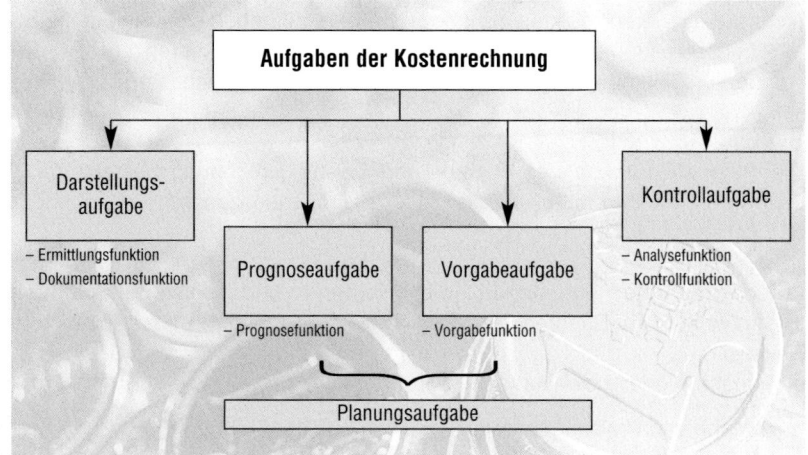

▌ Darstellungsaufgabe

Die Kosten- und Leistungsrechnung soll den Transformationsprozess von Gütern abbilden. Die **Darstellungsaufgabe** besteht nun darin, den Werteverzehr und die dazugehörige Leistungsentstehung zahlenmäßig zu ermitteln und abzubilden (**Ermittlungsfunktion**). Die abgebildeten Informationen über die im Transformationsprozess entstandenen Kosten und Leistungen können als Anregungsinformationen Eingang finden in mögliche Verbesserungen in der Zukunft. Solche Anregungsinformationen können sich dabei zum einen aus dem Vergleich ermittelter Istgrößen verschiedener Betriebe, Betriebsbereiche oder Perioden ergeben. Zum anderen können aus der Ermittlung der Istgrößen mit den vorgegebenen Sollgrößen bereits erste Anregungen resultieren. In diesem Falle kann die Darstellungsaufgabe als Vorbereitung für die Kontrollaufgabe angesehen werden.

Im Rahmen der Darstellungsaufgabe ermittelt die Kostenrechnung zum Beispiel die folgenden Daten:

● Selbstkosten und Leistungen in einer Abrechnungsperiode,
● Selbstkosten pro Stück,
● Deckungsbeiträge,
● Lang- und kurzfristige Preisuntergrenze.

Des Weiteren dient die Darstellung des betrieblichen Leistungsprozesses auch der Dokumentation des betrieblichen Geschehens (**Dokumentationsfunktion**). Zum Beispiel werden Informationen aus der Kostenrechnung zur Berechnung von Herstell- und Herstellungskosten, von Bestandsveränderungen und selbst erstellten Anlagen im Rahmen der Ermittlung des kalkulatorischen und pagatorischen (Zahlungen und verrechnungsmäßige Buchungen betreffend) Periodenergebnisses benötigt. Auch bei Unternehmen, die sich um öffentliche Aufträge bewerben, besitzt die Kostenrechnung eine Dokumentationsfunktion. Denn bieten diese Unternehmen Güter an, die nicht auf regulären Märkten gehandelt werden, so haben sie die so genannten „Leitsätze für die Preisermittlung aufgrund von Selbstkosten (LSP)" anzuwenden und damit ihre betrieblichen Prozesse zu dokumentieren.

Prognoseaufgabe

Die Prognoseaufgabe der Kosten- und Leistungsrechnung besteht darin, dass Informationen über voraussichtliche Konsequenzen von Entscheidungen geliefert werden.

Entscheidungen, zu denen die Kosten- und Leistungsrechnung Informationen im Rahmen der Prognoseaufgabe liefern muss, sind zum Beispiel

- Annahme oder Ablehnung eines Auftrages,

- Abgabe von Preisangeboten,

- Sortimentsgestaltung,

- Entscheidung über Selbsterstellung oder Fremdbezug (Make or buy-Entscheidung),

- Auswahl von Fertigungsverfahren,

- Planung des Betriebserfolgs und des dazu erforderlichen Produktions- und Absatzvolumens,

- ...

Vorgabeaufgabe

Die Vorgabeaufgabe der Kosten- und Leistungsrechnung ist darin zu sehen, dass die Unternehmensmitglieder durch die Vorgabe von Budgets dazu angehalten werden sollen, die zu Verfügung stehenden Mitteln zielgerichtet einzusetzen.

Häufig sind bestimmte Entscheidungen der Unternehmensleitungen nicht ausreichend als konkrete Handlungsanweisungen operationalisiert, sodass eine zielentsprechende Realisierung nicht ohne weiteres gewährleistet ist, da Interpretationsspielräume bezüglich der Art der Aufgabenerfüllung existieren. Auf der anderen Seite kann es bei zu detaillierten Vorschriften der Fall sein, dass bei ihrer Formulierung bestimmte Anwendungssituationen nicht berücksichtigt wurden. In diesen Fällen besteht die Möglichkeit, nachgeordneten Stellen auf eine Einheit bezogene Zielgrößen (z. B. Sollkosten/Stück) oder Budgets vorzugeben. Diese Kostenvorgaben sollen ein zieladäquates Verhalten fördern, da die Möglichkeit einer nachträglichen Kostenkontrolle signalisiert wird.

Die Planungsaufgabe im Rahmen der Kosten- und Leistungsrechnung umfasst die Prognose- und die Vorgabeaufgabe.

▌ Kontrollaufgabe

Unter der Kontrollaufgabe der Kostenrechnung versteht man die Regelung des Leistungsprozesses durch Überwachung und Beseitigung erkannter Störungen.

Die Informationen, die im Rahmen der Darstellungs- und Planungsaufgabe (Prognose und Vorgabe) gewonnen werden, sind neben ihrer eigentlichen Zwecksetzung auch erforderlich, um bestimmte Entwicklungen nachzuvollziehen. Solche Entwicklungen sollen im Rahmen der Kontrollaufgabe möglichst frühzeitig erkannt und analysiert werden (**Analysefunktion**). Sollten sich die analysierten Entwicklungen als unerwünscht herausstellen, so sind kompensierende Maßnahmen notwendig.

Um die Kontrollaufgabe sinnvoll wahrnehmen zu können, kann die Kostenrechnung auf die Ermittlung von Sollgrößen nicht verzichten. Mit dem Begriff Sollgröße ist jedoch noch nichts über den Charakter dieser Größen gesagt. Es muss sich nicht zwangsläufig um geplante Größen, wie sie zum Beispiel in die Plankostenrechnung Eingang finden, handeln. Vielmehr können solche Sollgrößen auch aus der Übertragung realisierter Istgrößen der Vergangenheit in die Zukunft bestehen. Ein solches Vorgehen wird zwar in der Praxis zum Teil verfolgt, befriedigen kann es aus theoretischer Sicht jedoch nicht. Zumindest stellt dieses Vorgehen eine weitere Möglichkeit zur Analyse von Soll-Ist-Abweichungen dar.

Bei der Durchführung von Soll-Ist-Vergleichen steht die **Entdeckung und Beseitigung von Unwirtschaftlichkeiten** im Vordergrund: Werden bei Soll-Ist-Vergleichen Abweichungen festgestellt, so geht es darum, diese zu analysieren und auf ihre Ursache zu untersuchen. Dabei ist man stets bestrebt, Unwirtschaftlichkeiten, zum Beispiel Mehrverbräuche eines Einsatzfaktors, zu ermitteln und diese für die nächste Periode zu vermeiden.

Bei der Analyse der Abweichungen besitzt die Qualität der Sollvorgabe jedoch eine erhebliche Bedeutung. So kann man sich beim Vergleich der angefallenen Kosten (Ist) mit den prognostizierten Kosten (Soll) auch die Frage nach möglichen Vorgabefehlern stellen. In diesen Fällen sollte die Prognosequalität überprüft und verbessert werden.

1.1.3 Grundbegriffe des Rechnungswesens

Fähigkeit, die Kosten in Bezug auf die Beschäftigung sowie nach ihrer Zurechenbarkeit zu Kalkulationsobjekten zu unterscheiden;
Kenntnis über die generellen Unterschiede zwischen Kosten und Aufwand sowie zwischen Leistung und Ertrag;
Kenntnis der wesentlichen Begriffskategorien der Kosten- und Leistungsrechnung

In den einzelnen Teilgebieten des betrieblichen Rechnungswesens wird mit unterschiedlichen ökonomischen Größen gearbeitet. Bevor man sich mit der

Kostenrechnung selbst befasst, müssen zunächst die wichtigsten Grundbegriffe des betrieblichen Rechnungswesens kurz erläutert werden, damit anschließend auf einem gemeinsamen Begriffsverständnis aufgebaut werden kann.

Das betriebliche Rechnungswesen kann zunächst in eine pagatorische und eine kalkulatorische Rechnung eingeteilt werden (Schweitzer/Küpper, 1995, S. 16).

Die **pagatorische Rechnung** geht von Ein- und Auszahlungen, also vom Finanzstrom, der mit dem Güterstrom zusammenhängt, aus, wenn sie die Güterbewegungen und Güterbestände abbildet. Jede Rechnung, die auf Einzahlungen und Auszahlungen bzw. auf Einnahmen und Ausgaben basiert, ist eine pagatorische Rechnung. Die Finanzbuchhaltung stellt eine solche pagatorische Rechnung dar.

Die **kalkulatorische Rechnung** dagegen löst sich bei der Darstellung, Planung und Kontrolle von Kosten- und Leistungsgrößen von den Zahlungsvorgängen. Die Kosten- und Leistungsrechnung ist als kalkulatorische Rechnung direkt auf den sachzielbezogenen Verzehr und die Entstehung von Gütern gerichtet. Dabei kann sie eigene Wertansätze für die verbrauchten bzw. entstandenen Gütermengen verwenden, die gegebenenfalls von den Zahlungen abweichen (z. B. kalkulatorische Kosten).

Zur Bezeichnung der Zahlungs- und Leistungsvorgänge, die vom betrieblichen Rechnungswesen erfasst werden, wurde in der Betriebswirtschaftslehre eine eigene Terminologie entwickelt. Im Mittelpunkt stehen vier Begriffspaare, die zwar auch im täglichen Sprachgebrauch verwendet werden, dort jedoch zum Teil synonym gebraucht und nicht klar voneinander abgegrenzt werden. Diese vier Begriffspaare sind:

Auszahlung	–	Einzahlung
Ausgabe	–	Einnahme
Aufwand	–	Ertrag
Kosten	–	Leistung bzw. Betriebsertrag

Alle Begriffe bezeichnen so genannte Strömungsgrößen. Dies sind Zahlungs- (pagatorisch) bzw. Leistungsvorgänge (kalkulatorisch), die sich innerhalb einer bestimmten Periode ereignen. Sie führen wiederum zu einer Veränderung von Bestandsgrößen. Die „positiven" Strömungsgrößen, also Einzahlungen, Einnahmen, Ertrag und Leistung, führen zu einer Erhöhung der entsprechenden Bestandsgrößen, während die „negativen" Strömungsgrößen Auszahlungen, Ausgaben, Aufwand und Kosten zu einer Verringerung dieser Bestandsgrößen führen (Wöhe, 1990, S. 964.). Jedes dieser Begriffspaare bezieht sich auf eine bestimmte Bestandsgröße.

In der folgenden Tabelle werden die einzelnen Begriffe näher erläutert (Schweitzer/Küpper, 1995, S. 26 ff.):

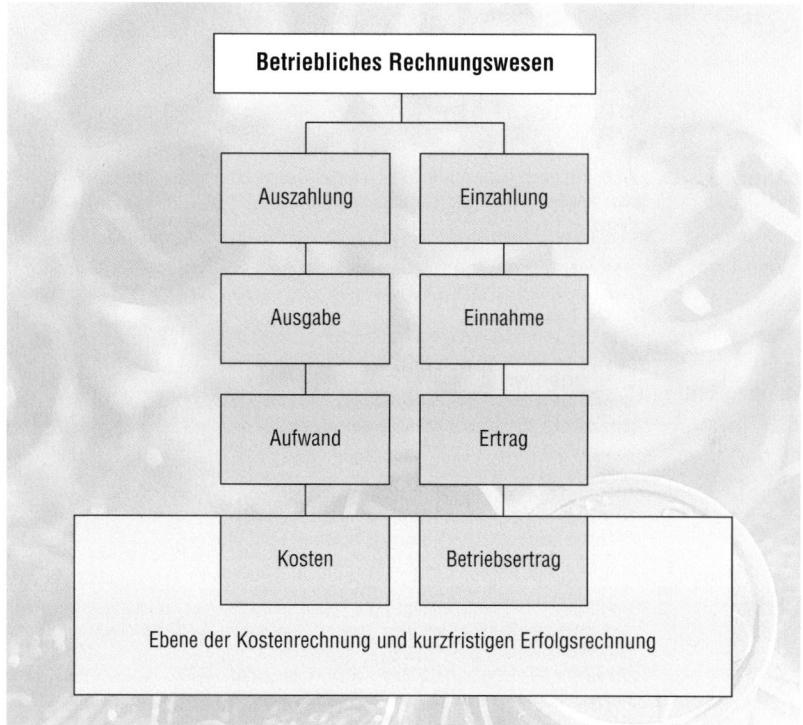

Übersicht 3:
Grundbegriffe des
betrieblichen
Rechnungswesens

	Strömungsgröße ...	... hat Auswirkungen auf Bestandsgröße
Auszahlung	Abgang liquider Mittel (Bargeld und Sichtguthaben) pro Periode. Da den Auszahlungen Geldbewegungen zugrunde liegen, stellen sie einen pagatorischen Begriff dar. Man unterscheidet erfolgswirksame und erfolgsneutrale Auszahlungen. Liegen den Auszahlungen Güterverbräuche zugrunde, so sind sie erfolgswirksam. Auszahlungen, die zu keinen Güterverbräuchen führen, wie zum Beispiel Kredittilgungen oder Dividendenzahlungen, sind erfolgsneutral.	Kassenbestand + jederzeit verfügbare Bankguthaben = **Zahlungsmittelbestand / Kasse**
Einzahlung	Zugang liquider Mittel (Bargeld und Sichtguthaben) pro Periode, ebenfalls pagatorischer Begriff. Man kann, ebenso wie bei den Auszahlungen, erfolgswirksame und erfolgsneutrale Einzahlungen unterscheiden. Erfolgswirksame Einzahlungen liegen vor, wenn die Einzahlungen auf erbrachte Leistungen zurückzuführen sind. Erfolgsneutrale Einzahlungen, wie etwa Eigen- oder Fremdkapitaleinlagen, führen nicht zu Erträgen, da ihnen keine Leistungsentstehung zugrunde liegt.	
Ausgabe	Wert aller zugegangenen Güter und Dienstleistungen pro Periode (= Beschaffungswert), pagatorischer Begriff.	Zahlungsmittelbestand + alle übrigen Forderungen ./. Verbindlichkeiten = **Geldvermögen**
Einnahme	Wert aller veräußerten Leistungen pro Periode (= Erlös, Umsatz), pagatorischer Begriff.	
Aufwand	Wert aller verbrauchten Güter und Dienstleistungen pro Periode. Es muss ein Verbrauch an Gütern vorliegen, damit es sich um Aufwand handelt, weshalb Aufwendungen auch stets erfolgswirksam sind. Die Wertkomponente des Aufwands wird durch den Ansatz der Anschaffungszahlungen eindeutig bestimmt, weshalb er pagatorischen Charakter besitzt. Es kann kein Aufwand entstehen, der nicht zu Auszahlungen führt oder geführt hat (Aufwand kann den entsprechenden Auszahlungen zeitlich vor- oder nachgelagert sein, sie müssen nicht in einer Periode zusammenfallen).	Geldvermögen + Sachvermögen = **Gesamtvermögen**
Ertrag	Wert aller erbrachten Leistungen pro Periode, pagatorischer Begriff. Bei Erträgen muss eine Leistungsentstehung vorliegen. Jede Einzahlung, die auf einer erbrachten Leistung basiert, stellt somit einen Ertrag dar. Kein Ertrag kann entstehen, der nicht zu Einzahlungen führt oder geführt hat (Der Ertrag kann dabei, wie der Aufwand den entsprechenden Auszahlungen, den entsprechenden Einzahlungen zeitlich vor- oder nachgelagert sein. Ertrag und zugehörige Einzahlung müssen nicht zwangsläufig in die gleiche Periode fallen).	
Kosten	Wert aller verbrauchten Güter und Dienstleistungen pro Periode und zwar für die Erstellung der eigentlichen (typischen) betrieblichen Leistungen, kalkulatorischer Begriff.	Gesamtvermögen ./. nicht betriebsnotwendige Vermögensteile = **betriebsnotwendiges Vermögen**
Leistung/ Betriebsertrag	Wert aller erbrachten Leistungen pro Periode im Rahmen der eigentlichen (typischen) betrieblichen Tätigkeit, kalkulatorischer Begriff.	

Übersicht 4: Einfluss der Strömungsgröße auf die Bestandsgröße

Die einzelnen Möglichkeiten werden in der folgenden Übersicht anhand von Beispielen verdeutlicht:

Auszahlung, aber keine Ausgabe

- „Eine Lieferantenverbindlichkeit wird per Banküberweisung beglichen, die bereits in einer vorherliegenden Periode zu einerm Zugang an Gütern geführt hat."

→ Banküberweisung bedeutet den Abgang liquider Mittel. Jedoch liegt keine Ausgabe vor, da in dieser Periode die entsprechenden Güter nicht zugegangen sind.

Auszahlung und Ausgabe

- „Büromaterial wird eingekauft und bar bezahlt".

→ Das Büromaterial stellt zugegangene Güter in dieser Periode dar, die gleichzeitig zu einem Abfluss liquider Mittel führen (Auszahlung).

Ausgabe, aber keine Auszahlung

- „Wareneinkauf auf Ziel".

→ Der Zahlungsmittelbestand bleibt unverändert, es erfolgt jedoch eine Minderung des Geldvermögens, da Güter in dieser Periode zugehen.

Ausgabe, aber kein Aufwand

- „Kauf und Einlagerung von Rohstoffen"

→ Es gehen Güter zu, die jedoch noch nicht verbraucht werden. Mit anderen Worten: Das Geldvermögen nimmt ab (Ausgabe), aber das Gesamtvermögen bleibt gleich, weil dem ein Zugang beim Sachvermögen gegenübersteht (kein Aufwand).

Ausgabe und Aufwand

- „Kauf von Rohstoffen und Verbrauch in der gleichen Periode"

→ Güter gehen zu und werden verbraucht. Es findet eine Verringerung des Geldvermögens statt (Ausgabe), die gleichzeitig zu einer Verringerung des Gesamtvermögens führt, da keine Erhöhung des Sachvermögens stattfindet.

Einzahlung, aber keine Einnahme

- „Ein Kunde begleicht eine Forderung für eine in der vergangenen Periode erbrachte Leistung per Banküberweisung"

→ Es handelt sich um eine Einzahlung, da liquide Mittel zugehen. Eine Einnahme liegt jedoch nicht vor, da die Güter bereits in der vergangenen Periode veräußert wurden.

Einzahlung und Einnahme

- „Fertigfabrikate werden bar verkauft"

→ Sowohl Kassenbestand als auch das Geldvermögen werden durch die Veräußerung der erbrachten Leistung gemehrt.

Einnahme, aber keine Einzahlung

- „Warenverkauf auf Ziel"

→ Der Zahlungsmittelbestand wird nicht erhöht, die Forderungen nehmen jedoch zu, weshalb das Geldvermögen steigt.

Einnahme, aber kein Ertrag

- „Verkauf von Fertigfabrikaten vom Lager"

→ Es werden Leistungen veräußert (Einnahme), die jedoch nicht zu einer Zunahme des Gesamtvermögens führen, da ihnen eine Verringerung des Sachvermögens gegenübersteht (kein Ertrag).

Einnahme und Ertrag

- „Verkauf von Fertigfabrikaten, die in der gleichen Periode erstellt wurden"

→ Eine in dieser Periode erbrachte Leistung wird veräußert. Das Geldvermögen wird erhöht (Einnahme) und es findet keine Verringerung des Sachvermögens statt, sodass auch das Gesamtvermögen erhöht wird.

Aufwand, aber keine Ausgabe	**Ertrag, aber keine Einnahme**
● „Rohstoffe werden für die Fertigung vom Lager entnommen"	● „Fertigfabrikate werden eingelagert"
→ Es gehen keine Güter zu, aber es werden Güter verbraucht. Das Geldvermögen bleibt unverändert (keine Ausgabe), aber das Gesamtvermögen reduziert sich, da das Sachvermögen reduziert wird (Aufwand).	→ Es findet keine Veräußerung von Leistungen statt, obwohl Leistungen erbracht werden. Das Geldvermögen wird nicht erhöht (keine Einnahme), dennoch findet aufgrund der Erhöhung des Sachvermögens eine Steigerung des Gesamtvermögens statt (Ertrag).

Ab hier geht es um begriffliche Abgrenzungen für die Kostenrechnung:

Aufwand, aber keine Kosten (neutraler Aufwand)	**Ertrag, aber kein Betriebsertrag (neutraler Ertrag)**
● „Spende für den örtlichen Fußballverein" (betriebsfremder Aufwand).	● „Kursgewinne bei Wertpapieren" (betriebsfremder Ertrag).
● „Gewerbesteuer-Nachzahlung" (periodenfremder Aufwand)	
● „Nicht versicherte Lagerhalle brennt ab" (außerordentlicher Aufwand)	● „Anlagenverkauf über Buchwert" (außerordentlicher Ertrag)

Aufwand und Kosten (Zweckaufwand, Grundkosten)	**Ertrag und Betriebsertrag**
● „Verbrauch von Rohstoffen durch die Fertigung"	● „Fertigung von Gütern in einer Periode"
→ Güter werden in der Periode verbraucht (Aufwand), und zwar für die typische betriebliche Leistungserstellung (Kosten)	→ Es werden in einer Periode Leistungen erbracht (Ertrag), die zur typischen betrieblichen Tätigkeit gehören.

Kosten, aber kein Aufwand (kalkulatorische Kosten)	**Betriebsertrag, aber kein Ertrag (kalkulatorische Betriebserträge)**
● „Verrechnung der kalkulatorischen Zinsen"	● „Bewertung betrieblicher Leistungen zu erwarteten höheren Marktpreisen"
→ Kosten, denen in der Finanzbuchhaltung kein Aufwand (Zusatzkosten) oder Aufwand in anderer Höhe (Anderskosten) gegenübersteht.	→ In der Finanzbuchhaltung bzw. Bilanz ist eine solche Bewertung aufgrund des Niederstwertprinzips nicht möglich, in der Kosten- und Leistungsrechnung kann sie jedoch geboten sein.

▊ Verhältnis von Aufwand und Kosten

Im Rahmen der Kosten- und Leistungsrechnung ist das Verhältnis zwischen Aufwand und Kosten auf der einen Seite und zwischen Ertrag und Betriebsertrag auf der anderen Seite besonders interessant. Die nähere Betrachtung des Zusammenhangs zwischen Aufwand und Kosten führt dann schließlich auch zur Definition des Kostenbegriffs.

Der Aufwand lässt sich einteilen in neutralen Aufwand und Zweckaufwand. Der neutrale Aufwand ist in der Kostenrechnung nicht zu berücksichtigen, da er nichts mit der eigentlichen betrieblichen Leistungserstellung zu tun hat.

Er teilt sich auf in betriebsfremden Aufwand, periodenfremden Aufwand und betrieblichen außerordentlichen Aufwand (Kilger, 1976, S. 24):

- **Betriebsfremder Aufwand**: Er resultiert aus dem Verbrauch von Wirtschaftsgütern für betriebsfremde Einrichtungen, wie zum Beispiel für Gebäude, die betriebsfremden Zwecken dienen, oder landwirtschaftliche Nebenbetriebe.

- **Periodenfremder Aufwand:** Er ist betriebsbezogen, fällt aber erst in einer späteren Periode an, in der die entsprechenden Produktionsfaktoren bereits verbraucht sind, wie etwa eine Gewerbesteuernachzahlung für frühere Perioden.

- **Außerordentlicher Aufwand**: Er ist ebenfalls betriebsbedingt, lässt sich je-doch nicht auf regelmäßige mit dem Betriebszweck zusammenhängende Ereignisse zurückführen. Nach Höhe und Art ist er so außergewöhnlich, dass er sich nicht als Kosten weiterverrechnen lässt. Andernfalls würden die Ergebnisse der Kostenrechnung durch Zufallsschwankungen so verzerrt, dass sie nicht mehr als „normale" Grundlage für Entscheidungen verwendbar wären. Beispiele sind Katastrophenschäden oder Buchverluste beim Verkauf von Betriebsmitteln.

Die Aufspaltung des Aufwandes in neutralen Aufwand und Kosten ist in Übersicht 5 nochmals dargestellt.

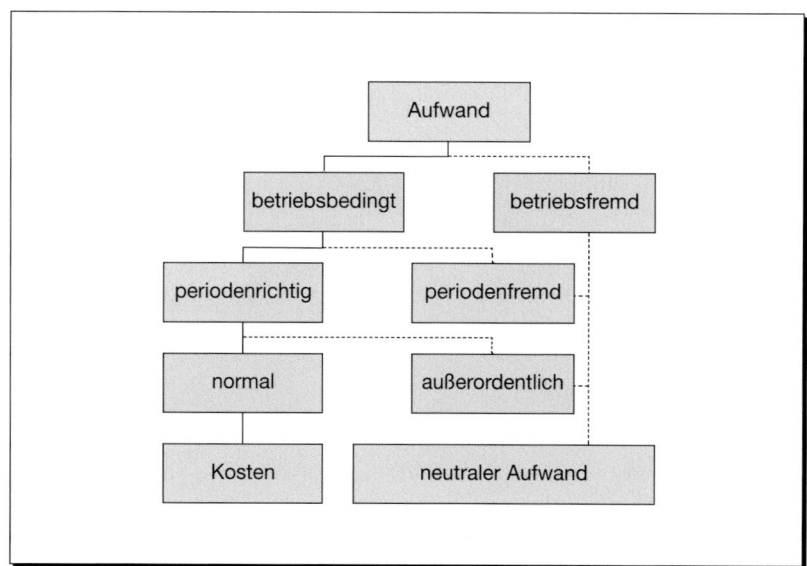

Übersicht 5:
Aufspaltung des
Aufwandes

Der **Zweckaufwand** umfasst Aufwendungen, die zugleich Kosten sind. Vermindert man den gesamten Aufwand um die neutralen Aufwendungen, so bleibt der Zweckaufwand, also derjenige Teil, der aus den eigentlichen Betriebsausgaben entstanden ist, übrig.

Zwar hat der Zweckaufwand überwiegend Kostencharakter, eine zweite Abgrenzung ist dennoch in vielen Fällen erforderlich. Diese bezeichnet man als kalkulatorische Abgrenzung der Kosten. Sie wird dann notwendig, wenn in der Finanzbuchhaltung eine andere Abgrenzung der Aufwendungen vorgenommen wird, als es den Zwecken der Kostenrechnung entspricht. Die Übersicht 6 verdeutlicht, dass diese Aufwendungen nicht 1:1 als Kosten verrechnet werden, sondern in der Kostenrechnung durch entsprechende kalkulatorische Kosten ersetzt werden. Es handelt sich hierbei um die so genannten Anderskosten, denen in der Finanzbuchhaltung Aufwand in anderer Höhe gegenübersteht. Die Unterschiede resultieren häufig aus verschiedenen Wertansätzen. Als Beispiel können die kalkulatorischen Abschreibungen dienen.

Ferner können in der Kostenrechnung Kostenarten erforderlich sein, denen kein Aufwand in der Finanzbuchhaltung gegenübersteht, da sie nicht zu Auszahlungen führen. In der Regel handelt es sich hierbei um **Opportunitätskosten**. Da die Kostenrechnung in diesen Fällen Kostenarten enthält, die zusätzlich zum Zweckaufwand der Finanzbuchhaltung anfallen, werden diese kalkulatorischen Kostenarten als **Zusatzkosten** bezeichnet.

Auch dies ist der Übersicht 6 zu entnehmen.

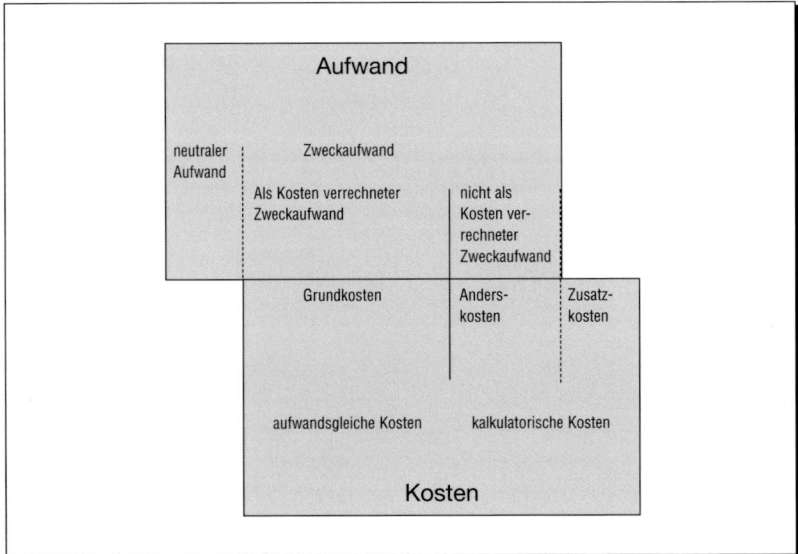

Übersicht 6:
Aufwand und
Kosten

Quelle: Kilger, 1976

Kalkulatorische Kosten lassen sich demnach in Anderskosten und in Zusatzkosten differenzieren:

- **Anderskosten**: Dies sind kalkulatorische Kosten, denen Aufwand in anderer Höhe gegenübersteht.

- **Zusatzkosten**: Dies sind kalkulatorische Kosten, denen überhaupt kein Aufwand gegenübersteht.

Im Rahmen der Kostenartenrechnung wird eine detaillierte Auseinandersetzung mit den kalkulatorischen Kosten erfolgen.

Aufgrund der bisherigen Ausführungen kann nun der Kostenbegriff, der für die Kostenrechnung von zentraler Bedeutung ist, definiert werden:

Der Definition des Kostenbegriffs werden in der Regel die drei von uns bisher erarbeiteten Merkmale zugrunde gelegt (vgl. Schweitzer/Küpper, 1995, S. 16 f.):

- Mengenmäßiger Verbrauch an Gütern,
- Sachzielbezogenheit des Güterverbrauchs,
- Bewertung des sachzielbezogenen Güterverbrauchs.

Der Kostenbegriff lässt sich dann wie folgt definieren:

Kosten sind der bewertete sachzielbezogene Güterverbrauch einer Abrechnungsperiode.

Definition

▌ Betriebsergebnis und Ergebnis der Bilanzierung

Die Bilanz wird in der Regel einmal pro Jahr erstellt. Dies ist für die dispositiven Zwecke nicht ausreichend. Um kurzfristige Entscheidungen unterstützen zu können, müssen kürzere Abrechnungsperioden vorliegen. In der Kosten- und Leistungsrechnung wird in der Regel eine monatliche Abrechnungsperiode zugrundegelegt. Im Rahmen der Kosten- und Leistungsrechnung geht es dann darum, das (kalkulatorische und nicht pagatorische) Betriebsergebnis zu ermitteln, indem die neutralen Aufwendungen und Erträge von den betriebsbedingten abgegrenzt werden und zusätzlichen Werteverzehr, der nicht oder nicht in gleicher Höhe in den Aufwendungen enthalten ist (kalkulatorische Kosten), mit einzubeziehen. Die Ermittlung der kalkulatorischen Kosten ist ein wesentlicher Bestandteil der Kostenartenrechnung.

Das Betriebsergebnis ergibt sich aus den Kosten und den Leistungen bzw. Betriebserträgen. Zusammen mit dem neutralen Ergebnis, das sich aus den neutralen Aufwendungen und Erträgen ergibt, wird daraus das Unternehmensergebnis gebildet. Die Zusammenhänge zwischen dem Betriebsergebnis und dem Unternehmensergebnis sind der Übersicht 7 zu entnehmen.

Die Ermittlung des Betriebsergebnisses erfolgt im Rahmen der kurzfristigen Erfolgsrechnung, die unter dem Punkt Kostenträgerzeitrechnung betrachtet werden soll.

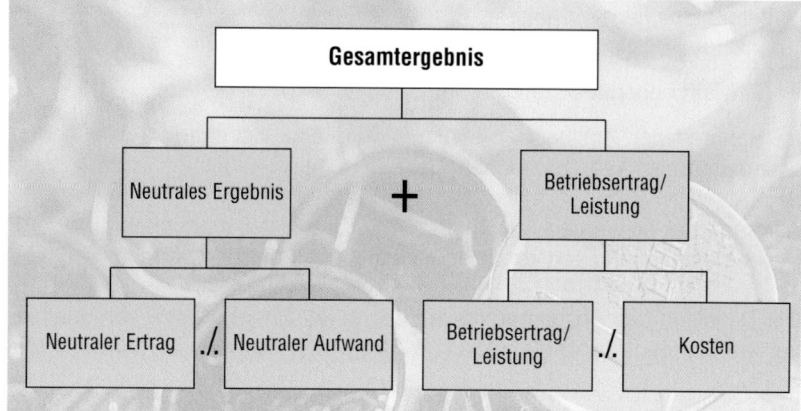

Übersicht 7:
Zusammenhang
von Betriebs- und
Unternehmens-
ergebnis

1.2 Grundprinzipien der Kostenverrechnung

Einblick in die unterschiedlichen Aufgaben des Rechnungswesens;
Einsicht, das mit Hilfe der Kosten- und Leistungsrechnung entscheidungsrelevante Informationen zur Verfügung gestellt werden;
Überblick über den Inhalt verschiedener Kostenbegriffe

Die Verrechnung der Kosten in der einzelnen Teilgebieten der Kostenrechnung (Kostenarten-, -stellen- und -trägerrechnung) folgt bestimmten Grundprinzipien:

- **Verursachungsprinzip**: Es ist das dominierende Prinzip in der Kostenverrechnung. In seiner speziellsten Form besagt es, dass dem einzelnen Kostenträger nur die Kosten zugerechnet werden dürfen, die dieser verursacht hat, die also bei Erstellung einer zusätzlichen Einheit zusätzlich anfallen würden bzw. bei Nichterstellung wegfallen würden. Allgemeiner besagt es, dass einem bestimmten Bezugsobjekt nur die Kosten angerechnet werden dürfen, die dieses verursacht hat. Bezugsobjekte können neben Kostenträgern zum Beispiel Produktgruppen, Kostenstellen oder Betriebsbereiche sein.

- **Durchschnittsprinzip**: Hier schaut man, welche Kosten im Durchschnitt auf welchen Kostenträger entfallen. Bei einem Einprodukt-Betrieb werden die gesamten Fixkosten einfach durch die gesamte Leistungsmenge geteilt.

  Beispiel: Ein Transportunternehmer verteilt die anfallenden Fixkosten seines einzigen LKW einfach auf die gesamten gefahrenen Kilometer (als Kostenträger).

Bei Mehrprodukt-Betrieben wird die Verteilung anhand bestimmter Schlüssel vorgenommen.

● **Tragfähigkeitsprinzip**: Es handelt sich hier um einen Spezialfall des Durchschnittsprinzips. Die nicht nach dem Verursachungsprinzip zurechenbaren Kosten, vor allem die fixen Kosten, werden im proportionalen Verhältnis der Absatzpreise bzw. Deckungsbeiträge der einzelnen Kostenträger eben diesen Kostenträgern zugerechnet. Da die Absatzpreise dann die Höhe der zugerechneten Kosten beeinflussen, ist dieses Verrechnungsprinzip für Kontrollzwecke relativ ungeeignet.

1.3 Kostenverhalten bei Beschäftigungsänderungen

Fertigkeit, wichtige Beschäftigungsgrade zu ermitteln

1.3.1 Kapazität und Beschäftigung

Allgemein steht der Begriff „Kapazität" für das Leistungsvermögen eines Betriebes oder eines Produktionssystems innerhalb einer bestimmten Periode. Dabei kann es sich entweder um ein **Leistungsabgabevermögen** (z. B. Maschinenkapazität) oder um ein **Leistungsaufnahmevermögen** (z. B. Lagerkapazität) handeln. Die Kapazität lässt sich in eine qualitative und eine quantitative Kapazität einteilen.

Mit der **qualitativen Kapazität** eines Produktionssystems werden Art und Güte des Leistungsvermögens erfasst. Sie bestimmt somit die Brauchbarkeit eines Produktionssystems für bestimmte Verwendungszwecke. Die qualitative Kapazität lässt sich unterscheiden in Breite des Qualitätsspektrums, Qualitätsniveau und Qualitätskonstanz (Zahn/Schmid, 1996, S. 122 f.).

Bedeutsamer ist in diesem Zusammenhang die **quantitative Kapazität.** Die quantitative Kapazität eines Produktionssystems bezeichnet das mengenmäßige Leistungsvermögen bezogen auf eine Zeitperiode. Als Maßgröße wird in der Regel die Ausbringungsmenge eines Produktes pro Periode verwendet. Wenn mehrere Produktarten hergestellt werden, ergibt sich das Problem, dass qualitativ unterschiedliche Outputs vergleichbar gemacht werden müssen. Um hier zu einer aussagefähigen Kennziffer zu gelangen, bestimmt man die quantitative Kapazität in der Regel über Maschinenlaufzeiten oder verbrauchte Einsatzmengen.

Die **Beschäftigung** ist die realisierte bzw. zu realisierende Ausbringung (Leistung) des Unternehmens bzw. Produktionssystems während einer Periode. Sie wird in der Kostentheorie als wichtige Kosteneinflussgröße herausgehoben. Als Maß der Beschäftigung bietet sich bei einer Einproduktfertigung, wie bei der Bestimmung der quantitativen Kapazität, die Zahl der hergestellten Produkte an. Bei Mehrproduktfertigung ist es wiederum schwieriger, einen geeigneten Maßstab zu identifizieren. Als Ersatzmaßstäbe werden ebenso Maschinenlaufstunden, Arbeitsstunden oder Fertigungsstunden verwendet (Schweitzer/Küpper, 1995, S. 96). Für die Beschäftigung wird häufig auch der Begriff **Auslastung** eingesetzt.

Der Beschäftigungs- bzw. Auslastungsgrad beschreibt das Verhältnis von Beschäftigung bzw. Auslastung zur (quantitativen) Kapazität.

Die Zusammenhänge zwischen Beschäftigung und Kapazität sind in der Übersicht 7 dargestellt.

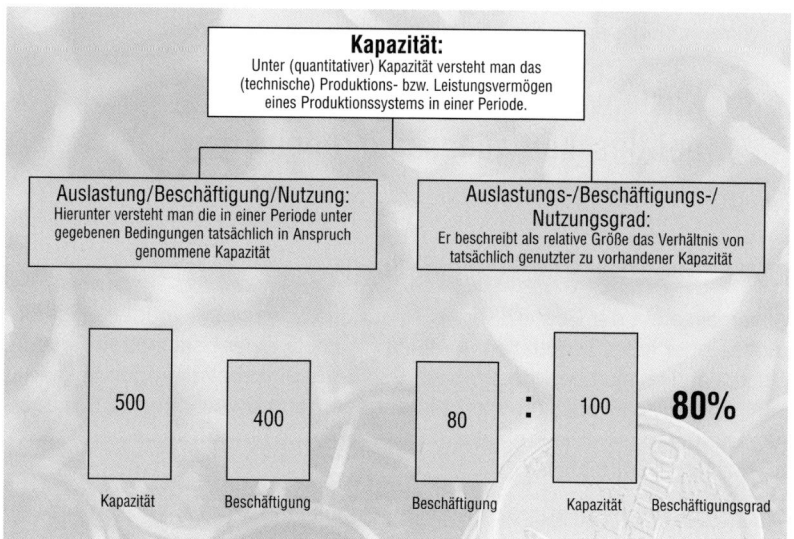

Übersicht 8:
Kapazität und
Beschäftigung

Kosten, die bei der Variation einer Einflussgröße (hier der Beschäftigung) konstant bleiben, werden als **fixe Kosten** (in Bezug auf diese Einflussgröße) bezeichnet. **Variable Kosten** hingegen sind bei alternativen Ausprägungen der Einflussgröße unterschiedlich hoch.

1.3.2 Gesamtkosten und Beschäftigung

Somit gelangt man, bezogen auf das Merkmal „Verhalten bei Beschäftigungsänderungen", zu einer Gliederung der Kosten in (beschäftigungs-)fixe und (beschäftigungs-)variable Kosten.

Dieser Zusammenhang lässt sich mit Hilfe der Kostenfunktion verdeutlichen. Die Kostenfunktion drückt aus, wie sich die Kosten in Abhängigkeit von der Beschäftigung verändern. Formal hat sie folgende Form:

Formel

Kostenfunktion:	$K = f$ **(Beschäftigung)**

Jetzt kommt es darauf an, welche Ausprägung die Kostenfunktion in einzelnen Betrieben annimmt, also wie sich die Kostenhöhe bei Änderungen der

Beschäftigung im Einzelfall ändert. Grundsätzlich kann man dabei die in Übersicht 9 angegebenen Möglichkeiten des Gesamtkostenverlaufs unterscheiden.

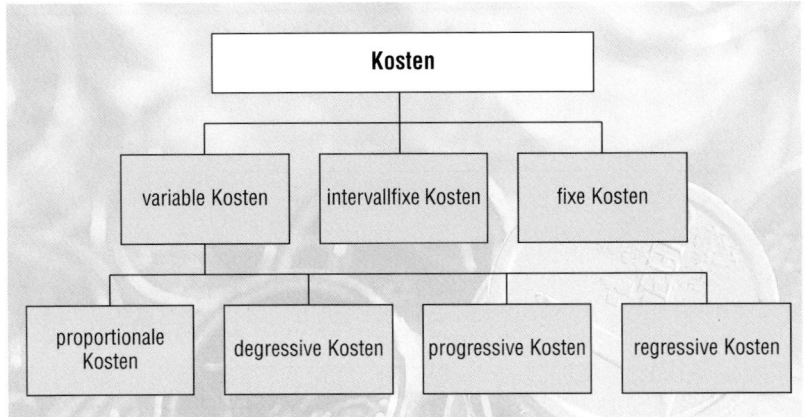

Übersicht 9:
Gesamtkosten-
verläufe und
Beschäftigung

Im Folgenden sollen einige kurze Erläuterungen zu den oben angegebenen Gesamtkostenverläufen gegeben werden:

- **Proportionaler Verlauf**: Jede (relative) Beschäftigungsänderung (in Prozent) führt zur gleichen (relativen) Änderung der Kostenhöhe. Verdoppelt sich zum Beispiel die Ausbringung, so verdoppeln sich die Kosten ebenfalls, sie verlaufen also linear.

- **Degressiver Verlauf**: Eine relative Beschäftigungsänderung führt zu einer geringeren relativen Kostenänderung. Die Kosten steigen langsamer als die Ausbringung, womit sie sich unterproportional verhalten.

- **Progressiver Verlauf**: Hier steigen die Kosten schneller als die Ausbringung, was zu einem überproportionalen Verhalten führt.

- **Regressiver Verlauf**: Jede relative Beschäftigungsänderung führt zu einer relativen Kostenänderung mit umgekehrten Vorzeichen. Steigt die Beschäftigung, so sinken die Gesamtkosten und umgekehrt. Der Regressionsverlauf kann linear, über- oder unterproportional sein.

- **Fixer Verlauf**: Jede relative Beschäftigungsänderung führt zu einer relativen und absoluten Kostenveränderung von Null. Ausbringungsschwankungen verändern die Gesamtkosten also nicht. Das Verhalten der Kosten ist fix.

- **Intervallfixer Verlauf**: Innerhalb bestimmter Beschäftigungsbereiche verhalten sich diese Kosten fix. Werden diese Beschäftigungsgrenzen überschritten, steigen die Kosten sprunghaft an, bleiben aber bis zum nächsten Beschäftigungsintervall wieder fix (auf höherem Niveau). Diese Kosten werden auch als **sprungfix** bezeichnet.

Die Gesamtkosten eines Betriebes kommen in der Realität jedoch selten in dieser reinen Form vor. In der Regel setzen sie sich aus variablen Kosten (Fälle 1 bis 4) und fixen Kosten (Fall 5) zusammen. In bestimmten Fällen kommen auch intervallfixe Kosten vor.

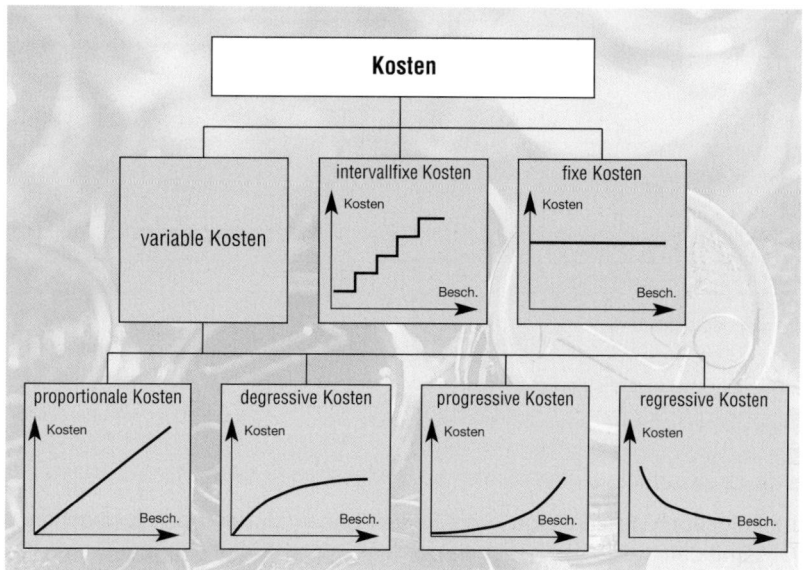

Übersicht 10: Gesamtkosten-verläufe und Beschäftigung

In den folgenden Tabellen sind Beispiele für variable (unterteilt in proportionale, degressive, progressive und regressive), intervallfixe sowie fixe Gesamtkosten und den dazugehörigen Durchschnitts- und Grenzkosten aufgeführt:

proportionale Gesamtkosten

Ausbringungsmenge	Gesamtkosten	Durchschnittskosten	Grenzkosten
1	10	10	10
2	20	10	10
3	30	10	10
4	40	10	10
5	50	10	10

degressive Gesamtkosten

Ausbringungsmenge	Gesamtkosten	Durchschnittskosten	Grenzkosten
1	20	20	20
2	38	19	18
3	54	18	16
4	68	17	14
5	80	16	12

progressive Gesamtkosten

Ausbringungsmenge	Gesamtkosten	Durchschnittskosten	Grenzkosten
1	10	10	10
2	22	11	12
3	36	12	14
4	52	13	16
5	70	14	18

regressive Gesamtkosten

Ausbringungsmenge	Gesamtkosten	Durchschnittskosten	Grenzkosten
1	50	50	50
2	40	20	-10
3	32	10,67	-8
4	26	6,5	-6
5	22	4,4	-4

intervallfixe Gesamtkosten

Ausbringungsmenge	Gesamtkosten	Durchschnittskosten	Grenzkosten
1	30	30	30
2	30	15	0
3	30	10	0
4	60	15	30
5	60	12	0
6	60	10	0
7	90	12,86	30
8	90	11,25	0
9	90	10	0
10	120	12	30

fixe Gesamtkosten

Ausbringungsmenge	Gesamtkosten	Durchschnittskosten	Grenzkosten
1	60	60	60
2	60	30	0
3	60	20	0
4	60	15	0
5	60	12	0

*Tab. 2:
Beispiele für variable, intervallfixe und fixe Gesamtkosten*

Im Folgenden sollen bei der Gesamtkostenbetrachtung lediglich folgende Kostenverläufen betrachtet werden: proportionale variable Kosten und fixe Kosten. Die Übersicht 9 zeigt einen Gesamtkostenverlauf, der sich aus proportionalen variablen und fixen Kosten zusammensetzt.

Die Kostenfunktion nimmt für diesen Fall die folgende Form an:

Formel

Kostenfunktion: $\mathbf{K_{ges} = K_f + K_v}$

$\mathbf{K_{ges} = K_f + k_v \cdot x}$

K_{ges} = Gesamtkosten; K_f = fixe Kosten; K_v = variable Kosten; k_v = variable Stückkosten; x = Ausbringungsmenge bzw. Beschäftigung

Diese Gleichung beschreibt eine lineare Gesamtkostenfunktion. Diese basiert auf einer Produktionsfunktion vom Typ B und geht von **limitationalen Produktionsfaktoren** aus. Stark vereinfacht bedeutet dies: Um die Ausbringung zu erhöhen, müssen die Produktionsfaktoren jeweils im gleichen Verhältnis erhöht werden. Eine Erhöhung eines einzelnen Produktionsfaktors bzw. eine Erhöhung der Produktionsfaktoren in einem anderen Verhältnis führt nicht zu einer Erhöhung der Ausbringung. So ist für die Erhöhung der Ausbringung an Fahrrädern in einem Betrieb die Anzahl Räder und Lenker stets im Verhältnis 2:1 zu erhöhen. Eine alleinige Erhöhung des Inputs Lenker würde ebenso wenig zu einer Outputerhöhung führen, wie eine Erhöhung im Verhältnis 2:2. Eine genauere Betrachtung der Zusammenhänge um Produktionsfunktionen im Allgemeinen und vom Typ B im Besonderen würde an dieser Stelle zu weit führen. Auf Produktionsfunktionen wird bei der Behandlung der Beschäftigungsgrade noch kurz eingegangen.

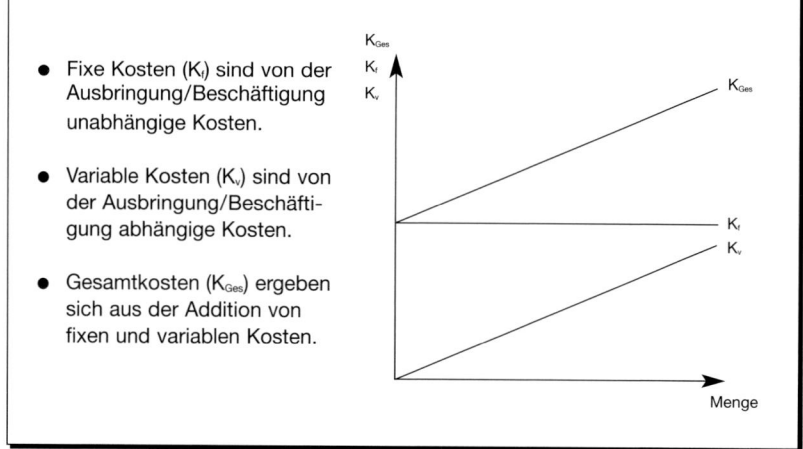

- Fixe Kosten (K_f) sind von der Ausbringung/Beschäftigung unabhängige Kosten.

- Variable Kosten (K_v) sind von der Ausbringung/Beschäftigung abhängige Kosten.

- Gesamtkosten (K_{Ges}) ergeben sich aus der Addition von fixen und variablen Kosten.

Übersicht 11:
Fixe und
(proportionale)
variable Kosten

In einem Betrieb entstehen für die Herstellung von Ventilatoren variable Kosten pro Stück in Höhe von 15,00 EUR. Die Fixkosten pro Periode betragen 60 000,00 EUR. In einer Periode wurden 6 000 Ventilatoren hergestellt. Wie hoch sind die Gesamtkosten?

K_{Ges} = 60 000,00 + 15,00 × 6 000 = 150 000,00

Die Gesamtkosten der Periode betragen also 150 000,00 EUR.

1.3.3 Durchschnittskosten, Grenzkosten und Beschäftigung

Verständnis für die Analyse von Kostensituationen anhand von Diagrammen

Für die Zwecke der Kostenrechnung benötigt man jedoch mehr als die Gesamtkosten, nämlich Durchschnitts- und Grenzkosten.

Die **Durchschnittskosten** (k) sind die Kosten je Produkteinheit (auch: durchschnittliche Stückkosten).

Die Durchschnittskosten ergeben sich, indem man die Gesamtkosten durch die Ausbringungsmenge teilt:
$$k = \frac{K_F}{x}$$

Formel

Bei Gesamtkosten von 150 000,00 EUR und einer Ausbringungsmenge von 6 000 Stück errechnen sich die Durchschnittskosten wie folgt:

$$k = \frac{150\,000,00}{6\,000} = 25,00$$

Die Durchschnittskosten betragen also 25,00 EUR pro Ventilator.

Betrachtet man ausschließlich fixe (Gesamt-)Kosten auf Durchschnittskostenbasis, so wird man Folgendes feststellen: Mit zunehmender Beschäftigung werden die fixen Stückkosten bzw. Durchschnittskosten sinken.

Die fixen Stückkosten für Ausbringungsmengen von 5 000, 6 000, 7 000 und 8 000 Stück sind der folgenden Tabelle zu entnehmen:

Fixkosten: 60 000,00 EUR

Ausbringungsmenge in Stück	fixe Stückkosten in EUR
5 000	12,00
6 000	10,00
7 000	8,57
8 000	7,50

Setzen sich die Gesamtkosten aus fixen und (proportionalen) variablen Bestandteilen zusammen, so werden die gesamten Durchschnittskosten (als Summe aus fixen und variablen Stückkosten) ebenfalls mit zunehmender Beschäftigung sinken. Dies liegt daran, dass sich die Fixkosten dann auf eine größere Ausbringungsmenge verteilen können und die anteiligen Fixkosten bzw. die fixen Stückkosten geringer sind. Diesen Sachverhalt bezeichnet man als **Fixkostendegression**. Proportionale variable Kosten sind auf der Durchschnittskostenebene konstant, das heißt für jede Einheit gleich.

Unterstellt man in diesem Fall eine unendliche Kapazität, so werden die gesamten Durchschnittskosten immer weiter sinken, aber nie die variablen Stückkosten erreichen, da stets ein Teil der Fixkosten auf die einzelne Einheit entfällt (auch wenn er noch so klein ist).

Die variablen Stückkosten betragen 15,00 EUR pro Ventilator. Die Fixkosten betragen 60 000,00 EUR. In der folgenden Tabelle ist dargestellt, wie sich die gesamten Stückkosten bei zunehmender Ausbringungsmenge den variablen Stückkosten zwar annähern, diese jedoch nicht erreichen:

Fixkosten: 60 000,00 EUR

Ausbringungs-menge in Stück	Gesamtkosten in EUR	gesamte Stück-kosten in EUR	variable Stück-kosten in EUR
5 000	135 000,00	27,00	15,00
6 000	150 000,00	25,00	15,00
10 000	210 000,00	21,00	15,00
15 000	285 000,00	19,00	15,00
20 000	360 000,00	18,00	15,00
50 000	810 000,00	16,20	15,00
100 000	1 560 000,00	15,60	15,00

Die **Grenzkosten k'** stellen den Gesamtkostenzuwachs dar, der durch die Produktion der jeweils letzten Ausbringungsmenge verursacht wird. Sie sind ebenfalls auf eine Einheit bezogen und entsprechen der Zunahme (Abnahme) der Gesamtkosten bei Erhöhung (Verringerung) der Ausbringung um diese Einheit. Liegen proportionale variable Kosten vor, so entsprechen die Grenzkosten den variablen Stückkosten (vgl. hierzu Übersicht 12).

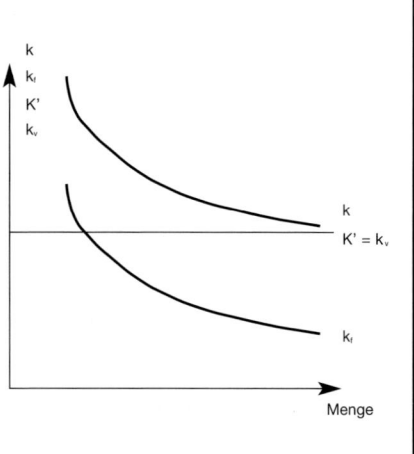

- Durchschnittskosten (Stückkosten, k) sind die Kosten je Produkteinheit. Man errechnet sie, indem man die Gesamtkosten durch die Ausbringungsmenge dividiert.

- Fixe Durchschnittskosten (k_f) errechnet man, indem man die Fixkosten durch die Ausbringungsmenge dividiert. Sie weisen den typischen hyperbolischen Verlauf auf, den man als Fixkostendegression bezeichnet.

- Grenzkosten (K') sind der Gesamtkostenzuwachs, der durch die Produktion der jeweils letzten Ausbringungseinheit verursacht wird. Bei proportionalen variablen Kosten bleiben sie konstant und entsprechen den variablen Stückkosten (k_v).

Übersicht 12:
Durchschnitts-
und Grenzkosten

Die gesamten Kostenverläufe in Abhängigkeit von der Beschäftigung sind nochmals in der folgenden Übersicht zusammengestellt:

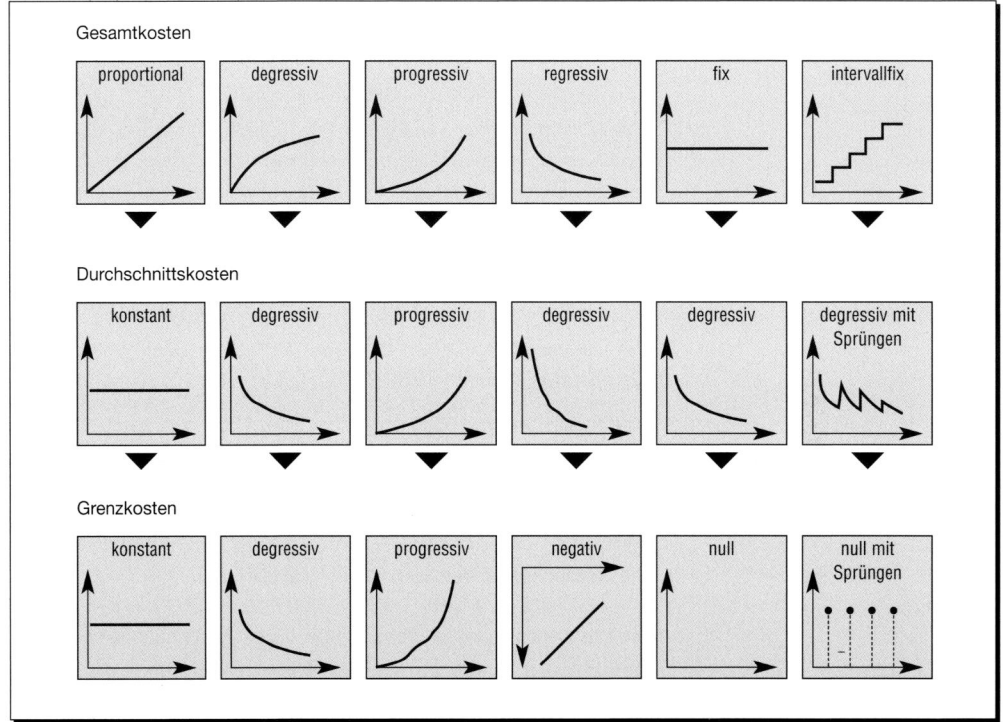

Übersicht 13: Gesamtkosten, Durchschnitts- und Grenzkosten

Hierzu ein Beispiel:

In einem Unternehmen fallen Fixkosten in Höhe von 120 000,00 EUR pro Monat an. Diese entstehen zum Beispiel für die Miete der Betriebsgebäude, die Abschreibungen der maschinellen Anlagen oder die Gehälter der Angestellten.

In dem Unternehmen wird nur ein Produkt hergestellt. Die Kapazität kann deshalb in Stückzahlen gemessen werden und beträgt im Monat 10 000 Stück. Die Kapazitätsauslastung beträgt 80 Prozent.

Bei dieser Beschäftigung entstehen Gesamtkosten in Höhe von 724 000,00 EUR.

Zu lösen sind folgende **Fragen**:

1) Wie hoch sind die Durchschnittskosten bei dieser Ausbringungsmenge?

2) Wie hoch sind die Grenzkosten bei dieser Ausbringungsmenge (es werden proportionale variable Kosten unterstellt)?

3) Wie hoch sind Gesamtkosten, Durchschnittskosten und Grenzkosten bei einer Auslastung von 65 %?

Lösung:

zu 1.): Eine Auslastung von 80 % entspricht einer Ausbringungsmenge von 8 000 Stück.

$$k = \frac{K_{Ges}}{x} = \frac{724\,000,00}{8\,000} = 90,5$$

Die Durchschnittskosten betragen 90,50 EUR.

zu 2.): Wenn proportionale variable Kosten unterstellt werden, dann entsprechen die Grenzkosten den variablen Stückkosten. Die variablen Stückkosten kann man ermitteln, indem man von den Gesamtkosten die fixen Kosten abzieht und durch die Ausbringungsmenge dividiert:

$$k = \frac{K_{Ges} - K_f}{x} = \frac{724\,000,00 - 120\,000,00}{8\,000} = 75,50$$

Die variablen Stückkosten betragen 75,50 EUR. Damit betragen die Grenzkosten ebenfalls 75,50 EUR.

zu 3.) Eine Auslastung von 65 % entspricht einer Ausbringungsmenge von 6 500 Stück. Bei dieser Ausbringungsmenge errechnen sich die Gesamtkosten wie folgt:

$$K_{Ges} = K_F + K_v = K_F + k_v \cdot x = 120\,000,00 + 75,5 \cdot 6\,500 = 610\,750,00$$

Die Gesamtkosten betragen 610 750,00 EUR.

Die Durchschnittskosten betragen bei dieser Ausbringungsmenge:

$$k = \frac{K_{Ges}}{x} = \frac{610\,750,00}{6\,500} = 93,6 \text{ EUR}$$

Die Grenzkosten betragen unverändert 75,50 EUR.

1.3.4 Nutz- und Leerkosten

Kenntnis der wichtigsten Kostenarten;
Fertigkeit, deren Höhe zu bestimmen

Bei der Behandlung der unterschiedlichen Kostenrechnungssysteme soll im Folgenden gezeigt werden, dass in den Vollkostenrechnungsystemen eine so genannte Proportionalisierung der Fixkosten vorgenommen wird. Das bedeutet, dass die Fixkosten, die unabhängig von der Beschäftigung stets in der gleichen Höhe anfallen, auf eine bestimmte Ausbringungsmenge bezogen werden. In Plankostenrechnungssystemen ist dies zum Beispiel die Planbeschäftigung. Teilt man die Fixkosten durch diese Planbeschäftigung, so erhält man einen bestimmten Satz an Fixkosten pro Ausbringungsmenge. Weicht nun die tatsächliche Istbeschäftigung nach unten oder oben von dieser Planbeschäftigung ab, so werden unter Zugrundelegung dieses bestimmten Satzes (um die genauen Begrifflichkeiten wird es uns im Rahmen der Kostenrechnungssysteme gehen) an Fixkosten pro Leistungseinheit entweder zu wenig oder zu viel Fixkosten verrechnet. Die Fixkosten werden proportionalisiert. Hier kann man über den Anteil der verrechneten Fixkosten auf das Verhältnis von Nutz- und Leerkosten kommen.

Nutzkosten umfassen den Teil der Fixkosten, der ausgehend von der Planbeschäftigung genutzt wird.

Unter Leerkosten wird der Teil der Fixkosten verstanden, der ausgehend von der Planbeschäftigung nicht genutzt wird.

Den Nachteil der Fixkostenproportionalisierung versuchen die Teilkostenrechnungssysteme zu umgehen, indem sie die fixen Kosten zunächst unberücksichtigt lassen. Auch hier benötigt man jedoch Informationen über die Auslastung des Fixkostenblockes. Deshalb wird hier wird eine Art Nebenrechnung geführt, die Auskunft darüber geben soll, welcher Anteil der Fixkosten verursachenden Infrastruktur tatsächlich ausgelastet ist. Diese Nebenrechnung erhöht die Transparenz, indem sie die Fixkosten in Nutz- und Leerkosten unterteilt.

Dabei geht man ebenfalls von einer bestimmten Beschäftigung, zum Beispiel der Vollbeschäftigung, aus. Diese Vollbeschäftigung muss sich nicht zwangsläufig mit der technisch maximalen Ausbringung decken. Dividiert man die Fixkosten durch die festgelegte Beschäftigung in Mengen- oder Leistungseinheiten, so erhält man ebenfalls einen Satz Fixkosten pro möglicher Mengen- oder Leistungseinheit. Multipliziert man diesen Satz mit der tatsächlichen Beschäftigung, so erhält man den Teil der Fixkosten, der auch genutzt wird. Diesen Teil bezeichnet man als **Nutzkosten**. Die Beschäftigungsabweichung selbst (multipliziert mit diesem Satz) bezeichnet man als **Leerkosten**. Eine Unterbeschäftigung ist dementsprechend mit positiven Leerkosten verbunden, während eine Überbeschäftigung negative Leerkosten verursacht. Negative Leerkosten entsprechen zu viel verrechneten Nutzkosten. Die Nutzkosten wären dann höher als die Fixkosten, was nicht möglich ist. Im Allgemeinen gilt deshalb:

Nutzkosten + Leerkosten = Fixkosten   Formel

Es ist zu beachten, dass sich an der tatsächlichen Höhe der Fixkosten nichts ändert, wenn sich das Verhältnis von Nutz- und Leerkosten ändert, denn Fixkosten fallen definitionsgemäß unabhängig von der Beschäftigung stets in gleicher Höhe an.

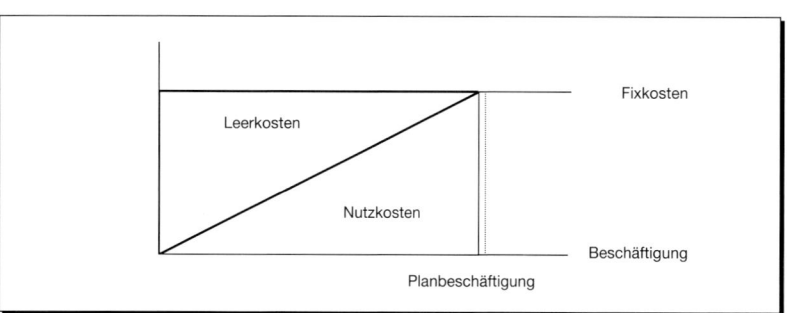

Übersicht 14: Nutz- und Leerkosten

Für ein Lager wird im Rahmen der Plankostenrechnung mit einer Planbeschäftigung von 12 000 Paletten gerechnet. In dem Lager fallen Fixkosten von 90 000,00 EUR pro Monat an.

Ermittelt werden soll die Höhe und das Verhältnis von Nutz- zu Leerkosten bei einer monatlichen Istbeschäftigung von
a) 5 000 Paletten   b) 8 000 Paletten   c) 11 000 Paletten

Beträgt die Planbeschäftigung 12 000 Paletten und die Fixkosten 90 000,00 EUR, so entspricht dies einem Anteil von 7,50 EUR pro Palette. Dies ist mit der entsprechenden Auslastung zu multiplizieren. Alternativ kann man die tatsächliche Beschäftigung in das Verhältnis zur Planbeschäftigung setzen. So erhält man direkt den prozentualen Anteil der Nutzkosten an den Fixkosten.

Istbeschäftigung	Nutzkosten	Leerkosten	Anteil Nutzkosten an Fixkosten in %	Anteil Leerkosten an Fixkosten in %
5 000	37 500,00	52 500,00	41,7	58,3
8 000	60 000,00	30 000,00	66,7	33,3
11 000	82 500,00	7 500,00	91,7	8,3

1.3.5 Bestimmung relevanter Beschäftigungsgrade

Fertigkeit, bestimmte Beschäftigungsgrade zu ermitteln

▌ Produktions- und Kostenfunktionen

Die Bestimmung relevanter Beschäftigungsgrößen kann nicht vorgenommen werden, ohne dass zuvor einige Grundlagen zu den Produktions- und Kostenfunktionen angesprochen wurden. Dies trifft insbesondere für die Produktionsfunktion vom Typ A und die daraus zu ermittelnden relevanten Beschäftigungsgrade zu (vgl. zum Folgenden etwa Wöhe, 2002, S. 378 ff.).

Die Produktions- und Kostentheorie gehört zu den ältesten Bereichen der Wirtschaftswissenschaften. Zunächst waren beide Bereiche Betrachtungsgegenstand der Volkswirtschaftslehre, bevor sie auch in der Betriebswirtschaftslehre bearbeitet wurden.

Definition

Produktionsfunktionen stellen die funktionale Beziehung der Einsatzmenge an Produktionsfaktoren (r_1, r_2, ... r_n) und der Ausbringungsmenge (m) an erzeugten Gütern dar.
$$x = f\,(r_1, r_2, ... r_n)$$

Die Produktionstheorie befasst sich mit solchen Produktionsfunktionen und versucht, unter stark vereinfachenden Modellannahmen Gesetzmäßigkeiten zwischen dem Faktoreinsatz und dem Faktorertrag zu ermitteln.

Produktionsfunktionen werden häufig auch als Ertragsfunktionen bezeichnet und allgemein durch die oben stehende Gleichung ausgedrückt. Dabei steht x für die Ausbringungsmenge, während r_1 bis r_n für die einzelnen Mengen der eingesetzten Produktionsfaktoren stehen.

Die Beziehungen zwischen den einzelnen Produktionsfaktoren können zum einen substitutional und zum anderen limitational sein. Bei **Substitutionalität** können die Produktionsfaktoren gegenseitig ersetzt werden. Ein bestimmtes mengenmäßiges Produktionsergebnis lässt sich durch unterschiedliche Kombinationen der Produktionsfaktormengen erzielen. So wäre ein bestimmter Output, der durch eine bestimmte Kombination von Maschinenstunden und Arbeitsstunden erzielt wird, zum Beispiel auch dann erreichbar, wenn ein bestimmter Teil der Arbeitsstunden durch Maschinenstunden ersetzt wird. Bei **Limitationalität** sind die Produktionsfaktoren nur in einem bestimmten Verhältnis zueinander einsetzbar, wenn der Produktionsprozess zu ökonomisch sinnvollen Ergebnissen führen soll. Hier lässt sich das mengenmäßige Produktionsergebnis nur erhöhen, wenn die Produktionsfaktoren im gleichen Verhältnis erhöht werden. Werden zum Beispiel Fahrräder gefertigt, so lässt sich das mengenmäßige Produktionsergebnis (Anzahl Fahrräder) nur erhöhen, wenn die Produktionsfaktoren (z. B. Lenker und Reifen) stets im gleichen Verhältnis erhöht werden (1 : 2).

Dies führt zu den beiden bekannten Produktionsfunktionen vom Typ A und vom Typ B.

Die **Produktionsfunktion vom Typ A** wird auch als partielle Faktorvariation bezeichnet. Ihr liegt das Ertragsgesetz zugrunde, und sie hat in der Volkswirtschaftslehre bereits eine lange Tradition. Das Ertragsgesetz besagt stark vereinfacht, dass durch eine Erhöhung der Einsatzmenge eines Faktors, bei gleichzeitiger Konstanz der anderen Produktionsfaktoren, der Ertrag gesteigert werden kann. Zunächst steigt der Ertrag dabei progressiv an, dann steigt er degressiv weiter, um bei zunehmendem Einsatz des Faktor schließlich absolut wieder abzunehmen. Eine detaillierte Darstellung würde im Rahmen dieses Buches zu weit führen.

Die **Produktionsfunktion vom Typ B** geht hingegen von limitationalen Produktionsfaktoren aus und wurde vor dem Hintergrund der Schwächen der Produktionsfunktion vom Typ A von Erich Gutenberg entwickelt. Im industriellen Bereich dominiert die Limitationalität von Produktionsfaktoren.

Definition

Kostenfunktionen stellen die funktionale Beziehung zwischen der Ausbringungsmenge und den durch ihre Produktion verursachten Kosten (die mit den Preisen bewerteten Einsatzmengen der Produktionsfaktoren) dar.

$$K = f(x)$$

Die Kostentheorie versucht, diese Kostenfunktionen auf Basis der Produktionstheorie und unter vereinfachenden Modellannahmen zu erklären.

Entsprechend den obigen Ausführungen muss es folglich eine Kostenfunktion für substitutionale Produktionsfaktoren und eine für limitationale geben. Erstere besitzt einen s-förmigen Verlauf, zweitere bezeichnet man als lineare Kostenfunktion.

Die s-förmige Gesamtkostenfunktion, die auf die Produktionsfunktion vom Typ A zurückzuführen ist, nimmt beispielhaft den Verlauf an, der in Übersicht 15 links wiedergegeben ist.

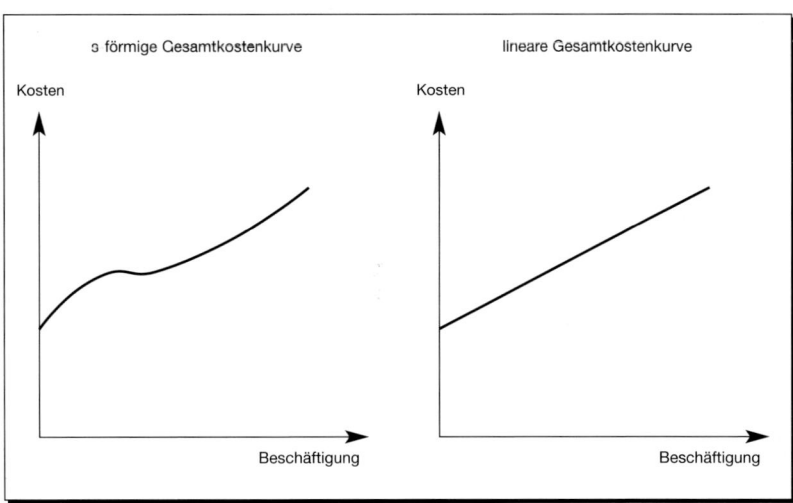

Übersicht 15:
Gesamtkosten-
kurven

Zentrale Aussage der Theorie der Produktionsfunktion vom Typ B ist, dass unter der Voraussetzung einer konstanten Intensität der Betriebsmittel die abgeleiteten Gesamtkostenkurven linear verlaufen. Eine lineare Kostenfunktion ist in Übersicht 15 auf der rechten Seite abgebildet.

Eine s-förmige Gesamtkostenfunktion lässt sich durch ein Polynom dritten Grades darstellen (Moews, 1996, S. 23). Da jedoch die Produktionsfunktion vom Typ A mit dem ihr zugrunde liegenden Ertragsgesetz überwiegend für landwirtschaftliche Zusammenhänge gilt und ihre Behandlung sowie die Ermittlung der dazugehörigen Optima weitgehend als Gegenstand der Produktionstheorie angesehen wird, wird im Folgenden auf diese Art der Kostenfunktion nicht eingegangen.

Für die Ermittlung der wichtigen Beschäftigungsgrade werden im Folgenden ausschließlich lineare Kostenfunktionen zugrunde gelegt.

Als lineare Gesamtkostenfunktion werden die Folgenden zugrunde gelegt:

Formel $K = K_F + K_v$ $K = K_F + k_v \cdot x$ $K = 500 \cdot 4\,x$

Die 500 stellen hier die Fixkosten dar, die variablen Kosten ergeben sich aus der Multiplikation der variablen Stückkosten in Höhe von 4 mit der Ausbringungsmenge x. Dabei wird von einer Kapazitätsgrenze von 200 Stück ausgegangen. Die Stückerlöse betragen 8,00 EUR.

▌ Betriebsoptimum

Das **Betriebsoptimum** liegt bei der Beschäftigungsmenge, bei der die Durchschnittskosten minimal sind. Hier ist das Verhältnis von Beschäftigungsmenge und Gesamtkosten am günstigsten. Dies ist in dem Punkt (bei der Auslastung) der Fall, an dem die Durchschnittskosten den Grenzkosten entsprechen bzw. wo sich Durchschnittskostenkurve und Grenzkostenkurve schneiden.

Die Durchschnittskosten ergeben sich durch die Division der Gesamtkosten durch die Beschäftigungsmenge.

Für die beschriebene lineare Gesamtkostenfunktion bedeutet dies, dass die gesamten Stückkosten mit zunehmender Beschäftigung sinken. Sie nähern sich immer weiter den Grenzkosten an, die bei einem linearen Gesamtkostenverlauf konstant sind und den variablen Stückkosten entsprechen. Da die gesamten Stückkosten immer einen gewissen Teil, wenn er auch noch so klein ist, der Fixkosten enthalten, werden sie die Grenzkosten nie erreichen. Deshalb liegt das Betriebsoptimum an der Kapazitätsgrenze, also bei 200 Stück.

Dort betragen die Gesamtkosten: $K_{Ges} = 500 + 4 \cdot 200 = 1\,300$

Die Durchschnittskosten betragen demnach: $k = \dfrac{1\,300}{200} = 6{,}5$

▌ Break-even-Point/Gewinnschwelle

Der Break-even-Point (BEP) kennzeichnet die Beschäftigungsmenge, bei der der Gewinn genau gleich Null ist. Nimmt die Produktion (und der Absatz) um eine Einheit zu, so gerät das Unternehmen in die Gewinnzone, nimmt die Produktion (und der Absatz) um eine Einheit ab, so gerät das Unternehmen in die Verlustzone. Deshalb bezeichnet man den Break-even-Point auch als **Gewinnschwelle**.

Die Ermittlung des Break-even-Points ist mit einer Reihe von Einschränkungen verbunden. So setzt das Modell voraus, dass Absatz und Produktion genau gleich sind. Zum anderen wird eine lineare Erlösfunktion unterstellt, also dass jede abgesetzte Einheit den gleichen Stückerlös erwirtschaftet.

Bei der Ermittlung des Break-even-Point geht man von folgender Überlegung aus: Man weiß bzw. unterstellt, dass die Gesamtkosten sich aus fixen und (proportionalen) variablen Kosten zusammensetzen. Deshalb entstehen bereits bei einer Beschäftigung von 0 Kosten (nämlich in Höhe der Fixkosten). Die Erlöse betragen bei einer Beschäftigung von 0 aber 0. Da die Erlöse schneller wachsen als die Kosten, werden die Erlöse die Kosten bei einer bestimmten Beschäftigung erreichen und bei weiterer Ausdehnung der Beschäftigung übersteigen. Grafisch kann man sich den Zusammenhang so erklären, dass die Erlöskurve die Gesamtkostenkurve bei einer bestimmten Beschäftigung von unten schneiden wird, da ihre Steigung größer ist. In diesem Schnittpunkt aber sind Erlöse und Gesamtkosten genau gleich groß. Man kann den Break-even-Point also errechnen, indem man die Erlös- und Kostengleichung gleichsetzt und nach der Beschäftigung (x) auflöst.

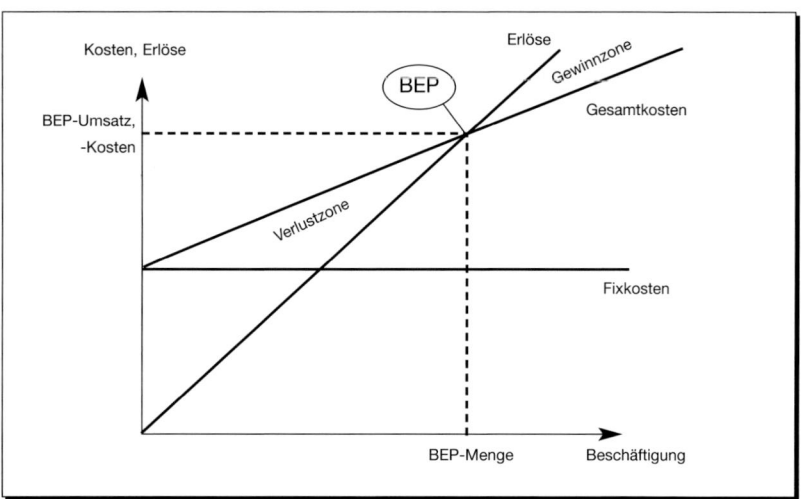

Übersicht 16:
Break-even-Point
(BEP)

Dabei bedeuten: K_{Ges} = Gesamtkosten, K_F = Fixkosten, K_v = variable Kosten, k_v = variable Stückkosten, E = Gesamterlöse, p = Preis pro Stück

Formel

$$K_{Ges} = E$$

$$K_F + K_v = E$$

$$K_F + k_v \cdot x = p \cdot x$$

$$K_F = p \cdot x - k_v \cdot x$$

$$K_F = x \cdot (p - k_v)$$

$$x = \frac{K_F}{p - k_v}$$

Im hier verwendeten Beispiel liegt der Break-even-Point also bei einer Beschäftigung von:

$$x = \frac{500}{8 - 4} = 125$$

Bei dieser Beschäftigung sind Erlöse und Gesamtkosten genau gleich groß, nämlich 1 000,00 EUR.

Auf der Ebene von Stückkosten und Stückerlösen bedeutet dies, dass die Stückkostenkurve die konstanten Stückerlöse von oben schneidet, und die

Stückkosten bei zunehmender Beschäftigung weiter sinken werden (Fix-kostendegression). Übersicht 17 verdeutlicht dies noch einmal. Im Rahmen der Deckungsbeitragsrechnung werden wir noch einige andere Anwen-dungsmöglichkeiten dieser Grundzusammenhänge behandeln.

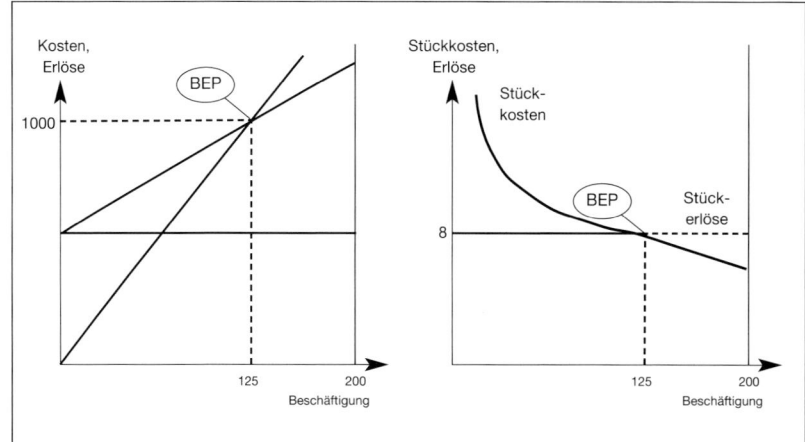

Übersicht 17:
Fixkosten-
degression

▌ Gewinnmaximum

Das Gewinnmaximum ist, allgemein formuliert, erreicht, wenn bei Steigerung der Produktion (und des Absatzes) die Zunahme der Periodenerlöse durch die Zunahme der Kosten genau kompensiert wird. Zwar würden die Erlöse weiter zunehmen, der Gewinn würde jedoch sinken, weil die Kosten stärker steigen als die Erlöse und somit die Differenz zwischen beiden kleiner würde. Das Gewinnmaximum liegt deshalb da vor, wo Grenzerlöse und Grenzkosten gleich sind. Doch diese allgemein formulierte Aussage muss für den Fall einer linearen Gesamtkosten- und Erlösefunktion etwas konkretisiert werden.

Zur Erinnerung: Bei einer linearen Gesamtkostenkurve liegen proportionale variable Kosten vor. Das bedeutet, dass die variablen Stückkosten stets gleich sind und den Grenzkosten entsprechen. Für die lineare Erlösfunktion gilt Ähnliches. Dort sind die Stückkosten auch stets gleich und entsprechen den Grenzerlösen. Diese beiden Kurven werden sich unter diesen Voraus-setzungen also nie treffen. Bei linearer Gesamtkosten- und Erlösfunktion liegt das Gewinnmaximum also im Unendlichen oder aber bei der Kapazitäts-grenze.

Im hier vorgestellten Beispiel bedeutet das, dass das Gewinnmaximum bei einer Ausbringungsmenge von 200 liegt. Der Gewinn beträgt dort:

$$G = E - K \qquad G = p \cdot x - (K_F + k_v \cdot x) \qquad G = 1\,600 - 1\,300 = 300$$

2 Kostenartenrechnung

Kenntnis der Kriterien zur Systematisierung der Kostenarten;
Kenntnis der wichtigsten Kostenarten,
Fertigkeiten deren Höhe zu bestimmen;
Überblick über die Gliederungsmöglichkeiten der Kosten und deren Berücksichtigung in der Praxis;
Erfassung der Kosten

2.1 Aufgabe der Kostenartenrechnung

Der Gang der Kostenrechnung von der Abgrenzung der relevanten Kosten über deren Verteilung bis zur letztendlichen Kalkulation einzelner betrieblicher Leistungen wird durch die drei Teilgebiete **Kostenartenrechnung**, **Kostenstellenrechnung** und **Kostenträgerrechnung** repräsentiert.

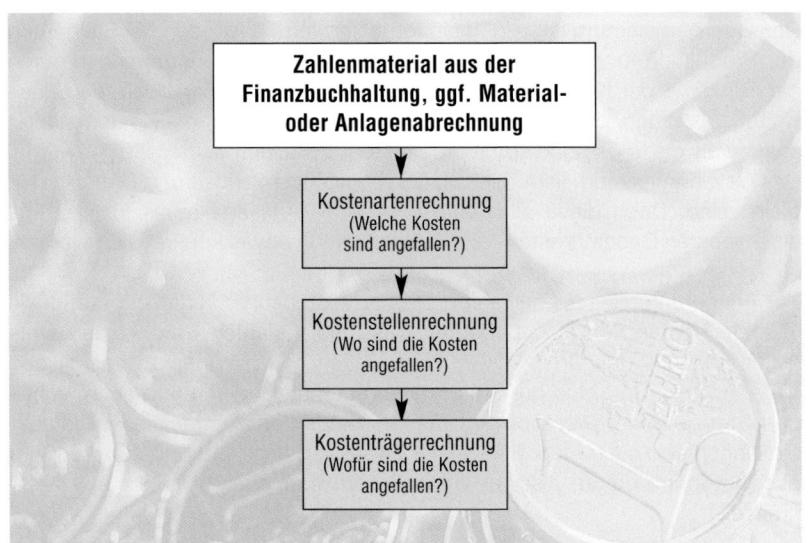

Zahlenmaterial aus der Finanzbuchhaltung, ggf. Material- oder Anlagenabrechnung

Kostenartenrechnung
(Welche Kosten sind angefallen?)

Kostenstellenrechnung
(Wo sind die Kosten angefallen?)

Kostenträgerrechnung
(Wofür sind die Kosten angefallen?)

Übersicht 18:
Teilbereiche der
Kostenrechnung

Die Kostenartenrechnung stellt die erste Stufe in der laufenden Kostenrechnung dar.

Die Fragestellung innerhalb der Kostenartenrechnung lautet:
Welche Kosten sind angefallen?

Die **Aufgabe der Kostenartenrechnung** ist es, die Mengen und Werte der Güter und Dienstleistungen, die in einer Periode zur Erstellung der betrieblichen Leistungen verbraucht wurden, zu ermitteln und gegliedert darzustellen. Es handelt sich hierbei eigentlich nicht um eine besondere Art von Rechnung, sondern vielmehr um die geordnete Erfassung der Kosten. Die Erfassung der Kosten erfolgt dabei im Austausch mit der Finanzbuchhaltung.

Hier wird eine weitere Einteilungsmöglichkeit der Kosten notwendig, die sich anders als die Einteilung in fixe und variable Kosten nicht nach der Beschäftigung unterscheiden, sondern nach deren Zurechenbarkeit auf bestimmte Bezugsobjekte, die Kostenträger.

2.1.1 Einzel- und Gemeinkosten

Kosten wurden bereits definiert als der Wert aller für die Erstellung der eigentlichen betrieblichen Leistungen verbrauchten Güter und Dienstleistungen in einer Periode. Nach der Art der Verrechnung lassen sich die Kosten in Einzel- und Gemeinkosten unterteilen.

● **Einzelkosten** lassen sich direkt den einzelnen betrieblichen Leistungen (z. B. produziertes Regal) zuordnen. Das Verursachungsprinzip ist hier in vollem Maße erfüllt. Einzelkosten werden unmittelbar aus der Kostenartenrechnung ohne Verrechnung über die Kostenstellen auf die Kostenträger kalkuliert.

> Beispiel: Die Chemischen Werke Arend erhalten den Auftrag, die Produktion von 170 Tonnen Spezialdüngemittel durchzuführen. Es handelt sich um eine Auftragsproduktion, für die ein bestimmter Einsatzstoff verwendet werden muss. Die Kosten, die für diesen Einsatzstoff entstehen, lassen sich eindeutig diesem Auftrag zuordnen.

● **Sondereinzelkosten** lassen sich zwar nicht direkt einem einzigen Kostenträger (z. B. eine Tonne Spezialdünger) zuordnen, jedoch einer Gruppe von Kostenträgern oder einem kompletten Auftrag, der nicht nur ein Produkt umfasst, sondern mehr als ein Bündel solcher einzelnen Aufträge zu verstehen ist. In der industriellen Kostenrechnung unterscheidet man die Sondereinzelkosten der Fertigung, wie zum Beispiel Kosten für Modelle oder Spezialwerkzeuge, und Sondereinzelkosten des Vertriebs, zum Beispiel Kosten für Verpackung (mehrerer Kostenträger) oder Frachten.

> Beispiel: Die Chemischen Werke Arend erhalten den Zuschlag eines Großkunden der Kosmetikbranche, mehrere Produkte für eine Aktion herzustellen. Aufgrund der Kundenanforderungen bezüglich der Produktverpackungen muss dazu ein spezielles Abfüllwerkzeug eingesetzt werden, über das Arend bisher nicht verfügt. Die Kosten für dieses Abfüllwerkzeug lassen sich zwar nicht einem einzelnen Kostenträger (z. B. kg des einzelnen Kosmetikproduktes) zuordnen, aber dem kompletten Auftragsbündel, denn sie wären nicht entstanden, wenn dieser Auftrag nicht angenommen worden wäre.

- **Gemeinkosten** bezeichnet man häufig auch als **indirekte Kosten**, da sie nicht unmittelbar, sondern nur indirekt einem einzelnen Kostenträger zuzurechnen sind. Das Verursachungsprinzip ist hier schwerer oder gar nicht einzuhalten, da sie nicht von einer Einheit, sprich von einem Kostenträger allein verursacht worden sind. Lediglich die Gemeinkosten gehen in die Kostenstellenrechnung ein. Dort werden sie mit Hilfe bestimmter Verteilungsschlüssel verteilt.

  > Beispiel: Das Gehalt eines Chemikers, die Kosten, die ein Stapler verursacht, die Miete für das Bürogebäude usw. lassen sich nicht einzelnen Kostenträgern zuordnen. Bei diesen Kosten handelt es sich um Gemeinkosten.

- **Unechte Gemeinkosten** lassen sich den einzelnen Leistungen grundsätzlich direkt zurechnen, sind also Einzelkosten. Aus abrechnungstechnischen Gründen, vor allem zur Vereinfachung, werden diese Kosten jedoch wie Gemeinkosten behandelt.

  > Beispiel: Die Chemischen Werke Arend produzieren Shampoo in verschiedenen Geruchsrichtungen. Die Kosten für die Geruchsstoffe ließen sich prinzipiell jedem Kostenträger (z. B. eine Flasche Shampoo) direkt als Einzelkosten zurechnen. Um einen zu hohen Erfassungsaufwand zu vermeiden, werden aus Vereinfachungsgründen diese Kosten jedoch als Gemeinkosten behandelt und zunächst in die Kostenstellenrechnung übernommen.

2.1.2 Einzelkosten, Gemeinkosten, fixe und variable Kosten

Nach dem Verhalten bei Beschäftigungs- bzw. Auslastungsschwankungen unterscheidet man fixe und variable Kosten. Nach der Art der Verrechnung lassen sich die Kosten in Einzel- und Gemeinkosten untergliedern.

Wie hängen nun fixe und variable Kosten auf der einen und Einzel- und Gemeinkosten auf der anderen Seite zusammen?

Da Einzelkosten durch einen Kostenträger verursacht werden, lassen sie sich eindeutig den variablen Kosten zuordnen, denn sie würden nicht entstehen, wenn dieser Kostenträger nicht produziert würde. Eine solch eindeutige Aussage kann in Bezug auf die Gemeinkosten nicht gemacht werden. Sie enthalten sowohl variable als auch fixe Bestandteile. Variabel, also abhängig von der Beschäftigung, verhalten sich zum Beispiel die Betriebsstoffkosten, die sich in der Regel jedoch keinem Kostenträger direkt zurechnen lassen. Als fixe Gemeinkosten stellen sich zum Beispiel Mieten für Lagerräume dar. Selbst wenn die Auslastung steigt, verändern sich diese Kosten nicht und einem Kostenträger lassen sie sich direkt erst recht nicht zuordnen.

Nach diesen Überlegungen lassen sich zwei Merksätze aufstellen:

 Fixkosten sind immer Gemeinkosten, aber Gemeinkosten nicht immer Fixkosten.

 Einzelkosten sind immer variable Kosten, aber variable Kosten nicht immer Einzelkosten.

Diesen Zusammenhang verdeutlicht auch Übersicht 19:

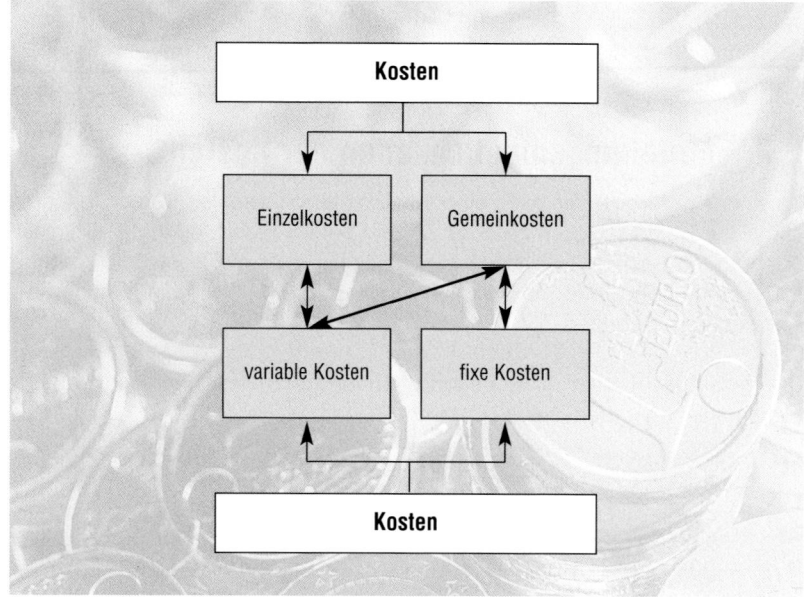

Übersicht 19:
Aufteilung der
Kosten bei
Beschäftigungs-
änderungen
und nach Art der
Verrechnung

In der Vergangenheit sind die Gemeinkosten und darin vornehmlich die Fixkostenanteile erheblich angestiegen. Das erschwert in erheblichem Maße eine dem Verursachungsprinzip folgende Kalkulation, also die Kostenträgerrechnung.

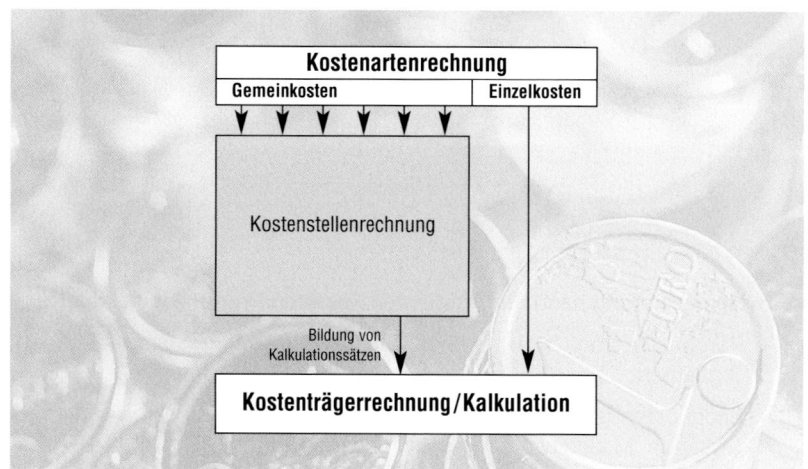

Übersicht 20:
Kostenrechnung

Quelle: in Anl. an Kilger, 1976, S. 3

Die Unterteilung der Kosten in Einzel- und Gemeinkosten hat Konsequenzen für die Behandlung der entsprechenden Kostenarten im Rahmen der Kostenrechnung. Einzelkosten werden direkt den Kostenträgern zugerechnet, während die Gemeinkosten zunächst über die Kostenstellenrechnung geleitet werden, bevor sie mit Hilfe bestimmter Zuschlagssätze auf die Kostenträger verrechnet werden. Übersicht 20 verdeutlicht schematisch den beschriebenen Gang durch die Kostenrechnung.

2.2 Einteilungsmöglichkeiten der Kosten

Zu einer **Kostenart**, das heißt einer bestimmten Klasse von Kosten, gehören sämtliche Kosten, die im Hinblick auf ein bestimmtes Merkmal die gleiche Ausprägung besitzen. So fallen zum Beispiel unter die Kostenart **kalkulatorische Abschreibungen** sämtliche Kosten, die die Wertminderungen bei Anlagegütern betreffen.

Die gesamten Kosten einer Periode können nach verschiedenen Kriterien systematisiert werden (siehe Übersicht 21; vgl. Wöhe, 2002, S. 1087 ff.).

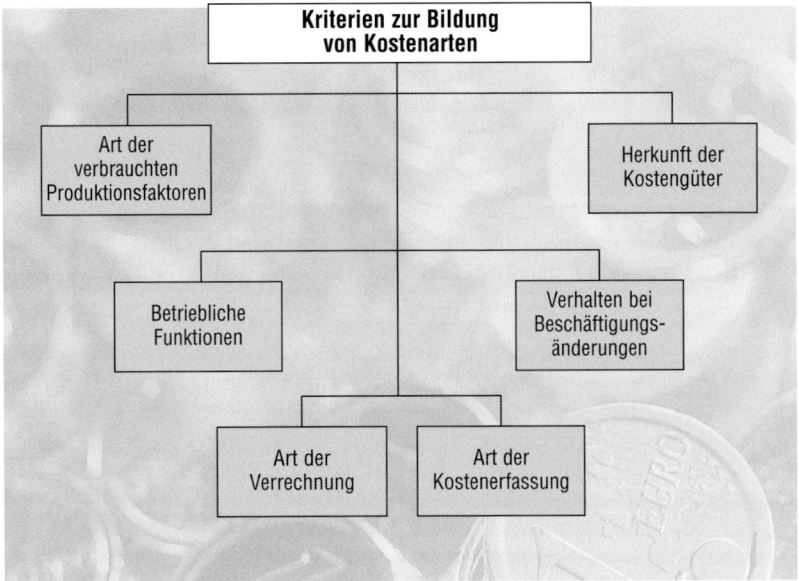

Übersicht 21:
Kriterien
zur Bildung von
Kostenarten

- Systematisierung nach der Art der verbrauchten Produktionsfaktoren:
  - Personalkosten (z. B. Löhne, Gehälter, freiwillige Sozialabgaben, Tantiemen, ...),
  - Sachkosten (z. B. Roh-, Hilfs- und Betriebsstoffe, Abschreibungen auf Gebäude, Maschinen oder Geschäftsausstattung),
  - Kapitalkosten (z. B. kalkulatorische Zinsen),
  - Kosten für Dienstleistungen Dritter (z. B. Rechts- und Beratungskosten, Energiekosten, Kosten für Telefon, Internet, Transportkosten, ...),
  - Kosten für Steuern, Gebühren und Beiträge.

- Systematisierung nach den betrieblichen Funktionen:

  - Kosten der Beschaffung,
  - Kosten der Lagerhaltung,
  - Kosten der Fertigung,
  - Kosten der Verwaltung,
  - Kosten der physischen Distribution,
  - Kosten des Marketing,
  - Kosten der Entsorgung.

- Systematisierung nach der Art der Verrechnung:

  - **Einzelkosten**: Sie werden ohne ein Umleiten über die Kostenstellenrechnung unmittelbar den Kostenträgern zugerechnet, da sie pro Kostenträger genau erfasst werden können. Sie treten auch als Sondereinzelkosten der Fertigung (z. B. Spezialwerkzeug für einen Auftrag) oder des Vertriebs (z. B. Verpackungskosten eines Auftrages) auf. Einzelkosten müssen dem Verursachungsprinzip in hohem Maße genügen.

  - **Gemeinkosten**: Sie lassen sich nicht direkt einem Kostenträger zurechnen, da sie für mehrere Kostenträger anfallen (z. B. Gehalt der Telefonistin). Gemeinkosten werden über die Kostenstellenrechnung geleitet und über bestimmte Schlüssel den Kostenträgern zugeschlagen.

- Systematisierung nach der Art der Kostenerfassung:

  - **Aufwandsgleiche Kostenarten**: Sie können für die Zwecke der Kostenrechnung direkt aus der Finanzbuchhaltung übernommen werden (z. B. Löhne, Materialkosten).

  - **Kalkulatorische Kostenarten**: Entweder stimmen die kalkulatorischen Kosten in ihrer Höhe nicht mit den Aufwendungen überein, dann handelt es sich um Anderskosten (z. B. kalkulatorische Abschreibungen), oder für sie entsteht überhaupt kein Aufwand, dann handelt es sich um Zusatzkosten (z. B. kalkulatorischer Unternehmerlohn).

- Systematisierung nach dem Verhalten bei Beschäftigungsänderungen:

  - **fixe Kostenarten**: Sie fallen unabhängig von der Beschäftigungsmenge stets in gleicher Höhe an (z. B. Gehälter, lineare Abschreibungen).

  - **variable Kosten**: Ihre Höhe hängt von der Beschäftigungsmenge ab (z. B. Akkordlöhne, Materialkosten).

Diese Systematisierungsart wird auch als **Systematisierung nach der Dispositionsabhängigkeit** bezeichnet. Kurzfristig disponierbar sind grundsätzlich nur die variablen Kosten, während die fixen Kosten als „**Sunk Costs**" bezeichnet werden. Das bedeutet, sie sind kurzfristig nicht abbaubar. Für Vollkostenrechnungen spielt diese Gliederungsmöglichkeit keine Rolle, da die gesamten (Gemein-)Kosten aus der Kostenstellenrechnung auf die Kostenträger verteilt werden.

- Systematisierung nach der Herkunft der Kostengüter:

  - **Primäre Kostenarten**: Sie erfassen den Verbrauch von Produktionsfaktoren, die der Betrieb von den Beschaffungsmärkten, also von außen bezieht. Sie werden in der Kostenartenrechnung erhoben und können als Einzel- oder Gemeinkosten weiterverrechnet werden.
  - **Sekundäre Kostenarten**: Sie umfassen den geldmäßigen Gegenwert für den Verbrauch innerbetrieblicher Leistungen (z. B. Reparaturleistung durch die betriebseigene Werkstatt). Man unterscheidet aktivierbare (z. B. Herstellung eines langlebigen Werkzeugs durch die eigene Schlosserei) und nicht aktivierbare innerbetriebliche Leistungen (z. B. Transport von Ware zum Kunden durch den eigenen Fuhrpark). Bei der Erstellung der innerbetrieblichen Leistungen entstehen primäre Kostenarten. Doch die sekundären Kostenarten zur Bewertung der innerbetrieblichen Leistungen entstehen erst in der Kostenstellenrechnung.

Entsprechend den verwendeten Gliederungsmerkmalen kann eine Systematik der Kostenarten entwickelt werden. Sie muss sowohl erfassungs- als auch verwendungsorientiert sein. Da die Kostenartenrechnung (und damit die Systematisierung der Kosten) die Grundlage für die weiteren Verrechnungen der Kosten im Rahmen der Kostenstellen- und Kostenträgerrechnung bildet, muss sie auf die Rechnungsziele, die in den folgenden Teilgebieten der Kostenrechnung verfolgt werden, abgestimmt sein. Da Kosten durch den zielorientierten Einsatz von Gütern im Transformationsprozess des Betriebes entstehen, wird in der Regel die **Art der Einsatzgüter** das dominierende Systematisierungskriterium darstellen.

Folgende Grundsätze können die Systematisierung unterstützen (Schierenbeck, 2003, S. 660):
- In der Kostenartenrechnung werden nur primäre Kosten erfasst.
- Diese werden nach der Art der verbrauchten Produktionsfaktoren gegliedert.
- Eine ergänzende Unterscheidung von Einzel- und Gemeinkosten bereits in der Kostenartenrechnung kann als Vorbereitung der Kostenstellenrechnung hilfreich sein.
- Eine Gliederung der Kosten nach dem Betriebsbereich, in dem sie anfallen, sollte unterbleiben, da dadurch bereits Elemente der Kostenstellenrechnung angesprochen werden.

2.3 Erfassung der bedeutenden Kostenarten

Zu den wichtigen Kostenarten sind vor allem zu zählen: Material- bzw. Werkstoffkosten, Personalkosten sowie kalkulatorische Kosten.

2.3.1 Erfassung der Materialkosten

Material- bzw. Werkstoffkosten ergeben sich durch die Bewertung des mengenmäßigen Verbrauchs an Roh-, Hilfs- und Betriebsstoffen mit den entsprechenden Preisen.

Somit erfolgt die Erfassung der Materialkosten grundsätzlich in zwei Schritten (Schierenbeck, 2003, S. 660 ff.):

1) Erfassung der Verbrauchsmengen,
2) Bewertung der Verbrauchsmengen mit Preisen.

Zur **Erfassung der Verbrauchsmengen** stehen hauptsächlich drei Methoden zur Verfügung: Inventurmethode (Befundrechnung), Fortschreibungsmethode (Skontrationsmethode) und die Retrograde Methode (Rückrechnung). Die Erfassung des Materialverbrauchs ist keine originäre Aufgabe der Kostenrechnung, sondern eher eine Aufgabe der Materialabrechnung im Rahmen der Materialwirtschaft.

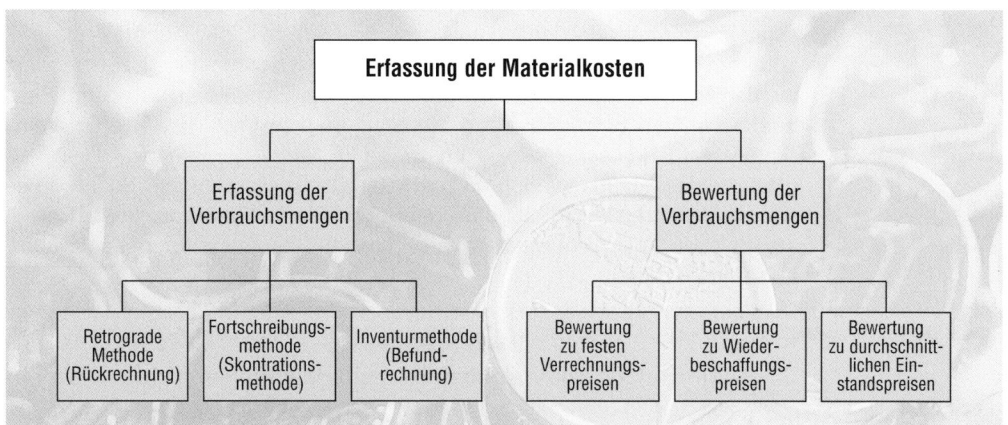

Übersicht 22: Erfassung der Materialkosten

Die Bewertung des Materialverbrauchs kann ebenfalls auf der Grundlage verschiedener Ansätze erfolgen: Bewertung zu Durchschnittspreisen (Istpreisverfahren), Bewertung zu Wiederbeschaffungspreisen, Bewertung zu festen Verrechnungspreisen. Die Bewertung der Verbrauchsmengen ist die Aufgabe der Kostenrechnung, sie bedient sich dabei der Informationen aus der Finanzbuchhaltung.

▌ Erfassung der Verbrauchsmengen

Die verbrauchten Materialmengen können nach verschiedenen Verfahren ermittelt werden.

Inventurmethode (Befundrechnung)
Bei der Befundrechnung wird der Verbrauch ermittelt, indem man von der Summe aus Anfangsbestand und Zugängen den Endbestand subtrahiert. Der Endbestand wird dabei durch Inventur ermittelt.

Anfangsbestand + Zugänge – Endbestand = Verbrauch	Formel

Soll der Verbrauch nach der Befundrechnung genau ermittelt werden, so ist also eine Inventur (körperliche Bestandsaufnahme) notwendig. Dieses Vorgehen ist zeitaufwendig und nur dann sinnvoll, wenn der Materialverbrauch pro Kostenstelle bzw. Träger relativ einfach zu ermitteln ist. Bei Materialien, die für mehrere Kostenstellen bzw. Kostenträger anfallen, ist mit Hilfe der Befundrechnung eine Zurechnung der Materialverbräuche auf die einzelnen Kostenstellen bzw. -träger nicht möglich, da nur Gesamtmengen ermittelt werden.

Fortschreibungsmethode (Skontration)
Die Fortschreibungsmethode (Skontration) geht vom Anfangsbestand aus und ermittelt den Sollbestand durch die Addition der Zugänge und die Subtraktion der Abgänge. Da die Abgänge aufgrund von entsprechenden Belegen (z. B. Materialentnahmescheine) ermittelt werden, besitzt die Fortschreibungsmethode den Vorteil, dass die Verbrauchsmengen für die entsprechenden Leistungen genau den einzelnen Kostenstellen zugerechnet werden können. Somit ist Ausschuss bei dieser Ermittlungsmethode bereits berücksichtigt, Schwund oder Diebstahl jedoch nicht (da hierfür keine Materialentnahmescheine existieren). Die Skontrationsmethode ist ein vergleichsweise genaues Verfahren zur Materialbedarfsermittlung. Nachteilig an diesem Verfahren ist jedoch, dass der Sollbestand allein aufgrund der Belege ermittelt wird und nicht mit dem tatsächlichen Bestand auf dem Lager übereinstimmen muss.

Formel

Materialverbrauch
= Summe der Materialentnahmen laut Materialentnahmeschein

(Anfangsbestand + Zugänge – Abgänge = (Soll-) Endbestand)

Rückrechnung (Retrograde Methode)
Die Rückrechnung, auch **retrograde Ermittlung** genannt, geht vom fertigen Produkt aus. Voraussetzung zur Anwendung der retrograden Methoden ist also, dass der Verbrauch pro Erzeugniseinheit einmal erfasst wurde. Mit Hilfe der Stücklisten und unter Berücksichtigung der Anzahl an Fertigerzeugnissen können die Verbräuche der einzelnen Materialien rückwärts ermittelt werden. Ausschuss, Schwund oder Diebstahl können hier jedoch nicht (bzw. lediglich durch prozentuale Zuschläge, was jedoch eine eher unbefriedigende Lösung sein dürfte) berücksichtigt werden.

Formel

Stückzahl der Fertigerzeugnisse · Stückzahl des Einzelteils
pro Fertigerzeugnis = Verbrauch

▌ Bewertung der Verbrauchsmengen

Zur Bewertung des ermittelten Materialverbrauchs stehen ebenfalls mehrere Verfahren zur Verfügung. Es handelt sich hierbei um die Bewertung zu durchschnittlichen Einstandspreisen, die Bewertung zu Wiederbeschaffungspreisen und den Ansatz von Verrechnungspreisen.

Die **Bewertung mit durchschnittlichen Einstandspreisen** wird vorgenommen, indem man aus den Einstandspreisen der vergangenen Perioden für ein Material den Durchschnitt bildet und den Verbrauch mit diesem Durchschnitt bewertet.

Die Einstandspreise für je 100 000 Blatt Kopierpapier der vergangenen Bestellungen und die sich daraus ergebenden durchschnittlichen Anschaffungspreise aus den letzten sechs Bestellungen stellen sich in einem Betrieb wie folgt dar:

Bestellung	1	2	3	4	5	6	7	8	9	10	11	12
Einstandspreise	630,00	610,00	580,00	600,00	610,00	590,00	620,00	605,00	590,00	600,00	610,00	580,00
durchschnittliche Anschaffungspreise						603,30	601,70	600,80	602,50	602,50	602,50	600,80

Bei der **Bewertung mit Wiederbeschaffungspreisen** versucht man, die Istpreise am Tag der Lagerentnahme zu ermitteln und die Verbrauchsmengen mit diesen zu bewerten. Vorteilhaft an diesem Verfahren ist, dass es die tatsächlichen, effektiven Preise für die Bewertung der Materialien zugrunde legt und damit dem Ziel der Substanzerhaltung (über die Erlöse müssen die bei der Herstellung angefallenen Kosten mindestens gedeckt sein) dient. Als nachteilig an diesem Verfahren ist der hohe Aufwand anzusehen (Ermittlung der jeweiligen Istpreise). Des Weiteren werden bei der Anwendung dieses Verfahrens Preisschwankungen übernommen, die sich über die Bewertung der Verbrauchsmengen dann in Kostenschwankungen niederschlagen. Gerade solche Schwankungen, die auf Preisschwankungen zurückzuführen sind, versucht man im Rahmen der Kostenrechnung zu vermeiden, da sie im Nachhinein schwer bzw. nicht mehr von anderen Abweichungen, z. B. Verbrauchsabweichungen, zu trennen sind.

Der **Ansatz von Verrechnungspreisen** versucht, diesen Nachteil zu umgehen, indem für einen längeren Zeitraum feste Verrechnungspreise angesetzt werden. Anders als bei den durchschnittlichen Einstandspreisen, die lediglich vergangenheitsorientiert sind, lässt man in die Bildung der Verrechnungs-preise auch erwartete zukünftige Entwicklungen einfließen. So versucht man einerseits dem Ziel der Substanzerhaltung Rechnung zu tragen (Berücksichtigung der Entwicklung der Wiederbeschaffungspreise) und andererseits Preisschwankungen auszuschalten. Die auftretenden Differenzen zwischen den Verrechnungspreisen und den tatsächlichen, effektiven Einstandspreisen können eliminiert werden, indem sie zum Beispiel auf einem Preisdifferenzkonto in der Finanzbuchhaltung verbucht werden. Für die laufende Kostenrechnung spielen diese Abweichungen zunächst keine Rolle. Erst wenn sie ein bestimmtes Maß überschreiten und merklich stets in eine Richtung abweichen, sollte eine Anpassung der Verrechnungspreise erfolgen.

2.3.2 Erfassung der Personalkosten

Definition

> **Sämtliche Kosten, die durch den Produktionsfaktor Arbeit unmittelbar oder mittelbar verursacht werden, zählen zu den Personalkosten. Sie werden in der Lohn- und Gehaltsbuchhaltung erfasst.**

Die wichtigsten Kategorien der Personalkosten sind:

- Löhne,
- Gehälter,
- gesetzliche Sozialabgaben,
- freiwillige Sozialleistungen,
- sonstige Personalkosten.

Löhne und Gehälter können durch die Auswertung von Gehaltslisten, Stempelkarten, Zeitlohn- und Akkordscheinen usw. erfasst und verrechnet werden. Für die Kostenrechnung kann man die Löhne unterscheiden in so genannte Hilfslöhne und Fertigungslöhne. **Hilfslöhne** (was keine Aussage über die Qualifikation des Arbeitnehmers bedeutet) entstehen für Arbeiten, die nur mittelbar mit den Aufträgen bzw. Kostenträgern in Verbindung stehen, wie zum Beispiel die Kosten, die ein Lagerarbeiter oder ein Auslieferungsfahrer in einem Industrieunternehmen verursacht. Da keine direkte Beziehung zu den Kostenträgern existiert, werden sie als Gemeinkosten eingestuft. **Fertigungslöhne** hingegen stehen in unmittelbarem Zusammenhang mit den Kostenträgern bzw. Aufträgen, weshalb sie in der Regel als Einzelkosten eingestuft werden. **Gehälter** werden generell als Gemeinkosten eingestuft (Schierenbeck, 2003, S. 661 f.).

Die **gesetzlichen Sozialabgaben** können auf Basis der erfassten Löhne und Gehälter ermittelt werden. **Freiwillige Sozialleistungen** kann man danach unterscheiden, ob sie einem einzelnen Arbeitnehmer direkt zugute kommen (z. B. Beihilfen für Fahrt und Verpflegung) oder ob sie als Einrichtung sämtlichen Arbeitnehmern eines Unternehmens zur Verfügung stehen (z. B. Sportanlage oder Werksbibliothek). Im ersten Fall handelt es sich um so genannte **primäre** und im zweiten Fall um **sekundäre freiwillige Sozialleistungen** (Wöhe, 2002, S. 1090 f.).

Bei der Erfassung der Personalkosten für die Zwecke der Kostenrechnung treten in der Regel keine größeren Probleme auf. Besondere Abgrenzungsprobleme treten lediglich bei den Personalkosten auf, die stoßweise bzw. aperiodisch als Ausgaben anfallen. Ein Beispiel sind die Urlaubslöhne. Sie treten als Ausgaben einmal im Jahr auf. Es wäre aus Sicht der Kostenrechnung aber nicht richtig, diese eine Periode mit sämtlichen Urlaubslöhnen als Kosten zu belasten. Damit die Kostenrechnung aber zu aussagefähigen Ergebnissen kommt, muss eine gleichmäßige, zeitliche Verteilung auf sämtliche Monate des Jahres erfolgen.

> In einem Unternehmen wird das Urlaubsgeld für das nächste Geschäftsjahr auf 216 000,00 EUR geschätzt. In der Fertigungsvorbereitung arbeiten drei Mitarbeiter. Zusammen beträgt deren Jahresgehalt 252 000,00 EUR. Insgesamt fallen in dem Unternehmen 10 080 000,00 EUR an Löhnen und Gehältern pro Jahr an.

Gleichmäßige Verteilung auf das Jahr: 216 000,00 EUR : 12 Mon. = 18 000,00 EUR/Mon.Verteilung im Verhältnis der Lohn- und Gehaltssumme:

252 000,00 EUR/10 080 000,00 EUR = 2,5 %.
18 000,00 EUR/Mon. · 2,5 % = 450,00 EUR/Mon.

Weitere Kostenarten, bei denen eine solche zeitliche Verteilung der Ausgaben auf die einzelnen Perioden notwendig ist, sind zum Beispiel Versicherungen, Steuern oder Großreparaturen.
Einen weiteren Sonderfall im Bereich der Personalkosten stellt der kalkulatorische Unternehmerlohn dar. Dieser soll im Rahmen der kalkulatorischen Kosten behandelt werden.

2.3.3 Erfassung der kalkulatorischen Kosten

Wie bereits festgestellt worden ist, sind kalkulatorische Kosten solche Kosten, denen entweder kein Aufwand (Zusatzkosten) oder Aufwand in anderer Höhe in der Finanzbuchhaltung (Anderskosten) gegenübersteht. Die kalkulatorischen Kosten müssen verrechnet werden, damit in der Kostenrechnung der „richtige" Werteverzehr an Produktionsfaktoren berücksichtigt wird und somit eine „richtige" Kalkulation ermöglicht wird. Die kalkulatorischen Kostenarten sind die kalkulatorischen Abschreibungen, die kalkulatorischen Zinsen, der kalkulatorische

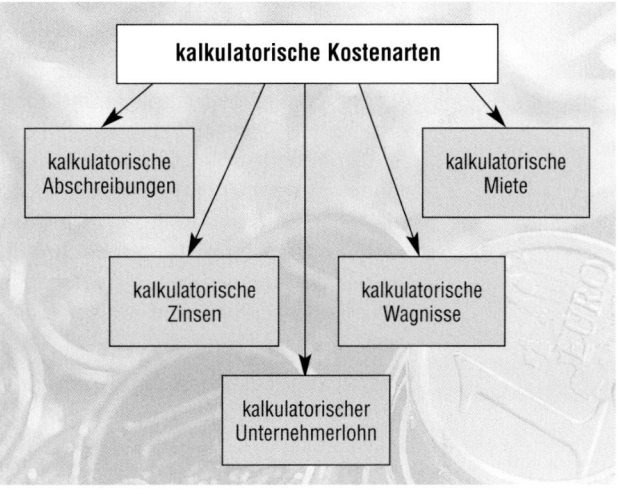

Übersicht 23: Kalkulatorische Kosten

Unternehmerlohn, die kalkulatorischen Wagnisse und die kalkulatorische Miete. Die einzelnen kalkulatorischen Kostenarten stellen unterschiedliche Ansprüche an ihre Erfassung und Aufbereitung.

▌ Kalkulatorische Abschreibungen:

Als **Abschreibungen** bezeichnet man Beträge, die aufgrund einer planmäßigen Rechnung zur Erfassung des **Wertverzehrs** am Anlagevermögen in der GuV (Gewinn- und Verlustrechnung) als Aufwand und in der Kostenrechnung als Kosten angesetzt werden. Bilanzmäßige, buchhalterische Abschreibungen erfolgen in der Regel nach handels- und steuerbilanzpolitischen Gesichtspunkten ohne ausreichende Berücksichtigung der tatsächlichen Wertminderung der Anlagen. Häufig sind sie ein Mittel der Gewinnmanipulierung und Selbstfinanzierung.
Kalkulatorische Abschreibungen sind die planmäßigen Abschreibungen der Kostenrechnung. Sie werden unabhängig von der bilanzmäßigen Abschreibung vorgenommen. Kalkulatorische Abschreibungen richten sich nach der erwarteten Nutzungsdauer der Anlagegegenstände im Betrieb. Kalkulatorische Abschreibungen sind Anderskosten.

Aus den bisherigen Ausführungen wurde deutlich, dass sich die kalkulatorischen Abschreibungen von den bilanziellen Abschreibungen unterscheiden. Die möglichen Unterschiede zwischen beiden Abschreibungsarten stellen zugleich den Ausgangspunkt für die Überlegungen zur Bemessung der kalkulatorischen Abschreibungen dar. Es sind im Einzelnen (Moews, 1996, S. 97 f.):

Unterschiede in der Abschreibungssumme: Die Abschreibungssumme, als zu verteilender Gesamtbetrag, ist bei der pagatorischen Abschreibung nach oben durch die Anschaffungskosten begrenzt. Die Kostenrechnung hat jedoch auch das Ziel der Substanzerhaltung. Die ist nur dann möglich, wenn die Abschreibungsbeträge, die über Erlöse erwirtschaft werden, ausreichen, um die Wiederbeschaffung einer gleichwertigen Anlage zu finanzieren. Ein Unterschied kann also darin liegen, dass bei der pagatorischen Abschreibung vom Anschaffungspreis und bei der kalkulatorischen Abschreibung vom Wiederbeschaffungspreis ausgegangen wird.

Unterschiede in der Abschreibungsbasis (Abschreibungszeitraum): Die Abschreibungsbasis ist die Grundlage, auf die die Abschreibungssumme zu verteilen ist. Dies kann zum einen die erwartete Nutzungsdauer als Zeitraum sein, zum anderen kann es sich um eine erwartete Gesamtnutzungsmenge handeln. Legt man einen Abschreibungszeitraum zugrunde, so spricht man von einer **Zeitabschreibung**. Geht man von der Nutzungsmenge aus, so spricht man von **Leistungsabschreibung**. Ein möglicher Unterschied kann darin liegen, dass in der kalkulatorischen Abschreibung die Leistungsmenge und in der pagatorischen Abschreibung die Nutzungsdauer zugrunde gelegt wird.

Es gibt drei Ursachen für den Werteverzehr, die man als Abschreibungsursachen bezeichnet, wie es in der folgenden Tabelle dargestellt ist.

Abschreibungsursache (Ursache des Werteverzehrs)	Ursachen im Einzelnen
verbrauchsbedingte Ursachen (mengenmäßige Abnahme)	• Abnutzung durch Gebrauch • Abnutzung durch Zeitverschleiß • Abnutzung durch Substanzverringerung (z. B. Kohlevorräte im Bergbau) • Abnutzung durch Katastrophen
wirtschaftlich bedingte Ursachen (wertmäßige Abnahme)	• Wertminderungen aufgrund des technischen Fortschritts (z. B. Computer) • Wertminderungen aufgrund von Nachfrageverschiebungen • Wertminderungen aufgrund des Sinkens der Wiederbeschaffungskosten • Wertminderungen aufgrund des Sinkens der Absatzpreise • Wertminderungen aufgrund von Fehlinvestitionen
zeitlich bedingte Ursachen	• Ablauf eines Miet- oder Pachtvertrages vor Ablauf der technischen Nutzungsdauer eines Betriebsmittels • Ablauf von Schutzrechten (z. B. Patente) • Ablauf von Konzessionen

Die kalkulatorischen Abschreibungen sollen die tatsächliche Wertminderung erfassen. Auf die tatsächliche Wertminderung wirken stets mehrere der in der Tabelle auf S. 208 aufgeführten Ursachen ein. Es können auch Unterschiede im zugrunde gelegten Abschreibungszeitraum entstehen. Denn die pagatorischen Abschreibungen erfassen die Anschaffungskosten und sind beendet, wenn diese auf die geschätzte Nutzungsdauer verteilt sind. Im Gegensatz dazu endet die kalkulatorische Abschreibung nicht, wenn die Anschaffungskosten amortisiert sind, sondern wird so lange fortgesetzt, wie die entsprechende Anlage noch verwendet wird (Wöhe, 2002, S. 1094). Der Abschreibungszeitraum ist deshalb bei der kalkulatorischen Abschreibung in der Regel länger.

Unterschiede in der Abschreibungsmethode:
Die Abschreibungsmethode legt den Modus für die Verteilung der Abschreibungssumme auf die Nutzungsdauer bzw. -menge fest. Zunächst lassen sich die Abschreibungsmethoden nach der zugrunde gelegten Abschreibungsbasis einteilen in **leistungs- bzw. nutzungsorientierte** und **zeitorientierte Abschreibungsmethoden**. Auch Kombinationen beider sind möglich. Die zeitorientierten Methoden lassen sich weiter einteilen in lineare, degressive (arithmetische und geometrische) sowie progressive (arithmetische und geometrische) Abschreibungen.

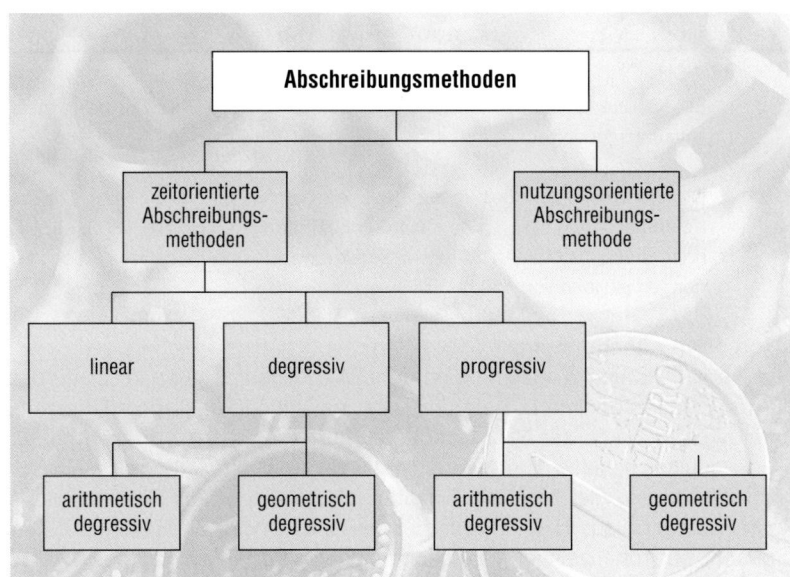

Übersicht 24:
Abschreibungs-
methoden

Lineare Abschreibung:
In der Kostenrechnung wird die **lineare Abschreibung** häufig angewendet. Hier werden die Anschaffungskosten zu gleichen Teilen auf die Jahre der Nutzung verteilt, da man einen gleichmäßigen Werteverzehr während der Nutzung unterstellt. Für die monatsbezogene Kostenrechnung dividiert man die jährlichen Abschreibungsbeträge noch durch 12. Im Rahmen der linearen

Abschreibungsmethode verrechnet man in jedem Jahr den gleichen Prozentsatz der Anschaffungskosten als Abschreibung. Bezeichnet man die Anschaffungskosten mit A, die geschätzte Nutzungsdauer mit n so ergibt sich der lineare Abschreibungsbetrag a nach der folgenden Formel:

Formel

$$a = \frac{A}{n}$$

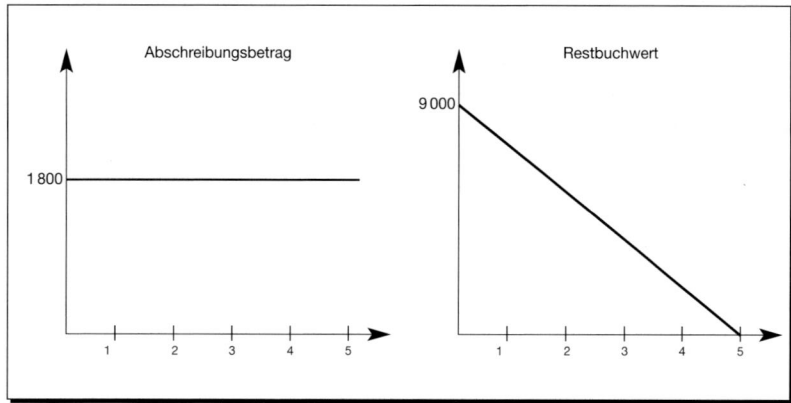

Übersicht 25:
Lineare
Abschreibung

Ein Kopierer wird neu angeschafft. Er kostet 9 000,00 EUR. Die geschätzte Nutzungsdauer beträgt fünf Jahre.

Die jährlichen Abschreibungen betragen demnach 1 800,00 EUR. Da die Kostenrechnung i.d.R. monatlich durchgeführt wird, sind die 1 800,00 EUR noch durch 12 Monate zu teilen. Somit ergeben sich monatliche Abschreibungen in Höhe von 150,00 EUR.

Degressive Abschreibung:
Hier unterstellt man zu Beginn eine hohe Wertminderung, die im Laufe der Nutzungsdauer abnimmt. Aufgrund der zunehmenden Reparaturkostenanfälligkeit im Laufe der Nutzungsdauer und des gerade zu Beginn hohen Werteverlustes sehen einige Autoren in der degressiven Methode die einzige Möglichkeit, eine gleichmäßige Belastung der Perioden mit Betriebsmittelkosten (die sich aus den Abschreibungen und den Instandhaltungskosten ergeben) bei gleichzeitiger verursachungsgerechter Erfassung des Werteverzehrs zu gewährleisten. Man unterscheidet die **arithmetisch-degressive** und die **geometrisch-degressive** Abschreibung.

Bei der arithmetisch-degressiven Abschreibung (auch digitale Abschreibung) verringert sich der Abschreibungsbetrag jedes Jahr um den gleichen Betrag. Diesen Betrag D erhält man, indem man die Anschaffungskosten A durch die Summe der sich aus der Nutzungsdauer (1 bis n) ergebenden Jahresziffern dividiert (**Degressionsbetrag**). D ist dann mit den Jahresziffern in umgekehrter Reihenfolge zu multiplizieren, um den jährlichen Abschreibungsbetrag a zu erhalten (also im ersten Jahr n mal D, im zweiten Jahr n-1 mal D usw.). Die Formel zur Ermittlung von D sieht folgendermaßen aus:

Formel

$$D = \frac{1 \cdot A}{n\,(n+1)} \quad oder \quad D = \frac{A}{\sum\limits_{t=1}^{n} t}$$

Den entsprechenden Abschreibungsbetrag für das Jahr a_t erhält man dann nach folgender Berechnung:

Formel

$$a_t = D \cdot (n+1-t) = \frac{2 \cdot A}{n\,(n+1)} \cdot (n+1-t) = \frac{A}{\sum\limits_{t=1}^{n} t}\,(n+1-t)$$

Nun wird das oben bereits genannte Beispiel des Kopierers noch einmal betrachtet. Nach der degressiven Methoden beliefe sich D (Degressionsbetrag) auf:

Formel

$$D = \frac{2 \cdot 9\,000}{5 \cdot (5+1)} = \frac{18\,000}{30} = 600$$

Für die erste Periode ergibt sich demnach folgender Abschreibungsbetrag a_1:

Abschreibung in EUR	Restwert am Ende der Periode in EUR
	9 000
$a_1 = 600 \cdot (5+1-1) = 600 \cdot 5 = 3\,000$	6 000
$a_2 = 600 \cdot (5+1-2) = 600 \cdot 4 = 2\,400$	3 600
$a_3 = 600 \cdot (5+1-3) = 600 \cdot 3 = 1\,800$	1 800
$a_4 = 600 \cdot (5+1-4) = 600 \cdot 2 = 1\,200$	600
$a_5 = 600 \cdot (5+1-5) = 600 \cdot 1 = 600$	0

Bei der geometrisch-degressiven Abschreibung fällt der Abschreibungsbetrag nicht um einen konstanten Wert D, sondern sinkt um von Jahr zu Jahr kleiner werdende Raten. Dies ist der Fall, wenn man stets einen gleichen Prozentsatz auf den Restbuchwert anwendet (da die Basis sich verkleinert, muss auch die Verringerung des Abschreibungsbetrages kleiner werden). Dieses Abschreibungsverfahren wird nie zu einem Restwert von Null führen. Für Überlegungen im Rahmen der Kostenrechnung wird die geometrisch degressive Anschreibung keine Rolle spielen.

Progressive Abschreibung:
Die progressive Abschreibung unterstellt einen im Laufe der Zeit zunehmenden Werteverzehr. Die Abschreibungsquoten steigen also von Jahr zu Jahr an. Dieser Anstieg kann entweder arithmetisch (jedes Jahr um den gleichen Betrag) oder geometrisch erfolgen. Die progressive Abschreibung ist deshalb das Gegenstück zur degressiven Abschreibung. Sie wird hier nicht näher erläutert.

Leistungsabschreibung:
Die Leistungsabschreibung (auch: variable Abschreibung) unterstellt einen Werteverzehr gemäß der wechselnden Inanspruchnahme oder Substanzverminderung des Betriebsmittels. Ihre Berechnung ist recht einfach, da der Abschreibungsbetrag stets proportional zur Leistungsmenge vorgenommen wird. Bezeichnet man die erwartete Gesamtleistungsmenge mit GL und die in der betrachteten Periode geleistete Leistungsmenge mit PL_t, die Anschaffungskosten wieder mit A, so ergibt sich der Abschreibungsbetrag a_t nach folgender Formel:

Formel

$$a_t = \frac{A}{GL} \cdot PL_t$$

Für das Beispiel mit dem Kopierer kann die Leistungsabschreibung folgendermaßen aussehen: Legt man eine gesamte Kopierleistung von 500 000 Kopien zugrunde und sind im ersten Jahr 120 000 Kopien angefertigt worden, so ist folgender Betrag abzuschreiben:

$$a_t = \frac{9\,000}{500\,000} \cdot 120\,000 = 2160$$

In der Kostenrechnung findet man manchmal auch eine Kombination aus Leistungsabschreibung und linearer Abschreibung.

Übersicht 26 gibt noch einmal für jede der aufgeführten Abschreibungsmethoden die typischen Verläufe von Abschreibungsbetrag und Restwert wieder:

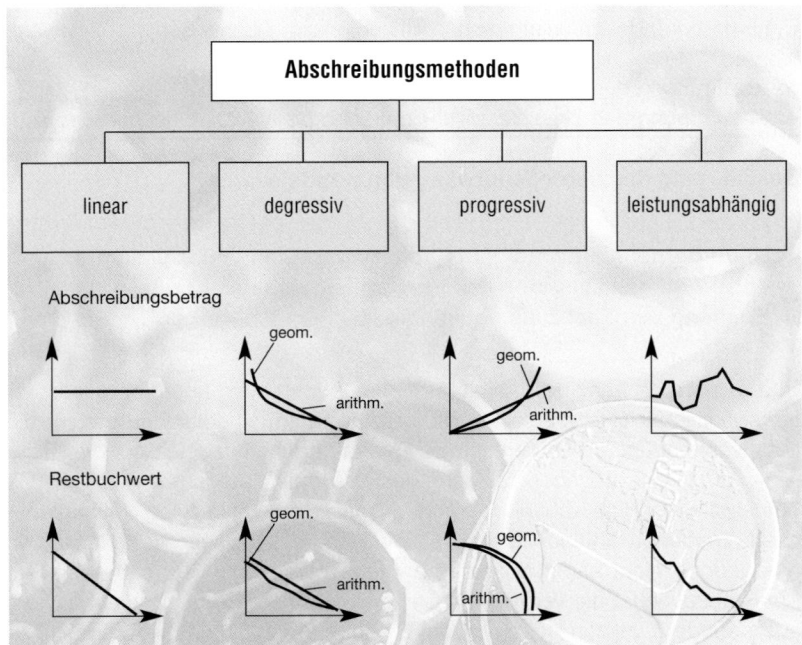

▌ Kalkulatorische Zinsen

Im Rahmen der pagatorischen Rechnung werden nur Zinsen für das Fremdkapital als Aufwand verrechnet. In den am Markt erzielten Erlösen sollte jedoch auch eine Verzinsung des Eigenkapitals erfolgen. Dazu wird in der Kostenrechnung von dem gesamten im Leistungserstellungsprozess eingesetzten Kapital ausgegangen, das man als **betriebsnotwendiges Kapital** bezeichnet. Darauf werden die kalkulatorischen Zinsen berechnet (Wöhe, 2002, S. 1096 ff.).

Die **Begründung** für die Berechnung kalkulatorischer Zinsen kann aus einer einfachen Überlegung gewonnen werden: Das im Betrieb eingesetzte (Eigen-) Kapital unterliegt ebenfalls einem Werteverzehr, denn man könnte dieses gebundene Kapital alternativ auch auf dem Kapitalmarkt anlegen. Während in der Finanzbuchhaltung als Aufwand lediglich die tatsächlich gezahlten Zinsen für Fremdkapital verrechnet werden, kann dies für die Kostenrechnung nicht genügen. Vielmehr müssen die kalkulatorischen Zinsen auf das gesamte betriebsnotwendige Kapital verrechnet werden, also auch auf das Eigenkapital. Ein häufiges Missverständnis ist, dass die kalkulatorischen Zinsen lediglich auf das Eigenkapital berechnet werden. Sie werden jedoch auf das betriebsnotwendige Kapital, zu dem auch das betriebsnotwendige Eigenkapital zählt, verrechnet. Zwar verursacht das Eigenkapital keine Zinszahlungen, aber einen Nutzenentgang, nämlich die Zinsen, die bei anderweitiger Anlage erzielt werden könnten. Man spricht in diesem Zusammenhang auch von **Opportunitätskosten**.

Die Ermittlung der kalkulatorischen Zinsen erfolgt in zwei Schritten:

- Bestimmung des betriebsnotwendigen Kapitals
- Bestimmung des Zinssatzes zur Ermittlung der kalkulatorischen Zinsen

Bestimmung des betriebsnotwendigen Kapitals:

Definition

Unter betriebsnotwendigem Kapital versteht man das gesamte zur Leistungserstellung notwendige Kapital, also das Kapital, das zur Erfüllung des Sachziels notwendig ist.

Das betriebsnotwendige Kapital lässt sich jedoch nicht unmittelbar aus der Passivseite der Bilanz ablesen, da ihr nur die Mittelherkunft und nicht die Mittelverwendung zu entnehmen ist. Deshalb muss man sich auf die Aktivseite der Bilanz begeben, auf der das Vermögen aufgeführt ist. Um das betriebsnotwendige Kapital zu ermitteln, macht man also einen Umweg über das betriebsnotwendige Vermögen. Auch auf der Aktivseite der Bilanz kann man jedoch nicht unmittelbar das betriebsnotwendige Vermögen ablesen. Man hat zunächst die Vermögensteile, die nicht dem Betriebszweck dienen, auszusondern. Hierzu gehören zum Beispiel Privatauto, Privatgrundstücke oder Wertpapiere (Schweitzer/Küpper, 1995, S. 119). Bei den verbleibenden (betriebsnotwendigen) Vermögensgegenständen muss die Frage des Wertansatzes (welcher Wert soll zur Ermittlung der kalkulatorischen Kosten herhalten?) beantwortet werden. In der Literatur werden unterschiedliche Vorschläge zur Bestimmung dieser Wertansätze gemacht.

Die Aktivseite der Bilanz ist nach dem Kriterium der Liquidität gegliedert. Vereinfacht bedeutet dies, dass die Vermögensteile, die sich nur langsam in liquide Mittel umwandeln lassen, oben stehen und diejenigen, die sich schnell zu Geld machen lassen, auf der Aktivseite unten stehen. Bei der Ermittlung des betriebsnotwendigen Vermögens unterteilt man das Vermögen in nicht abnutzbares Anlagevermögen, abnutzbares Anlagevermögen und Umlaufvermögen.

Beim **nicht abnutzbaren Anlagevermögen** kann man statt der Anschaffungswerte aus der Bilanz die **Wiederbeschaffungswerte** ansetzen.

Ein Grundstück eines Unternehmens wird zu 60 Prozent betrieblich genutzt. Es steht in der Bilanz zum Anschaffungswert von 600 000,00 EUR. Der Verkehrswert beträgt 1 800 000,00 EUR. Zur Ermittlung der kalkulatorischen Zinsen kann man nun den Anschaffungswert oder den Verkehrswert ansetzen:

- 60 Prozent von 600 000,00 EUR : 360 000,00 EUR
- 60 Prozent von 1 800 000,00 EUR : 1 080 000,00 EUR

In der Regel wird man den Wiederbeschaffungswert bzw. Verkehrswert als Wertansatz heranziehen, weil dieser bei einer Veräußerung des Vermögensgegenstandes auch erzielbar wäre.

Die Wertansätze für das abnutzbare Anlagevermögen können auf zwei unterschiedliche Arten festgelegt werden. Dies sind der Restwert und der Durchschnittswert.

Nach der **Restwertmethode** vermindert man die Anschaffungs- bzw. Wiederbeschaffungspreise um die kalkulatorischen Abschreibungen und legt diesen **kalkulatorischen Restwert** als Basis zur Ermittlung der kalkulatorischen Zinsen fest. Die kalkulatorischen Zinsen nehmen nach dieser Methode im Laufe der Zeit ab.

Bei der **Durchschnittswertmethode** berechnet man die Zinsen vom halben Anschaffungswert bzw. **Wiederbeschaffungswert**, weil dieser über die gesamte Nutzungsdauer durchschnittlich gebunden ist. Hier bleiben die kalkulatorischen Zinsen über die gesamte Zeit konstant.

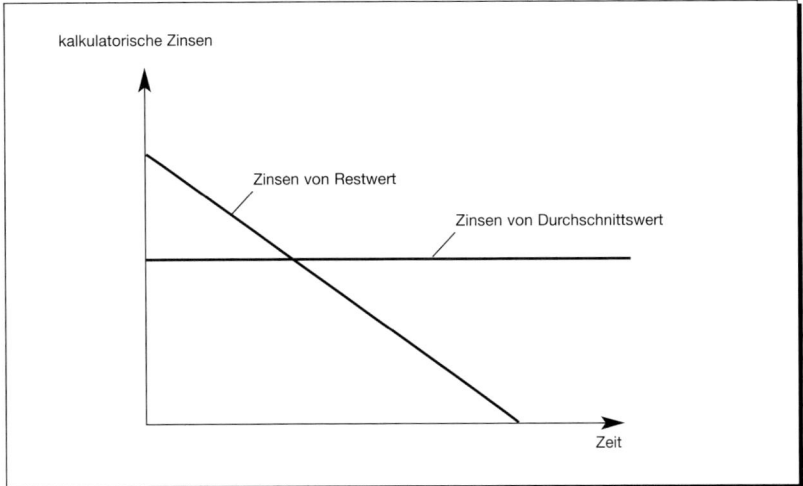

Übersicht 27: Restwertmethode

Für die Anwendung der Durchschnittsmethode sprechen zwei Argumente:

Das erste Argument ist ein pragmatisches, denn die Durchschnittsmethode ist einfach zu handhaben. Das zweite Argument ist von substanziellerer Natur und besteht in dem von der Kostenrechnung verfolgten **Egalisierungsstreben**. Dieses kommt unter anderem darin zum Ausdruck, dass jede Periode gleichmäßig mit den entsprechenden Zinsbeträgen zu belasten ist. Die Anwendung der Restwertmethode ist mit folgender Konsequenz verbunden: Da die kalkulatorischen Zinsen im Laufe der Zeit sinken (und damit auch die Gesamtkosten), werden bei sonst völlig gleichen Produktionsbedingungen im Falle einer Vollkostenrechnung die Stückkosten sinken.

Unabhängig davon, ob nun die Restwertmethode oder die Durchschnittswertmethode angewendet wird, kann man das abnutzbare Anlagevermögen, ebenso wie das nicht abnutzbare, zu Anschaffungs- oder zu Wiederbeschaffungswerten ansetzen.

Eine Lagerhalle hatte einen Anschaffungswert von 1 000 000,00 EUR. Der Wiederbeschaffungswert beträgt 1 200 000,00 EUR. Die Lagerhalle hat eine erwartete Nutzungsdauer von zehn Jahren. Sie wurde bereits über vier Jahre linear abgeschrieben. Als Wertansatz für die kalkulatorischen Zinsen kann man vier Alternativen unterscheiden:

- Durchschnittswertmethode vom Anschaffungswert: 500 000,00 EUR.
- Durchschnittswertmethode vom Wiederbeschaffungswert: 600 000,00 EUR.
- Restwertmethode vom Anschaffungswert: 600 000,00 EUR.
- Restwertmethode vom Wiederbeschaffungswert: 720 000,00 EUR.

Das **Umlaufvermögen** wird mit den Beträgen angesetzt, die durchschnittlich gebunden sind. Das durchschnittlich gebundene Umlaufvermögen kann man ermitteln, indem die Beträge aus Eröffnungs- (EB) und Schlussbilanz (SB) addiert und dann durch zwei geteilt werden.

Formel

$$\text{durchschnittliches Umlaufvermögen} = \frac{\text{Betrag EB} + \text{Betrag SB}}{2}$$

Hat man das betriebsnotwendige Vermögen ermittelt, so ist davon noch das so genannte Abzugskapital abzuziehen, um auf das betriebsnotwendige bzw. zinsberechtigte Kapital zu kommen. **Abzugskapital** stellt Teile des Kapitals dar, für die dem Unternehmen keine Zinsen entstehen, obwohl sie Fremdkapital sind (Schweitzer/Küpper, 1995, S. 121). Zum Abzugskapital zählen zum Beispiel Anzahlungen von Kunden, Lieferantenkredite (kurzfristige Verbindlichkeiten) oder langfristige Rückstellungen.

Bis hierher kann festgehalten werden, dass es keine einheitliche Auffassung darüber gibt, wie das betriebsnotwendige Kapital ermittelt wird. Unterschiedliche Auffassungen bestehen bezüglich des Wertansatzes (Anschaffungs-, Wiederbeschaffungs-, Buchwerte) und bezüglich der Frage, ob das Abzugskapital in Abzug zu bringen ist oder nicht.

Bestimmung des Zinssatzes:
Für das gesamte betriebsnotwendige Kapital wird ein einheitlicher kalkulatorischer Zinssatz festgelegt. Dies ist anders als bei den Fremdkapitalzinsen, wo bei unterschiedlichen Krediten auch unterschiedlich hohe Zinssätze möglich sind. Bei der Bestimmung der Höhe des Zinssatzes kann man die Opportunitätskosten für das Eigenkapital zugrunde legen, also der Zinssatz, den das Eigenkapital bei der nächstgünstigsten Gelegenheit erzielen könnte. Dabei orientiert man sich in der Regel am Zins für festverzinsliche Wertpapiere.

Ermittlung der kalkulatorischen Zinsen:
Mit Hilfe dieser Überlegungen zu den Wertansätzen für die einzelnen Vermögensteile können das betriebsnotwendige Kapital, das sich aus dem betriebsnotwendigen Vermögen ergibt, und die kalkulatorischen Zinsen nach folgendem Berechnungsschema ermittelt werden:

betriebsnotwendiges Anlagevermögen

> **Durchschnittswertmethode**: (Hälfte der Anschaffungskosten der abnutzbaren Anlagegüter und gesamte Anschaffungskosten der nicht abnutzbaren Anlagegüter)

> **Restwertmethode**: (Kalkulatorische Restwerte der abnutzbaren Anlagegüter und gesamte Anschaffungskosten der nicht abnutzbaren Anlagegüter)

+ **betriebsnotwendiges Umlaufvermögen**
  (kalkulatorische Jahresmittelwerte)

= **betriebsnotwendiges Vermögen**

./. **Abzugskapital**
  (Rückstellungen, Verbindlichkeiten aus Lieferungen und Leistungen sowie erhaltene Anzahlungen)

= **betriebsnotwendiges** (zinsberechtigtes) **Kapital**

· **kalkulatorischer Zinssatz**

= **kalkulatorische Zinsen**

In einem Unternehmen sollen die kalkulatorischen Zinsen ermittelt werden. Als kalkulatorischer Zinssatz werden 8 Prozent pro Jahr zugrunde gelegt.

Um das betriebsnotwendige Kapital zu ermitteln, orientiert man sich an der Vermögensseite (Aktivseite) der Bilanz. Die Bilanz stellt sich wie folgt dar:

Aktiva	Bilanz		Passiva
Anlagevermögen		**Eigenkapital**	1 800 000,00
Grundstücke	600 000,00		
Gebäude	1 200 000,00		
Maschinelle Anlagen	1 400 000,00	**Fremdkapital**	
Betriebs- und Geschäftsausstattung	800 000,00	Rückstellungen	450 000,00
Umlaufvermögen		langfristige Verbindlichkeiten	2 400 000,00
Vorräte	600 000,00	Anzahlungen	150 000,00
Forderungen	270 000,00	kurzfristige Verbindlichkeiten	200 000,00
Zahlungsmittel	130 000,00		
	5 000 000,00		**5 000 000,00**

Das Unternehmen zieht als Wertansatz die **Wiederbeschaffungswerte** heran. Bei der Ermittlung des betriebsnotwendigen Vermögens ist dabei Folgendes zu beachten:

● Die Grundstücke werden zu 60 Prozent betrieblich genutzt. Sie stehen zum Anschaffungswert in der Bilanz. Der Verkehrswert beträgt 2 000 000,00 EUR.

● Die Anschaffungswerte der Gebäude belaufen sich auf 1 200 000,00 EUR, die Wiederbeschaffungswerte werden auf 2 200 000,00 EUR geschätzt. Die Nutzungsdauer beträgt 50 Jahre. Zwei Jahre sind bereits linear abgeschrieben. Von den Gebäuden sind 30 Prozent vermietet.

● Die maschinellen Anlagen haben einen Wiederbeschaffungswert von 1 800 000,00 EUR, der kalkulatorische Restwert zu Wiederbeschaffungswerten beträgt 1 100 000,00 EUR.

● Die Wiederbeschaffungskosten der Betriebs- und Geschäftsausstattung werden auf 1 000 000,00 EUR geschätzt. Der kalkulatorische Restwert beträgt 60 Prozent zu Wiederbeschaffungswerten.

● Die Anfangsbestände beim Umlaufvermögen waren:

Vorräte:	500 000,00 EUR
Forderungen:	300 000,00 EUR
Barzahlungsmittel:	110 000,00 EUR

Mit diesen Angaben können nun die Wertansätze zur Ermittlung des betriebsnotwendigen Vermögens errechnet werden:

Durchschnittswertmethode		**Wertansatz in EUR**
Grundstücke	60 % von 2 000 000,00 EUR	1 200 000,00
Gebäude	(70 % von 2 200 000,00 EUR) : 2	770 000,00
Maschinen	1 800 000 Euro : 2	900 000,00
Betriebs- und Geschäftsausstattung	1 000 000 Euro : 2	500 000,00
Vorräte	(500 000,00 EUR + 600 000,00 EUR) : 2	550 000,00
Forderungen	(300 000,00 EUR + 270 000,00 EUR) : 2	285 000,00
Barzahlungsmittel	(110 000,00 EUR + 130 000,00 EUR) : 2	120 000,00
Betriebsnotwendiges Vermögen		**4 325 000,00**
Restwertmethode		**Wertansatz in EUR**
Grundstücke	60 % von 2 000 000,00 EUR	1 200 000,00
Gebäude	(70 % von 2 200 000,00 EUR) : 50 Jahre • 30 Jahre	924 000,00
Maschinen		1 100 000,00
Betriebs- und Geschäftsausstattung	60 % von 1 000 000,00 EUR	600 000,00
Vorräte	(500 000,00 EUR + 600 000,00 EUR) : 2	550 000,00
Forderungen	(300 000,00 EUR + 270 000,00 EUR) : 2	285 000,00
Barzahlungsmittel	(110 000,00 EUR + 130 000,00 EUR) : 2	120 000,00
Betriebsnotwendiges Vermögen		**4 779 000,00**

		Durchschnittswertmethode	Restwertmethode
	betriebsnotwendiges Anlagevermögen	3 370 000,00 EUR	3 824 000,00 EUR
+	betriebsnotwendiges Umlaufvermögen		
	(kalkulatorische Jahresmittelwerte)	955 000,00 EUR	955 000,00 EUR
=	betriebsnotwendiges Vermögen	4 325 000,00 EUR	4 779 000,00 EUR

	Durchschnittswert-methode	Restwertmethode
./. Abzugskapital		
Rückstellungen	450 000,00 EUR	450 000,00 EUR
erhaltene Anzahlungen	150 000,00 EUR	150 000,00 EUR
kurzfristige Verbindlichkeiten		
aus Lieferungen und Leistungen	200.000,00 EUR	200.000,00 EUR
= betriebsnotwendiges (zinsberechtigtes) Kapital	3 525 000,00 EUR	3 979 000,00 EUR
· kalkulatorischer Zinssatz 8 %		
= kalkulatorische Zinsen	282 000,00 EUR	318 320,00 EUR

Die kalkulatorischen Zinsen betragen nach der Durchschnittswertmethode 282 000,00 EUR pro Jahr und 23 500,00 EUR pro Monat. Nach der Restwertmethode betragen die jährlichen kalkulatorischen Zinsen 318 320,00 EUR und monatlich 26 526,67 EUR.

Kalkulatorischer Unternehmerlohn:
Der kalkulatorische Unternehmerlohn findet für die Kostenrechnung seine Berechtigung bei Einzelunternehmungen oder Personengesellschaften. Die Unternehmer bzw. in der Gesellschaft tätigen Gesellschafter beziehen kein Gehalt, sondern müssen ihr Einkommen aus dem Gewinn bestreiten. In diesen Fällen kann für die Kostenrechnung ein kalkulatorischer Unternehmerlohn verrechnet werden, dessen Höhe sich in der Regel an dem durchschnittlichen Gehalt eines leitenden Angestellten in einer vergleichbaren Position in einem vergleichbaren Betrieb orientiert.

Kalkulatorische Miete:
Für Privaträume, die der Einzelunternehmer oder Personengesellschafter für betriebliche Zwecke zur Verfügung stellt, wird die kalkulatorische Miete berechnet. Für den Großteil der Unternehmen spielt die kalkulatorische Miete keine Rolle, da sie über eigene separate Geschäftsräume verfügen. Die kalkulatorische Miete entspricht einem Mietaufwand, der für die Nutzung vergleichbarer Räume, die gemietet werden können, entstehen würde.

Kalkulatorische Wagnisse:
Die unternehmerische Tätigkeit ist mit bestimmten Risiken verbunden, die zu einem unvorhersehbaren Werteverzehr führen können. Man unterscheidet das allgemeine Unternehmerwagnis und spezielle Einzelwagnisse. Das allgemeine Unternehmerwagnis betrifft das Unternehmen als Ganzes und ist somit nicht kalkulierbar. Es sollte im Gewinn beinhaltet sein. In der Kostenrechnung berücksichtigt man deshalb nur die speziellen Einzelwagnisse durch die Verrechnung kalkulatorischer Wagnisse.

Folgende Hauptgruppen von Einzelwagnissen lassen sich unterscheiden: Beständewagnis, Fertigungswagnis, Entwicklungswagnis, Anlagenwagnis, Vertriebswagnis und sonstige Wagnisse. Als kalkulatorisches Wagnis wird nur verrechnet, was nicht durch Fremdversicherungen abgedeckt ist. Die Kosten für die Versicherungen sind dann bereits auf anderem Wege in die Kostenrechnung eingegangen.

Unter den einzelnen Wagnisarten versteht man (Moews, 1996, S. 110):

- **Beständewagnis**: Es wird angesetzt für Inventurdifferenzen durch Feuer, Einbruch, Diebstahl, Schwund, Verderb und Veralterung sowie Wertminderungen bei den Beständen an Roh-, Hilfs- und Betriebsstoffen und an Halb- und Fertigerzeugnissen.

- **Fertigungswagnis**: Um Ausschuss, Nacharbeiten sowie Gewährleistungs- und weitere Haftungsansprüche zu berücksichtigen, wird das Fertigungswagnis angesetzt.

- **Entwicklungswagnis**: Es wird angesetzt für das Risiko misslungener Forschungsvorhaben, Konstruktionen und Versuche.

- **Anlagenwagnis**: Für das Risiko von Brand, Explosion und Maschinenbruch wird das Anlagewagnis angesetzt.

- **Vertriebswagnis**: Mögliche Transportschäden, Konventionalstrafen, Kulanznachlässe, Debitorenausfälle und Währungsverluste aus Kundenforderungen sollen durch das Vertriebswagnis berücksichtigt werden.

Es soll ein langfristiger Ausgleich zwischen tatsächlich eingetretenen Wagnisverlusten und den verrechneten kalkulatorischen Wagniskosten erreicht werden. Dies ist, wenn überhaupt, nur vor dem Hintergrund eines ausreichenden Erfahrungsmaterials möglich.

Die Errechnung der Wagniszuschläge erfolgt in der Regel in Form von Prozentsätzen, die dann auf bestimmte Einzelkosten oder die Herstellkosten bezogen werden.

In einem Unternehmen sind in den vergangenen fünf Jahren die folgenden mengen- und wertmäßigen Minderungen der Bestände eingetreten. Gleichzeitig sind in der Tabelle die Kosten des Fertigungsmaterials für diese fünf Perioden angegeben.

Periode	1	2	3	4	5	Summe
Bestandsminderungen in EUR	500,00	800,00	3 340,00	700,00	600,00	5 940,00
Fertigungsmaterial in EUR	60 000,00	65 000,00	72 000,00	63 000,00	70 000,00	330 000,00

Formel

$$\text{Wagniszuschlag} = \frac{5\,940,00}{330\,000,00} \cdot 100 = 1,8\,\%$$

3 Kostenstellenrechnung

Überblick über die Gesichtspunkte zur Bildung von Kostenstellen bzw. Kostenstellenbereichen

Verständnis für den Informationswert der Kostenstellenrechnung für Kontroll- und Dispositionszwecke

3.1 Aufgabe der Kostenstellenrechnung

3.1.1 Begriff der Kostenstelle

Die Kostenstellenrechnung baut auf der Kostenartenrechnung auf. Während die Einzelkosten direkt auf die Kostenträger verrechnet werden können, müssen die Gemeinkosten über die Kostenstellenrechnung geleitet werden.

Die Fragestellung innerhalb der Kostenstellenrechnung lautet:
Wo sind die Kosten angefallen?

Zur Durchführung der Kostenstellenrechnung wird das Unternehmen in betriebliche Teilbereiche eingeteilt, für deren Kosten ein Abteilungsleiter oder Meister, der Kostenstellenleiter, verantwortlich ist (Kilger, 1976, S. 15).

Definition

> **„Als Kostenstellen werden Betriebsabteilungen oder betriebliche Teilbereiche bezeichnet, die in der Kostenrechnung als selbständige Kontierungseinheiten abgerechnet werden [...]." (Kilger, 1976, S. 154)**

Die Zurechnung der Gemeinkosten bei einem differenzierten Produktionsprogramm müsste ohne Kostenstellenrechnung mit einem Gesamtaufschlag auf die Einzelkosten erfolgen. Dies wäre jedoch viel zu ungenau, da die Gemeinkosten stets im gleichen Verhältnis der Einzelkosten auf die Kostenträger verrechnet würden, aber nicht jeder Kostenträger jede Kostenstelle gleich beansprucht. Man spricht in diesem Zusammenhang auch von einer **Proportionalität zwischen Einzel- und Gemeinkosten**; diese soll jedoch weitestgehend vermieden werden.

3.1.2 Bildung von Kostenstellen

Bei der Bildung von Kostenstellen sollten drei Grundsätze beachtet werden:

1. Für jede Kostenstelle sollten sich genaue Maßstäbe (Bezugsgrößen) der Kostenverursachung identifizieren lassen. Bei der Wahl falscher Gemeinkostensätze besteht die Gefahr einer fehlerhaften Kalkulation und somit falscher Entscheidungen.

2. Jede Kostenstelle sollte ein selbstständiger Verantwortungsbereich sein, um der Kontrollfunktion der Kostenrechnung gerecht zu werden. Nur so ist eine wirkungsvolle Kontrolle der Stellen und deren Leiter gewährleistet.

3. Bei der Bildung von Kostenstellen sollte das Wirtschaftlichkeitsprinzip berücksichtigt werden, sodass sich alle Kostenbelege ohne große Schwierigkeiten verbuchen lassen.

Die Bildung von Kostenstellen kann nach verschiedenen Prinzipien erfolgen: Nach betrieblichen Funktionen, nach Verantwortungsbereichen, nach räumlichen Gesichtspunkten oder nach rechentechnischen Erwägungen (z.B. Platzkostenrechnung). Die Prinzipien können auch kombiniert angewendet werden (z.B. eine räumlich abgetrennte Dreherei, die dem Verantwortungsbereich eines Meisters zugeordnet ist).

▌ Bildung von Kostenstellen nach betrieblichen Funktionen

Nach dem Bildungsprinzip „betriebliche Funktionen" kann man die folgenden Kostenstellen unterscheiden:

- **Materialstellen**: Sie beschäftigen sich mit Beschaffung, Annahme, Prüfung, Lagerung und Ausgabe der Werkstoffe. Beispiele sind die Einkaufsabteilung, das Rohstofflager und das Materialprüflabor.

- **Fertigungsstellen**: Sie sind mit der eigentlichen Leistungserstellung beschäftigt. Dabei ist eine unmittelbare oder eine mittelbare Mitwirkung an der Produktion möglich. Eine mittelbare Mitwirkung liegt zum Beispiel bei der Arbeitsvorbereitung oder der Qualitätssicherung vor, während eine unmittelbare Mitwirkung etwa bei der Montage oder der Stanzerei gegeben ist.

- **Vertriebsstellen**: Sie beschäftigen sich mit der Lagerung, dem Verkauf und Versand der Fertigprodukte. Als Beispiele können die Abteilungen Fuhrpark, Werbung oder Verpackungslager dienen.

- **Verwaltungsstellen**: Hiermit sind die Geschäftsführung und ihre Stabsstellen, das Rechnungswesen und die gesamten sonstigen Verwaltungsarbeiten angesprochen. Beispiele sind die Poststelle, die interne Revision oder die Planungsabteilung.

- **Allgemeine Kostenstellen**: Sie beschäftigen sich mit Tätigkeiten, die dem gesamten Betrieb dienen. Deren Leistungen werden von fast allen anderen Kostenstellen in Anspruch genommen. Beispiele sind die betriebseigene Stromversorgung, die Betriebsfeuerwehr oder die Gebäudereinigung.

- **Forschungs-, Entwicklungs- und Konstruktionsstellen**: Sie werden nicht immer als eigene Kostenbereiche behandelt. In manchen Fällen werden sie auch den allgemeinen Kostenstellen zugeordnet. Beispiele sind die Patentstelle, die Konstruktionsabteilung, die Versuchswerkstatt oder das Zentrallabor.

▌ Bildung von Kostenstellen nach der Art der Verrechnung

Nach der Art der Abrechnung unterscheidet man Haupt- und Hilfskostenstellen:

Definition

Hauptkostenstellen sind alle Kostenstellen, deren Kosten nicht auf andere Kostenstellen, sondern direkt auf die Kostenträger verrechnet werden.

Hilfskostenstellen sind dementsprechend alle Kostenstellen, deren Kosten nicht direkt auf die Kostenträger, sondern erst auf andere (Hilfs- oder Haupt-) Kostenstellen umgelegt werden.

Nebenkostenstellen: Bei manchen Autoren ist auch von so genannten Nebenkostenstellen die Rede. Darunter werden Kostenstellen verstanden, die Produkte bearbeiten, die nicht zum eigentlichen Produktionsprogramm gehören. Nebenkostenstellen dienen somit der Fertigung von Nebenprodukten, die nicht zum eigentlichen Produktionsziel gehören (z. B. Teerverarbeitung in einer Kokerei), (Moews, 1996, S. 118).

Diese Definition zielt ausschließlich auf die Art der Verrechnung ab und berücksichtigt somit nicht, ob diese Stelle unmittelbar oder mittelbar an der Leistungserstellung mitwirkt. Das Verursachungsprinzip sollte jedoch stets eingehalten werden. Bei den Stellen des Fertigungsbereiches ist die verursachungsgerechte Beziehung zwischen den Kosten und den Kostenträgern noch am häufigsten gegeben. Bei den ebenfalls als Hauptkostenstellen abgerechneten Material- oder Vertriebsstellen kann man die Kostenverursachung schon schlechter nachvollziehen. Werden die Kosten der Hilfskostenstellen dann auf die Hauptkostenstellen umgelegt und somit indirekt auf die Kostenträger verteilt, so ist eine verursachungsgerechte Kostenzurechnung fast gar nicht mehr nachzuvollziehen. Dies ist unter anderem ein Kritikpunkt, an dem die Prozesskostenrechnung als neueres Instrument des Kostenmanagements ansetzt.

▌ Ausmaß der Kostenstellengliederung

Wie weit bzw. fein eine Gliederung der Kostenstellen vorgenommen wird, ist von mehreren Aspekten abhängig (Wöhe, 2002, S. 1102):

- Betriebsgröße,
- Eigenart des Wirtschaftszweiges,
- Produktionsprogramm,
- organisatorische Abgrenzung der Verantwortungsbereiche,
- angestrebte Genauigkeit der Kalkulation,
- angestrebte Möglichkeit der Kostenkontrolle.

Bei der Kostenstellenbildung sind stets die drei oben genannten Grundsätze (selbstständiger Verantwortungsbereich, Identifikation von Bezugsgrößen,

Wirtschaftlichkeitsprinzip) zu beachten. Dabei ergibt sich ein **Optimierungs-problem**, denn je feiner eine Kostenstellengliederung ist, desto eher lassen sich genaue Maßstäbe der Kostenverursachung finden, was wiederum eine genauere Kostenkontrolle und Kalkulation ermöglicht. Allerdings steigt mit der Feinheit der Kostenstellengliederung auch der Abrechnungsaufwand.

Im Fertigungsbereich kann die Kostenstellengliederung so weit gehen, dass sie bis auf einzelne Maschinen oder Handarbeitsplätze zurückgeht. Dies bezeichnet man als **Platzkostenrechnung**. Die Summe der Kosten einer solchen Kostenstelle, die über die sonst übliche funktionale, verantwortungsbereichsbezogene und räumliche Einteilung hinausgeht, bezeichnet man als **Platzkosten**.

Abschließend kann man sagen, dass die Aufteilung in Kostenstellen dort beendet sein sollte, wo sie nicht mehr wirtschaftlich ist (Wöhe, 2002, S. 1102).

3.1.3 Zwecke der Kostenstellenrechnung

Die Kostenstellen sind die Orte der Kostenentstehung und müssen somit auch die Orte der Kostenzurechnung sein.

Die Durchführung der Kostenstellenrechnung verfolgt im Wesentlichen **drei Zwecke**:

- Die **Kontrolle der Wirtschaftlichkeit** soll an den Stellen möglich sein, an denen die Kosten tatsächlich entstanden sind. Nur so können die Kostenstellenleiter zu einem verantwortlichen Handeln angeregt werden und auch für eventuelle Kostenüberschreitungen verantwortlich gemacht werden.

- Die **Erhöhung der Kalkulationsgenauigkeit** bei unterschiedlicher Beanspruchung der Kostenstellen durch die Kostenträger ist ein weiteres Ziel der Kostenstellenrechnung. Die unterschiedlichen betrieblichen Leistungen der Kostenträger beanspruchen die einzelnen Kostenstellen in der Regel in unterschiedlichem Ausmaß. Würde man keine Kostenstellenrechnung durchführen und nur einen Gemeinkostenzuschlag verwenden, so würde dies die Kalkulationsergebnisse erheblich verzerren. Eine verursachungsgerechte Verrechnung der Gemeinkosten wäre so nicht möglich.

- Ebenfalls zu den Zwecken der Kostenstellenrechnung gehört die **Lieferung der relevanten Kosten** aus den einzelnen Betriebsbereichen. So kann für die einzelnen Betriebsbereiche auch ein Kostenstellenergebnis ermittelt werden, wenn den kostenstellenbezogenen Kosten die kostenstellenbezogenen Erlöse gegenübergestellt werden.

3.1.4 Gang der Kostenstellenrechnung

Ausgehend von der Kostenartenrechnung werden nun die als Gemeinkosten identifizierten Kostenarten in die Kostenstellenrechnung eingeleitet. Die Einzelkosten werden direkt den Kostenträgern zugerechnet.

Die (Kostenträger-)Gemeinkosten lassen sich, wenn sie in die Kostenstellenrechnung eingehen, in Kostenstelleneinzelkosten und Kostenstellengemeinkosten unterscheiden.

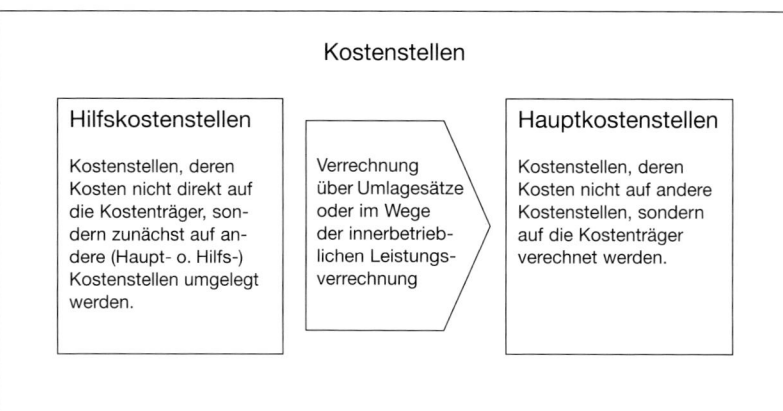

Übersicht 28:
Kostenstellen

**Kostenstelleneinzelkosten sind Gemeinkosten, die sich unmittel-
bar einer Kostenstelle zurechnen lassen.**

Definition

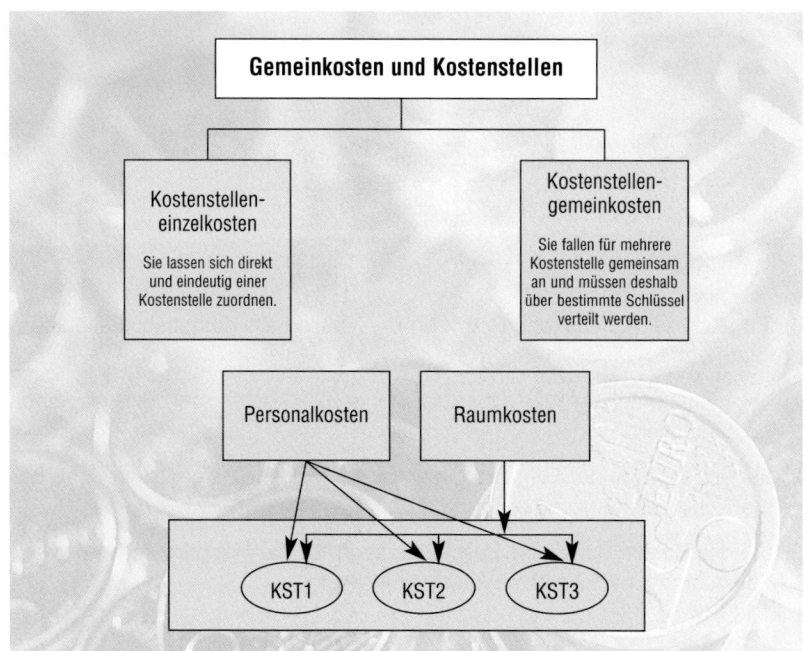

Übersicht 29:
Gemeinkosten und
Kostenstellen

Für diese Kostenstelle sind sie somit Einzelkosten. So sind zum Beispiel die Personalkosten der Telefonistin Kostenstelleneinzelkosten für die Kostenstelle Telefonzentrale. **Kostenstellengemeinkosten** hingegen fallen nicht für eine Kostenstelle alleine an. Kostenstellengemeinkosten müssen, wenn sie aus der Kostenartenrechnung kommen, auf mehrere Kostenstellen verteilt werden. Die Mietkosten für ein Fabrikgelände sind zum Beispiel Kostenstellengemeinkosten. Sie müssen auf die einzelnen Kostenstellen, zum Beispiel Fertigung, Lagerverwaltung und Arbeitsvorbereitung, verteilt werden. Dazu muss man sich bestimmter Schlüssel bedienen.

Darauf folgt die Umlage der Gemeinkosten der Hilfskostenstellen auf die Hauptkostenstellen. In den Hauptkostenstellen werden diese Gemeinkosten dann als **sekundäre Gemeinkosten** bezeichnet. Den Abschluss bildet die Ermittlung der Verrechnungs- und Zuschlagsätze für die Kalkulation, also die Zurechnung der Gemeinkosten auf die Kostenträger.

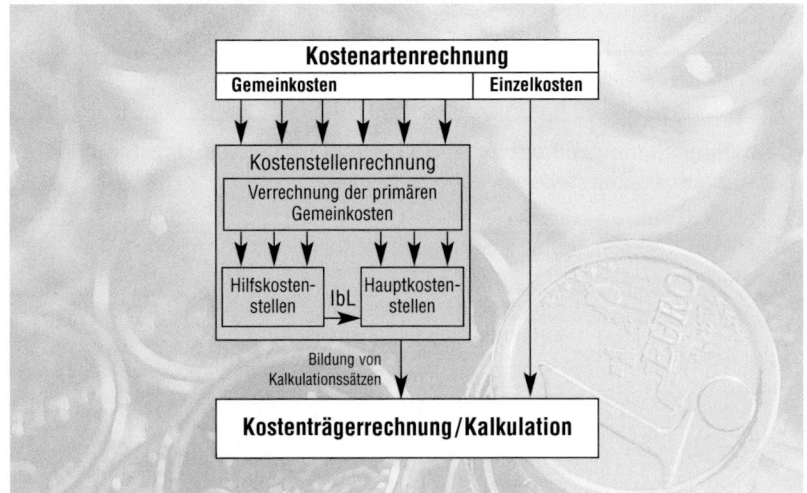

Übersicht 30: Vorgehensweise in der Kostenstellenrechnung

Quelle: Kilger, 1976, S. 3

Im Zuge dieser Arbeitsschritte tritt an drei Stellen ein Kostenschlüsselungsproblem auf:

1) bei der Verteilung der Kostenstellengemeinkosten auf die einzelnen Kostenstellen,

2) bei der Umlage der Gemeinkosten zwischen der Kostenstellen (innerbetriebliche Leistungsverrechnung, IbL),

3) bei der Bestimmung von Zuschlagsätzen für die Hauptkostenstellen zur Kalkulation bzw. Kostenträgerstückrechnung.

3.2 Der Betriebsabrechnungsbogen als Instrument der Kostenstellenrechnung

<u>Verständnis</u> des Betriebsabrechnungsbogens (BAB)

3.2.1 Aufgaben und Aufbau des Betriebsabrechnungsbogens

Ein wichtiges Instrument der Kostenstellenrechnung ist der Betriebsabrechnungsbogen (BAB). In ihn gehen die Kostenarten des Unternehmens ein, um dort auf die Kostenstellen des Unternehmens verteilt zu werden.

In horizontaler Richtung enthält er als Spalteneinträge die Kostenstellen und in vertikaler Richtung als Zeileneinträge die Kostenarten. Somit existiert bei jeder Kostenstelle für jede Kostenart eine Zeile (Schweitzer/Küpper, 1995, S. 138).

Die Aufgaben des BAB sind insbesondere (Schierenbeck, 2003, S. 665 ff.):

1) die Verteilung der Gemeinkosten aus der Kostenartenrechnung auf die Kostenstellen,

2) die Abrechnung der Kostenstellen untereinander (IbL),

3) die Ermittlung von Gemeinkostenzuschlagssätzen als Grundlage für die Kostenträgerrechnung.

Kosten- arten	Gesamt- betrag (Zeilen- summe)	Kostenstellen					
		Hilfskostenstellen			Hauptkosten- stellen	Hilfskostenstellen	
		Allg. HilfsKoSte	Fertigungs- hilfsstellen	Material- hilfsstellen	Fertigungs- hauptstellen	Verwaltungs- hilfsstellen	Vertriebs- hilfsstellen
Einzelkosten							
Gemeinkosten							
Summe primäre Kosten							
Stellenumlage							
Gesamtkosten							
Bezugsbasis Zuschlagssatz							

Übersicht 31: Betriebsab- rechnungsbogen

Quelle: Schweitzer / Küpper, 1995

Es wurde bereits darauf hingewiesen, dass die Verteilung der primären Gemeinkosten auf die Kostenstellen direkt oder indirekt erfolgen kann. Die direkte Verteilung erfolgt für die Kostenstelleneinzelkosten, also für diejenigen Gemeinkosten, die sich direkt einer bestimmten Kostenstelle zuordnen lassen. Bei den Kostenstellengemeinkosten lässt sich hingegen nicht direkt ersehen, welche Kostenstellen in welcher Höhe belastet werden müssen. Deshalb müssen diese mit Hilfe bestimmter ausgewählter Schlüssel auf die Kostenstellen verteilt werden. Beispiele für Kostenstellengemeinkosten sind Mieten oder Heizkosten.

Bei der Auswahl der Umlageschlüssel ist zu beachten, dass diese verursachungsgerecht sind, denn die Genauigkeit der Kostenrechnung hängt bei der indirekten Kostenverrechnung wesentlich von dem Auffinden richtiger Kostenschlüssel als Maßeinheiten der Kosten ab. Was bedeutet aber in diesem Zusammenhang „richtig"? Die Kostenschlüssel sollen eine Verteilung nach dem Prinzip der Kostenverursachung ermöglichen. Dazu muss die Veränderung der Bezugsgröße zur Veränderung der zu verteilenden Kosten proportional sein (z. B. m^2 und Miete). Dies bezeichnet man als **Proportionalität zwischen Bezugsgröße und Kostenverbrauch**, was eine indirekte Messung der Kosten durch die direkte Messung der Bezugsgröße erlaubt (z. B. m^2-Anzahl einer Abteilung und anteilige Mietkosten).

Bezugsgrößen für die Kostenverteilung können sowohl Mengen- als auch Wertschlüssel sein:

- **Wertschlüssel** sind zum Beispiel Kostengrößen wie Löhne, Gehälter, Einzelmaterialkosten, Herstellkosten oder Selbstkosten; Bestandswerte wie der Wert des Umlaufvermögens, der Vorräte, der Anlagen; Umsatz- oder Erfolgszahlen.

- **Mengenschlüssel** sind zum Beispiel Fertigungs-, Rüst- oder Maschinenstunden; die Anzahl Arbeitsverrichtungen; verbrauchte, transportierte, produzierte oder abgesetzte Mengen nach Zahl, Gewicht, Fläche oder Rauminhalt; Schichtzahlen oder Kalenderzeiten.

In der Kostenrechnung tritt das Problem der Schlüsselung, wie bereits mehrfach erwähnt, nicht nur bei der Verteilung der primären Gemeinkosten auf die Kostenstellen auf, sondern auch bei der innerbetrieblichen Leistungsverrechnung und der Ermittlung von Kalkulationssätzen. Dementsprechend spricht man von **Zuschlags-, Umlage- oder Kalkulationssätzen**.

Wertschlüssel führen zu prozentualen Zuschlags- (Umlage-, Kalkulations-) Sätzen, während Mengenschlüssel zu Zuschlagssätzen pro Bezugsgrößeneinheit führen.

> Mengenschlüssel
> Die Miete eines Betriebsgebäudes beläuft sich auf 50 000,00 EUR pro Periode. Die Fläche beträgt 5 000 qm. Die Miete stellt Kostenstellengemeinkosten dar, da sie durch mehrere Kostenstellen gemeinsam verursacht wird. Die Räumlichkeiten der Kostenstelle Arbeitsvorbereitung haben eine Größe von 120 qm.
> Der mengenmäßige Verteilungsschlüssel beträgt:

$$\text{Verteilungsschlüssel Miete} = \frac{50\,000,00 \text{ EUR}}{5\,000 \text{ qm}} = 10,00 \text{ EUR}$$

> Somit sind die folgenden Mietkosten zu berechnen:

> Miete Arbeitsvorbereitung = 10,00 EUR/qm · 120 qm = 1 200,00 EUR

> Wertschlüssel
> Die freiwilligen Sozialleistungen belaufen sich in einer Periode auf 80 000,00 EUR. Sie sollen im Verhältnis der Bruttolöhne und Gehälter verteilt werden, die sich insgesamt auf 1 600 000,00 EUR belaufen. Der Wertschlüssel beträgt:

$$\text{Verteilungsschlüssel freiwillige Sozialleistungen} = \frac{80\,000,00 \text{ EUR}}{1\,600\,000,00 \text{ EUR}} \cdot 100 = 5\,\%$$

Die Verwendung solcher Gemeinkostenschlüssel gilt lediglich als Hilfsmaßnahme, da eine direkte Kostenverteilung nicht möglich ist oder zu unwirtschaftlich wäre (unechte Gemeinkosten). Kostenschlüssel bergen aber stets die Gefahr, dass Gemeinkosten nicht verursachungsgerecht verteilt werden.

3.2.2 Verfahren der innerbetrieblichen Leistungsverrechnung (IbL)

Einsicht in die Wahl der „richtigen" Bezugsgröße zur Verrechnung der innerbetrieblichen Leistung
Kenntnis der wichtigsten Verfahren der innerbetrieblichen Leistungsverrechnung

Wie bereits oben dargestellt, werden im Rahmen des betrieblichen Leistungsprozesses auch Leistungen erbracht, die nicht am Markt abgesetzt, sondern im Produktionsprozess wieder eingesetzt werden.
Bei einem Großteil dieser **„Wiedereinsatzgüter"** entstehen in der Kostenrechnung besondere Probleme der Kostenzurechnung. Die rechentechnische Behandlung der „Wiedereinsatzgüter" wird in der Kostenrechnung als Problem der Verrechnung innerbetrieblicher Leistungen bezeichnet. Dabei kann es sich sowohl um materielle Güter wie Anlagen oder Stoffe handeln,

als auch um immaterielle Güter wie Arbeits- oder Sachmittelleistungen und Informationen. Alle in Hilfskostenstellen erbrachten Leistungen stellen solche „Wiedereinsatzgüter" dar.

Güter, die über mehrere Perioden einsetzbar sind, sind zu aktivieren und lediglich in Höhe ihrer Periodennutzung als Kosten anzusetzen. Hierbei ergeben sich keine besonderen Probleme, da sie wie Außenaufträge als Kostenträger kalkuliert und dann in die Bilanz und Anlagenkartei übernommen werden. In den Jahren ihrer Nutzung werden sie wie fremdbezogene Produktionsfaktoren behandelt und gehen über Abschreibungen und Zinsen als Kosten in die Kostenrechnung ein.

Bei nicht aktivierbaren innerbetrieblichen Leistungen (Erstellung und Verbrauch in der gleichen Periode) muss eine sofortige Verrechnung zwischen der leistenden und der empfangenden Kostenstelle im Rahmen der IbL erfolgen. In der IbL geht es darum, die Kosten der Hilfskostenstellen entsprechend ihrer Inanspruchnahme durch andere (Hilfs- und Haupt-) Kostenstellen auf diese zu verteilen. Denn jede Kostenstelle sollte auch mit den Kosten für die Leistungen belastet werden, die sie von anderen Kostenstellen empfängt.

Das Problem der IbL besteht darin, das der Leistungsaustausch zwischen mehreren Kostenstellen und in beide Richtungen erfolgt.

Die Interdependenz des innerbetrieblichen Leistungsaustausches stellt sich als ein bedeutendes Problem der innerbetrieblichen Leistungsverrechnung dar.

Welche grundsätzlichen möglichen leistungsmäßigen Austauschbeziehungen zwischen Kostenstellen bestehen können, zeigt die Übersicht 32.

Typen innerbetrieblicher Leistungsverflechtungen	Art der Leistungsverflechtung	Anwendbare Verfahren innerbetrieblicher Leistungsverrechnung
Typ 1 ■ ——▶ ■	einseitige, einstufige Leistungsabgabe an eine Kostenstelle	• summarische oder kostenartenweise Umlage
Typ 2 ■ ——▶ ■ ——▶ ■	einseitige, einstufige Leistungsabgabe an mehrere Kostenstellen	• Verrechnung einzelner innerbetrieblicher Leistungen • Kostenartenverfahren • Kostenstellenausgleichsverfahren • Kostenträgerverfahren
Typ 3 ■ ——▶ ■ ——▶ ■ ——▶ ■	einseitige, mehrstufige Leistungsabgabe	• Kostenstellenumlageverfahren • Anbauverfahren (Blockumlage) • Stufenleiterverfahren (Treppenumlage)
Typ 4 ■ ◀——▶ ■	gegenseitige Leistungsabgabe	• Gleichungsverfahren • iteratives Verfahren • Gutschrift-Lastschrift-Verfahren

Übersicht 32: Grundtypen innerbetrieblicher Leistungsverflechtungen

Quelle: Hummel/Männel

Übersicht 33 gibt einen Überblick über die existierenden Verfahren der IbL.

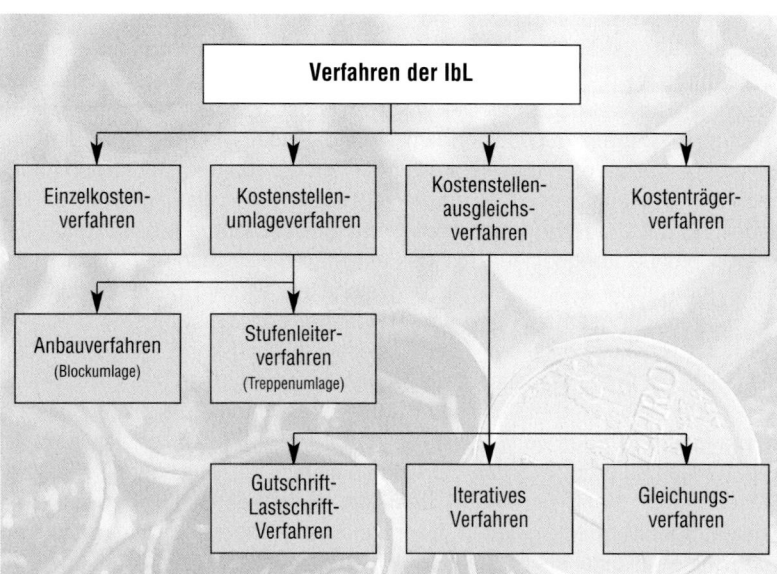

Übersicht 33:
Verfahren der IbL

Quelle: Schweitzer / Küpper, 1995

▌ Einzelkostenverfahren bzw. Kostenartenverfahren

Beim Einzelkostenverfahren bzw. Kostenartenverfahren wird nur ein Teil der primären Kosten für die Erstellung innerbetrieblicher Leistungen berücksichtigt bzw. den empfangenden Stellen zugerechnet. Die Gemeinkosten der leistenden Stelle hingegen werden nicht weiterverrechnet, sondern verbleiben bei den leistenden Stellen. Werden in der leistenden Stelle auch Absatzleistungen erstellt (Hauptkostenstelle), muss der Gemeinkostenzuschlag dieser Stelle für die Absatzleistungen zwangsläufig zu hoch sein. Andererseits werden bei der Erstellung innerbetrieblicher Leistungen durch Hilfskostenstellen nur Einzelkosten an die empfangenden Stellen weiterverrechnet, was zwangsläufig zu geringe Gemeinkostenzuschlagssätze in den empfangenden (Haupt-)Kostenstellen und somit zu geringe Selbstkosten für die Absatzleistungen zur Folge hat. Dieses Verfahren sollte nur angewendet werden, wenn der Gemeinkostenanteil der innerbetrieblichen Leistung an den gesamten Gemeinkosten der leistenden Stelle gering ist.

▌ Kostenstellenumlageverfahren

Hier werden die gesamten primären Gemeinkosten der Hilfskostenstellen erfasst und als sekundäre Gemeinkosten auf die Hauptkostenstellen weiterverrechnet. Das Kostenstellenumlageverfahren lässt sich einteilen in das Anbau- und das Stufenleiterverfahren.

▌ Anbauverfahren:

Hier werden die Hilfskostenstellen nur über die Hauptkostenstellen abgerechnet. Auf Hilfskostenstellen können somit keine sekundären Gemeinkosten entstehen, weil der Leistungsaustausch zwischen Hilfskostenstellen völlig vernachlässigt wird. Die Verrechnungssätze für innerbetriebliche Leistungen werden gebildet, indem man die primären Gemeinkosten der Hilfskostenstelle durch die Gesamtzahl der an die Hauptkostenstellen abgegebenen Leistungseinheiten dividiert (Kosten pro Leistungseinheit). Die Verteilung auf die Hauptkostenstellen erfolgt dann durch Multiplikation der Kosten pro Leistungseinheit mit der auf die entsprechende Hauptkostenstelle entfallende Menge der Leistungseinheiten. Es wird deutlich, dass bei der Verrechnungssatzbildung die Tatsache des Leistungsaustausches zwischen Hilfskostenstellen unberücksichtigt bleibt (Wöhe, 2002, S. 1108). Hierbei treten in der Regel sehr große Kostenverzerrungen auf. Hilfskostenstellen, die viele innerbetriebliche Leistungen von anderen Hilfskostenstellen empfangen und/oder wenig Leistungen an andere Hilfskostenstellen abgeben, werden zu billig, weil ihre Verrechnungssätze eigentlich zu niedrig sind. Dieser Fehler zieht sich dann über die Hauptkostenstellen bis in die Kostenträgerstückrechnung fort. Denn der Kostenträger, der viele Leistungen von „billigen" Kostenstellen beansprucht, wird zu wenig belastet.

In einem Betrieb sind die Hilfskostenstellen Stromerzeugung und Reparaturstelle eingerichtet. Des Weiteren gibt es die Hauptkostenstellen Material, Fertigung, Verwaltung und Vertrieb. Die Hilfskostenstellen erbringen die folgenden Leistungen in kWh (Strom) bzw. in Stunden (Reparatur) für die Hauptkostenstellen:

	Strom-stelle	Reparatur-stelle	Material	Fertigung	Ver-waltung	Vertrieb	Summe
Stromstelle (kWh)		12 000	16 000	35 000	5 000	8 000	76 000
Reparaturstelle (Std.)	50		200	1800	30	90	2 170

Verrechnungssatz für die Stromstelle:
In der Stromstelle fallen Kosten in Höhe von 9 600,00 EUR an. Die an die Reparaturstelle abgegebenen Leistungen werden nicht berücksichtigt. Somit sind die Kosten auf 64 000 kWh zu beziehen:

$$\text{Verrechnungssatz Stromstelle} = \frac{9\,600,00 \text{ EUR}}{64\,000 \text{ kWh}} = 0,15 \text{ EUR/kWh}$$

Verrechnungssatz für die Reparaturstelle:
In der Reparaturstelle fallen Kosten in Höhe von 39 220,00 EUR an. Die für die Stromstelle geleisteten Stunden werden nicht berücksichtigt. Somit sind die Kosten auf 2 120 Stunden zu beziehen:

$$\text{Verrechnungssatz Reparaturstelle} = \frac{39\,220,00 \text{ EUR}}{2\,120 \text{ Std.}} = 18,50 \text{ EUR/Std.}$$

Die innerbetriebliche Leistungsverrechnung ergibt im BAB damit folgendes Bild:

Betriebsabrechnungsbogen

Kostenarten	Kostenstellen						
	Summe	Hilfskostenstellen		Hauptkostenstellen			
		Strom	Reparatur	Material	Fertigung	Verwaltung	Vertrieb
Primäre Gemein- kosten	607 320,00	9 600,00	39 220,00	50 500,00	325 000,00	48 000,00	135 000,00
Umlage Strom				2 400,00	5 250,00	750,00	1 200,00
Umlage Repara- turen				3 700,00	33 300,00	555,00	1 665,00
Gemein- kosten	607 320,00			56 600,00	363 550,00	49 305,00	137 865,00

▌ Stufenleiterverfahren:

Das Stufenleiterverfahren wird auch als **Treppenverfahren** bezeichnet. Die Interdependenzen des innerbetrieblichen Leistungsaustausches werden hier mehr berücksichtigt als beim Anbauverfahren. Denn hier wird die Annahme gemacht, dass Hilfskostenstellen auch andere Hilfskostenstellen beliefern. Dabei wird allerdings nur ein einseitiger Leistungsstrom berücksichtigt. Deshalb muss eine Reihenfolge innerhalb der Hilfskostenstellen angenommen werden (Schweitzer/Küpper, 1995, S. 142). Das Charakteristikum ist demnach, dass bei jeder abzurechnenden Hilfskostenstelle die Leistungen von den Hilfskostenstellen, die noch nicht abgerechnet sind, vernachlässigt werden. Deshalb wird zunächst die Kostenstelle abgerechnet, die die wenigsten Leistungen anderer Hilfskostenstellen empfängt. Die (primären) Kosten dieser Stelle werden dann entsprechend der Leistungsabgabe auf die anderen Kostenstellen umgelegt. In gleicher Weise verfährt man mit der zweiten und den weiteren Kostenstellen, in denen dann immer mehr sekundäre Gemeinkosten enthalten sind (vgl. hierzu Haberstock, 2002, S. 131 ff.).

Ausgehend vom obigen Beispiel wird die Hilfskostenstelle Reparaturen nun auch mit den Kosten der Stromstelle belastet. Erst danach kann dann der Verteilungsschlüssel für die Reparaturstelle gebildet werden, da dann auch Stromkosten darin enthalten sind. Der Verrechnungssatz für eine kWh verringert sich, da nun auch die von der Reparaturstelle abgenommenen Leistungseinheiten mitberücksichtigt werden.

$$\text{Verrechnungssatz Stromstelle} = \frac{9\,200,00\ \text{EUR}}{76\,000\ \text{kWh}} \approx 0{,}126\ \text{EUR/kWh}$$

Kosten der Reparaturstelle

$= 39\,220{,}00 \text{ EUR} + 12\,000 \text{ kWh} \cdot 0{,}126 \text{ EUR/kWh} = 40\,732{,}00 \text{ EUR}$

$$\text{Verrechnungssatz Reparaturstelle} = \frac{40\,732{,}00 \text{ EUR}}{2\,120 \text{ Std.}} \approx 19{,}213 \text{ EUR/Std.} \approx 19{,}21 \text{ EUR/Std.}$$

Betriebsabrechnungsbogen

Kostenarten	Kostenstellen						
	Summe	Hilfskostenstellen		Hauptkostenstellen			
		Strom	Reparatur	Material	Fertigung	Verwaltung	Vertrieb
Primäre Gemeinkosten	607 320,00	9 600,00	39 220,00	50 500,00	325 000,00	48 000,00	135 000,00
Umlage Strom			1 512,00 =40 732,00	2 016,00	4 410,00	630,00	1 008,00
Umlage Reparaturen				3 842,00	34 578,00	576,30	1 728,90
Gemeinkosten	607 289,20 ≈607 320,00			56 358,00	363 988,00	49 206,30	137 736,90

Die Differenz bei der Kontrolle der Gemeinkosten ist durch Rundungsungenauigkeiten entstanden.

▌ Kostenstellenausgleichsverfahren

Hier werden, wie beim Kostenartenverfahren, die Einzelkosten, die für die innerbetrieblichen Leistungen anfallen, unmittelbar den empfangenden Kostenstellen als Gemeinkosten belastet. Der Unterschied zum Kostenartenverfahren besteht darin, dass hier auch die Gemeinkosten der innerbetrieblichen Leistungen auf die empfangenden Stellen weiterverrechnet werden. Da diese Gemeinkosten bereits in den Gemeinkosten der leistenden Stellen enthalten sind, müssen sie bei den leistenden Stellen als Gutschrift abgesetzt und den empfangenden Stellen als Belastung zugeschrieben werden. So wird ein Ausgleich der Gemeinkosten innerhalb der Kostenstellenrechnung erreicht (Gutschriften und Belastungen müssen sich dazu entsprechen).

▌ Kostenträgerverfahren

Hier werden die innerbetrieblichen Leistungen als Kostenträger behandelt und wie Absatzleistungen abgerechnet. Dieses Verfahren findet insbesondere dann Anwendung, wenn eine Aktivierung der innerbetrieblichen Leistungen erfolgen soll.

▍ Gleichungsverfahren

Es stellt die genaueste Lösungsmethode dar und ermittelt die Verrechnungssätze für die innerbetrieblichen Leistungen mit Hilfe eines linearen Gleichungssystems, in dem die ausgetauschten Mengenleistungen bekannt, die jeweiligen Kostensätze hingegen unbekannt sind. Die Zahl der Gleichungen ist gleich der Zahl der Kostenstellen, die in die Verrechnung einbezogen werden. Das Gleichungsverfahren geht vom Prinzip der exakten Kostenüberwälzung aus. Das bedeutet, dass die Summe der primären und sekundären Kosten (Gesamtkosten) einer Hilfskostenstelle genau gleich sein muss mit den zu Verrechnungspreisen bewerteten insgesamt von dieser Hilfskostenstelle abgegebenen Leistungen (Haberstock, 2002, S. 126 ff.). Das Prinzip der exakten Kostenüberwälzung kann man auch auf die Hauptkostenstellen ausweiten: Für jede Kostenstelle muss der Kostenwert der nach außen und an andere Kostenstellen abgegebenen Leistungen und der selbst verbrauchten eigenen Leistungen gleich der Summe aus primären und sekundären Gemeinkosten der Kostenstelle sein. Während das Stufenleiterverfahren nur dann zu richtigen Ergebnissen führt, wenn die vorgelagerten Kostenstellen keine Leistungen von den nachgelagerten Stellen empfangen, führt das Gleichungsverfahren unabhängig von der Komplexität der innerbetrieblichen Leistungsaustauschstrukturen stets zu exakten Lösungen (Wöhe, 2002, S. 1109 f.). Seine Anwendung ist jedoch auch deutlich aufwendiger.

Im Folgenden soll an das bereits bekannte Beispiel mit Strom- und Reparaturkostenstelle angeknüpft werden. Wird ein Leistungsaustausch in beide Richtungen berücksichtigt, so kann man die Kosten für eine Leistungseinheit der beiden Hilfskostenstellen zunächst nicht in EUR ausdrücken. Deshalb geht man von folgendem Gedankengang aus: Der Input einer Kostenstelle (bewertet in EUR) muss dem Output dieser Kostenstelle (bewertet in EUR) entsprechen.

Um den Output von 76 000 kWh erbringen zu können, benötigt die Hilfskostenstelle Strom 9 600,00 EUR sowie 50 Reparaturstunden der Hilfskostenstelle Reparaturen. Ebenso benötigt die Hilfskostenstelle Reparaturen 39 220,00 EUR und 12 000 kWh von der Hilfskostenstelle Strom als Input, um den Output von 2 170 Reparaturstunden erbringen zu können.

Die Input-Output-Gleichung der Stromstelle ist:
1.) 9 600,00 EUR + 50 Reparaturstunden = 76 000 kWh
Die Input-Output-Gleichung der Reparaturstelle ist:
2.) 39 220,00 EUR + 12 000 kWh = 2 170 Reparaturstunden

Multipliziert man die erste Gleichung mit 43,4 (2 170 : 50) und stellt die zweite Gleichung um, so kann man beide Gleichungen addieren und die Reparaturstunden fallen heraus:

	416 640,00 EUR	+	2 170 Rep.-Std.	=	3 298 400 kWh
+	39 220,00 EUR	-	2 170 Rep.-Std.	=	-12 000 kWh
=	455 860,00 EUR			=	3 286 400 kWh

Somit ergibt sich für eine kWh der Verrechnungssatz:

$$\text{Verrechnungssatz Stromstelle} = \frac{455\,860,00\ \text{EUR}}{3\,286\,400\ \text{kWh}} = 0,1387\ \text{EUR/kWh}$$

Durch Einsetzen kann man nun die Kosten der Reparaturstelle ermitteln:

2.) 39\,220,00 EUR + 12\,000 kWh · 0,1387 EUR/kWh = 40\,884,4 EUR

$$\text{Verrechnungssatz Reparaturstelle} = \frac{40\,884,4\ \text{EUR}}{2\,170\ \text{Std.}} \approx 18,84\ \text{EUR/Std.}$$

Nach diesen Berechnungen können nun auch die Hauptkostenstellen mit den entsprechenden sekundären Gemeinkosten aus den Hilfskostenstellen belastet werden:

Betriebsabrechnungsbogen

Kostenarten	Kostenstellen						
	Summe	Hilfskostenstellen		Hauptkostenstellen			
		Strom	Reparatur	Material	Fertigung	Verwaltung	Vertrieb
primäre Gemeinkosten	607\,320,00	9\,600,00	39\,220,00	50\,500,00	325\,000,00	48\,000,00	135\,000,00
sekundäre Gemeinkosten anderer Hilfskostenstellen		942,00	1\,664,40				
Summe Gemeinkosten in Hilfskostenstellen		10\,542,00	40\,884,40				
Umlage Strom				2219,20	4854,50	693,50	1109,60
Umlage Reparaturen				3\,768,00	33\,912,00	565,20	1\,695,60
Gemeinkosten	607\,317,60 ≈607\,320,00			56\,487,20	363\,766,50	49\,258,70	137\,805,20

Nach der Durchführung der innerbetrieblichen Leistungsverrechnung sind nun sämtliche Gemeinkosten auf die Hauptkostenstellen umgelegt. Es schließt sich im Rahmen der Kostenstellenrechnung nun die Bildung von Kalkulationssätzen an.

3.3 Kalkulationssätze als Ergebnis der Kostenstellenrechnung

3.3.1 Bildung von Kalkulationssätzen

Nachdem die innerbetrieblichen Leistungsverrechnung durchgeführt ist, liegen alle Gemeinkosten in den Hauptkostenstelle. Als nächster Schritt muss nun die Bildung von Zuschlags- bzw. Kalkulationssätzen erfolgen.

So beruht die Zuschlagsrechnung (als eine Form der Kostenträgerstückrechnung) auf einer Trennung von Einzel- und Gemeinkosten. Ihr Grundprinzip besteht darin, dass die Gemeinkosten über bestimmte Bezugsgrößen (häufig sind es die entsprechenden Einzelkosten) mit Hilfe von Zuschlagssätzen auf die Kostenträger verrechnet werden.

Zuschlagssätze haben dabei die folgenden Zwecke zu erfüllen:

- Zuschlagssätze stellen das Bindeglied zwischen der Kostenstellen- und der Kostenträgerrechnung dar, denn mit ihrer Hilfe erfolgt die Verrechnung der Gemeinkosten auf die Kostenträger. Dabei sollte das Verursachungsprinzip berücksichtigt werden.

- Zuschlagssätze stellen die Grundlage der Kostenkontrolle dar. Sie dienen der Ermittlung der Soll-Kosten im Rahmen eines Soll-Ist-Vergleiches, indem man den Planzuschlagssatz mit der Istbezugsgröße multipliziert.

- Zuschlagssätze sind entweder schon selbst relevante Kosten oder dienen ihrer Errechnung.

Allgemein ergeben sich Zuschlagssätze nach der Beziehung:

	Formel
Zuschlagssatz der Kostenstelle j = **Gemeinkosten der Stelle j / Bezugsgröße der Stelle j**	

In Abhängigkeit davon, ob es sich bei den Kosten und Bezugsgrößen um Ist-, Normal- oder Planwerte handelt, erhält man Ist-, Normal- oder Planzuschlagssätze. In Abhängigkeit vom Umfang der Kosten (Voll- oder Grenzkosten) erhält man Voll- oder Grenzzuschlagssätze.

Die verschiedenen Formen der Zuschlagsrechnung lassen sich unter anderem danach abgrenzen, ob und wie die Gemeinkosten aufgeteilt werden. Die Gemeinkosten können in einem Block oder nach Kostenarten und/oder Kostenstellen gegliedert zugerechnet werden (Schweitzer/Küpper, 1995, S.175 ff.):

● Verrechnung von Gesamtzuschlägen (keine Gliederung nach Kostenstellen)

  – ein Zuschlag (keine Gliederung nach Kostenarten),
  – mehrere Zuschläge für unterschiedliche Kostenarten.

● Verrechnung von Stellenzuschlägen (Gliederung nach Kostenstellen)
  – ein Zuschlag je Kostenstelle,
  – mehrere Zuschläge je Kostenstelle für unterschiedliche Kostenarten.

Das Verursachungsprinzip lässt sich eigentlich nur dann einhalten, wenn die
Bezugsgrößen sich nur auf die proportionalen Kosten beziehen. In Grenzkostenrechnungen werden die Zuschlagssätze daher gebildet, indem man
die proportionalen Gemeinkosten durch die zugehörigen Bezugsgrößen dividiert. In Vollkostenrechnungen bezieht man hingegen auch die fixen Kosten
auf die Bezugsgrößen, wodurch eine künstliche Proportionalisierung der Fixkosten vorgenommen wird.

Als ein wesentliches Problem bei der Bildung von Kalkulationssätzen kann
das Herausfinden der richtigen Bezugsgrößen für die jeweiligen Kostenstellen angesehen werden. Eine Vielzahl von Bezugsgrößen kann dabei in der
Praxis zur Anwendung gelangen.

Als Bezugsgrößen kann man **Wert- und Mengengrößen** unterscheiden,
sodass man als Dimension für den Zuschlagssatz entweder EUR / EUR (%)
oder EUR / Mengeneinheit erhält. Als wertmäßige Bezugsgrößen können eine
der Einzelkostenarten, mehrere Einzelkostenarten gemeinsam oder die gesamten Einzelkosten dienen. Entsprechend erhält man dann einen Material-
zuschlag, einen Lohnzuschlag oder einen Einzelkostenzuschlag.

Ergibt die Analyse der Kostenbeziehungen, dass die Gemeinkosten auf die
Fertigungsstunden, die eingesetzte Materialmenge oder andere Mengen-
maßstäbe zu beziehen sind, so sind Mengengrößen als Zuschlagsbasis zu
verwenden. Mengenmäßige Bezugsgrößen sind zum Beispiel Maschinen-
oder Arbeitsstunden, Materialverbrauch in kg, Größe der Räumlichkeiten in
m^2, Stromverbrauch in kWh usw.

Eine Alternative für einen Gesamtzuschlag stellt die Bestimmung unterschiedlicher Zuschlagssätze für mehrere Gemeinkostenarten dar. Häufig verwendet man für jede Hauptkostenstelle einen eigenen Gemeinkostenzu-
schlagssatz.

Angeknüpft wird hier an das Beispiel aus der innerbetrieblichen Leistungsverrechnung. Um Zuschlagssätze bilden zu können, müssen weitere
Informationen über die Bezugsbasis gemacht werden. Im Beispiel sollen
ausschließlich prozentuale Zuschlagssätze gebildet werden. Diese ergeben
sich, wenn man die Gemeinkosten zu einer anderen Wertgröße (hier die
Material- bzw. Fertigungseinzelkosten) in Beziehung setzt. Der Betriebsabrechnungsbogen aus dem Beispiel zum Anbauverfahren wurde ergänzt um
die benötigten Angaben:

Betriebsabrechnungsbogen

Kostenarten	Kostenstellen						
	Summe	Hilfskostenstellen		Hauptkostenstellen			
		Strom	Reparatur	Material	Fertigung	Verwaltung	Vertrieb
Material-einzel-kosten	283 000						
Fertigungs-einzel-kosten	181 775						
Herstell-kosten	884 925						
Primäre Gemein-kosten	607 320	9 600	39 220	50 500	325 000	48 000	135 000
Umlage Strom				2 400	5 250	750	1 200
Umlage Repara-turen				3 700	33 300	555	1 665
Gemein-kosten	607 320			56 600	363 550	49 305	137 865
Zuschlags-sätze				20 %	200 %	21,15 %	

Die einzelnen Zuschlagssätze ergeben sich wie folgt:

Materialgemeinkostenzuschlagssatz =

$$\frac{\text{Material-Gemeinkosten}}{\text{Material-Einzelkosten}} \cdot 100 = \frac{56\,600{,}00\ \text{EUR}}{283\,000{,}00\ \text{EUR}} \cdot 100 = 20\,\%$$

Fertigungsgemeinkostenzuschlagssatz =

$$\frac{\text{Fertigung-Gemeinkosten}}{\text{Fertigung-Einzelkosten}} \cdot 100 = \frac{363\,550{,}00\ \text{EUR}}{181\,775{,}00\ \text{EUR}} \cdot 100 = 200\,\%$$

Verwaltungs- und Vertriebsgemeinkostenzuschlagssatz =

$$\frac{\text{Verw.- und Vertr.-Gemeinkosten}}{\text{Herstellkosten}} \cdot 100 = \frac{181\,170{,}00\ \text{EUR}}{884\,925{,}00\ \text{EUR}} \cdot 100 = 21{,}15\,\%$$

Diese Zuschlagssätze bilden die Verbindung zwischen Kostenstellen- und Kostenträgerrechnung.

3.3.2 Problematik der Bezugsgrößenidentifikation im indirekten Bereich

Kostenstellen, in denen nur oder überwiegend fixe Kosten anfallen, wie etwa einige Verwaltungsstellen, haben streng genommen keine Bezugsgrößen der

Kostenverursachung. In Grenzkostenrechnungen gehen ihre Kosten deshalb nicht mit ein.

Es lassen sich zwei Hauptgruppen von Bezugsgrößen unterscheiden:

1) **Direkte Bezugsgrößen**: Sie können unmittelbar aus den Mengen der erstellten Leistungen abgeleitet werden. Sie sind für die Hauptkostenstellen und gewisse Hilfskostenstellen von Bedeutung (z. B. Stückzahlen, Fertigungszeiten, Gewichtseinheiten).

2) **Indirekte Bezugsgrößen**: Sie werden dort verwendet, wo keine Beziehung zwischen der Kostenverursachung der Kostenstellen und den Kostenträgern besteht, also bei den meisten Stellen des indirekten Bereiches.

Probleme bei der Bestimmung von Bezugsgrößen ergeben sich dabei insbesondere für die indirekten Bereiche, da dort in der Regel keine objektbezogenen, sondern dispositive Tätigkeiten anfallen oder bei denen sich Kosten für an sich quantifizierbare Leistungen nicht quantifizieren lassen (z. B. Meisterbüro, Arbeitsvorbereitung, F&E-Abteilung).

Bei den Kostenstellen des indirekten Bereiches ist zu unterscheiden zwischen Kostenstellen, in denen überwiegend dispositive, planende und organisatorische Tätigkeiten ausgeübt werden, und Kostenstellen, in denen überwiegend Tätigkeiten mit Wiederholungscharakter, so genannte repetitive Tätigkeiten mit geringem Entscheidungsspielraum, erledigt werden. Bei ersteren wählt man indirekte Bezugsgrößen, da sich die Leistungen dieser Stellen nicht quantifizieren lassen, wodurch sich keine direkte Bezugsgröße ermitteln lässt.

Für zweitere können theoretisch direkte Bezugsgrößen identifiziert werden. Diese ließen sich im Rahmen der traditionellen Kostenrechnungssysteme jedoch nur zur Kostenkontrolle einsetzen. Als Kalkulationsgrundlage werden sie hingegen als ungeeignet angesehen, da sie in keiner Beziehung zu den Kostenträgern stehen.

Zur Messung der Leistungsbeiträge dieser Kostenstellen und damit auch einer Kostenkontrolle wären (auch in traditionellen Kostenrechnungssystemen) folgende direkte Bezugsgrößen denkbar (Wöhe, 2002, S. 1106):

Kostenstelle	**Bezugsgröße**
● Verkauf, Einkauf	● Zahl der erledigten Aufträge
● Fakturierung	● Zahl der Rechnungen
● Mahnabteilung	● Zahl der Mahnungen
● Kalkulationsabteilung	● Zahl der Kalkulationen
● EDV-Abteilung	● Zahl der Datensätze
● Versand	● Zahl der versendeten Einheiten

Hier will zum Beispiel die Prozesskostenrechnung ansetzen, indem sie versucht, über die Definition anderer Bezugsgrößen, die nicht volumenorientiert sind (so genannte Prozesse), die Kosten der indirekten Bereiche doch verursachungsgerecht zuzuordnen.

4 Kostenträgerrechnung

Kenntnis des Gundaufbaus und der Bedeutung der Kostenträgerrechnung

4.1 Aufgaben und Grundlagen der Kostenträgerrechnung

Die Kostenträgerrechnung stellt im System der laufenden Kostenrechnung die letzte Stufe dar. Nachdem die Gemeinkosten die Kostenstellenrechnung durchlaufen haben, müssen sie nun, gemeinsam mit den Einzelkosten, den einzelnen Kostenträgern zugerechnet werden. Die Kostenträgerrechnung gibt somit Auskunft darüber, welche Kosten von einem Kostenträger „getragen" werden müssen.

Die Fragestellung innerhalb der Kostenträgerrechnung lautet:
Wofür sind die Kosten angefallen?

!

Definition

Unter einem Kostenträger versteht man die betriebliche Leistungen, die die durch sie verursachten Kosten auch tragen müssen.

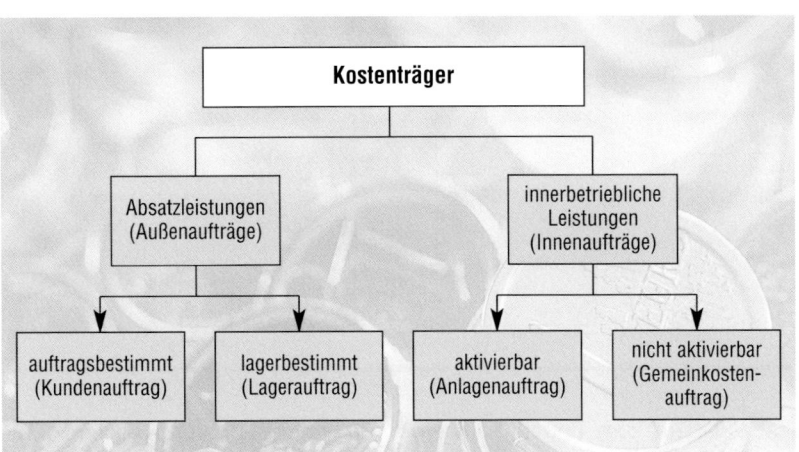

Übersicht 34: Kostenträger

Zu den Kostenträgern gehören zum einen natürlich die auf Märkten absetzbaren erbrachten Leistungen. Hier spricht man von **Außenaufträgen**. Basiert die Erbringung dieser Leistung auf einem konkreten Kundenauftrag, so spricht man von einer **auftragsbestimmten Absatzleistung**. Erfolgt die Produktion für den anonymen Markt, steht also zum Zeitpunkt der Leistungserstellung der konkrete Kunde also noch gar nicht fest, so spricht man von einer **lager-**

bestimmten Absatzleistung, da die Ware zunächst in einem Lager zwischengepuffert wird. Zum anderen stellen aber auch die innerbetrieblichen Leistungen Kostenträger dar (**Innenaufträge**). Sie können danach unterschieden werden, ob sie aktivierbar sind (also auf der Aktivseite der Bilanz auftauchen) und somit langlebige Leistungen darstellen, oder ob sie nicht aktivierbar sind. Die aktivierbaren innerbetrieblichen Leistungen bezeichnet man als **Anlagenauftrag**, die nicht aktivierbaren als **Gemeinkostenauftrag**.

Im Rahmen der Kostenträgerrechnung sind die Kalkulationssätze, die bereits im Rahmen der Kostenstellenrechnung besprochen wurden, von großer Bedeutung. Denn mit ihrer Hilfe werden die Gemeinkosten auf die Kostenträger verteilt.

Die wesentliche **Aufgabe der Kostenträgerrechnung** ist die Ermittlung der Herstell- und Selbstkosten der einzelnen Kostenträger.

Die Ermittlung der Herstell- und Selbstkosten verfolgt dabei vor allem die folgenden drei Zwecke (Wöhe, 2002, S. 1115):

- Sie stellt die Grundlage zur **Bewertung der Bestände** an Halb- und Fertigfabrikaten dar.

- Sie ist die Grundlage der **Planung und Kontrolle des Periodenerfolgs**.

- Sie stellt die Grundlage für **preispolitische Entscheidungen** dar, indem sie Informationen über Preisuntergrenzen zur Verfügung stellt.

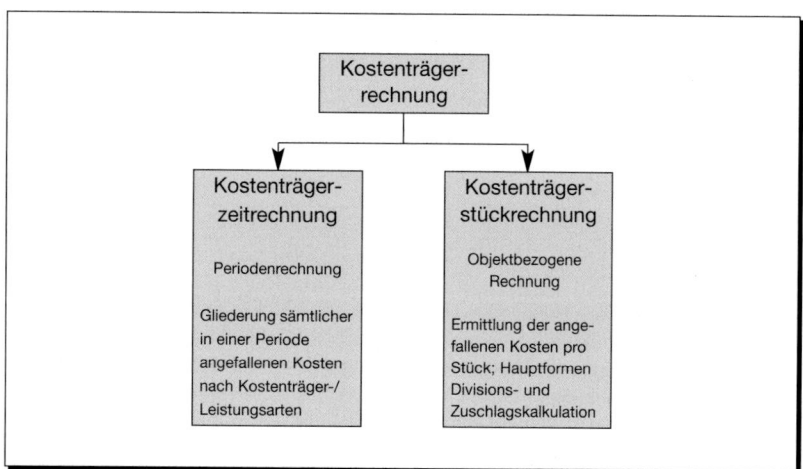

Übersicht 35:
Kostenträger-
rechnung

Insbesondere zum dritten Punkt, der Unterstützung preispolitischer Entscheidungen, sind noch einige Anmerkungen zu machen. In der Regel ist es so, dass Preise sich auf Märkten bilden und die kalkulatorischen Ergebnisse des Unternehmens mit diesen Preisen nicht zwangsläufig übereinstimmen müssen. Es kann also Fälle geben, in denen die kalkulierten Selbstkosten eines Erzeugnisses sich nicht durch die am Markt erzielten Erlöse decken lassen. Man spricht in diesem Fall von nicht kostendeckenden Preisen. Doch auch hier wird die Unterstützung der preispolitischen Entscheidungen nicht hinfällig. Denn in diesem Fall kommt der Kostenträgerrechnung die Aufgabe zu, so genannte Preisuntergrenzen zu bestimmen. Diese Preisuntergrenzen geben dann an, welcher Preis mindestens am Markt erzielt werden muss, um die Kosten zu decken. Nach dem Umfang der berücksichtigten Kosten und dem Zeithorizont unterscheidet man die **kurzfristige** und die **langfristige Preisuntergrenze**. Auf die Bestimmung der Preisuntergrenzen wird im Rahmen der Deckungsbeitragsrechnung eingegangen.

Die Kostenträgerrechnung lässt sich in eine Kostenträgerzeitrechnung und eine Kostenträgerstückrechnung unterteilen. Wird die **Kostenträgerzeitrechnung** um die Leistungsrechnung ergänzt, so spricht man auch von der **kurzfristigen Ergebnisrechnung**. Diese ist eine periodenbezogene Rechnung. Die **Kostenträgerstückrechnung** ist bekannt als **Kalkulation**.

4.2   Kostenträgerzeitrechnung

Die Kostenträgerzeitrechnung ist eine Periodenrechnung, ebenso wie die Kostenarten- und die Kostenträgerrechnung. Diese bezeichnet man gemeinsam mit der Kostenträgerzeitrechnung auch als **Betriebsbuchhaltung** (in Abgrenzung zur unternehmensbezogenen Finanzbuchhaltung). Die Kostenträgerzeitrechnung stellt somit die Fortführung der Betriebsbuchhaltung dar (Moews, 1996, S. 135).

Da in der Finanzbuchhaltung das Unternehmensergebnis in der Regel nur einmal pro Jahr ermittelt wird und dieses Intervall für die unternehmerischen Entscheidungen, die auf Daten aus dem Rechnungswesen begründet sind, zu groß ist, findet im Rahmen der Kostenrechnung der Abschluss in der Regel monatlich statt. Wird die Kostenträgerzeitrechnung um die Leistungsrechnung ergänzt, so kann man sie als **kurzfristige Ergebnisrechnung** bezeichnen (auch Kostenträgerergebnisrechnung).

Die Hauptaufgabe der Kostenträgerzeitrechnung liegt in der Ermittlung der Herstell- und Selbstkosten aller in einer Periode erstellten Leistungen und unter Hinzuziehung der Erlöse in der Ermittlung des kalkulatorischen Periodenerfolgs, was man auch als kurzfristige Ergebnisrechnung bezeichnet.

Die kurzfristige Ergebnisrechnung kann entweder nach dem Umsatzkostenverfahren oder nach dem Gesamtkostenverfahren durchgeführt werden. Bevor auf die beiden Möglichkeiten zur kurzfristigen Erfolgsermittlung eingegangen wird, sollen jedoch noch kurz die verschiedenen Verzahnungsmöglichkeiten zwischen Finanzbuchhaltung und Kostenrechnung bzw. Betriebsbuchhaltung angesprochen werden.

4.2.1   Einkreis- und Zweikreissystem

Industrieunternehmen haben sich in der Regel bei der Ausgestaltung ihres betrieblichen Rechnungswesens zwischen dem Industriekontenrahmen (IKR) und dem Gemeinschaftskontenrahmen (GKR) zu entscheiden. Zwischen beiden gibt es Unterschiede, die nicht nur Auswirkungen auf die Abwicklung im Rahmen der Finanzbuchhaltung, sondern auch für die Kostenrechnung und vor allem die Schnittstelle zwischen beiden haben.

Der GKR ist nach dem Prinzip der Prozessgliederung aufgebaut. Dies bedeutet, dass die Kontenanordnung nach dem innerbetrieblichen Güterkreislauf erfolgt. Dabei kann man Konten, die allein der Finanzbuchhaltung gewidmet sind, von reinen Betriebsbuchhaltungskonten und gemischten Konten unterscheiden. Bei diesen, die sowohl der Finanzbuchhaltung als auch der Betriebsbuchhaltung zuzuordnen sind, ist eine eindeutige Zuordnung nicht möglich. Ein solcher Aufbau bewirkt zwangsläufig eine enge organisatorische Verbindung zwischen Finanz- und Betriebsbuchhaltung (Schierenbeck, 2003, S. 511).

Der IKR nimmt hingegen eine strenge Trennung von Finanz- und Betriebsbuchhaltung vor. Innerhalb der jeweiligen Kontenklassen herrschen dann auch unterschiedliche Gliederungskriterien von. Die Finanzbuchhaltung umfasst die Kontenklassen 0 bis 8, die nach dem so genannten Abschlussprinzip gegliedert sind. Die Struktur entspricht dem Aufbau von Bilanz und Gewinn- und Verlustrechnung. Der Betriebsbuchhaltung ist die Kontenklasse 9 zugeordnet, die wiederum nach dem Prozessprinzip gegliedert ist.

Die Kontenklassen von GKR und IKR sind im Folgenden einander gegenübergestellt:

Kontenklassen des GKR		Kontenklasse des IKR	
Kontenklasse	**Kontenart**	**Kontenklasse**	**Kontenart**
0	Konten für das Anlagevermögen und das langfristige Kapital	0	Konten für Sachanlagen und immaterielle Anlagen
1	Konten für das Finanzumlaufvermögen und für kurzfristige Verbindlichkeiten	1	Konten für Finanzanlagen und Geldkonten
2	Konten für neutrale Aufwendungen respektive Erträge und für kalkulatorische Kosten (Abgrenzung zwischen Finanz- und Betriebsbuchhaltung)	2	Konten für Vorräte, Forderungen und aktive Rechnungsabgrenzung
3	Konten für Stoff- und Warenbestände	3	Konten für Eigenkapital, Wertberichtigungen und Rückstellungen
4	Konten für Kostenarten	4	Konten für Verbindlichkeiten und passive Rechnungsabgrenzung
5/6	Konten der Kostenstellen	5	Ertragskonten
7	Konten für Bestände an halbfertigen und fertigen Erzeugnissen	6	Konten für Material-, Personal- und Abschreibungsaufwendungen
8	Ertragskonten	7	Konten für Zinsen, Steuern und sonstige Aufwendungen
9	Abschlusskonten der Finanz- und Betriebsbuchhaltung	8	Konten für Eröffung und Abschluss
		9	Konten der Kosten- und Leistungsrechnung

Quelle: Schierenbeck, 2003, S. 511 ff.

Der GKR betont in seiner Konzeption den innerbetrieblichen Wertekreislauf und stellt auf die inhaltliche Verknüpfung zwischen der Finanzbuchhaltung und der Betriebsbuchhaltung ab. Die Organisation des betrieblichen Rechnungswesens auf Basis des GKR ist deshalb grundsätzlich als ein geschlossenes System möglich. In diesem Falle spricht man vom **Einkreissystem**. Grundsätzlich ist aber auch möglich, zwei verselbstständigte, durch Übergangs- oder Verrechnungskonten verbundene Buchungskreisläufe zu etablieren. In diesem Falle spricht man vom **Zweikreissystem**.

Der IKR trägt in seiner Konzeption der Tatsache Rechnung, dass in der Mehrzahl der Unternehmen die Kostenrechnung nicht auf buchhalterischer Grundlage durchgeführt wird, sondern allenfalls als angehängte Neben- oder Sonderrechnung. Deshalb wird in der rationellen Abwicklung der Finanzbuchhaltung auch der Hauptzweck dieses Kontenrahmens gesehen. Wird im betrieblichen Rechnungswesen der IKR eingesetzt, so sind Finanz- und Betriebsbuchhaltung deshalb stets als **Zweikreissystem organisiert.**

Im **Zweikreissystem** stellt die Finanzbuchhaltung den Rechnungskreis 1 (RK1) dar. In ihm werden die **unternehmensbezogenen Aufwendungen und Erträge** erfasst. Seinen Abschluss findet der RK1 in der Gewinn- und Verlustrechnung. So ergibt sich im RK1 ein Gesamtgewinn, wenn die gesamten Erträge größer sind als die gesamten Aufwendungen, ein Verlust hingegen, wenn die gesamten Aufwendungen die größere Größe darstellen.

Der Rechnungskreis 2 ist durch die Kostenrechnung gegeben. Hier wird mit Hilfe der kurzfristigen Erfolgsrechnung das Betriebsergebnis ermittelt. Ein kalkulatorischer Betriebsgewinn liegt in diesem Zusammenhang vor, wenn die Betriebserträge (Leistungen) größer sind als die Kosten. Andernfalls handelt es sich um einen Betriebsverlust.

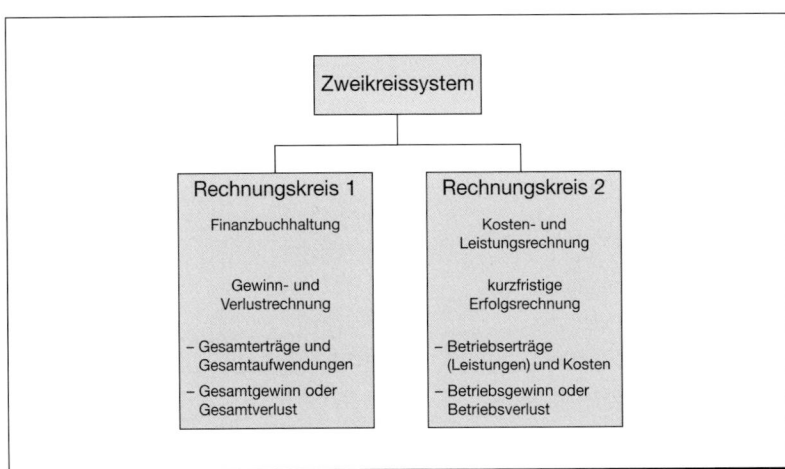

Übersicht 36:
Zweikreissystem

Zur Durchführung der kurzfristigen Erfolgsrechnung kann man das Umsatzkostenverfahren oder das Gesamtkostenverfahren anwenden. Bei einer Betriebsbuchhaltung auf Vollkostenbasis führen beide Verfahren zum gleichen Ergebnis. Beim **Umsatzkostenverfahren** zieht man vom erzielten Umsatz die Vertriebskosten und die Herstellkosten der Erzeugnisse ab, die in der Periode veräußert wurden. Beim **Gesamtkostenverfahren** subtrahiert man vom Umsatz zunächst die gesamten Kosten, um dann die zu Herstellkosten bewerteten Halb- und Fertigerzeugnisse, die in der Periode hergestellt, aber nicht veräußert wurden, hinzuzuzählen.

4.2.2 Gesamtkostenverfahren

Die erstellten Leistungen einer Periode werden hier den Gesamtkosten der Periode gegenübergestellt. Dabei setzen sich die erstellten Leistungen aus den erzielten Umsatzerlösen zuzüglich eventueller Bestandserhöhungen oder aber abzüglich eventueller Bestandssenkungen zusammen. Bestandserhöhungen bzw. -senkungen werden jeweils als Herstellkosten bewertet. Nach diesem Vorgehen muss man die Bestandsveränderungen berücksichtigen, da sonst keine korrekte Betriebsergebnisermittlung (für eine Periode) möglich ist. Die Bewertung erfolgt zu Herstellkosten und nicht zu Selbstkosten, da zum Beispiel die Vertriebskosten nur für abgesetzte Güter anfallen (Wöhe, 2002, S. 1129 f.).

Das allgemeine Vorgehensschema beim Gesamtkostenverfahren stellt sich folgendermaßen dar:

Umsatzerlöse

+ Bestandserhöhungen bewertet zu Herstellkosten

./. Herstellkosten der erzeugten Leistungen
(nach Kostenarten gegliedert)

./. Verwaltungs- und Vertriebskosten
(nach Kostenarten gegliedert)

= Betriebsergebnis

In einem Unternehmen, das das Produkt A herstellt, liegen für eine Periode folgende Daten vor:

Gefertigte Stück	12 000
Abgesetzte Stück	10 000
Erlös pro Stück	650,00 EUR
Fertigungsmaterial	1 440 000,00 EUR
Materialgemeinkosten	288 000,00 EUR
Fertigungslöhne	2 400 000,00 EUR
Fertigungsgemeinkosten	2 160 000,00 EUR
Verwaltungsgemeinkosten	400 000,00 EUR
Vertriebsgemeinkosten	600 000,00 EUR

Mit Hilfe dieser Daten soll das Betriebsergebnis nach dem Gesamtkosten-verfahren ermittelt werden.

Die gesamten Herstellkosten betragen: 6 288 000,00 EUR. Die Herstellkosten pro Stück (6 288 000,00 EUR : 12 000 Stück) betragen 524,00 EUR.

Das Betriebsergebnis lässt sich wie folgt ermitteln:

Umsatzerlöse (10 000 Stück · 650,00 EUR/Stück)	6 500 000,00 EUR
+ Bestandserhöhungen bewertet zu Herstellkosten (2 000 Stück · 524,00 EUR pro Stück)	1 048 000,00 EUR
./. Herstellkosten der erzeugten Leistungen	6 288 000,00 EUR
./. Verwaltungs- und Vertriebskosten	1 000 000,00 EUR
= Betriebsergebnis	260 000,00 EUR

4.2.3 Umsatzkostenverfahren

Hier zieht man von den erzielten Umsatzerlösen nicht die Gesamtkosten ab, sondern die durch Kalkulation ermittelten Selbstkosten der abgesetzten Leistungen. Bestandsveränderungen müssen so nicht zur Korrektur des Ergebnisses berücksichtigt werden.

		Umsatzerlöse
./.	=	Herstellkosten der abgesetzten Leistungen (nach Kostenträgern gegliedert)
	+	Materialeinzelkosten
	+	Materialgemeinkosten
	+	Fertigungseinzelkosten
	+	Fertigungsgemeinkosten
	+	Sondereinzelkosten der Fertigung
./.	=	Verwaltungs- und Vertriebskosten (nach Kostenträgern gegliedert)
	+	Verwaltungsgemeinkosten
	+	Vertriebsgemeinkosten
	+	Sondereinzelkosten des Vertriebs
	=	Selbstkosten des Umsatzes
=		Betriebsergebnis

Beim Umsatzkostenverfahren ist ein Vorteil darin zu sehen, dass der Erfolgsbeitrag der einzelnen Kostenträger direkt erkennbar wird. Dies bedeutet gerade für Mehrproduktunternehmen, wie es die meisten wohl sein werden, dass nur so die kurzfristige Erfolgsrechnung zu einem aussagefähigen Kontroll- und Planungsinstrument wird. Bei der Anwendung des Umsatzkostenverfahrens bietet sich die Einrichtung des Zweikreissystems an.

Anknüpfend an das obige Beispiel zum Gesamtkostenverfahren soll das Betriebsergebnis nun nach dem Umsatzkostenverfahren ermittelt werden:

		Umsatzerlöse	6 500 000,00 EUR
./.	=	Herstellkosten der abgesetzten Leistungen	5 240 000,00 EUR
	+	Materialeinzelkosten	120,00 EUR/Stück · 10 000 Stück = 1 200 000,00 EUR
	+	Materialgemeinkosten	20 % der Materialeinzelkosten = 240 000,00 EUR
	+	Fertigungseinzelkosten	200,00 EUR/Stück · 10 000 Stück = 2.000.000 Euro
	+	Fertigungsgemeinkosten	90 % der Fertigungseinzelkosten = 1 800 000,00 EUR
	+	Sondereinzelkosten der Fertigung	0,00 EUR
./.	=	Verwaltungs- und Vertriebskosten	1 000 000,00 EUR
	+	Verwaltungsgemeinkosten	400 000,00 EUR
	+	Vertriebsgemeinkosten	600 000,00 EUR
	+	Sondereinzelkosten des Vertriebs	0,00 EUR
	=	Selbstkosten des Umsatzes	6 240 000,00 EUR
=		Betriebsergebnis	260 000,00 EUR

4.3 Kostenträgerstückrechnung/Kalkulation

Einsicht in die unterschiedliche Vorgehensweise bei der Divisions- und Zuschlagskalkulation

Die Kostenträgerstückrechnung ist im Gegensatz zur Betriebsbuchhaltung (Kostenartenrechnung, Kostenstellenrechnung, Kostenträgerzeitrechnung), die eine periodenbezogene Rechnung darstellt, eine objektbezogene Kostenrechnung (Moews, 1996, S. 169). Sie wird als Kalkulation bezeichnet.

Die Aufgabe der Kostenträgerstückrechnung besteht in der Ermittlung der Herstell- und Selbstkosten sowie (unter Hinzuziehung der Stückerlöse) des kalkulatorischen Erfolgs für eine Leistungseinheit (Kostenträger).

Man kann nach dem Zeitpunkt der Durchführung der Kalkulation die Vorkalkulation von der Nachkalkulation unterscheiden.

- Die **Vorkalkulation** wird im Vorhinein durchgeführt und dient in der Regel der Angebotserstellung. Vorkalkulationen werden mit geplanten oder normalisierten Sätzen durchgeführt. Als normalisierte Sätze bezeichnet man den Durchschnitt der Istkosten aus vergangenen Perioden.

- Die **Nachkalkulation** wird entsprechend im Nachhinein durchgeführt. Mit ihr sollen die Istkosten der in einer Periode erstellten Leistungseinheiten ermittelt werden. Entsprechend arbeitet sie mit den tatsächlich angefallenen Istkosten.

Nach dem Umfang der verrechneten Kosten unterscheidet man Voll-, Teil- und Grenzkostenkalkulationen. Bei den **Vollkostenkalkulationen** werden sämtliche Kosten auf die Kostenträger verrechnet. Bei den **Teilkostenkalkulationen** werden hingegen nur Teile der gesamten Kosten verrechnet. Dies können zum Beispiel die gesamten variablen Kosten sein, oder lediglich die Einzelkosten (als ein Teil der variablen Kosten). Grenzkostenkalkulationen verrechnen die Kosten, die für die Fertigung des nächsten Kostenträgers zusätzlich anfallen (Moews, 1996, S. 169).

Im Folgenden sollen die Kalkulationsverfahren auf Vollkostenbasis erläutert werden. Die Teilkostenkalkulationen werden bei der Behandlung der Deckungsbeitragsrechnung angesprochen.

Als Hauptgruppen von Kalkulationsverfahren unterscheidet man die Divisionskalkulation und die Zuschlagskalkulation:

- **Divisionskalkulationen**: In ihnen dividiert man stets die Gesamtkosten des Betriebes oder einzelner Betriebsbereiche ohne Differenzierung in Einzel- und Gemeinkosten durch die hergestellten oder abgesetzten Stückzahlen. Deshalb ist die Durchführung einer Kostenstellenrechnung aus Kalkulationsgründen nicht erforderlich. Aus Kontrollgründen wird man jedoch nicht darauf verzichten.

- **Zuschlagskalkulationen**: Hier wird stets eine Trennung von Einzel- und Gemeinkosten vorgenommen. Während man die Einzelkosten direkt den Leistungen zurechnet, werden die Gemeinkosten mit Hilfe von Kalkulationssätzen zugeschlagen. Die Durchführung der Kostenstellenrechnung ist hier eine unerlässliche Voraussetzung.

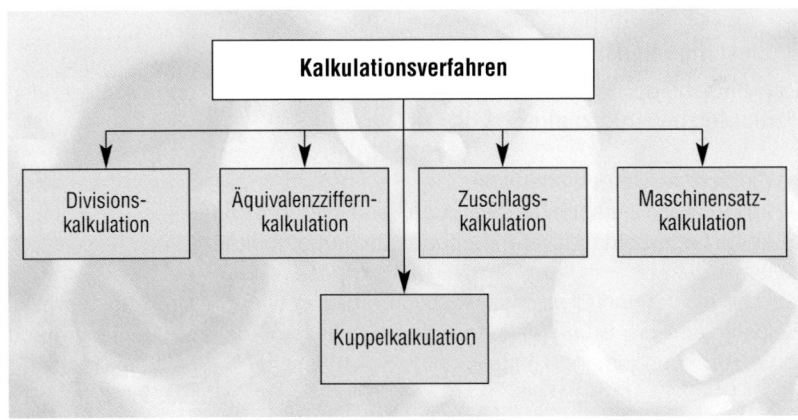

Übersicht 37: Verfahren der Kostenträgerstückrechnung

Alle Verfahren sind grundsätzlich als Ist-, Normal- oder Plankalkulationen auf Voll- oder Teilkostenbasis durchführbar. Auf die unterschiedlichen Ausgestaltungsmöglichkeiten der Kostenrechnungssysteme wird in Kapitel 5 eingegangen.

Eine Übersicht über die verschiedenen Kalkulationsverfahren gibt die Abbildung 37.

4.3.1 Divisionskalkulation

*Einsicht in die Anwendungsmöglichkeiten der verschiedenen Formen der
Divisionskalkulation;
Fertigkeit in deren Anwendung;
Einsicht in die Anwendungsmöglichkeiten der verschiedenen Formen der
Zuschlagskalkulation;
Fertigkeit in deren Anwendung*

Die Divisionskalkulation ist das einfachste Kalkulationsverfahren. Bei ihr werden die Kosten je Kostenträgereinheit ermittelt durch die Division der in einer Periode angefallenen Kosten durch die Zahl der erstellten Leistungseinheiten des Kostenträgers.

Formel	
	$$\frac{\textbf{Selbstkosten}}{\textbf{pro Stück}} = \frac{\textbf{anfallende Gesamtkosten}}{\textbf{Leistungseinheiten des Kostenträgers}}$$

Die Anwendbarkeit der Divisionskalkulation hängt stark von der Art des Produktionsprogramms und des Produktionsverfahrens des Unternehmens ab. Bei der Produktion eines bzw. weniger homogener Güter (z. B. Sand, Wasser, Gas, Kies usw.) kann sie als Kalkulationsverfahren geeignet sein. Nach der Zahl der zu berücksichtigenden Produktionsstufen unterscheidet man zwischen der ein- und der mehrstufigen Divisionskalkulation (Schweitzer/ Küpper, 1995, S. 167 f.).

▌ Einstufige Divisionskalkulation

Der Einsatz der **einstufigen Divisionskalkulation** ist an die folgenden Voraussetzungen gebunden:

● Einprodukt-Betrieb(sbereich),
● keine Lagerbestandsveränderungen an Halbfabrikaten,
● keine Lagerbestandsveränderungen an Fertigfabrikaten.

Bei der einstufigen Divisionskalkulation ergeben sich die Stückkosten bzw. Selbstkosten pro Stück (k), indem man die Gesamtkosten (K) einfach durch die Ausbringungsmenge (x) teilt.

Formel	
	$$k = \frac{K}{x}$$

In einem Unternehmen betragen die Gesamtkosten in einer Periode 120 000,00 EUR. In dieser Periode wurden 1 200 Leistungseinheiten erbracht. Die Stückselbstkosten ergeben sich somit zu

$$k = \frac{120\,000,00\ \text{EUR}}{1\,200\ \text{Stück}} = 100,00\ \text{EUR/Stück}$$

Aufgrund dieser Restriktionen ist die einstufige Divisionskalkulation in der Praxis kaum relevant.

▌ Mehrstufige Divisionskalkulation

Hebt man die Voraussetzungen „keine Lagerbestandsveränderungen an Halb- und Fertigfabrikaten" auf, lässt man also Lagerbestandsveränderungen zwischen den einzelnen Stufen der Wertschöpfungskette zu, so muss man die **mehrstufige Divisionskalkulation** anwenden. Dazu ist dann jedoch eine Kostenstellenrechnung notwendig. Mit ihrer Hilfe werden die Kosten jeder Stufe durch die bearbeiteten bzw. geleisteten Mengen dividiert.

Die mehrstufige Divisionskalkulation kann angewendet werden, wenn ein einheitliches Produkt hergestellt wird, die Produktion sich aber in mehreren Stufen vollzieht und zwischen den einzelnen Stufen Zwischenläger existieren (Wöhe, 2002, S. 1117).

Die Massenproduktion ist das typische Fertigungsverfahren für die Divisionskalkulation.

Bezeichnet man mit m die Materialkosten pro Stück, bei insgesamt n Fertigungsstufen die in der ersten Fertigungsstufe anfallenden Kosten mit K_{F1}, die der zweiten mit K_{F2} usw. und die Verwaltungs- und Vertriebskosten mit K_{VV} und weiter die in Fertigungsstufe 1 bearbeitete Menge mit x_1, in Fertigungsstufe 2 mit x_2 usw., die abgesetzte Menge mit x_A, so lässt sich die mehrstufige Divisionskalkulation nach folgender Formel durchführen:

$$k = m + \frac{K_{F1}}{x_1} + \frac{K_{F2}}{x_2} + \dots + \frac{K_{Fn}}{x_n} + \frac{K_{VV}}{x_A} \quad \text{oder} \quad k = m + \sum_{i=1}^{m} \frac{K_{F1}}{x_i} + \frac{K_{VV}}{x_A}$$

Formel

In einem Einproduktunternehmen betragen die Materialkosten pro Stück 35,00 EUR. Es findet eine dreistufige Produktion statt. In der ersten Produktionsstufe werden 1 500 Halbfabrikate erstellt. Dies verursacht Fertigungskosten in Höhe von 15 000,00 EUR. Auf der zweiten Stufe werden 1 800 Halbfabrikate weiterverarbeitet (somit müssen 300 vom Lager kommen). Dafür entstehen Fertigungskosten in Höhe von 13 500,00 EUR. Auf der dritten Stufe erfolgt die Fertigung von 1 600 Erzeugnissen, wofür 20 000,00 EUR Fertigungskosten entstehen. In dieser Periode werden 1 700 Erzeugnisse abgesetzt. Verwaltungs- und Vertriebsgemeinkosten haben die Höhe von 15 300,00 EUR.

Die Stückkosten ergeben sich nach diesen Angaben wie folgt:

$$k = 35 + \frac{15\,000}{1\,500} + \frac{13\,500}{1\,800} + \frac{20\,000}{1\,600} + \frac{15\,300}{1\,700}$$

$$k = 35 + 10 + 7{,}5 + 12{,}5 + 9 = 74$$

Man kann folgende weitere Angaben hieraus ermitteln:

Herstellkosten Halbfabrikat Fertigungsstufe 1		45,00 EUR
Herstellkosten Halbfabrikat Fertigungsstufe 2		52,50 EUR
Herstellkosten Fertigfabrikat		65,00 EUR
Selbstkosten pro Stück		74,00 EUR
Lagerbestandverringerung zwischen 1 und 2	300 Stück · 45,00 EUR	13 500,00 EUR
Lagerbestandserhöhung zwischen 2 und 3	200 Stück · 52,50 EUR	10 500,00 EUR
Lagerbestandsverringerung Fertigwarenlager	100 Stück · 65,00 EUR	6 500,00 EUR

Zwischen der einstufigen und der mehrstufigen Divisionskalkulation kann noch die **zweistufige Divisionskalkulation** angesiedelt werden. Sie geht von lediglich einer Fertigungsstufe aus und unterscheidet zwischen Fertigungs- sowie Verwaltungs- und Vertriebskosten. Deshalb ist sie eine vereinfachte Form der mehrstufigen Divisionskalkulation.

4.3.2 Äquivalenzziffernkalkulation

Überblick über Arten von Kosteninformationen, die benötigt werden, um verschiedene Kalkulationsverfahren anzuwenden

Die Verfahren der einfachen (einstufigen, zweistufen oder mehrstufigen) Divisionskalkulation setzen ein Einprodukt-Unternehmen bzw. einen Einprodukt-Bereich im Unternehmen voraus. Hebt man diese Voraussetzung auf, kann man die Äquivalenzziffernkalkulation verwenden. Dazu muss es sich jedoch um artverwandte Produkte handeln. Die Äquivalenzziffernkalkulation stellt einen Sonderfall der Divisionskalkulation dar.

Bei der Äquivalenzziffernkalkulation wird die Tatsache ausgenutzt, dass aufgrund fertigungstechnischer Ähnlichkeiten bei Sortenfertigung die Kosten der verschiedenen Produktarten in einem bestimmten Verhältnis zueinander stehen.

Definition

> **Die Äquivalenzziffer eines Produktes gibt an, in welchem Verhältnis die Kosten dieses Produktes zu den Kosten eines Einheitsproduktes mit der Äquivalenzziffer 1 stehen.**

Äquivalenzziffern werden einmal ermittelt und dann in den folgenden Perioden wiederverwendet. Sie werden mit den Leistungsmengen der Perioden multipliziert, wodurch man „Rechnungseinheiten" erhält. Die Summe der angefallenen Kosten wird durch die Summe der Rechnungseinheiten dividiert. Diese Einheitskosten werden benötigt, um im Anschluss unter nochmaliger Verwendung der Äquivalenzziffern die Kosten der ursprünglichen Sorten zu errechnen. Die Einheitskosten stimmen nur bei der Einheitssorte mit den tatsächlichen Stückkosten überein.

Die folgende Tabelle verdeutlicht diesen Zusammenhang anhand eines Beispiels:

Gesamtkosten der Periode: 66 400,00 EUR					
Leistung	Leistungs-menge	Äquivalenz-ziffer	Rechnungs-einheiten	Selbstkosten je Sorte	Selbstkosten je Stück
Bauziegel	300	0,80	240	19 200,00 EUR	64,00 EUR
Klinker	150	1,40	210	16 800,00 EUR	112,00 EUR
Dachziegel	200	1,90	380	30 400,00 EUR	152,00 EUR
			830	66 400,00 EUR	
	66 400,00 : 830 = 80,00 EUR				

4.3.3 Kuppelkalkulation

Die Kuppelkalkulation gehört vom System her zur Divisionskalkulation. Sie kommt bei Produktionsprozessen zum Einsatz, bei denen aus natürlichen oder technischen Gründen zwangsläufig verschiedene Produkte hergestellt werden bzw. anfallen. Es ist aus physikalischen, technischen oder chemischen Zusammenhängen nicht möglich, lediglich eine Güterart im Produktionsprozess herzustellen. Die Kosten der Kuppelproduktion können nach dem Verursachungsprinzip den erzeugten Gütern nur gemeinsam zugerechnet werden. Eine verursachungsgerechte Kalkulation der einzelnen Produkte ist demnach nicht möglich. Dennoch ist es für bestimmte Produkte notwendig, Stückkosten festzulegen. Für die Kalkulation von Kuppelprodukten wurden die Restwertrechnung und die Verteilungsrechnung entwickelt (Schweitzer/Küpper, 1995, S. 182 f.):

● **Restwertrechnung**: Sie beruht auf der Zurechnung der Kosten nach der Bedeutung der Produktarten im Produktionsprogramm. Bei diesem Verfahren werden Marktpreise teilweise berücksichtigt. Es wird in der Regel angewendet, wenn ein Hauptprodukt und ein oder mehrere Nebenprodukte erzeugt werden. Die Erlöse der Nebenprodukte werden von den Gesamtkosten abgezogen und stellen somit eine Kostenminderung für das Hauptprodukt dar. Die Kosten der Nebenprodukte sind nicht feststellbar. Somit ist weder eine auf den Selbstkosten aufbauende Preiskalkulation möglich, noch kann deren Gewinn ermittelt werden. Es wird unterstellt, dass die Selbstkosten der Nebenprodukte ihren Verkaufspreisen entsprechen, und der Gesamtgewinn auf das Hauptprodukt entfällt.

Bei der Produktion des Hauptproduktes H fällt in einem Betrieb das Nebenprodukt N an. Die Kosten des Kuppelprozesses betragen in einer Periode 100 000,00 EUR. Es werden 5 000 kg von H und 250 kg N hergestellt. Um N am Markt absetzen zu können, fallen Aufbereitungskosten in Höhe von 3,00 EUR/kg an. N kann dann für 25,00 EUR/kg abgesetzt werden.

	Kosten des Kuppelprozesses	100 000,00 EUR
./.	Erlöse des Nebenproduktes	6 250,00 EUR
+	Aufbereitungskosten des Nebenproduktes	750,00 EUR
=	Restkosten	94 500,00 EUR
	Stückherstellkosten des Hauptproduktes	18,90 EUR

Die Selbstkosten von H werden im weiteren Verlauf wie bei der Zuschlags-kalkulation ermittelt, indem noch die Verwaltungs- und die Vertriebs-gemeinkosten hinzugerechnet werden.

● **Verteilungsrechnung**: Sie wird angewendet, wenn sich kein eindeutiges Hauptprodukt bestimmen lässt. Man ermittelt dann Äquivalenzziffern, die das Verhältnis der Kostenverteilung auf die Kuppelprodukte wiedergeben. Formell ist es das gleiche Verfahren wie bei der **Äquivalenzziffernkalku-lation**, materiell besteht jedoch ein wesentlicher Unterschied: Bei der Sortenkalkulation stellen die Äquivalenzziffern Maßstäbe der Kostenverur-sachung der einzelnen Sorten dar; bei der Kuppelkalkulation hingegen sind die Äquivalenzziffern Maßstäbe der Kostentragfähigkeit. In der Regel verwendet man Marktpreise als Äquivalenzziffern.

4.3.4 Zuschlagskalkulation

Fertigkeit, mit Hilfe der Kalkulationsverfahren Herstellkosten und Selbst-kosten zu ermitteln

Den Typ eines Mehrproduktbetriebes, wie ihn die Äquivalenzziffernkalkulati-on unterstellt, findet man in der Realität relativ selten. Vorherrschend ist ein Betriebstyp, bei dem aus mehreren Einsatzmaterialien und/oder mit Hilfe verschiedener Produktionsverfahren auch unterschiedliche Produkte gefer-tigt werden. Damit auch in einem solchen Mehrproduktbetrieb die Kosten-trägerstückrechnung zu Vollkosten durchgeführt werden kann, wurde die Zu-schlagskalkulation entwickelt (Heinen/Dietel, 1991, S. 1222).

Charakteristisch für solche Mehrproduktbetriebe mit heterogener Fertigungs-struktur und/oder heterogenem Leistungsprogramm ist es, dass ein Großteil der entstehenden Gemeinkosten keiner Erzeugnisart direkt zuzurechnen ist, sondern von mehreren bzw. allen Erzeugnisarten gemeinsam verursacht wird. Hier ist die Aufgabe der Zuschlagskalkulation (in der Vollkostenrech-nung), die Gemeinkostenanteile pro Erzeugniseinheit zusätzlich zu den Kostenträgereinzelkosten möglichst **verursachungsgerecht** zuzuordnen.

Das **Anwendungsgebiet der Zuschlagskalkulation** lässt sich wie folgt dar-stellen: Betriebe, die verschiedene Arten von Produkten in mehrstufigen Pro-duktionsprozessen bei unterschiedlicher Kostenverursachung und laufender Veränderung der Lagerbestände an Halb- und Fertigfabrikaten herstellen; z.B. Serien- und Einzelfertiger (Wöhe, 2002, S. 1119). Hier werden im Gegen-satz zur Divisionskalkulation die **Kosten in Einzelkosten und Gemein-kosten** geteilt. Die Einzelkosten werden den Kostenträgern dann direkt und die Gemeinkosten indirekt mit Hilfe von Bezugsgrößen und Zuschlagssätzen zugerechnet.

Die Zuschlagskalkulation basiert auf einer Trennung der Kosten in Einzel- und Gemeinkosten. Ihr liegen in der Regel eine Gliederung des Produktionsprozesses und eine Aufteilung der Kosten auf Kostenstellen zugrunde. Im Allgemeinen unterscheidet man den Materialbereich, den Fertigungsbereich und den Verwaltungs- und Vertriebsbereich. (Schweitzer/Küpper, 1995, S. 175)

Jedes Produkt soll mit den Kosten belastet werden, die es tatsächlich verursacht hat. Dabei sollte man sich bemühen, so viele Kosten wie möglich als Einzelkosten zu erfassen, da jede Schlüsselung von Kosten mit einer gewissen Ungenauigkeit verbunden ist.

Die **Wahl der Bezugsgröße** ist bei der Zuschlagskalkulation von wesentlicher Bedeutung. Je kleiner die Basis ist, und je größer die zu verrechnenden Gemeinkosten sind, desto höher werden die Zuschlagprozentsätze und desto stärker wirken sich die geringsten Fehler bei der Kostenerfassung der Bezugsgrößen auf die verrechneten Gemeinkosten aus.

In der Fertigung wird häufig der Fertigungslohn (als Fertigungseinzelkosten) als Zuschlagsbasis für die Gemeinkosten verwendet. In Zeiten zunehmender Automatisierung sind diese als Zuschlagsbasis zunehmend in die Kritik geraten. Neuere Ansätze der Kostenrechnung bzw. des Kostenmanagements, wie zum Beispiel die Prozesskostenrechnung sehen hier einen wesentlichen Kritikpunkt an den traditionellen Systemen der Kostenrechnung.

Man könnte jedoch auch Maschinenstunden statt der Fertigungslöhne als Zuschlagsbasis heranziehen. Dann würde sich der Verteilungsschlüssel von einem wertmäßigen in einen mengenmäßigen umwandeln. Maschinenstundensätze haben darüber hinaus den Vorteil, dass sie im Gegensatz zu den Fertigungslöhnen gegenüber Preisschwankungen unempfindlich sind.

Beispiel für einen wertmäßigen Zuschlag:

Die Gemeinkosten in einem Unternehmen betragen 2 925 000,00 EUR. An Fertigungslöhnen fallen 450 000,00 EUR an.

$$\text{Wertmäßiger Lohnzuschlag} = \frac{\text{Gemeinkosten} \cdot 100}{\text{Fertigungslohn}} = \frac{2\,925\,000 \cdot 100}{450\,000} = 650\,\%$$

Beispiel für einen mengenmäßigen Zuschlagssatz:

Die Fertigungszeit in dieser Periode beträgt 58 500 Stunden.

$$\text{Fertigstundenzuschlagssatz} = \frac{\text{Gemeinkosten}}{\text{Fertigungszeit}} = \frac{2\,925\,000}{58\,500} = 50{,}00\ \text{EUR/Stunde}$$

Die unterschiedlichen Formen der Zuschlagskalkulation lassen sich nach der Art und Feinheit der Gemeinkostenzuschläge unterteilen. Die Hauptgruppen sind die summarische und die differenzierende Zuschlagskalkulation.

▌ Summarische Zuschlagskalkulation

Dieses Verfahren verrechnet die gesamten Gemeinkosten des Betriebes als einen (summarischen) Zuschlag. Zuschlagsgrundlage bzw. Bezugsgröße sind entweder die Einzelmaterialkosten oder die Einzellohnkosten (Fertigungseinzelkosten) oder die gesamten Einzelkosten. Für die Anwendung der summarischen Zuschlagskalkulation ist zwar eine Unterteilung in Einzel- und Gemeinkosten Voraussetzung, eine Einteilung des Betriebes in Kostenstellen ist jedoch eigentlich nicht notwendig.

Zum Beispiel werden die gesamten Einzelkosten zu den gesamten Gemeinkosten in Beziehung gesetzt, wodurch ein Zuschlagsatz ermittelt wird. So unterstellt man eine Proportionalität von Einzel- und Gemeinkosten bei allen Kostenträgern; dies ist im Allgemeinen jedoch nicht der Fall (Wöhe, 2002, S. 1120). Manche Autoren nennen auch die Möglichkeit der Verwendung eines Mengenschlüssels statt der wertorientierten Schlüsselung über die Einzelkosten. Doch auch dann wird immer nur eine Zuschlagsbasis verwendet.

Der allgemeine Zuschlagssatz bei der summarischen Zuschlagskalkulation ergibt sich nach folgender Formel:

Definition

$$\text{Zuschlagssatz in \%} = \frac{\text{Gemeinkostensumme}}{\text{Einzelkostensumme}} \cdot 100$$

Die Selbstkosten errechnet man dann nach folgendem Schema:

```
    Einzelkosten je Stück (Kostenträger)
+   Gemeinkosten je Stück
    (= Einzelkosten · Zuschlagssatz)
─────────────────────────────────────────
=   Selbstkosten
```

In einem Betrieb beträgt die Summe der Gemeinkosten 2 590 000,00 EUR und die der Einzelkosten 740 000,00 EUR. Auf das Erzeugnis A entfallen Einzelkosten in Höhe von 18,00 EUR. Wie hoch sind die Selbstkosten?

$$\text{Zuschlagssatz in \%} = \frac{2\,590\,00}{740\,000} \cdot 100 = 350\,\%$$

Gemeinkosten pro Erzeugniseinheit A = 18,00 EUR · 350 % = 63,00 EUR

```
    18   Einzelkosten je Erzeugniseinheit A
+   63   Gemeinkosten je Erzeugniseinheit A
         (= Einzelkosten · Zuschlagssatz)
─────────────────────────────────────────
=   81   Selbstkosten Erzeugnis A
```

Eine Variante ist die kumulative Lohnzuschlagskalkulation: Hier werden die Materialgemeinkosten als gesonderter Zuschlag auf die Materialeinzelkosten verrechnet und die Verwaltungs- und Vertriebsgemeinkosten als Zuschlag auf die Herstellkosten. Die Fertigungsgemeinkosten als bedeutende Gruppe werden jedoch **ohne weitere Kostenstellenunterteilung** als ein Gesamtzuschlag auf die Fertigungseinzellöhne verrechnet).

Die folgende Aufstellung verdeutlicht das Vorgehen bei der summarischen bzw. kumulativen Lohnzuschlagskalkulation:

```
       Materialeinzelkosten

   +   Materialgemeinkosten              =  Materialkosten
   _____

   +   gesamte Lohneinzelkosten

   +   gesamte Fertigungsgemeinkosten

   +   Sondereinzelkosten der Fertigung  +  Fertigungskosten
   _____

                                         =  Herstellkosten

   +   Verwaltungsgemeinkosten

   +   Vertriebsgemeinkosten

   +   Sondereinzelkosten des Vertriebs  +  Verwaltungs- und
   _____    Vertriebskosten
                                            _____

                                         =  Selbstkosten
```

In einem Betrieb sind folgende Werte gegeben:

Kostenart	EUR
Materialeinzelkosten	300 000,00
Materialgemeinkosten	150 000,00
Lohneinzelkosten	250 000,00
Fertigungsgemeinkosten	500 000,00
Sondereinzelkosten der Fertigung	0,00
Verwaltungsgemeinkosten	240 000,00
Vertriebsgemeinkosten	180 000,00
Sondereinzelkosten des Vertriebs	2 000,00

Für einen Auftrag über 100 Stück des Produktes A, das Materialeinzelkosten von 20,00 EUR/Stück und Lohneinzelkosten von 15,00 EUR/Stück verursacht, sollen nun die Selbstkosten pro Stück ermittelt werden.

Dazu sind zunächst die Zuschlagssätze zu ermitteln:

Materialgemeinkostenzuschlag $= \dfrac{150\,000}{300\,000} \cdot 100 = 50\,\%$

Fertigungsgemeinkostenzuschlag $= \dfrac{500\,000}{250\,000} \cdot 100 = 200\,\%$

Verwaltungsgemeinkostenzuschlag $= \dfrac{240\,000}{1\,200\,000} \cdot 100 = 20\,\%$

Vertriebsgemeinkostenzuschlag $= \dfrac{180\,000}{1\,200\,000} \cdot 100 = 15\,\%$

Materialeinzelkosten	20,00		
+ Materialgemeinkosten (50)	10,00	= Materialkosten	30,00
+ gesamte Lohneinzelkosten	15,00		
+ gesamte Fertigungsgemeinkosten	30,00		
+ Sondereinzelkosten der Fertigung	0,00	+ Fertigungskosten	45,00
		= Herstellkosten	75,00
+ Verwaltungsgemeinkosten (20 %)	15,00		
+ Vertriebsgemeinkosten (15 %)	11,25		
+ Sondereinzelkosten des Vertriebs (2 000 : 100)	20,00	+ Verwaltungs- und Vertriebskosten	46,25
		= Selbstkosten	121,25

Es handelt sich hierbei noch nicht um eine differenzierende Zuschlagskalkulation.

▌ Differenzierende Zuschlagskalkulation

Bei der differenzierenden Zuschlagskalkulation werden mehrere Bezugsgrößen festgelegt und es erfolgt gleichzeitig eine Aufspaltung des Gemeinkostenblocks in mehrere Gemeinkostengruppen. Der Gemeinkostenblock wird „differenziert" (Heinen/Dietel, 1991, S. 1224). Durch die Wahl unterschiedlicher Bezugsgrößen und die Differenzierung des Gemeinkostenblocks versucht man eine möglichst proportionale Beziehung zwischen Bezugsgröße und Gemeinkostengruppe zu erreichen.

Mit anderen Worten: Die differenzierende Zuschlagskalkulation verrechnet die Gemeinkosten nicht mehr summarisch, sondern nach Betriebsbereichen bzw. Kostenstellen (manchmal auch Kostenplätzen) differenziert als Zuschlag auf unterschiedliche Bezugsgrößen. Häufig wird auch hier von elektiver Zuschlagskalkulation gesprochen; dies deutet an, dass der Versuch unternommen wird, die Bezugsgrößen auszuwählen, die in einer verursachungsgerechten Beziehung zu den Gemeinkosten stehen.

Die Übersicht 38 stellt das allgemeine Schema der differenzierenden Zuschlagskalkulation dar.

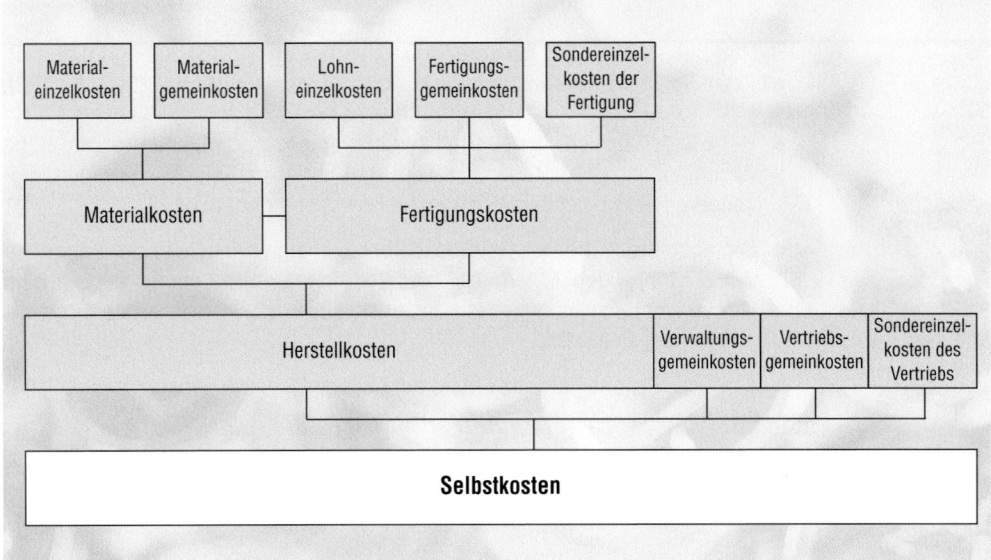

Übersicht 38: Differenzierende Zuschlagskalkulation

Werden entsprechend dem allgemeinen Schema nun die Fertigungsgemeinkosten nach Kostenstellen differenziert als Zuschlagssatz auf die dazugehörigen Fertigungseinzellöhne verrechnet, erhält man die Kalkulationsform der elektiven Lohnzuschlagskalkulation. Sie ist eine Verfeinerung der summarischen Lohnzuschlagskalkulation.

		Materialkosten	Herstellkosten	Selbstkosten
	Materialeinzelkosten			
+	Materialgemeinkosten			
+	Lohneinzelkosten 1	Fertigungskosten		
+	Fertigungsgemeinkosten 1			
+	Lohneinzelkosten 2			
+	Fertigungsgemeinkosten 2			
+	Lohneinzelkosten 3			
+	Fertigungseinzelkosten 3			
+	Sondereinzelkosten der Fertigung			
+	Verwaltungsgemeinkosten			
+	Vertriebsgemeinkosten			
+	Sondereinzelkosten des Vertriebs			

Das Vorgehensschema bei der elektiven Lohnzuschlagskalkulation ist vergleichbar mit dem der summarischen Zuschlagskalkulation. Der Unterschied besteht darin, dass der Fertigungsbereich in mehrere Kostenstellen unterteilt wird und die elektive Lohnzuschlagskalkulation deshalb genauer ist. Aufgrund der Ähnlichkeit erübrigt sich jedoch ein Beispiel.

Sie hat den Vorteil, dass sie abrechnungstechnisch einfach zu handhaben ist, gleichzeitig ist sie aber einigen Einwänden ausgesetzt (Wöhe, 2002, S. 1123):

- Hohe Mechanisierungs- und Automatisierungsgrade lassen extrem hohe Zuschlagssätze entstehen, sodass bereits kleine Erfassungsungenauigkeiten erhebliche Kalkulationsfehler bewirken können.

- Die absolute Höhe der Gemeinkostenzuschläge hängt von der Lohnhöhe der ausführenden Mitarbeiter ab. Bei jeder Lohnerhöhung ändern sich Gemeinkostenzuschläge und Bezugsgrößen, was komplizierte Umrechnungen zur Folge hat.

- Eine Proportionalitätsbeziehung der Fertigungsgemeinkosten besteht eher zu den Fertigungszeiten als zu den Fertigungslöhnen.

Diese Kritikpunkte führten dazu, im Fertigungsbereich die wertmäßigen Bezugsgrößen durch mengenmäßige zu ersetzen.

▌ Maschinensatzrechnung

Fertigkeit in der Anwendung der Maschinenstundensatzkalkulation

Die Maschinensatzrechnung, die auch als **Platzkostenrechnung** bezeichnet wird, kann als Weiterentwicklung bzw. Verfeinerung der differenzierenden Zuschlagskalkulation angesehen werden. Die Fertigungskostenstellen werden hier bis zu einzelnen Arbeitsplätzen, Hand- oder Maschinenarbeitsplätze, untergliedert. Ihre Anwendung bei Handarbeitsplätzen ist jedoch, wie bereits der Name sagt, kaum zu beobachten, auf Maschinenarbeitsplätze bezogen ist sie jedoch häufig anzutreffen. Bei der Maschinensatzrechnung werden Stundensätze für die Verteilung der Gemeinkosten gebildet (Moews, 1996, S. 185).

Bei der Maschinensatzrechnung stellt die benötigte Fertigungszeit die Bezugsgröße zur Verteilung der Fertigungsgemeinkosten dar.

Die **Anwendung** der Maschinensatzrechnung bietet sich an, wenn in einer Kostenstelle **verschiedenartige Maschinen** eingesetzt werden. Denn dann kann die Verwendung eines für die gesamte Kostenstelle einheitlichen Zuschlagssatzes zu ungenauen Ergebnissen führen, da die einzelnen Maschinen unterschiedliche Kostenstrukturen haben. So kann es zum Beispiel sein, dass wenig automatisierte Maschinen geringe Abschreibungen, aber relativ hohe Stromkosten verursachen, während hoch automatisierte Maschinen mit hohen Abschreibungen, aber geringen Stromkosten einhergehen können.

Bei solchen Verhältnissen geht man dann häufig bis auf einzelnen Maschinenplätze bei der Kalkulation hinunter (Schweitzer/Küpper, 1995, S. 181).

In dem so genannten Maschinensatz sind dann lediglich die maschinenbedingten (platzgebundenen) Fertigungsgemeinkosten enthalten. Dazu zählen unter anderem (Moews, 1996, S. 185):

- kalkulatorische Abschreibungen auf die Maschine,
- kalkulatorische Zinsen auf das in der Maschine gebundene Kapital,
- Kosten der Reparaturen und Instandhaltung,
- Energiekosten,
- Raumkosten für den durch die Maschine beanspruchten Raum.

Zu den nicht platzgebundenen, sonstigen Fertigungsgemeinkosten werden im Allgemeinen gezählt:

- Meistergehalt,
- Hilfslöhne,
- Sozialkosten,
- Reinigungskosten,
- Heizkosten,
- Beleuchtungskosten,
- ...

Die nicht platzgebundenen, sonstigen Fertigungsgemeinkosten können entweder auf Basis einer anderen Bezugsgröße, zum Beispiel Fertigungslöhne, oder aber ebenfalls auf Basis der Maschinenstunden verrechnet werden.

Das allgemeine Kalkulationsschema für die Fertigungskosten auf Basis der Maschinensatzrechnung lautet also (Moews, 1996, S. 185):

> Lohneinzelkosten
>
> + platzgebundene Fertigungsgemeinkosten (in EUR pro Stunde)
>
> + nicht platzgebundene Fertigungsgemeinkosten
>   (in % der Lohneinzelkosten oder in EUR pro Maschinenstunde)
> _____
> = Fertigungskosten

Um den **Maschinenstundensatz** zu ermitteln, stellt die Gesamtlaufzeit der Maschine in einer Periode die Bezugsbasis dar. Im Rahmen der Vorkalkulation muss man von der zu erwartenden Periodengesamtlaufzeit ausgehen. Häufig legt man auch eine normalisierte Beschäftigung zugrunde, die aus realisierten Istgesamtlaufzeiten vergangener Perioden ermittelt wird.

Zur Durchführung der **Kalkulation** muss dann ermittelt werden, wie lange die einzelnen Kostenträger von der jeweiligen Maschine bearbeitet werden. Diese Stückzeiten sind dann mit den Maschinensätzen zu multiplizieren.

In einer Fertigungskostenstelle existieren mehrere verschiedene Maschinen. In dieser Kostenstelle soll die Maschinensatzrechnung eingeführt werden.

Für eine Maschine sind dazu im Folgenden die notwendigen Daten angegeben (vgl. Schweitzer/Küpper, 1995, S. 181):

Aufgaben	
Anschaffungspreis	336 000,00 EUR
angenommene Nutzungsdauer	7 Jahre
kalkulatorischer Zinssatz	10 %
Instandhaltungssatz (pro Jahr in % vom Anschaffungspreis)	4 %
Flächenbedarf	20 m²
Raumkosten-Verrechnungssatz pro m²	0,05 EUR/m²
elektrische Nennleistung	9 kWh
Auslastung der elektrischen Nennleistung	70 %
Strompreis	0,10 EUR/kWh
Werkzeugkosten	4,50 EUR/Std.
restliche Fertigungsgemeinkosten	6,00 EUR/Std.
Sollstunden pro Jahr	1 500 Std.

Mit Hilfe dieser Angaben kann der Maschinenstundensatz nun ermittelt werden:

Kalkulation		EUR/Std.
kalkulatorische Abschreibung	336 000 : 7 : 1 500	32,00
kalkulatorische Zinsen	336 000 : 2 · 0,1 : 1 500	11,20
Instandhaltungskosten	336 000 · 0,04 : 1 500	8,96
Raumkosten	20 · 0,05	1,00
Stromkosten	9 · 0,7 · 0,1	0,63
Werkzeugkosten		4,50
restliche Fertigungsgemeinkosten		6,00
Maschinenstundensatz (Fertigungsgemeinkosten pro Stunde)		64,29

5 Kostenrechnungssysteme

Zur Erfüllung der Rechnungsziele stehen unterschiedliche Kostenrechnungssysteme zur Verfügung. Diese Systeme kann man nach ihrem Zeitbezug und dem Umfang der in ihnen verrechneten Kosten einteilen. Nach dem Zeitbezug unterscheidet man Ist-, die Normal und die Plankostenrechnungssysteme. Nach dem Umfang der verrechneten Kosten unterscheidet man Voll- und Teilkostenrechnungssysteme. Dies verdeutlicht die folgende Abbildung.

(Vgl. zum Kapitel Kostenrechnungssysteme insbesondere Kilger, 1993; Schierenbeck, 2003; Schweitzer/Küpper, 1995 sowie Wöhe, 2002).

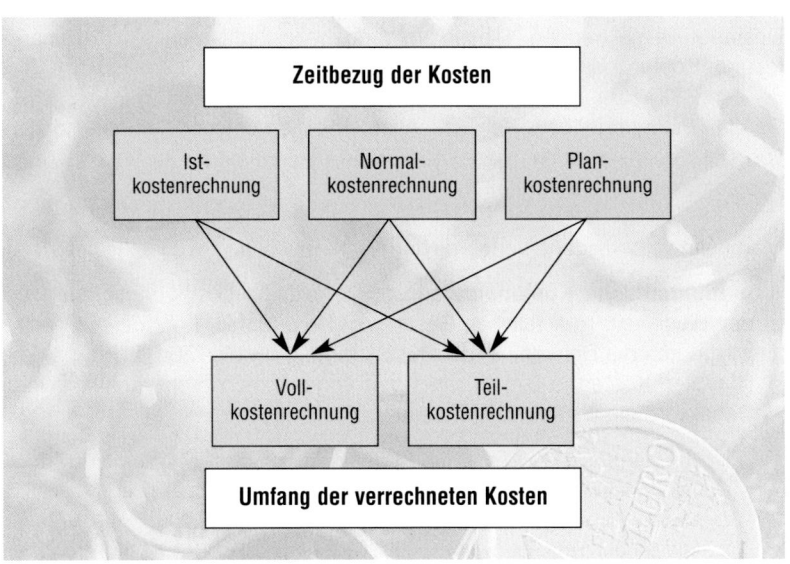

Übersicht 39:
Kostenrechnungssysteme

Quelle: Haberstock, 1992

5.1 Methoden der Kostenauflösung

Bewusstsein der Notwendigkeit einer Plankostenrechnung

Die Art der Verrechnung der Kosten innerhalb des betrieblichen Rechnungswesens stellt das wichtigste Kriterium für die Unterscheidung zwischen den verschiedenen Rechnungssystemen der Kostenrechnung dar. Dadurch gelangt man zur Unterteilung in Vollkosten- und Teilkostenrechnungssysteme.

Definition

> **Vollkostenrechnung: Vollkosten sind jene Stückkosten, die man erhält, wenn sämtliche Kosten einer Periode auf die entsprechenden Kostenträger verrechnet werden.**
>
> **Teilkostenrechnung: In den Systemen der Teilkostenrechnung werden nur bestimmte Teile der Gesamtkosten auf die Kostenträger kalkuliert. Die übrigen Teile werden auf anderem Wege in das Betriebsergebnis übernommen.**

Wie bereits erwähnt, kann man die Gesamtkosten nach ihrer Zurechenbarkeit in Einzel- und Gemeinkosten und nach ihrem Verhalten bei Beschäftigungsänderungen in fixe und variable Kosten unterteilen. Die hier in diesem Zusammenhang bedeutsamere Unterteilung ist die in fixe und variable Kosten.

Es besteht nun das Problem, die gesamten Kosten in ihre fixen und variablen Bestandteile zu trennen. Diesen Vorgang bezeichnet man als Kostenauflösung, Kostenzerlegung oder Kostenspaltung.

 Da die Kostenträger bzw. Kalkulationsobjekte die Kostenstellen unterschiedlich stark beanspruchen, muss man die Kostenauflösung kostenarten- und kostenstellenweise durchführen.

Man kann verschiedene Verfahren zur Kostenauflösung unterscheiden:

- **mathematische Kostenauflösung**: Für zwei Beschäftigungsgrade werden die jeweils angefallenen Gesamtkosten ermittelt. Die Kostendifferenz wird durch die Differenz in der Beschäftigung dividiert. So erhält man die variablen Kosten je Einheit, also den sogenannten proportionalen Satz. Dabei wird ein linearer Kostenverlauf unterstellt.

  In einer Kostenstelle soll eine Kostenauflösung durchgeführt werden. Dazu wird die Kostenhöhe bei zwei unterschiedlichen Beschäftigungsgraden erhoben. Es wird von proportionalen variablen Kosten ausgegangen. Bei einer Ausbringungsmenge von 5 000 Stück entstehen Kosten in Höhe von 80 000,00 EUR. Bei einer Beschäftigung von 6 000 Stück belaufen sich die Kosten auf 86 000,00 EUR. Die Kostendifferenz beträgt 6 000,00 EUR, die Beschäftigungsdifferenz 1 000 Stück. Die variablen (proportionalen) Stückkosten betragen demnach 6,00 EUR:

  $$k_v = \frac{\Delta K_{Ges}}{\Delta x} = \frac{6\,000,00 \text{ EUR}}{1\,000 \text{ Stück}} = 6,00 \text{ EUR/Stück}$$

  Indem man nun die variablen Stückkosten mit einer Ausbringungsmenge (5 000 oder 6 000) multipliziert und von den entsprechenden Gesamtkosten (80 000,00 EUR oder 86 000,00 EUR) abzieht, erhält man die Fixkosten.

$$K_F = K_{Ges} - (k_v \cdot x) = 80\,000,00 \text{ EUR} - (6,00 \text{ EUR/Stück} \cdot 5\,000 \text{ Stück})$$
$$= 80\,000,00 \text{ EUR} - 30\,000,00 \text{ EUR} = 50\,000,00 \text{ EUR}$$

Die Fixkosten betragen 50 000,00 EUR.

Die Kostenfunktion lautet demnach:
$$K_{Ges} = K_F + k_v \cdot x = 50\,000,00 \text{ EUR} + 6,00 \text{ EUR/Stück} \cdot x \text{ Stück}$$

Dieses Vorgehen lässt sich auch grafisch darstellen:

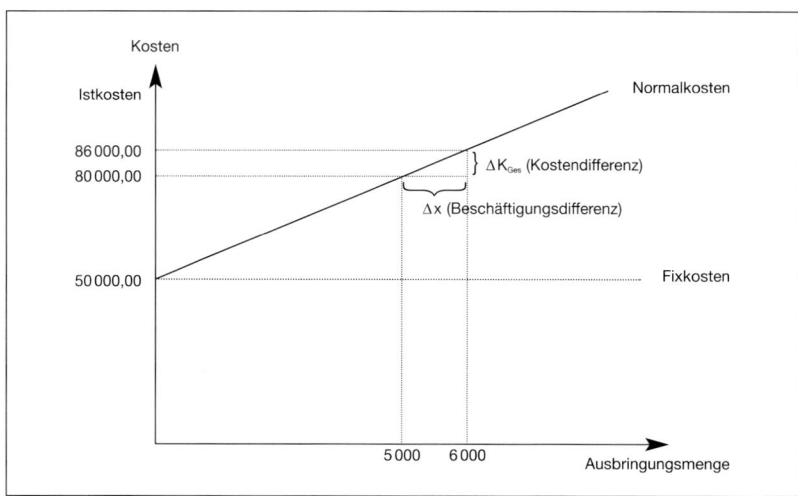

Übersicht 40: Kostenauflösung

- **buchtechnische Kostenauflösung**: Bei der buchtechnischen Kostenauflösung werden sämtliche verbuchten Kostenbelege von den Kostenrechnern daraufhin überprüft, ob die betreffenden Belege zu den fixen oder variablen Kosten gehören.

- **statistische Kostenauflösung:** Die statistische Kostenauflösung basiert auf empirischen Informationen über die Höhe der Gesamtkosten, die bei unterschiedlichen Beschäftigungsgraden anfallen. Die Auflösung erfolgt in der Regel nach der Methode der kleinsten Quadrate.

- **planmäßige Kostenauflösung**: Während die ersten drei Verfahren von tatsächlich entstandenen Kosten ausgehen, basiert das planmäßige Verfahren auf einem vorausgeplanten Mengengerüst und der Bewertung dieser Faktoreinsatzmengen.

5.2 Istkostenrechnung

Als Istkosten bezeichnet man die effektiv in einer Periode angefallenen Kosten. Sie ergeben sich aus dem Produkt der effektiv angefallenen Faktorverbrauchsmengen und den effektiv gezahlten Güterpreisen.

Definition

Dementsprechend hat die Istkostenrechnung lediglich eine Dokumentations-funktion, indem sie als Hauptziel die Ermittlung des Isterfolgs durch eine Nachkalkulation verfolgt.

Daraus ergeben sich eine Reihe von Nachteilen:

● Eine laufende Kostenkontrolle ist nicht möglich, da die hierzu benötigten Maßkosten in Form von Plan-, Soll-, Standard- oder Richtkosten fehlen.

● Da die Plankosten fehlen, ist die Istkostenrechnung für dispositive, ent-scheidungsunterstützende Zwecke ungeeignet.

● Die Istkostenrechnung ist sehr schwerfällig, da für jede Periode die Kalku-lationssätze für alle Leistungen erneut gebildet werden müssen.

● Unwirtschaftlichkeiten sind nicht erkennbar, da Änderungen in der Kosten-höhe auch von Preisschwankungen herrühren können.

● Eine reine Istkostenrechnung ist nicht möglich, da bestimmte Kostenarten stets mit Durchschnitts- oder Plancharakter verrechnet werden.

Aufgrund der rechentechnischen Schwerfälligkeit des Ansatzes von Ist-kosten, der aus den Schwierigkeiten bei der Ermittlung der einzelnen Ist-preise entsteht, ist man dazu übergegangen, ständig neu errechnete Istpreis-durchschnitte zu verwenden. Man verwendete sich hierfür das **Verfahren der gleitenden Durchschnitte.**

In einem nächsten Schritt ging man dazu über, mit dem letzten Istpreisdurch-schnitt weiter zu rechnen. So wurden aus den Istpreisen eine Art Normal-werte, auf jeden Fall aber **feste Verrechnungspreise.** Dadurch können Kos-tenveränderungen nur noch aus **Änderungen des Mengengerüstes** (Ver-brauch an Produktionsfaktoren) resultieren, denn Preisschwankungen sind durch die Verwendung der festen Verrechnungspreise eliminiert worden.

Damit ist die Grundlage für eine kostenstellenweise Kostenkontrolle geschaf-fen, da man letztendlich den Kostenstellenleiter nicht für Preisschwan-kungen, sondern lediglich für Verbrauchsmengen und -zeiten verantwortlich machen kann. Durch die Verwendung fester Verrechnungspreise entstehen nun **Preisabweichungen**, also Differenzen zwischen den reinen Istkosten und zu den Festpreisen bewerteten Istverbrauchsmengen.

Durch den Übergang vom Zeitlohn- zum Akkordlohnsystem in der Fertigung konnten Zeitvorgaben in die Produktion eingeführt werden, sodass sich die Lohnkosten zu Plankosten entwickelten. In einer späteren Phase wurden auch die geplanten Einzelmaterialmengen mit festen Verrechnungspreisen bewertet, was erstmals eine Wirtschaftlichkeitskontrolle der Einzelmaterial-kosten ermöglichte. Denn die Kostenabweichungen müssen dann von einem Mehrverbrauch an Einzelmaterial abhängig sein.

5.3 Normalkostenrechnung

Unter Normalkosten versteht man Kosten, die sich als „normaler" Durchschnitt einer größeren Anzahl von Istkosten vergangener Perioden ergeben.

Die **Normalkostenrechnung** stellt die **Vorstufe zur Plankostenrechnung** dar. Es wird hier mit festen Verrechnungspreisen gerechnet, und die **Gemeinkosten** werden mit **normalisierten Kostensätzen** verrechnet. Somit bezieht sich der Begriff „Normalkosten" vorrangig auf die Art der Gemeinkostenverrechnung.

Im Rahmen der Normalkostenrechnung spielen folgende Begriffe eine besondere Rolle:

- **Normalkosten**: Durchschnitt der „normalisierten" Istkosten vergangener Perioden,

- **Normalbeschäftigung**: Durchschnitt der Istbeschäftigungen vergangener Perioden,

- **Normalkostenverrechnungssatz (NKVS)**: Verhältnis von Normalkosten zu Normalbeschäftigung (der NKVS entspricht also dem Anteil der Normalkosten, die auf eine Beschäftigungseinheit entfallen),

- **verrechnete Normalkosten**: Die verrechneten Normalkosten ergeben sich aus der Multiplikation von NKVS und Istbeschäftigung.

Um die Normalkosten zu ermitteln, kann man sich entweder statischer oder aktualisierter Mittelwerte bedienen. Während statische Mittelwerte aus den vergangenen Abrechnungszeiträumen, die jeweils mit gleichem Gewicht eingehen, abgeleitet werden, ermittelt man die aktualisierten Mittelwerte durch eine Anpassung der statischen Durchschnittskosten an erkennbare Veränderungen.

Die **Normalisierung der Kosten** bezieht sich auf zwei Sachverhalte. Zum einen werden **normalisierte Werte für die innerbetriebliche Leistungs- verrechnung** unter den Kostenstellen verwendet und zum anderen für die **Kalkulationssätze** der Hauptkostenstellen.

Die **Gründe für die Normalisierung** sind vor allem:
- die Beschleunigung der innerbetrieblichen Leistungsverrechnung,
- die Verbesserung der Vergleichbarkeit von sekundären Kostenarten,
- die Ermöglichung der stellenweisen Kostenkontrolle.

Durch die Verwendung fester Verrechnungssätze für innerbetriebliche Leistungen kann es zu **Differenzen** zwischen den tatsächlich angefallenen Ist- kosten und den verrechneten Normalkosten kommen. Bei diesen Differenzen kann es sich um Über- oder Unterdeckungen handeln.

Eine **Überdeckung** liegt vor, wenn der Normalkostenverrechnungssatz größer als der Istkostensatz ist, wenn also zu viel Normalkosten verrechnet wurden. Eine Unterdeckung liegt dementsprechend vor, wenn der Normalkostenverrechnungssatz kleiner als der Istkostensatz ist. Bei den Über- und Unterdeckungen ist jedoch zu beachten, dass sie weder auf andere Kostenstellen noch auf Kostenträger weiterverrechnet werden, sondern am Ende des Jahres in die Betriebsergebnisrechnung übernommen werden.

In Abhängigkeit davon, ob eine Unterteilung in fixe und variable Kosten vorgenommen wird oder nicht, unterscheidet man die starre und die flexible Normalkostenrechnung.

5.3.1 Starre Normalkostenrechnung

Bei der starren Normalkostenrechnung findet keine Unterteilung in beschäftigungsunabhängige, fixe Kosten und beschäftigungsabhängige, variable Kosten statt.

Es werden normale Gemeinkostensätze, die möglichst lange unverändert bleiben sollen, gebildet, weshalb die starre Normalkostenrechnung auch als eingefrorene Istkostenrechnung bezeichnet wird.

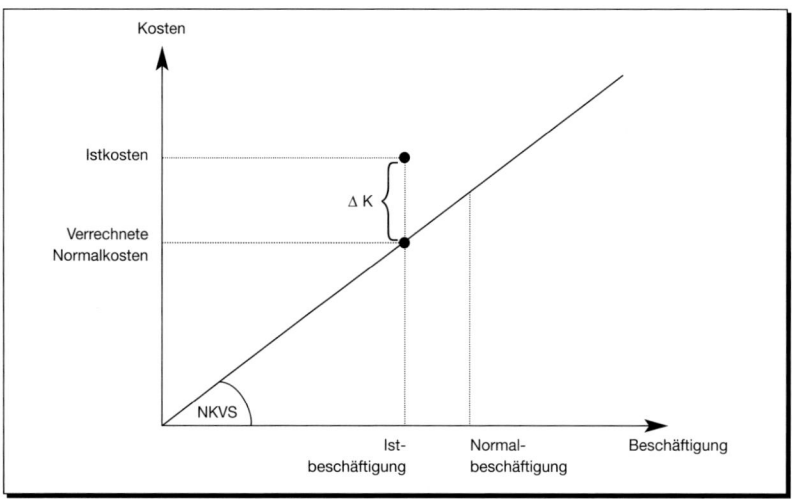

Übersicht 41:
Starre
Normalkosten-
rechnung

Als kritisch wird vor allem die Tatsache angesehen, dass die starre Normalkostenrechnung insbesondere bei der Verwendung statischer Mittelwerte ungeeignet ist, da die so ermittelten Normalkosten keine Maßkosten im Sinne von Sollkosten darstellen. Da die ermittelten Kosten sich lediglich an den Werten der Vergangenheit orientieren und auch in der Vergangenheit unwirtschaftlich gearbeitet worden sein könnte, können sie keinen Vorgabecharakter besitzen. Jedoch können durch eine zukunftsorientierte Aktualisierung der Normalkostensätze zumindest die Schätzfehler bei Über- oder Unterdeckung verringert werden.

5.3.2 Flexible Normalkostenrechnung

Bei der flexiblen Normalkostenrechnung werden die Gemeinkosten, also die Kosten, die sich nicht unmittelbar einem einzelnen Kostenträger verursachungsgerecht zurechnen lassen, in einen fixen und einen variablen Kostenbestandteil aufgespalten.

Neben den Normalgemeinkosten werden in der flexiblen Normalkostenrechnung auch so genannte Normgemeinkosten, Normalkosten der Stelle oder Normkosten errechnet, die von der Beschäftigung abhängig sind, und bei denen die zuvor erwähnte Differenzierung zwischen fixen und variablen Gemeinkosten vorgenommen wird.

Bereits jetzt kann darauf hingewiesen werden, dass diese Normgemeinkosten den Sollkosten in der Plankostenrechnung entsprechen. Der Fortschritt gegenüber der starren Normalkostenrechnung ist darin zu sehen, dass hier lediglich der variable Teil der Gemeinkosten proportionalisiert, also der Beschäftigung angepasst wird.

Die Differenz zwischen den tatsächlich angefallenen Kosten (Istkosten) und den verrechneten Normalkosten, die als Gesamtabweichung bezeichnet wird, lässt sich nun aufspalten in eine so genannte Beschäftigungsabweichung und sonstige Abweichungen.

Die Beschäftigungsabweichung stellt die Differenz zwischen den verrechneten Normalkosten und den Normkosten dar, also den Teil der Unter- bzw. Überdeckung, der sich darauf zurückführen lässt, dass die Istbeschäftigung von der Sollbeschäftigung abweicht.

Definition

Sie lässt sich somit darauf zurückführen, dass bei der starren Normalkostenrechnung die fixen Gemeinkosten bei Abweichungen von der Normalbeschäftigung auch proportionalisiert werden. Subtrahiert man also von den Istkosten die verrechneten Normalkosten, erhält man die gleichen Unter- bzw. Überdeckungen wie in der starren Normalkostenrechnung.

Zwar ermöglicht die flexible Normalkostenrechnung in Ansätzen bereits eine kostenstellenweise Kostenkontrolle, jedoch gehen in die Normalkosten lediglich die Istkosten vergangener Perioden ein. Unwirtschaftlichkeiten der Vergangenheit sind somit, wie bereits erwähnt, nicht zu erkennen.

Die folgende Abbildung stellt die starre und die flexible Normalkosten-rechnung gegenüber.

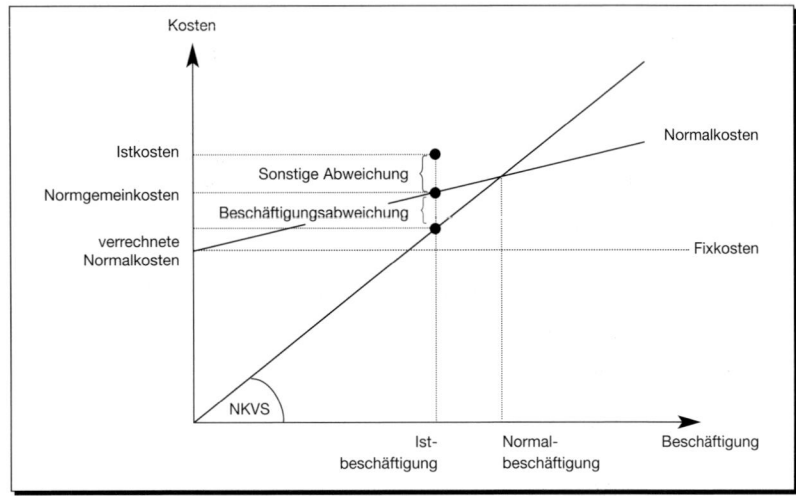

Übersicht 42:
Flexible
Normalkosten-
rechnung

5.4 Plankostenrechnung

Einblick in Methoden der Plankostenrechnung

Unter Planung versteht man die gedankliche Vorbereitung zukünftigen Handelns und die Entscheidung für den günstigsten Weg. Planung lässt sich durch die Merkmale Zukunftsbezogenheit, Rationalität, ihren Gestaltungs-charakter, das Prozessphänomen und ihren informationellen Charakter be-schreiben.

Im Zuge der Entwicklung zur Plankostenrechnung hat man sich bei der Er-mittlung von Normalkostensätzen von den Istkosten gelöst und versucht, **Kostenvorgaben mit Hilfe technischer Berechnungen, Verbrauchsab-weichungen und Schätzungen festzulegen**. Zugleich erfolgte eine Weiter-entwicklung der festen Verrechnungspreise zu Planpreisen. Die so neu geschaffene Kostenkategorie bezeichnet man als Plankosten, da sowohl das Mengen- oder Zeitgerüst als auch die Preise bzw. Wertansätze hier geplan-te Größen sind.

Formel	**Plankosten = Plan(faktor)mengen · Plan(faktor)preise**

Somit ist die Plankostenrechnung ein zukunftsorientiertes Kostenrechnungs-verfahren. Sie kann sowohl zur Wirtschaftlichkeitskontrolle als auch zur Ent-scheidungsvorbereitung eingesetzt werden. Bei der Wirtschaftlichkeitskon-trolle dienen die Plankosten als Zielgrößen, mit deren Hilfe Budget- oder Vorgabekosten aufgestellt werden. Im Rahmen der Entscheidungsvorberei-tung werden die Plankosten als erwartete effektive Kosten angesehen, die als Prognosekosten bei den Rechnungen berücksichtigt werden.

Die Plankosten sind als Oberbegriff zu verstehen, von dem einige andere Begriffe abgegrenzt werden:

- **Sollkosten**: planmäßig vorgegebene Kosten für die jeweilige Istbeschäftigung,

- **Standardkosten**: auf eine Kostenträgereinheit bezogene Plankosten,

- **Budgetkosten**: pro Kostenstelle für einen bestimmten Zeitraum vorgegebene Kosten.

Die **Aufgaben der Plankostenrechnung** sind im Wesentlichen:

- Kontrolle der Wirtschaftlichkeit (Plankostenrechnung als Kontrollinstrument),

- Bereitstellung von Zahlenmaterial für dispositive Zwecke (Plankostenrechnung als Lenkungsinstrument),

- Kalkulation der betrieblichen Leistungen (Plankostenrechnung als Kalkulationsinstrument).

Ein weiterer wichtiger Begriff in der Plankostenrechnung ist die **Planbeschäftigung**. Sie stellt den Beschäftigungsgrad dar, von dem man glaubt, dass er in der zu planenden Periode unter Berücksichtigung der Kapazität sowie des zu erreichenden Absatzes und aller sonstigen Engpässe durchschnittlich einzuhalten ist.

Ebenso wie bei der Normalkostenrechnung kann man bei der Plankostenrechnung zunächst die starre und die flexible Plankostenrechnung als Systeme unterscheiden. Die **flexible Plankostenrechnung** lässt sich in die flexible Plankostenrechnung zu Vollkosten, die flexible Plankostenrechnung zu Teilkosten (Grenzplankostenrechnung) und die dynamische Grenzplankostenrechnung unterteilen.

5.4.1 Starre Plankostenrechnung

Vom Grundsatz her ist die starre Plankostenrechnung mit der starren Normalkostenrechnung zu vergleichen. Auch hier werden sämtliche Kosteneinflussgrößen auf einem bestimmten Niveau fixiert. Die Plankosten werden (je Kostenstelle) nur für einen bestimmten Beschäftigungsgrad ermittelt. Diesen Beschäftigungsgrad bezeichnet man als **Planbeschäftigung**.

Da für die Kostenstelle keine Aufteilung der Kosten in fixe und variable Bestandteile stattfindet, besteht **bei unterschiedlichen Istbeschäftigungsgraden wiederum das Problem der Proportionalisierung der Fixkosten**. Weicht die tatsächliche Beschäftigung (Istbeschäftigung) also von der Planbeschäftigung ab, so beziehen sich Plankosten und Istkosten auf unterschiedliche Beschäftigungsgrade.

Für Kalkulationszwecke ermittelt man den **Plankostenverrechnungssatz** (PKVS), der dem Normalkostenverrechnungssatz in der starren Normalkostenrechnung entspricht. Der PKVS in der starren Plankostenrechnung ist immer ein Vollkostensatz, da ja keine Aufteilung in fixe und variable Bestandteile vorgenommen wird.

Formel

$$PKVS = \frac{\text{Plankostengesamtbetrag}}{\text{Planbeschäftigung}}$$

Multipliziert man den Plankostenverrechnungssatz mit der Istbeschäftigung, so erhält man mit den verrechneten Plankosten (analog zu den verrechneten Normalkosten in der starren Normalkostenrechnung) die jeweils auf die Kostenträger verrechnete Summe der Plankosten.

Die Planung der Kosten in der starren Plankostenrechnung und ihre Funktionsweise lässt sich wie folgt darstellen:

– Festlegung der Bezugsgrößen für jede Kostenstelle (z. B. Fertigungsstunden),

– Festlegung der Planbeschäftigung (in Abstimmung mit der Gesamtplanung),

– Ermittlung von Verbrauchsmengen und -zeiten durch Verbrauchsstudien und technische Berechnungen,

– Bewertung der geplanten Verbrauchsmengen mit Festpreisen und Lohnsätzen,

– man erhält so für jede Kostenart einer Kostenstelle den Plankostenbetrag, der der Planbezugsgröße entspricht. Dabei bilden alle Plankostenbeträge zusammen die gesamten Plankosten einer Kostenstelle.

– Ermittlung des Plankostenverrechnungssatz,

– Ermittlung der verrechneten Plankosten.

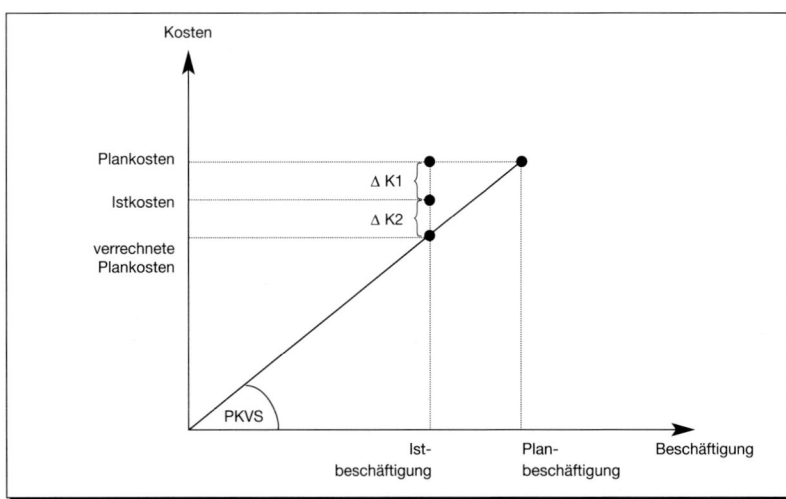

Übersicht 43: Starre Plankostenrechnung

Die grafische Darstellung ähnelt derjenigen der starren Normalkosten-rechnung (vgl. Übersicht 40).

Bei der starren Plankostenrechnung kann man zwei Kostenabweichungen ermitteln:

1. ΔK_1: Die Differenz zwischen den Plankosten (bei Planbeschäftigung) und den Istkosten,

2. ΔK_2: Die Differenz zwischen den Istkosten und den verrechneten Plan-kosten.

Als Vorteile der starren Plankostenrechnung können genannt werden:

● einfache und schnelle Handhabung,

● die Plankostenrechnung ist in das Planungssystem der Unternehmung integriert.

Dem stehen jedoch eine Reihe von Nachteilen gegenüber:
● Für eine wirksame Kostenkontrolle müssen die Kosten bekannt sein, die bei der Istbeschäftigung entstehen sollen (Sollkosten).

● Das Problem der Fixkostenproportionalisierung und die fehlende Anpas-sung der Plankosten an die wechselnde Istbeschäftigung erlauben keine wirksame Kostenkontrolle.

● Die Fixkostenproportionalisierung verstößt gegen das Verursachungs-prinzip als elementarem Grundsatz der Kostenrechnung, sodass die Kalkulationsergebnisse nur bedingt brauchbar sind (Weicht die Istbe-schäftigung nach unten von der Planbeschäftigung ab, werden nicht alle Fixkosten berücksichtigt, weicht sie nach oben ab, werden zu viele Fix-kosten verrechnet).

● Weil die starre Plankostenrechnung eine Vollkostenrechnung ist, sind ihre Ergebnisse für dispositive Zwecke nicht oder nur bedingt brauchbar (Bei kurzfristigen Entscheidungen dürfen nur die entscheidungsrelevanten Kosten, in der Regel die variablen Kosten, berücksichtigt werden.).

5.4.2 Flexible Plankostenrechnung

Kenntnis der Kostenbegriffe in der flexiblen Plankostenrechnung;
Fähigkeit der Vorgehensweise bei der flexiblen Plankostenrechnung

Im Gegensatz zur starren Plankostenrechnung findet nun bei der flexiblen Plankostenrechnung eine Aufteilung der Gemeinkosten in fixe und variable Bestandteile statt.

Man unterscheidet folgende Formen der flexiblen Plankostenrechnung:

● flexible Plankostenrechnung zu Vollkosten,
● flexible Plankostenrechnung zu Teilkosten (Grenzplankostenrechnung),
● dynamische Grenzplankostenrechnung.

▌ Flexible Plankostenrechnung zu Vollkosten

In der flexiblen Plankostenrechnung zu Vollkosten arbeitet man in der Kostenträgerrechnung weiterhin mit Verrechnungssätzen, in denen auch die fixen Bestandteile der Kosten enthalten sind, also mit Vollkosten. In der Kostenstellenrechnung erfolgt jedoch nun eine Aufteilung in fixe und variable Bestandteile. Es erfolgt eine Umrechnung der Plandaten auf die jeweilige Istbeschäftigung, wobei die fixen Kosten in voller Höhe und die variablen Kosten der Beschäftigung entsprechend, also proportionalisiert, in die Kostenstellenrechnung eingehen. So erhält man neben den verrechneten Plankosten auch die so genannten Sollkosten, also die Kosten, die bei einer bestimmten Beschäftigung anfallen sollen. Somit sind die Sollkosten das Unterscheidungskriterium zwischen der starren Plankostenrechnung und der flexiblen Plankostenrechnung zu Vollkosten.

Die Sollkosten ergeben sich nach folgender Formel:

Formel	
	Sollkosten = fixe Plankosten **+ (variable Plankosten/Planbeschäftigungsgrad) · Istbeschäftigung**

Dabei bezeichnet man das Verhältnis von proportionalen Plankosten zum Planbeschäftigungsgrad als proportionalen Plankostenverrechnungssatz:

Formel	
	proportionales Plankostenverrechnungssatz $= \dfrac{\textbf{variable Plankosten}}{\textbf{Planbeschäftigungsgrad}}$

Jetzt kann man die Gleichung für die Sollkosten auch folgendermaßen ausdrücken:

Formel	
	Sollkosten = fixe Plankosten **+ proportionales Plankostenverrechnungssatz · Istbeschäftigung**

Die Planung der Kosten in der flexiblen Plankostenrechnung zu Vollkosten und ihre Funktionsweise lässt sich wie folgt darstellen (Dabei ist zu beachten, dass die Planung in der flexiblen Plankostenverrechnungssatz zu Vollkosten in gleicher Weise abläuft wie bei der starren Plankostenverrechnungssatz):

1. Festlegung der Bezugsgrößen für jede Kostenstelle (z. B. Fertigungsstunden),

2. Festlegung der Planbeschäftigung (in Abstimmung mit der Gesamtplanung),

3   Ermittlung von Verbrauchsmengen und -zeiten durch Verbrauchsstudien und technische Berechnungen,

4. Bewertung der geplanten Verbrauchsmengen mit Festpreisen und Lohnsätzen,

5. So erhält man für jede Kostenart einer Kostenstelle den Plankostenbetrag, der der Planbezugsgröße entspricht. Dabei bilden alle Plankostenbeträge zusammen die gesamten Plankosten einer Kostenstelle,

6. Ermittlung des Plankostenverrechnungssatzes,

7. Ermittlung der verrechneten Plankosten.

Im Unterschied zur starren Plankostenrechnung werden hier bei der Kostenplanung sämtliche Planvorgaben in fixe und variable Bestandteile aufgelöst.

8. Ermittlung der Sollkosten,

9. Ermittlung der verschiedenen Abweichungen.

Die verrechneten Plankosten stimmen nur bei der Planbeschäftigung mit den Sollkosten überein. Unterschiede zwischen Ist- und Planbeschäftigung führen somit zwangsläufig zu Abweichungen. Der Abstand zwischen Sollkosten und verrechneten Plankosten wird als **Beschäftigungsabweichung** (ΔB) bezeichnet. Die Beschäftigungsabweichung entsteht bei Unterbeschäftigung durch zu wenig kalkulierte Fixkosten und bei Überbeschäftigung durch zu viel kalkulierte Fixkosten. Ermitteln kann man die Beschäftigungsabweichung entweder dadurch, dass man von den Fixkosten die verrechneten Fixkosten abzieht, oder aber, was wohl die Regel sein dürfte, indem man von den Sollkosten die verrechneten Plankosten abzieht:

ΔB = Sollkosten ./. verrechnete Plankosten	Formel

Unterschiede zwischen den geplanten Kosten und den tatsächlich angefallenen Kosten (Istkosten) können neben den Variationen der Beschäftigung auch in einem Minder- oder Mehrverbrauch an Inputfaktoren begründet sein. Die **Differenz zwischen Istkosten und Sollkosten** wird somit als **Verbrauchsabweichung (ΔV)** bezeichnet, weil sie sich auf Abweichungen von den geplanten Faktorverbrauchsmengen zurückführen lässt.

ΔV = Istkosten ./. Sollkosten	Formel

Die folgende Abbildung verdeutlicht die Funktionsweise der flexiblen Plankostenrechnung zu Vollkosten.

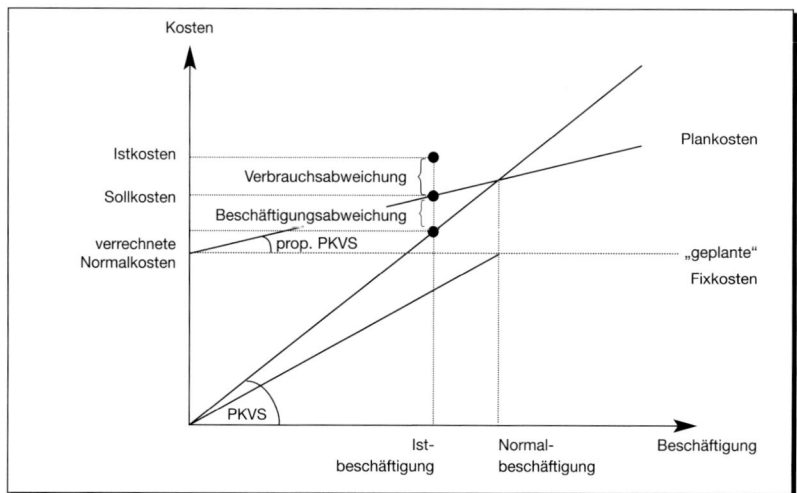

Übersicht 44:
Flexible Plan-
kostenrechnung zu
Vollkosten

Im Gegensatz zur starren Plankostenrechnung ist bei der flexiblen Plankostenrechnung zu Vollkosten bereits eine wirksame Kostenkontrolle möglich, da in der Kostenstellenrechnung eine Aufspaltung in fixe und variable Kosten vorgenommen wird. In der Kostenträgerrechnung wird das Fixkostenproblem jedoch noch nicht richtig gelöst (➤ **Fixkostenproportionalisierung**), da weiterhin mit verrechneten Plankosten gearbeitet wird.

Somit lässt sich folgende **Kritik an der flexiblen Plankostenrechnung zu Vollkosten** anbringen:

● Verstoß gegen das Verursachungsprinzip (in der Kostenträgerrechnung wird immer noch „geschlüsselt"),

● Fehlentscheidungen beim Aufbau der betrieblichen Planung,

● mangelnde Eignung für dispositive Zwecke,

● mangelnde Eignung für Kalkulation der betrieblichen Leistungen und

● somit nur beschränkte Verwendbarkeit als Lenkungsinstrument.

Die **Gefahr von Fehlentscheidungen** besteht vor allem bei der Lösung folgender Probleme:

● Verkaufsentscheidungen im Absatzbereich:
    – Eliminierung von Verlustartikeln,
    – Steuerung des Verkaufsprogramms,
    – Bestimmung von Preisgrenzen

- Verfahrenswahlentscheidungen im Produktionsbereich:

  - Wahl zwischen mehreren Fertigungsstellen,
  - Wahl zwischen Eigenerstellung und Fremdbezug

- Kurzfristige Erfolgsrechnung:

  - Aufbau der Erfolgsplanung
  - Kontrolle des Periodenerfolgs.

  Für eine Periode wurde eine Planbeschäftigung von 15 000 Fertigungsstunden ermittelt. Weiterhin gehen aus der Planung Plankosten in Höhe von 1 810 000,00 EUR hervor, von denen 835 000,00 EUR Planfixkosten sind.

  Nach Ablauf der Periode wird eine Istbeschäftigung von 13 500 Fertigungsstunden und Istkosten in Höhe von 1 753 000,00 EUR festgestellt.

  Zu errechnen sind folgende Werte:

  - PKVS
  - verrechnete Plankosten
  - ΔV
  - Nutzkosten

  - prop. PKVS
  - Sollkosten
  - ΔB
  - Leerkosten

  PKVS = Plangesamtkosten / Planbeschäftigung
  $\qquad$ = 1 810 000,00 EUR : 15 000 Fert.-Std. = 120,67 EUR / Fert.-Std.

  prop. PKVS = var. Plankosten : Planbeschäftigung
  $\qquad$ = (Plangesamtkosten - Planfixkosten) : Planbeschäftigung
  $\qquad$ = (1 810 000,00 EUR - 835 000,00 EUR) : 15 000 Fert.-Std.
  $\qquad$ = 975 000,00 EUR : 15 000 Fert.-Std. = 65,00 EUR / Fert.-Std.

  Verrechnete Plankosten = PKVS · Istbeschäftigung
  $\qquad$ = 120,67 EUR / Fert.-Std. · 13 500 Fert.-Std.
  $\qquad$ = 1 629 045,00 EUR

  Sollkosten = Planfixkosten + prop. PKVS · Istbeschäftigung
  $\qquad$ = 835 000,00 EUR + 65,00 EUR / Fert.-Std. · 13 500 Fert.-Std.
  $\qquad$ = 1 712 500,00 EUR

  Verbrauchsabweichung ΔV = Istkosten - Sollkosten
  $\qquad$ = 1 753 000,00 EUR - 1 712 500,00 EUR
  $\qquad$ = 40 500,00 EUR

  Beschäftigungsabweichung ΔB = Sollkosten - verrechnete Plankosten
  $\qquad$ = 1 712 000,00 EUR - 1 629 045,00 EUR
  $\qquad$ = 82 955,00 EUR

  Nutzkosten = Planfixkosten : Planbeschäftigung · Istbeschäftigung
  $\qquad$ = 835 000,00 EUR : 15 000 Fert.-Std. · 13 500 Fert.-Std.
  $\qquad$ = 751 500,00 EUR

  Leerkosten = Planfixkosten - Nutzkosten
  $\qquad$ = 835 000,00 EUR - 751 500,00 EUR

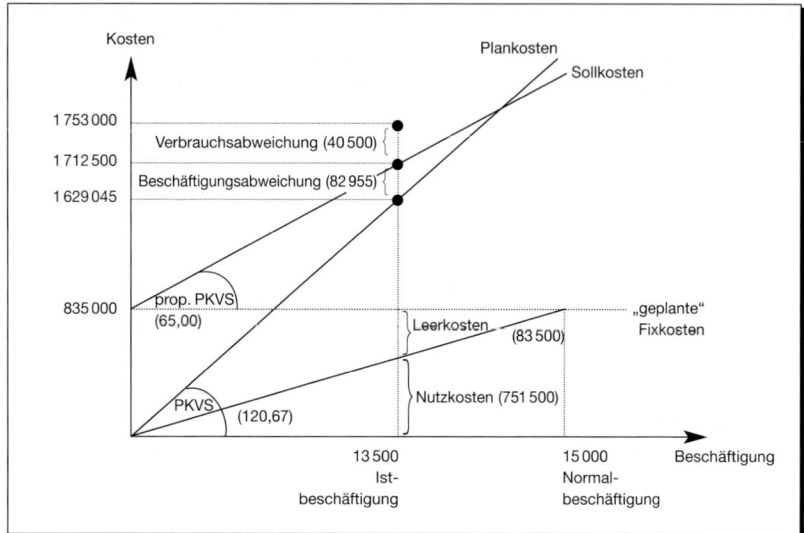

Übersicht 45:
Beispiel für flexible
Plankostenrech-
nung zu Vollkosten

▌ Flexible Plankostenrechnung zu Teilkosten/Grenzplankostenrechnung

Die Kritik an der flexiblen Plankostenrechnung zu Vollkosten richtet sich vor allem auf die Proportionalisierung der Fixkosten in der Kostenträgerrechnung. In der flexiblen Plankostenrechnung zu Teilkosten wird dieser Mangel dadurch behoben, dass die Kostenträger nur noch mit den proportionalen Kosten belastet werden, die ihnen nach dem Verursachungsprinzip auch zurechenbar sind. Für diese Art der Kostenrechnung, bei der den betrieblichen Leistungen also keine fixen zugerechnet werden, hat sich der Begriff der **Grenzplankostenrechnung** (GPKR) durchgesetzt.

Die Fixkosten sollen nicht mehr auf die Kostenträger verrechnet werden, da die Fixkostenproportionalisierung wichtige wirtschaftliche Erscheinungen verdeckt und daher Entscheidungen verfälschen kann. Deshalb werden die **Fixkosten konsequent ausgegliedert.** Dazu wird jedoch eine kostenstellenweise Kostenplanung benötigt.

Die Gründe für die Weiterentwicklung der flexiblen Plankostenrechnung zu Vollkosten zur GPKR sind vor allem:

- Es besteht die Gefahr von Fehlentscheidungen bei einer auf Vollkosten basierenden Erfolgsanalyse und Gewinnplanung, weil die Fixkosten proportionalisiert werden.

- Es besteht die Gefahr von Fehlentscheidungen im Produktionsbereich auf der Basis gegebener Kapazitäten, weil die fixen Kosten überhaupt berücksichtigt werden. Bei gegebenen Kapazitäten ist lediglich eine Anwendung des Grenzkostenprinzips sinnvoll.

Häufig wird statt von der Grenzplankostenrechnung auch von **Teilkostenrechnung** gesprochen, da keine fixen Kosten verrechnet werden.

Auch der Begriff der **Deckungsbeitragsrechnung** lässt sich häufig finden. Die Differenz zwischen Verkaufserlös und variablen Kosten eines Erzeugnisses bezeichnet man als Deckungsbeitrag. Dieser Begriff hat sich immer mehr durchgesetzt und wird heute meist synonym zum Begriff der Grenzplankostenrechnung verwendet. Der aus den USA stammende Begriff des **Direct Costing** ist dagegen etwas missverständlich, da er den Eindruck vermittelt, dass nur direkte Kosten, also Einzelkosten, auf die Kostenträger verrechnet werden.

Sowohl in der Kostenstellen- als auch in der Kostenträgerrechnung wird eine konsequente Trennung der Kosten in fixe und variable Bestandteile vorgenommen (nicht mehr nur in der Kostenstellenrechnung). **Es wird nur noch mit variablen Kosten gearbeitet**. Die fixen Kosten werden „en bloc" in das Betriebsergebnis übernommen. Die Plankostensätze enthalten also nur noch variable Plankosten pro Bezugsgrößeneinheit. So stimmen die verrechneten Plankosten bei der Grenzplankostenrechnung mit den proportionalen Sollkosten überein. In der flexiblen Plankostenrechnung zu Vollkosten ergeben sich die Sollkosten aus den verrechneten Plankosten und den nicht verrechneten Fixkosten (Leerkosten). Da in der Grenzplankostenrechnung die Sollkosten den verrechneten Plankosten entsprechen, kann hier **keine Beschäftigungsabweichung** im Sinne von zu viel oder zu wenig verrechneten Fixkosten auftreten. Die Verbrauchsabweichung hingegen fällt in der gleichen Höhe an, wie bei der flexiblen Plankostenrechnung zu Vollkosten.

Die Planung der Gemeinkosten in der Grenzplankostenrechnung erfolgt in gleicher Weise wie bei der flexiblen Plankostenrechnung zu Vollkosten:

1. Festlegung der Bezugsgrößenart für jede Kostenstelle

2. Festlegung der Planbeschäftigung (in Abstimmung mit der Gesamtplanung),

3. Ermittlung von Verbrauchsmengen und -zeiten durch Verbrauchsstudien und technische Berechnungen,

4. Bewertung der Mengen zu Plan-Preisen,

5. So erhält man die nach Kostenarten differenzierten Plankosten (der Kostenstellen),

6. Ermittlung der Sollkosten (In der flexiblen Plankostenrechnung zu Vollkosten werden bei der Kostenplanung sämtliche Planvorgaben in fixe und variable Bestandteile zerlegt.).

Im Gegensatz zur flexiblen Plankostenrechnung zu Vollkosten werden in der Grenzplankostenrechnung die fixen Kosten nicht mehr berücksichtigt, sondern monatlich als Periodenkosten in das Betriebsergebnis ausgebucht.

7. Ermittlung der Verbrauchsabweichung ΔV

Da in der Grenzplankostenrechnung nur noch die variablen Kosten proportionalisiert und die fixen Kosten direkt ins Betriebsergebnis ausgebucht werden, ist der Grenzplankostenrechnungssatz kleiner als der Plankosten-verrechnungssatz in der Vollkostenrechnung (denn er enthält ja keine fixen Kostenbestandteile). Die Kurve der verrechneten Plankosten verläuft deshalb in der Grenzplankostenrechnung (hier entspricht sie den proportionalen Sollkosten) flacher als in der flexiblen Plankostenrechnung zu Vollkosten.

Formel

$$\text{Grenzplankostenrechnungssatz} = \frac{\text{proportionalen Plankosten}}{\text{Planbeschäftigung}}$$

Es werden also nur die variablen Kosten proportionalisiert und die fixen Kosten direkt in das Betriebsergebnis ausgebucht. Bei der Grenzplan-kostenrechnung entsprechen die proportionalen Sollkosten den verrechne-ten Plankosten, und die Beschäftigungsabweichung ΔB entfällt.

Die **Hauptaufgabe der Grenzplankostenrechnung** ist die **kurzfristige Pla-nung und Kontrolle des Periodenerfolgs**. Man berechnet hier, inwieweit die Umsatzerlöse ausreichen, um den Fixkostenblock zu decken und darü-ber hinaus einen Gewinn zu erzielen. Erst nachdem man die Summe der Deckungsbeiträge ermittelt hat, werden die gesamten Fixkosten in Abzug gebracht.

Weil die Kalkulationssätze sich in der Grenzplankostenrechnung nur auf die variablen Kosten beziehen, sind sie unabhängig von der Beschäftigung. Unterstellt man einen **linearen Gesamtkostenverlauf**, so sind die **Grenz-kosten konstant**.

Kritische Würdigung: Da auf die rechnerische Proportionalisierung der Fix-kosten verzichtet wird, können die typischen Fehler der Vollkostenrechnung vermieden werden. Erstmals ermöglicht ein Kostenrechnungssystem die zufrieden stellende Lösung aller Aufgaben der Kostenrechnung, nämlich die Kontroll-, die Dispositions- und die Dokumentationsaufgabe.

Der Schwerpunkt der Grenzplankostenrechnung liegt auf der kurzfristigen Planung und Kontrolle des Periodenerfolgs mit Hilfe von Deckungsbeiträgen.

Da lediglich die variablen Kosten berücksichtigt werden, ist im Gegensatz zur Vollkostenrechnung eine solide Grundlage gegeben für:

- Verkaufsentscheidungen im Absatzbereich:
  - Eliminierung von Verlustartikeln,
  - Steuerung des Verkaufsprogramms,
  - Bestimmung von Preisuntergrenzen

- Verfahrenswahlentscheidungen im Produktionsbereich:
  - Wahl zwischen mehreren Fertigungsstellen,
  - Wahl zwischen Eigenerstellung und Fremdbezug

- Kurzfristige Erfolgsrechnung:
  - Aufbau der Erfolgsplanung,
  - Kontrolle des Periodenerfolgs

In der grafischen Darstellung wird häufig zusätzlich ein Hilfskoordinatenkreuz aufgeführt, in dem das Verhältnis von Nutz- und Leerkosten an den Fixkosten abgebildet wird.

Die folgende Abbildung verdeutlicht die Funktionsweise der Grenzplan-kostenrechnung.

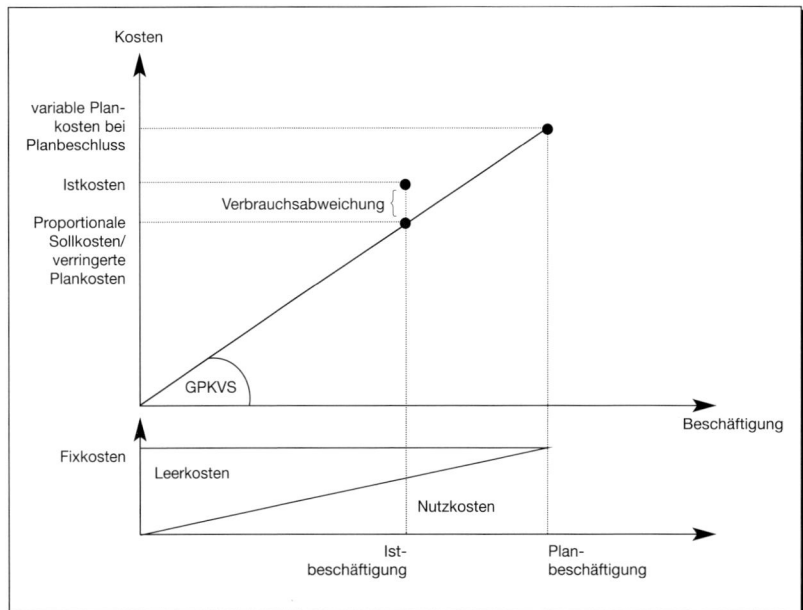

Übersicht 46:
Grenzplankosten-
rechnung

Aufgrund ihrer Bedeutung, insbesondere für den operativen Bereich, wird die Grenzplankostenrechnung, dann als **Deckungsbeitragsrechnung** bezeich-net, im folgenden Kapitel nochmals gesondert behandelt.

6 Deckungsbeitragsrechnung

6.1 Begriff und Grundlagen der Deckungsbeitragsrechnung

Überblick über Verfahren der Teilkostenrechnung (Deckungsbeitragsrechnung) und deren Aussagekraft

Die Kostenrechnung hat unter anderem die Aufgabe, eine Grundlage für die Preispolitik des Betriebes zu schaffen. Entweder kann diese Aufgabe in der Kalkulation von Angebotspreisen liegen oder aber in der Ermittlung von Preisuntergrenzen.

Greift man dazu ausschließlich auf die Ergebnisse einer Vollkostenrechnung zurück, so kann dies zu falschen Ergebnissen führen, da sie Sachverhalte durch die Berücksichtigung der Fixkosten zum Teil stark verzerrt darstellt.

Dabei kann man zum Beispiel an die folgende Situation denken:

> Ein Unternehmen möchte eine kostenorientierte Preisbildung betreiben. Die fixen Kosten pro Periode betragen 100 000,00 EUR. Die variablen Stückkosten betragen 50,00 EUR. (Vorausgesetzt, dass das Unternehmen die Struktur von fixen und variablen Kosten kennt, was jedoch nicht der Fall sein muss.) In einer vergangenen Periode betrug die Ausbringung 3 000 Einheiten. Die Gesamtkosten dieser Periode und die gesamten Stückkosten errechnen sich wie folgt:
>
> $$K_{Ges} = 100\,000,00 + 50 \cdot 3\,000,00 = 250\,000,00$$
>
> $$k = \frac{250\,000,00}{3\,000,00} = 83,33$$
>
> Bei einer (voll-)kostenorientierten Preisfindung hätte das Unternehmen also mindestens einen Stückpreis von 83,33 EUR verlangen müssen. In der nächsten Periode gingen Beschäftigung und Absatz auf 2 500 Einheiten zurück. Die Kosten haben sich dadurch folgendermaßen geändert:
>
> $$K_{Ges} = 100\,000,00 + 50 \cdot 2\,500,00 = 225\,000,00$$
>
> $$k = \frac{225\,000,00}{2\,500,00} = 90,00$$
>
> Würde das Unternehmen eine auf Vollkosten basierende Preisbildung vornehmen, so würde der Beschäftigungsrückgang also zu steigenden Preisen führen. In der Regel ist es jedoch so, dass mit steigenden Preisen die Nachfrage sinkt. Dies wiederum würde zu steigenden Stückkosten führen, was wiederum ... ➝ Man kalkuliert sich aus dem Markt!

Es wird deutlich, dass die Vollkostenrechnung in manchen Fällen zu falschen Ergebnissen führt. Der Grund liegt in der nicht verursachungsgerechten Verrechnung der Fixkosten auf die Kostenträger.

Langfristig kann ein Unternehmen nur existieren, wenn es durch die am Markt erzielten Erlöse seine gesamten Kosten (fixe und variable Kosten) decken kann. Für langfristige Entscheidungen ist die Vollkostenrechnung also unverzichtbar.

In einigen Fällen, insbesondere bei kurzfristigen Entscheidungen, kann es sich aber anbieten, lediglich die variablen Kosten auf die Kostenträger zu verteilen und die gesamten Fixkosten als einen Block zu behandeln und nicht auf die Kostenträger zu verteilen. Dann spricht man, wie bereits oben dargestellt, von einer Teilkostenrechnung, und zwar in der Ausprägung des **Direct Costing**. Das „direkt" bezieht sich jedoch nicht auf die direkte Zurechenbarkeit auf einen Kostenträger, also auf Einzelkosten, sondern auf die Beziehung zwischen Kostenänderung und Beschäftigungsänderung, also auf variable Kosten. Unterstellt man hierbei proportionale variable (direkte) Kosten, so entspricht das Direct Costing der Grenzkostenrechnung. Berücksichtigt man noch die Erlöse, so spricht man von der Deckungsbeitragsrechnung. Eine der wesentlichen Voraussetzungen für den Einsatz der Deckungsbeitragsrechnung stellt eine möglichst exakte Kostenaufspaltung dar.

Definition

> **Der Deckungsbeitrag eines Kostenträgers bzw. einer Leistungseinheit ergibt sich, indem man vom Stückerlös die variablen Kosten subtrahiert. Die Fixkosten werden in der Deckungsbeitragsrechnung nicht auf der Stückebene ermittelt, sondern nur als Periodengröße. Ein positiver Deckungsbeitrag trägt dann dazu bei, einen Teil dieser fixen Kosten zu decken.**

Durch die Deckungsbeitragsrechnung kann die Betriebsführung ermitteln, welchen Beitrag einzelne Produkte zur Deckung der Fixkosten leisten. Dabei ist jeder (am Absatzmarkt erzielbare) Preis, der die variablen Stückkosten übersteigt, in der Lage, zumindest einen Teil des Fixkostenblockes zu decken.

Die Deckungsbeitragsrechnung wird ebenfalls als Stück- und Periodenrechnung durchgeführt.

6.1.1 Deckungsbeitragsrechnung als Stückrechnung

Der Deckungsbeitrag auf Stückebene ergibt sich also wie folgt:

Formel

> Stückerlös
>
> ./. variable Stückkosten
> _____
>
> = (Stück-)Deckungsbeitrag

In einem Betrieb, der Pfannen herstellt, belaufen sich die Erlöse pro Pfanne auf 6,50 EUR. Die variablen Stückkosten betragen 4,50 EUR pro Pfanne.

	Stückerlös	6,50 EUR
./.	variable Stückkosten	4,50 EUR
=	(Stück-)Deckungsbeitrag	2,00 EUR

6.1.2 Deckungsbeitragsrechnung als Periodenrechnung

Der Periodendeckungsbeitrag ergibt sich, indem man von den gesamten Umsatzerlösen die Summe der variablen Kosten subtrahiert. Von diesem (Perioden-) Deckungsbeitrag werden dann die Fixkosten als ein Block abgezogen. Ist der Periodendeckungsbeitrag größer als der Fixkostenblock, so wurde ein Gewinn erwirtschaftet, ist er kleiner, wurde ein Verlust erwirtschaftet. In diesem Fall reicht die Summe der Stückdeckungsbeiträge nicht aus, um den gesamten Block der fixen Kosten zu decken.

	Betriebsergebnis
Summe der Deckungsbeiträge > Fixkostenblock	positiv; Gewinn
Summe der Deckungsbeiträge < Fixkostenblock	negativ; Verlust

Summe der Umsatzerlöse der Periode ./. Summe der variablen Kosten der Periode
= (Perioden-)Deckungsbeitrag ./. Fixkostenblock
= Periodenerfolg (Gewinn/Verlust)

In einem Betrieb werden ausschließlich Fußbälle hergestellt. Der Stückerlös pro Fußball beträgt 18,00 EUR. Die variablen Kosten pro Stück betragen 10,00 EUR. In dem Betrieb fallen Fixkosten pro Periode in Höhe von 25 000,00 EUR an. Wie hoch ist der Betriebserfolg, wenn in einer Periode 3500 Fußbälle gefertigt (und abgesetzt) werden?

Die gesamten Erlöse der Periode betragen dann 63 000,00 EUR, die gesamten variablen Kosten 35 000,00 EUR.

Summe der Umsatzerlöse der Periode ./. Summe der variablen Kosten der Periode	63 000,00 EUR 35 000,00 EUR
= (Perioden-)Deckungsbeitrag ./. Fixkostenblock	28 000,00 EUR 25 000,00 EUR
= Periodenerfolg (Gewinn/Verlust)	3 000,00 EUR

Führt man die Deckungsbeitragsrechnung als Periodenrechnung durch, so kann man sie auch als **Umsatzkostenverfahren auf Grenzkostenbasis** bezeichnen. Sie ist also eine Form der **kurzfristigen Erfolgsrechnung**. Hier werden den Verkaufserlösen dann die variablen (proportionalen) Selbstkosten der verkauften Produktmengen gegenübergestellt (Kilger, 1987, S. 426 f.).

Das Umsatzkostenverfahren auf Grenzkostenbasis führt jedoch zu anderen Ergebnissen als das Umsatzkostenverfahren auf Vollkostenbasis, wenn Bestandsveränderungen eintreten. Dies liegt daran, dass beim Umsatzkostenverfahren auf Vollkostenbasis die Fixkosten bereits anteilig in den Herstellkosten enthalten sind. Kommt es im Laufe der betrachteten Periode also zu einer Bestandserhöhung, so wurden bereits Fixkosten der erbrachten (aber noch nicht veräußerten) Leistungen mitverrechnet. Diese werden dann sozusagen mit den erzeugten Leistungen in die nächste Periode übernommen.

Die in der betrachteten Periode verrechneten Fixkosten sind entsprechend geringer. Die tatsächlichen Fixkosten hingegen ändern sich aber nicht. Somit wird das Betriebsergebnis bei Bestandsmehrungen nach oben von dem unter Grenzkosten ermittelten Betriebsergebnis abweichen.

Kommt es hingegen zu Bestandsminderungen (wird mehr abgesetzt als produziert), so werden bei den Herstellkosten mehr anteilige Fixkosten verechnet, als eigentlich anfallen. Deshalb wird das Betriebsergebnis nach unten von dem Grenzkostenaspekten abweichen.

In einem Unternehmen, das Fahrräder produziert, soll das Betriebsergebnis für eine Periode nach dem Umsatzkostenverfahren auf Vollkostenbasis ermittelt werden. Es stehen die folgenden Daten zur Verfügung:

Umsatzerlöse	1 000 000,00 EUR
produzierte Fahrräder	2 200 Stück
abgesetzte Fahrräder	2 000 Stück
Materialeinzelkosten	176 000,00 EUR
Materialgemeinkosten	44 000,00 EUR
Fertigungseinzelkosten	132 000,00 EUR
Fertigungsgemeinkosten	330 000,00 EUR
Sondereinzelkosten der Fertigung	0,00 EUR
Verwaltungsgemeinkosten	60 000,00 EUR
Vertriebsgemeinkosten	198 000,00 EUR
Sondereinzelkosten des Vertriebs	0,00 EUR

Aus diesen Angaben werden zunächst die Herstellkosten pro Stück ermittelt, um diese für die abgesetzten Fahrräder als Summe von den Umsatzerlösen abziehen zu können.

Die gesamten Herstellkosten für 2 200 Fahrräder belaufen sich auf 682 000,00 EUR. Demzufolge entfallen auf ein Fahrrad Herstellkosten in Höhe von 310,00 EUR. Die Herstellkosten der abgesetzten 2 000 Fahrräder betragen demnach 620 000,00 EUR. Die Verwaltung- und Vertriebsgemeinkosten gehen voll in die Betriebsergebnisrechnung ein, da sie sich auf die abgesetzten Stück beziehen.

Das Betriebsergebnis ergibt sich also wie folgt:

Summe der Umsatzerlöse der Periode	1 000 000,00 EUR
./. Summe der Herstellkosten der abgesetzten Leistungen	620 000,00 EUR
./. Verwaltungs- und Vertriebsgemeinkosten	258 000,00 EUR
= Betriebsergebnis (Gewinn)	120 000,00 EUR

Das Unternehmen hat sich vor einiger Zeit dazu entschlossen, eine Teilkostenrechnung durchzuführen. Für diese Periode stehen erstmals die Ergebnisse der Kostenspaltung zur Verfügung. Auch das Betriebsergebnis soll nun anhand des Umsatzkostenverfahrens auf Teilkostenbasis ermittelt werden.

Die Ergebnisse der Kostenspaltung für die gleiche Periode sind in der folgenden Tabelle enthalten:

Kostenart	variable Kosten in EUR	fixe Kosten in EUR	Gesamtkosten in EUR
Materialeinzelkosten	176 000,00 EUR		176 000,00 EUR
Materialgemeinkosten	17 600,00 EUR	26 400,00 EUR	44 000,00 EUR
Fertigungseinzelkosten	132 000,00 EUR		132 000,00 EUR
Fertigungsgemeinkosten	198 000,00 EUR	132 000,00 EUR	330 000,00 EUR
Verwaltungsgemeinkosten	6 000,00 EUR	54 000,00 EUR	60 000,00 EUR
Vertriebsgemeinkosten	138 600,00 EUR	59 400,00 EUR	198 000,00 EUR
Summe Fixkosten:		271 800,00 EUR	

Die variablen Bestandteile der Gemeinkosten müssen nun noch auf die abgesetzten Stückzahlen bezogen werden. Dies ist notwendig für die Material- und Fertigungsgemeinkosten. Nicht jedoch für die Verwaltungs- und die Vertriebsgemeinkosten, da bei ihnen angenommen wird, dass sie lediglich für die abgesetzten Stück entstanden sind (was zumindest für die Verwaltungsgemeinkosten anzuzweifeln wäre). Es sei nochmals darauf hingewiesen, dass proportionale Kosten unterstellt werden.

Kostenart	variable Kosten für 2 220 Stück	variable Kosten pro Stück	variable Kosten für 2 000 Stück
Materialeinzelkosten	17 600,00 EUR	$\frac{17\,600,00\ \text{EUR}}{2\,200} = 8,00\ \text{EUR}$	16 000,00 EUR
Fertigungs- gemeinkosten	198 000,00 EUR	$\frac{198\,000,00\ \text{EUR}}{2\,200} = 90,00$	180 000,00 EUR

Mit Hilfe dieser Angaben kann nun das kurzfristige Betriebsergebnis auf Grenzkostenbasis durchgeführt werden:

	Umsatzerlöse	1 000 000,00 EUR
+	Materialeinzelkosten der abgesetzten Leistungen	160 000,00 EUR
+	variable Materialgemeinkosten der abgesetzten Leistungen	16 000,00 EUR
+	Fertigungseinzelkosten der abgesetzten Leistungen	120 000,00 EUR
+	variable Fertigungsgemeinkosten der abgesetzten Leistungen	180 000,00 EUR
+	Sondereinzelkosten der Fertigung	0,00 EUR
./. =	variable Herstellkosten der **abgesetzten** Leistungen	476 000,00 EUR
+	variable Verwaltungsgemeinkosten	6 000,00 EUR
+	variable Vertriebsgemeinkosten	138 600,00 EUR
+	Sondereinzelkosten des Vertriebs	0,00 EUR
./. =	Verwaltungs- und Vertriebskosten (nach **Kostenträgern** gegliedert)	144 600,00 EUR
=	variable Selbstkosten des Umsatzes	
=	Deckungsbeitrag	379 400,00 EUR
./.	Fixkostenblock	271 800,00 EUR
=	Betriebsergebnis (Gewinn)	107 600,00 EUR

Die Differenz zwischen den beiden Betriebsergebnissen auf Voll- und Grenz-kostenbasis beträgt 14 400,00 EUR. Diesen Betrag erhält man auch, wenn man die anteiligen Fixkosten der Bestandserhöhung aus den fixen Material- und Fertigungsgemeinkosten ermittelt:

Kostenart	Höhe des Fix-kostenanteils	anteilige Fix-kosten pro Stück bei einer Ausbrin-gung von 2 200	anteilige Fix-kosten für Be-standserhöhung von 200 Stück
fixe Materialgemeinkosten	26 400,00 EUR	12,00 EUR	2 400,00 EUR
fixe Fertigungseinzelkosten	132 000,00 EUR	60,00 EUR	12 000,00 EUR
		Summe:	14 000,00 EUR

6.2 Anwendungsmöglichkeiten der Deckungsbeitragsrechnung

6.2.1 Anwendungen im Einprodukt-Unternehmen

Kenntnis der Deckungsbeitragsrechnung einer Einproduktunternehmung;
Bewusstsein von deren Anwendungsmöglichkeiten;
Fähigkeit zur Anwendung

■ Annahme oder Ablehnung eines Auftrages

Bei kurzfristiger Betrachtung stellen die fixen Kosten so genannte **„Sunk Costs"** dar. Sie sind sozusagen verloren bzw. versunken, weil sie auf jeden Fall anfallen, unabhängig von der Beschäftigung und kurzfristig in ihrer Höhe nicht disponibel sind. Somit sind die Fixkosten in der kurzfristigen Perspektive nicht entscheidungsrelevant.

Sollen nun kurzfristige Entscheidungen, wie zum Beispiel die Entscheidung über Annahme oder Ablehnung eines Zusatzauftrages, getroffen werden, so eignet sich die Vollkostenrechnung nicht zur Fundierung dieser Entscheidungen. Werden nämlich bei kurzfristigen Entscheidungen die fixen Kosten be-rücksichtigt, so führt dies zu falschen Ergebnissen.

Sind die Kapazitäten in einem Unternehmen nicht voll ausgelastet, so fallen die Fixkosten in gleicher Höhe an, als wenn das Unternehmen an seiner Kapazitätsgrenze arbeitet. Aufträge, die dazu beitragen, die Kapazitäten wei-ter auszulasten, verursachen lediglich variable (proportionale) Kosten. Die Fixkosten steigen dabei nicht. Deshalb bietet es sich in kurzfristiger Perspek-tive bei unausgelasteten Kapazitäten an, jeden Auftrag anzunehmen, der in der Lage ist, einen positiven Deckungsbeitrag zu liefern, also bei dem die Stückerlöse über den variablen Stückkosten liegen.

Einschränkend muss gesagt werden, dass bei dieser Entscheidung nicht nur Kostenaspekte eine Rolle spielen. So kann das Unternehmen zum Beispiel trotz erzielbarer positiver Deckungsbeiträge Zusatzaufträge ablehnen, die einen geringeren Stückerlös bringen, weil es befürchtet, auf diese Weise seine gesamte Preispolitik selbst zu unterlaufen.

Die Spedition Gerret unterhält ein Lager für einen Großkunden. Dieses Lager besitzt eine Kapazität von 6 000 Palettenstellplätzen und ist zurzeit zu 75 Prozent ausgelastet. Es weist folgende Kostenstruktur auf:

– Fixkosten: 360 000,00 EUR / Jahr und 30 000,00 EUR / Monat
– variable Kosten: 2,00 EUR / Palette

Pro Monat und eingelagerter Palette erhält Spedition Gerret einen Erlös von 10,00 EUR.

Die Geschäftsleitung hat nun über die Annahme oder Ablehnung eines Zusatzauftrages zu entscheiden, bei dem 500 Paletten für einen Monat für einen Stückerlös von 6,00 EUR eingelagert werden sollen.

Die Stückkosten auf Vollkostenbasis in der Ausgangssituation betragen nach diesen Angaben:

$$k_{ges} = \frac{30\,000,00 \text{ EUR}}{4\,500 \text{ Stück}} + 2 = 8,67 \text{ EUR}$$

Der dazugehörige Stückgewinn ergibt sich dann zu:

$$g = p - k_{ges} = 10 - 8,67 = 1,33$$

Wird der Auftrag angenommen, so ergeben sich die vollen Durchschnittskosten zu:

$$k_{ges} = \frac{30\,000,00 \text{ EUR}}{5\,000 \text{ Stück}} + 2 = 8,00 \text{ EUR}$$

Aus der Vollkostenperspektive müsste der Zusatzauftrag auf jeden Fall abgelehnt werden, da die erzielbaren Stückerlöse in Höhe von 6,00 EUR nicht die vollen Stückkosten in Höhe von 8,00 EUR decken würden.

Der palettenbezogene Deckungsbeitrag ist:

$$db = p - k_v = 6 - 2 = 4$$

Der Auslastungsgrad des Lagers würde von 75 Prozent auf 83,33 Prozent steigen.

Der Einfluss auf das Betriebsergebnis von Annahme bzw. Ablehnung des Auftrages kann der folgenden Tabelle entnommen werden:

	Ablehnung des Auftrages	Annahme des Auftrages
Verkaufserlöse	45 000,00 EUR	48 000,00 EUR
Fixkosten	30 000,00 EUR	30 000,00 EUR
variable Kosten	9 000,00 EUR	10 000,00 EUR
Gesamtkosten	39 000,00 EUR	40 000,00 EUR
Betriebsergebnis	6 000 EUR	8 000,00 EUR

Die Annahme dieses Auftrages hätte also positive Auswirkungen auf das Betriebsergebnis, obwohl die Stückerlöse aus Vollkostenperspektive nicht zur Deckung des gesamten Stückkosten in der Lage wären.

▌ Kurzfristige und langfristige Preisuntergrenze

Auf die Notwendigkeit zur Unterscheidung einer kurzfristigen und einer langfristigen Preisuntergrenze wurde bereits mehrfach eingegangen. An dieser
Stelle soll dies noch einmal verdeutlicht werden:

Die **Preisuntergrenze** ist der Preis für eine Leistung, bei dessen Unterschrei-
tung der Verzicht auf die Leistungserstellung geboten erscheint. Üblicherweise wird zwischen lang- und kurzfristiger Preisuntergrenze differenziert.

Bei der Bestimmung der **langfristigen Preisuntergrenze** muss man sich an
den gesamten Stückkosten orientieren, da langfristig ein Unternehmen nur
überlebensfähig ist, wenn es seine gesamten Kosten durch die am Markt
erzielten Erlöse decken kann. Die Vollkostenkalkulation besitzt also eine
große Bedeutung für das Unternehmen. Erschwerend kann es sich hierbei
auswirken, wenn ein hoher Fixkostenblock existiert und die Beschäftigung
mehr oder weniger starken Schwankungen unterliegt. In diesem Falle müssen die kalkulierten vollen Stückkosten zwangsläufig ebenfalls schwanken.
Ein typischer Anwendungsfall für die langfristige Preisuntergrenze ist die
Entscheidung über Stilllegung oder Weiterführung von Betriebsteilen.

Im Gegensatz dazu orientiert man sich bei der Bestimmung der **kurzfristigen Preisuntergrenze** an den variablen Stückkosten. Denn die Fixkosten
fallen auf jeden Fall an und stellen so genannte „Sunk Costs" dar. Solange
die Kapazitäten nicht vollständig ausgelastet sind und die Produkte einen
Stückerlös erzielen, der über den variablen Kosten liegt, tragen sie über diesen positiven Deckungsbeitrag noch zur Deckung der fixen Kosten bei.
Werden proportionale variable Kosten unterstellt, so entsprechen die variablen Stückkosten den Grenzkosten. Ein typischer Anwendungsfall für die
kurzfristige Preisuntergrenze ist die Entscheidung über Annahme oder Ablehnung eines Zusatzauftrages, wie sie oben dargestellt worden ist.

Die Unterscheidung zwischen langfristiger und kurzfristiger Preisuntergrenze
ist in Übersicht 47 dargestellt.

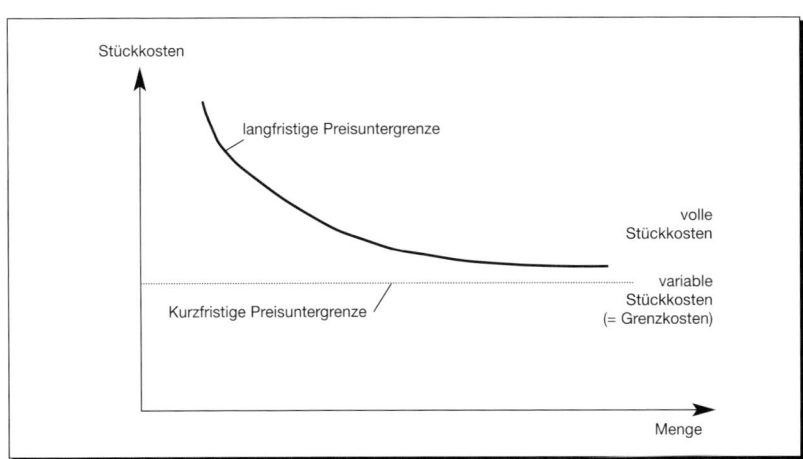

Übersicht 47:
Langfristige und
kurzfristige
Preisuntergrenze

█ Ermittlung der Gewinnschwelle

Bereits bei der Ermittlung kritischer Beschäftigungsgrade ist auf die Gewinnschwelle bzw. den Break-Even-Point (BEP) eingegangen worden. Zur Erinnerung: Im Break-Even-Point sind Erlöse und Kosten genau gleich groß. Nimmt
die Beschäftigung von dort aus gesehen zu, tritt das Unternehmen in die
Gewinnzone. Nimmt die Beschäftigung von dort aus gesehen ab, gerät das
Unternehmen in die Verlustzone.

Beim Grundmodell des Break-Even-Points geht man von proportionalen
variablen Kosten und konstanten Stückerlösen aus. So bleibt auch der
Stückdeckungsbeitrag unabhängig von der Auslastung stets gleich.

Die Frage nach dem Break-Even-Point kann auf zweifache Weise gestellt
und beantwortet werden:

● Wie viele Stückdeckungsbeiträge müssen erwirtschaftet werden, um den
  Fixkostenblock zu decken? (**Frage nach der erforderlichen Menge bzw.
  Stückzah**l)

● Wie hoch müssen bei einer bestimmten Beschäftigung (Menge) die Umsatzerlöse sein, um die dann entstehenden Gesamtkosten zu decken?
  (**Frage nach den erforderlichen Stückerlösen**)

Im ersten Fall wird nach der erforderlichen Menge gefragt (die Stückerlöse
müssen bekannt sein):

> Ein Unternehmen produziert Kugelschreiber. Pro Kugelschreiber wird ein
> Stückerlös von 0,50 EUR erzielt. Die variablen Stückkosten betragen 0,25 EUR.
> An Fixkosten fallen 50 000,00 EUR pro Periode an. Bei welcher Menge liegt
> der Break-Even-Point?

Es bedeuten:
K_{Ges} = Gesamtkosten, K_F = Fixkosten, K_v = variable Kosten,
k_v = variable Stückkosten, E = Gesamterlöse,
p = Preis pro Stück bzw. Stückerlös, db = Stückdeckungsbeitrag

$$K_{Ges} = E$$
$$K_F + K_v = E$$
$$K_F + k_v \cdot x = p \cdot x$$
$$K_F = p \cdot x - k_v \cdot x$$
$$K_F = x \cdot (p - k_v)$$
$$x = \frac{K_F}{p - x} = \frac{K_F}{db}$$

$$x = \frac{50\,000}{0,5 - 0,25} = \frac{50\,000}{0,25} = 200\,000$$

Die Gewinnschwelle (Break-Even-Point) liegt bei einer Ausbringung von
200 000 Kugelschreibern.

Im zweiten Fall ist nach dem erforderlichen Stückerlös gefragt (dazu muss die Menge feststehen):

Das gleiche Unternehmen kann in einer Periode jedoch höchstens 175 000 Kugelschreiber absetzen. Wie hoch müssen der Stückerlös und damit auch der Deckungsbeitrag sein, um die gesamten Kosten zu decken?

$$K_{Ges} = E$$

$$K_F + K_V = E$$

$$K_F + k_V \cdot x = p \cdot x$$

$$p = \frac{K_F}{x} + k_V$$

$$p = \frac{50\,000}{175\,000} + 0{,}25$$

$$p = 0{,}29 + 0{,}25 = 0{,}54$$

$$db = \frac{K_F}{x} = \frac{50\,000}{175\,000} = 0{,}29$$

Der erforderliche Stückerlös beträgt also 0,54 EUR. Der erforderliche Deckungsbeitrag muss also 0,29 EUR betragen, um bei der Ausbringung von 175 000 Kugelschreibern den Break-Even-Point zu erreichen.

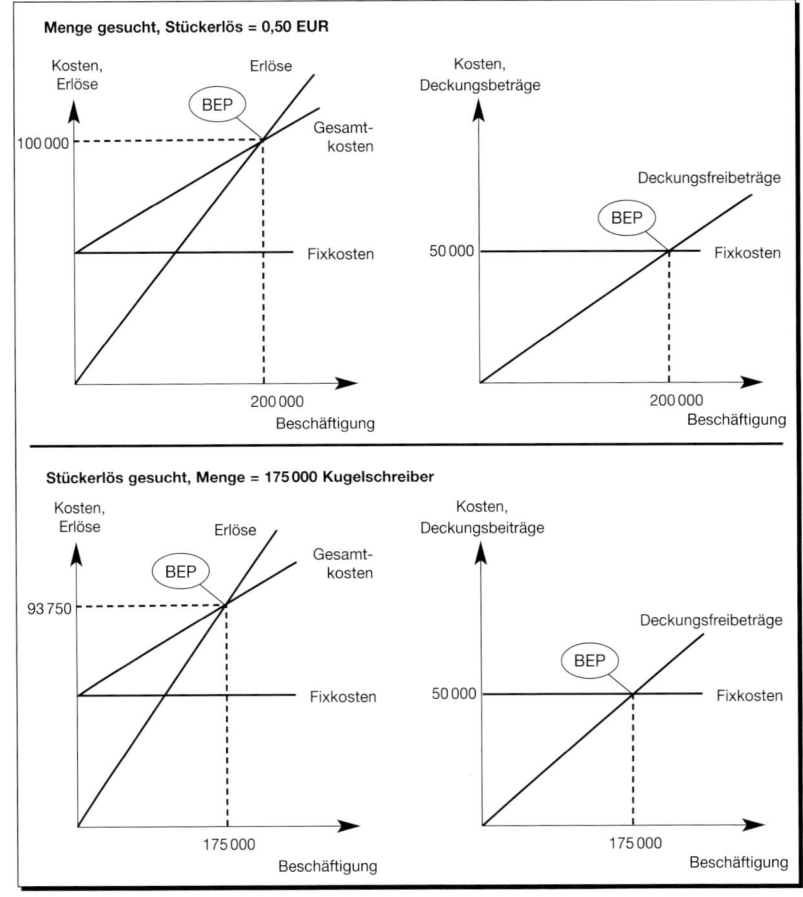

Übersicht 48:
Ermittlung der
Gewinnschwelle

▌ Erweiterungsinvestitionen

Erweiterungsinvestitionen werden getätigt, um die Kapazitäten eines Betriebes zu erweitern. Dabei kann es sich zum Beispiel um Maschinen, Lagerfläche oder Fahrzeuge handeln. Werden diese Anlagegegenstände in der Kostenrechnung linear abgeschrieben, so führen die Erweiterungsinvestitionen zu einer Erhöhung des Fixkostenblocks. Erfolgt eine leistungsabhängige Abschreibung, so erhöhen sich die variablen Stückkosten. Ersteres bedeutet, dass die Stückdeckungsbeiträge gleich bleiben, jedoch mehr Deckungsbeiträge benötigt werden, um den (gestiegenen) Fixkostenblock zu decken. Zweiteres bedeutet, dass die Stückdeckungsbeiträge abnehmen und deshalb mehr Deckungsbeiträge benötigt werden, um den Fixkostenblock zu decken. In beiden Fällen muss also die Ausbringung steigen, um wieder den Break-Even-Point zu erreichen.

Im Folgenden soll der Fall einer Erweiterungsinvestition betrachtet werden, bei der das angeschaffte Anlagevermögen linear abgeschrieben wird, durch die also der Fixkostenblock steigt.

In einem Betrieb werden Gepäckträger für Motorräder gefertigt. Bisher entstehen Fixkosten in Höhe von 80 000,00 EUR pro Monat. Der Break-Even-Point liegt bei einer Ausbringung von 8 000 Stück, wobei ein Stückerlös von 30,00 EUR erzielt wird. Es wird geplant, eine Erweiterungsinvestition in Höhe von 600.000 EUR für eine Maschine zu tätigen, die über fünf Jahre linear abgeschrieben wird. Wie viel Gepäckträger müssen mehr gefertigt (und abgesetzt) werden, um unter den neuen Gegebenheiten den Break-Even-Point zu erreichen?

Zunächst muss dazu der Stückdeckungsbeitrag ermittelt werden, wofür wiederum zunächst die variablen Stückkosten zu ermitteln sind:

$$K_{Ges} = E$$
$$K_F + K_V = E$$
$$K_F + k_v \cdot x = p \cdot x$$
$$k_v = p - \frac{K_F}{x}$$
$$k_v = 30 - \frac{80\,000}{8\,000}$$
$$k_v = 30 - 10 = 20$$

Der Stückdeckungsbeitrag beträgt somit:

$$db = p - k_v = 30 - 20 = 10$$

Der Stückdeckungsbeitrag in Höhe von 10,00 EUR bleibt unverändert, da sich lediglich die Fixkosten erhöhen. Eine lineare Abschreibung über fünf Jahre bedeutet einen jährlichen Abschreibungsbetrag in Höhe von 120 000,00 EUR. Verteilt auf 12 Monate steigen die Fixkosten also um 10 000,00 EUR. Nun ist zu ermitteln, wie viel Deckungsbeiträge (und damit produzierte Gepäckträger) benötigt werden, um diese zusätzlichen Fixkosten zu decken:

$$x = \frac{K_{Fneu} - K_{Falt}}{db} = \frac{90\,000 - 80\,000}{10} = \frac{10\,000}{10} = 1\,000$$

Die Ausbringung muss also um 1 000 Stück steigen, damit bei dem erhöhten Fixkostenblock wieder die Gewinnschwelle erreicht wird.

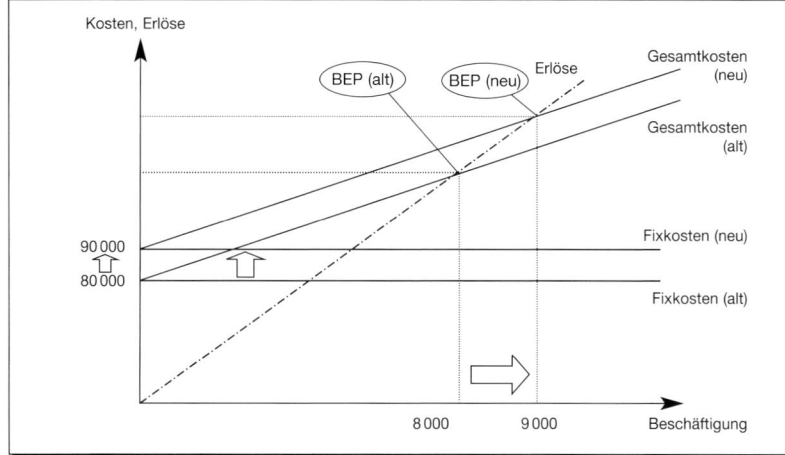

Übersicht 49:
Erweiterungs-
investitionen

▌ Beurteilung von Beschäftigungsschwankungen

Die Auswirkungen von Beschäftigungsschwankungen auf den Gewinn sind ebenfalls mit Hilfe der Deckungsbeitragsrechnung zu beurteilen. Befindet sich das Unternehmen bereits in der Gewinnzone, so wird mit jeder zusätzlich produzierten (und abgesetzten) Einheit der Gewinn um den Stückdeckungsbeitrag erhöht. Befindet sich das Unternehmen in der Verlustzone, so verringert jeder zusätzliche Stückdeckungsbeitrag den Verlust. Insbesondere bei Kostenstrukturen, die sich durch hohe Fixkosten und geringe variable Stückkosten ausweisen, stellen Beschäftigungsschwankungen ein erhebliches Problem dar. Dienstleistungsunternehmen weisen häufig solche Kostenstrukturen auf. Häufig können bereits geringe Beschäftigungsschwankungen darüber entscheiden, ob das Unternehmen in die Verlustzone abgleitet oder in die Gewinnzone eintritt, da die „Schere" zwischen Erlösen und Gesamtkosten in diesen Fällen stark gespreizt ist.

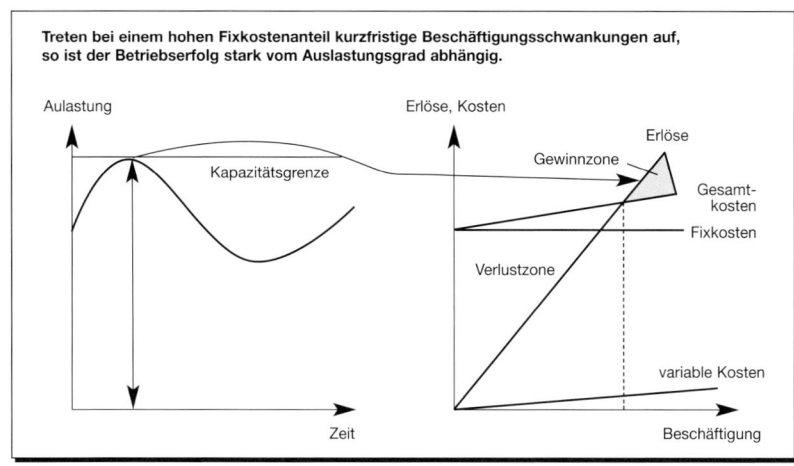

Übersicht 50:
Auswirkungen von
Beschäftigungs-
schwankungen auf
den Gewinn

█ Beurteilung von Kostenänderungen

Kostenänderungen haben Auswirkungen auf das Betriebsergebnis. Sie können in folgenden Ausprägungen auftreten:

Fixkosten steigen (sinken): Wenn die Fixkosten steigen (sinken), bedeutet dies bei konstanten Stückdeckungsbeiträgen, dass mehr (weniger) Stückdeckungsbeiträge benötigt werden, um wieder den Break-Even-Point zu erreichen. Die Beschäftigung muss steigen (sinken).

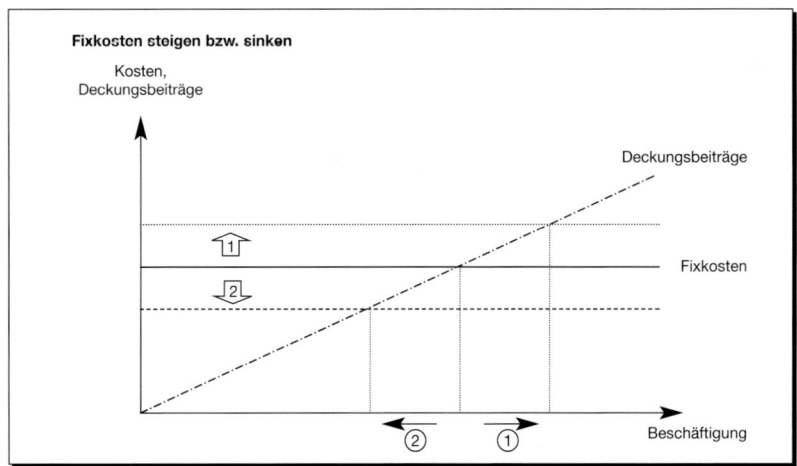

Übersicht 51:
Auswirkungen von
Fixkostenände-
rungen auf das
Betriebsergebnis

Variable Stückkosten steigen (sinken): Steigende (sinkende) variable Stückkosten bedeuten, dass die Stückdeckungsbeiträge kleiner (größer) werden. Um den gleichen Fixkostenblock zu decken, sind deshalb mehr (weniger) Stückdeckungsbeiträge notwendig. Auch hier muss die Beschäftigung steigen (sinken), um den Break-Even-Point zu erreichen.

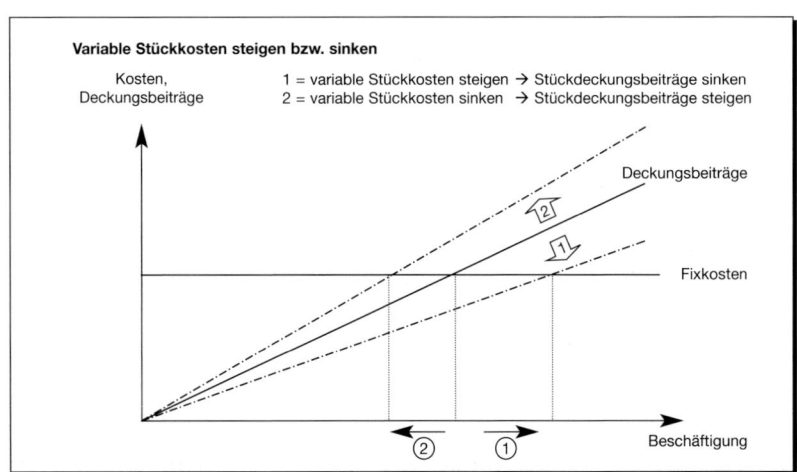

Übersicht 52:
Auswirkungen von
Stückkosten-
änderungen

Steigende Fixkosten sind bereits bei der Betrachtung von Erweiterungs-investitionen behandelt worden. Deshalb geht es hier ausschließlich um die Veränderung der variablen Stückkosten.

In einem Unternehmen betragen die Fixkosten 150 000,00 EUR. Der Break-Even-Point liegt bei einer Ausbringungsmenge von 5 000 Einheiten, wobei die variablen Stückkosten 10,00 EUR betragen. Welche Konsequenzen für den Break-Even-Point hat eine Erhöhung der variablen Stückkosten auf 15,00 EUR?

Zunächst sind dazu der Stückerlös und der Deckungsbeitrag zu ermitteln:

$$K_{Ges} = E$$
$$K_F + K_V = E$$
$$K_F + k_V \cdot x = p \cdot x$$
$$p = \frac{K_F}{x} + k_v$$
$$p = \frac{150\,000}{5\,000} + 10$$
$$p = 30 + 10 = 40$$

$$db = \frac{K_F}{x} = \frac{150\,000}{5\,000} = 30$$

Durch die Erhöhung der variablen Stückkosten sinkt der Stückdeckungsbeitrag um 5,00 EUR auf 25,00 EUR. Bei gegebener Ausbringungsmenge bedeutet dies, dass ein Verlust in Höhe von 25 000,00 EUR (5 000 Stück · 5,00 EUR) erwirtschaftet wird.

Nun muss ermittelt werden, wie viel Deckungsbeiträge benötigt werden, um den Break-Even-Point wieder zu erreichen:

$$x = \frac{K_F}{p - k_v} = \frac{K_F}{db} = \frac{150\,000}{25} = 6\,000$$

Um wiederum den Break-Even-Point zu erreichen, muss die Ausbringungs-menge (bei dem verringerten Stückdeckungsbeitrag) von 5 000 auf 6 000 Stück gesteigert werden.

▌ Beurteilung von Preisänderungen

Die Auswirkungen von Preisänderungen auf den Gewinn verhalten sich genau entgegengesetzt zu den Änderungen der variablen Stückkosten.

Steigt der Preis pro Stück (Stückerlös), so erhöht sich der Stückdeckungs-beitrag. Bei gleich bleibenden Kostenstrukturen bedeutet dies, dass weniger Deckungsbeiträge benötigt werden, um den Fixkostenblock zu decken. Der Break-Even-Point wird bereits bei einer geringeren Ausbringungsmenge erreicht.

Sinkt der Stückerlös, so verringert sich ebenfalls der Stückdeckungsbeitrag. Das hat zur Folge, dass mehr Deckungsbeiträge benötigt werden, um den Fixkostenblock zu decken. Um den Break-Even-Point zu erreichen, ist dem-zufolge eine höhere Ausbringungsmenge erforderlich.

Grafisch stellt sich diese Situation genauso dar, wie eine Veränderung der variablen Stückkosten. Dabei entsprechen einem steigenden Stückerlös sinkende variable Kosten und umgekehrt.

> Um die Absatzmenge auszuweiten, senkt das Unternehmen die Preise. Nun wird pro Stück ein Erlös von 35,00 EUR statt vorher 40,00 EUR erwirtschaftet. Die Kostenstrukturen betragen nach wie vor 50 000,00 EUR Fixkosten sowie 15,00 EUR variable Stückkosten. Der Deckungsbeitrag hat sich durch die Senkung des Stückerlöses weiter verringert. Wo muss der neue Break-Even-Point liegen?

$$x = \frac{K_F}{p - k_v} = \frac{150\,000}{35 - 15} = \frac{150\,000}{20} = 7\,500$$

6.2.2 Anwendungen im Mehrprodukt-Unternehmen

Kenntnis der Deckungsbeitragsrechnung einer Mehrprodukt-Unternehmung;
Bewusstsein von deren Anwendungsmöglichkeiten;
Fähigkeit zur Anwendung

In der Realität wird man vergleichsweise selten auf so genannte Einprodukt-Unternehmen stoßen. Sie stellen vielmehr eine Hilfskonstruktion dar, um bestimmte Sachverhalte modellhaft zu betrachten. Weitaus häufiger wird es vorkommen, dass ein Unternehmen mehrere Produkte herstellt. Auch in diesen Fällen gibt es einige Anwendungsmöglichkeiten für die Deckungsbeitragsrechnung.

 Eine vollständige Behandlung dieser Anwendungsmöglichkeiten würde im Rahmen dieses Bandes zu weit führen. Für bestimmte Spezialanwendungen sei hier auf die entsprechenden Spezialbände verwiesen.

Im Folgenden geht es daher nur um Anwendungsmöglichkeiten:

- Verbesserung des Betriebsergebnisses bei festem Umsatz mit Hilfe des Deckungsgrades,
- Ermittlung des kritischen Umsatzes mit Hilfe des Deckungsgrades,
- Programmplanung bei einem Engpass,
- Verfahrenswahl.

▌ Verbesserung des Betriebsergebnisses bei festem Umsatz mit Hilfe des Deckungsgrades

Den Deckungsgrad (dg) kann man stück- und periodenbezogen ermitteln. Stückbezogen ermittelt man den Deckungsgrad, indem man den Stückdeckungsbeitrag (db) eines Produktes in das Verhältnis zum Stückerlös (p) setzt. Periodenbezogen setzt man die Summe der Deckungsbeiträge (DB) eines Produktes in das Verhältnis zur Summe der Stückerlöse (E). In beiden Fällen erhält man den gleichen Deckungsgrad.

Formel

$$dg = \frac{db}{p} = \frac{DB}{E}$$

Der Deckungsgrad gibt an, wie viel Deckungsbeitrag mit einem EUR Umsatz erzielt wird.

Die Anwendungsmöglichkeiten des Deckungsgrades sind jedoch eher begrenzt. Hauptanwendungsfeld des Deckungsgrades ist die Situation, dass ein bestimmter Umsatz vorgegeben ist. In diesem Fall ist es sinnvoll, den Umsatz mit den Produkten zu erwirtschaften, die einen hohen Deckungsgrad aufweisen. Mit dem reinen Deckungsbeitrag wäre diese Frage nicht zu beantworten, da anders als beim Deckungsgrad keine direkte Beziehung zum Umsatz besteht. Doch die Situation einer wertmäßig begrenzten Nachfrage tritt in der Praxis vergleichsweise selten auf (Däumler/Grabe, 1994, S. 29).

Ein Partyservice bietet verschiedene Buffets an. Für ein einfaches, kaltes Buffet (A) wird ein Preis pro Person in Höhe von 25,00 EUR erzielt. Ein warmes Buffet mit erlesenen Gerichten für Feinschmecker (E) hat einen Preis von 100,00 EUR pro Person. Ein Kunde, der im Lotto gewonnen hat, möchte dies gebührend feiern. Er beauftragt den Partyservice, ein Buffet für 2 500,00 EUR auszurichten. Die Anzahl der einzuladenden Personen möchte der Kunde vom Preis des Buffets abhängig machen.

Für die unterschiedlichen Buffets entstehen dem Partyservice folgende Stückerlöse (p), variable Stückkosten (kv), Stückdeckungsbeiträge (db) sowie Deckungsgrade (dg):

Buffet	A	B	C	D	E
p	25,00	30,00	50,00	60,00	100,00
k_v	5,00	12,00	30,00	45,00	70,00
db	20,00	18,00	20,00	15,00	30,00
dg	0,8	0,6	0,4	0,25	0,3

Auf den ersten Blick könnte es sich für den Partyservice anbieten, das Buffet E zu wählen, da dort der stückbezogene Deckungsbeitrag am größten ist. Eine solche Vorgehensweise würde sich aber nur anbieten, wenn die Anzahl der Personen vorgegeben ist. Sind jedoch die Umsatzerlöse fixiert (hier auf 2 500,00 EUR), dann muss man sich am Deckungsgrad orientieren. Danach wird das beste Ergebnis erzielt, wenn man das Buffet A serviert. Der Gesamtdeckungsbeitrag der einzelnen Buffets errechnet sich, indem man den Deckungsgrad (Anteil des Deckungsbeitrages an einer Umsatzeinheit) mit den Umsatzerlösen multipliziert:

$$DB_A = dg_A \cdot E = 0,8 \quad \cdot 2\,500,00 = 20\,000,00$$
$$DB_B = dg_B \cdot E = 0,6 \quad \cdot 2\,500,00 = 15\,000,00$$
$$DB_C = dg_C \cdot E = 0,4 \quad \cdot 2\,500,00 = 10\,000,00$$
$$DB_D = dg_D \cdot E = 0,25 \cdot 2\,500,00 = 6\,250,00$$
$$DB_E = dg_E \cdot E = 0,3 \quad \cdot 2\,500,00 = 7\,500,00$$

Die Anzahl der Personen (x) kann der Partyservice dem Kunden mitteilen, wenn er die Umsatzerlöse durch den Stückerlös dividiert:

$$db = \frac{E}{p} = \frac{2\,500}{25} = 100$$

Der Kunde kann also 100 Gäste einladen.

▌ Ermittlung des kritischen Umsatzes mit Hilfe des Deckungsgrades

Bei einem Mehrprodukt-Unternehmen kann der Break-Even-Point nicht einfach durch Ermittlung einer bestimmten Ausbringungsmenge bestimmt werden, indem die entsprechenden Kosten und Erlösen gegenübergestellt werden. Denn die unterschiedlichen Erzeugnisse verursachen unterschiedlich hohe variable Stückkosten und erbringen auch unterschiedlich hohe Stückerlöse. Sie nehmen jedoch den gleichen Fixkostenblock in Anspruch.

Um aber dennoch zu wissen, wann die Gewinnschwelle erreicht ist, kann man sich am Umsatz orientieren. Die Fragestellung lautet dann: Bei welchem Gesamtumsatz, der sich aus den Umsatzerlösen verschiedener Produkte (und damit unterschiedlichen variablen Stückkosten, Stückerlösen und Stückdeckungsbeiträgen) zusammensetzt, sind die gesamten entstehenden Kosten gedeckt?

Ginge man hier von den Deckungsbeiträgen aus, so wären unterschiedliche Konstellationen möglich. So wäre es zum Beispiel denkbar, dass die Gewinnschwelle allein durch ein Produkt erreicht wird, wenn dessen Deckungsbeiträge ausreichen, um den gesamten Fixkostenblock zu decken.

Doch in den meisten Fällen werden Absatzrestriktionen bei den einzelnen Produkten bestehen oder der Absatz der unterschiedlichen Produkte steht in einem Verhältnis zueinander.

In solchen Fällen kann man den Deckungsgrad über alle Produkte ermitteln. So erhält man den (produktunabhängigen) Deckungsbeitrag pro Umsatzeinheit. Mit seiner Hilfe kann man dann ermitteln, welcher Umsatz erzielt werden muss, um die Fixkosten zu decken.

Dabei reicht es jedoch nicht aus, den Durchschnitt der einzelnen (produktbezogenen) Deckungsgrade zu ermitteln, da dann die Mengen bzw. das Absatzverhältnis zwischen den Produkten keine Berücksichtigung finden.

Der Partyservice aus dem obigen Beispiel möchte nun wissen, welchen Umsatz er erzielen muss, um seine gesamten Kosten zu decken. Die Fixkosten betragen 25 000,00 EUR. Die geplanten Absatzmengen, die sich daraus ergebenden Umsatzerlöse sowie die gesamten Deckungsbeiträge der einzelnen Buffets sind der folgenden Tabelle zu entnehmen:

Buffet	A	B	C	D	E
erwarteter Absatz	500	480	810	390	90
Umsatzerlöse	12 500,00	14 400,00	40 500,00	23 400,00	9 000,00
Deckungs-beitrag	10 000,00	8 640,00	16 200,00	5 850,00	2 700,00

Die gesamten Umsatzerlöse (E) über alle Produkte betragen 99 800,00 EUR. Die Summe der Deckungsbeiträge (DB) beläuft sich auf 43 390,00 EUR. Hieraus kann der Partyservice nun den Deckungsgrad ermitteln:

$$dg = \frac{DB}{E} = \frac{43\,390,00}{99\,800,00} = 0,4347$$

In diesem Deckungsgrad ist die Umsatzverteilung auf die einzelnen Produkte berücksichtigt. Sieht man dieses Verhältnis zwischen den Umsetzerlösen der einzelnen Produkte als realistisch an, so kann man mit Hilfe dieses Deckungsgrades den Umsatz ermitteln, der erzielt werden muss, um die Gesamtkosten zu decken. Durch jede (produktunabhängige) Umsatzeinheit wird ein Deckungsbeitrag von 0,4347 EUR erwirtschaftet, bzw. 43,47 Prozent einer Umsatzeinheit stellen den Deckungsbeitrag dar und tragen somit zur Deckung der fixen Kosten bei. Deshalb lautet die Fragestellung: Wie viel Umsatzeinheiten (=Umsatzerlöse) sind notwendig, um den Fixkostenblock decken zu können, wenn der Deckungsbeitrag pro Umsatzeinheit 0,4347 EUR beträgt?

$$\text{Umsatz} = \frac{\text{Fixkosten}}{dg} = \frac{25\,000}{0,4347} = 57\,510,93$$

Es müssen also Gesamtumsatzerlöse von 57 510,93 EUR erwirtschaftet werden, um die gesamten Kosten decken zu können, denn bei diesem Umsatz entsprechen die gesamten Deckungsbeiträge genau dem Fixkostenblock.

▌ Programmplanung bei einem Engpass

Es kann vorkommen, dass in Betrieben nicht alle Güter produziert werden können, die auf den Märkten abgesetzt werden könnten. In solchen Fällen liegt im Betrieb dann an einem oder mehreren Produktionsfaktor(en) ein Engpass vor, um den die unterschiedlichen Produkte dann konkurrieren. Mögliche Engpässe in Betrieben sind (Däumler/Grabe, 1994, S. 61):

● **Maschineller Engpass**: Begrenzung der Produktion durch knappe Maschinenzeiten auf einer Fertigungsstufe. Das Fertigungsprogramm muss dann so zusammengestellt werden, dass mit den knappen Maschinenstunden ein bestmöglicher Gewinnbeitrag geleistet wird.

- **Materialengpass**: Ein bestimmter Roh-, Hilfs- oder Betriebsstoff, der für die Produktion mehrerer Erzeugnisse benötigt wird, steht nicht in ausreichender Menge zur Verfügung. Die Programmzusammenstellung sollte so erfolgen, dass die Materialzuteilung möglichst gewinnbringend ist.

- **Personalengpass**: Bestimmte Arbeitskräfte, zum Beispiel besonders qualifizierte Mitarbeiter, stehen nicht in ausreichendem Maße zur Verfügung. Hier muss das entsprechende Personal bestmöglich disponiert werden.

- **Raumengpass**: Knappe Lagerkapazitäten begrenzen die Produktion. Hier gilt es, die Lagerfläche bestmöglich zu disponieren.

Die absoluten Stückdeckungsbeiträge der einzelnen Produkte können hier nicht als Beurteilungsmaßstab herangezogen werden, da sie keine Auskunft darüber geben, wie stark eine Einheit des entsprechenden Produktes den jeweiligen Engpassfaktor beansprucht. Man muss deshalb den so genannten **engpassorientierten Deckungsbeitrag** ermitteln.

Der engpassorientierte Deckungsbeitrag (db_{ep}) ergibt sich, indem man den absoluten Deckungsbeitrag in das Verhältnis zur Engpassbelastung (pro Leistungseinheit benötigte Engpasskapazität, ep) durch das Produkt setzt. Er wird auch als **spezifischer Deckungsbeitrag, relativer Deckungsbeitrag oder Bruttogewinn pro Einheit der Engpassbelastung** bezeichnet:

$$db_{ep} = \frac{db}{ep}$$

In einem Betrieb werden die Produkte A, B, C und D gefertigt. Sie müssen alle auf der gleichen Maschine bearbeitet werden. Die Maschine besitzt pro Periode eine Kapazität von 3000 Minuten. Es bestehen zwar für jedes Produkt mengenmäßige Absatzrestriktionen, jedoch können nicht alle Produkte gefertigt werden, die auch abgesetzt werden könnten. Aus diesem Grunde muss das optimale Produktionsprogramm bei Vorliegen dieses Engpasses ermittelt werden. Die Stückerlöse, die variablen Stückkosten, die sich daraus ergebenden Stückdeckungsbeiträge sowie die maximal absetzbaren Mengen (Absatzrestriktion) der einzelnen Produkte sind in der folgenden Tabelle aufgeführt:

Produkt	A	B	C	D
Stückerlös p in EUR	15,00	15,00	20,00	25,00
variable Stückkosten k_v in EUR	5,00	7,00	10,00	10,00
Stückdeckungsbeitrag in EUR	10,00	8,00	10,00	15,00
Bearbeitungszeit pro Stück auf Engpassmaschine in Minuten	5	5	8	10
Absatzrestriktion in Stück	200	200	100	80

Nun könnte man versucht sein, den absoluten Deckungsbeitrag als Bewertungsmaßstab heranzuziehen. Dann würde man mit Produkt D beginnen und Produkt B (sofern dann noch Kapazitäten frei sind) als letztes fertigen.

Doch es muss die Engpassbelastung berücksichtigt werden. Dazu wird der engpassorientierte Deckungsbeitrag für die einzelnen Produkte ermittelt:

$$db_{epA} = \frac{db_A}{ep_A} = \frac{10,00\ EUR}{5\ Min.} = 2,00\ EUR/Min.$$

$$db_{epA} = \frac{db_B}{ep_B} = \frac{8,00\ EUR}{5\ Min.} = 1,60\ EUR/Min.$$

$$db_{epA} = \frac{db_C}{ep_C} = \frac{10,00\ EUR}{8\ Min.} = 1,25\ EUR/Min.$$

$$db_{epA} = \frac{db_D}{ep_D} = \frac{15,00\ EUR}{10\ Min.} = 1,50\ EUR/Min.$$

Den höchsten engpassorientierten Deckungsbeitrag besitzt also Produkt A.

Nun kann man mit Hilfe der ermittelten engpassorientierten Deckungsbeiträge eine so genannte Produktrangliste erstellen, die Auskunft darüber gibt, in welcher Reihenfolge die einzelnen Produkte zu fertigen sind, damit die Summe der Deckungsbeiträge maximal wird. Dabei wird unter Berücksichtigung der Absatzrestriktion nach jedem Produkt geprüft, wie viel Engpasskapazität noch zur Verfügung steht. Daraus ergibt sich dann das optimale Produktionsprogramm bei Vorliegen eines Engpasses:

Produkt	Absatz-restriktion	db_{ep}	beanspruchte Engpasskapazität (Bearbeitungszeit pro Stück × absetzbare Menge)	verbleibende Engpasskapazität
			Engpasskapazität in Minuten:	3000
A	200	2,0	200 Stück · 5 Min./Stück = 1 000 Min.	2000
B	200	1,6	200 Stück · 5 Min./Stück = 1 000 Min.	1000
D	80	1,5	80 Stück ·10 Min./Stück = 800 Min.	200
C	100	1,25	100 Stück · 8 Min./Stück = 800 Min.	0
			→ verbleibende Kapazität reicht nicht aus!	
			Deshalb: $\dfrac{200\ Min.}{8\ Min./Stück} = 25$ Stück	

Das Produkt C kann also nicht mehr in der Menge gefertigt werden, wie es abgesetzt werden könnte.

Das optimale Produktionsprogramm und die damit erwirtschafteten Deckungsbeiträge sind in der folgenden Tabelle enthalten:

Produkt	Menge	Deckungsbeitrag in EUR
A	200	2 000,00
B	200	1 600,00
C	25	250,00
D	80	1 200,00
	Summe:	5 050,00

▌ Verfahrenswahl

Unter Verfahrenswahl wird im Allgemeinen die Entscheidung für ein bestimmtes Fertigungsverfahren im Betrieb verstanden, wenn es grundsätzlich möglich ist, die einzelnen Produkte mit Hilfe unterschiedlicher Verfahren herzustellen.

Dabei ist es für Verfahrensvergleiche charakteristisch, dass mit den verschiedenen Produktionsverfahren verschiedene Produktionsfunktionen und somit auch unterschiedliche Kostenfunktionen verglichen werden müssen. Die zu vergleichenden Kosten ergeben sich also aus unterschiedlichen Kostenverläufen.

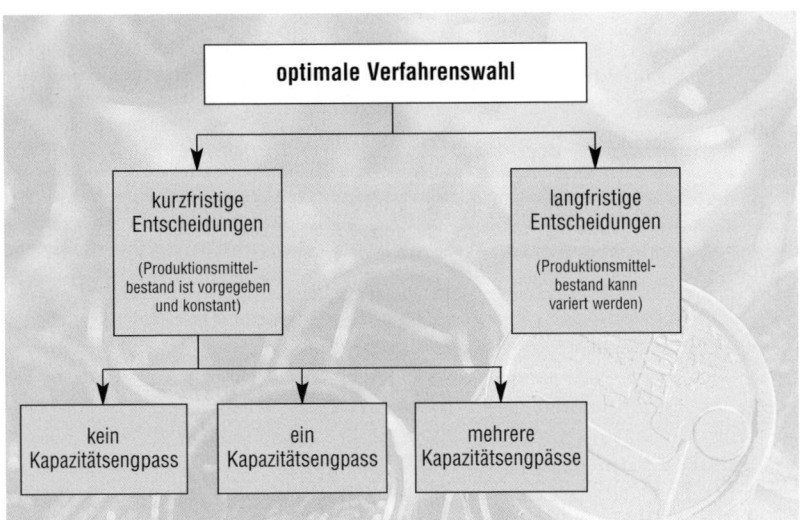

Übersicht 53:
Verfahrenswahl

Quelle verändert: Däumler/Grabe, 1994, S. 181

Die Wahl des optimalen Produktionsverfahrens ist jedoch nicht stets nach den gleichen Kriterien zu treffen. Zunächst muss feststehen, ob es sich um eine langfristige oder kurzfristige Entscheidung handelt. Bei l**angfristigen Verfahrenswahlentscheidungen** sind die Produktionskapazitäten variierbar. Diese Entscheidungen haben Einfluss auf die Fixkosten. Sie werden in der Regel mit Hilfe von Investitionsrechenverfahren gelöst. **Kurzfristige Verfahrenswahlentscheidungen** hingegen werden bei gegebenen Kapazitäten getroffen. Die Fixkosten bleiben kurzfristig gleich, weshalb sie hier nicht entscheidungsrelevant sind. Bei kurzfristigen Verfahrenswahlentscheidungen kann man die Fälle ohne Engpass, mit einem Engpass sowie mit mehreren Engpässen unterscheiden (Däumler/Grabe, 1994, S. 180 f.).

Bei **langfristigen Verfahrenswahlentscheidungen** müssen, sieht man einmal von den investitionsrechnerischen Überlegungen ab, sämtliche Kosten, also die Vollkosten, miteinander verglichen werden, die mit den einzelnen Ferti-gungsverfahren verbunden sind. Im Allgemeinen kann man dabei Verfahren unterscheiden, die einen hohen, mittleren und niedrigen Automatisierungsgrad besitzen. Ein hoher Automatisierungsgrad ist mit hohen Fixkosten, aber geringen variablen Kosten verbunden, während ein niedriger Automatisierungsgrad in der Regel mit geringen Fixkosten und hohen variablen Kosten verbunden ist.

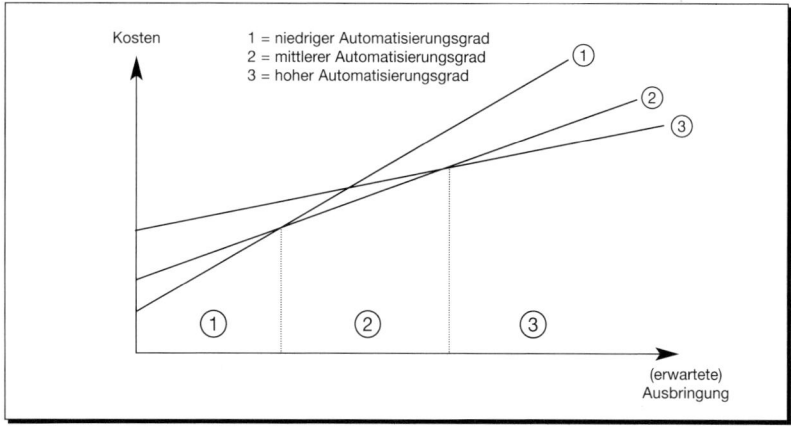

Übersicht 54: Automatisierungs-grad und Ausbringung

Es geht dann darum, das Verfahren herauszufinden, das bei der erwarteten bzw. zugrunde gelegten Ausbringung zu den niedrigsten Gesamtkosten führt. Wird die Ausbringung niedrig sein, so bietet sich tendenziell ein Verfahren mit einem niedrigen Automatisierungsgrad an, da die geringeren Fixkosten dann den Ausschlag geben und die hohen variablen Kosten nicht so stark ins Gewicht fallen. Bei zunehmender Ausbringung bietet sich immer mehr ein Verfahren mit höherem Automatisierungsgrad an, da die hohen Fixkosten bedingt durch die Fixkostendegression nicht mehr so stark ins Gewicht fallen und die niedrigen variablen Kosten den Ausschlag geben.

Stehen verschiedene konkrete Verfahren zur Auswahl, so kann man die kritischen Ausbringungsmengen errechnen, ab wann bzw. bis wann sich ein bestimmtes Verfahren anbietet. Dabei geht man von der Überlegung aus, dass es eine Beschäftigungsmenge gibt, bei der die Kosten zweier Fertigungsverfahren genau gleich sind. Bis zu diesem Schnittpunkt wird das Verfahren mit den niedrigeren Fixkosten und höheren variablen Kosten günstiger sein, ab diesem Schnittpunkt das Verfahren mit den höheren Fixkosten und den niedrigeren variablen Kosten (vgl. Übersicht 54).

Rechnerisch ermittelt man die kritischen Ausbringungsmengen, indem man die beiden Kostenfunktionen gleichsetzt und nach der Beschäftigung auflöst.

Für einen bestimmten Bearbeitungsvorgang soll eine Maschine angeschafft werden. Es stehen drei unterschiedliche Maschinen zur Auswahl:

Maschine	Automatisierungs-grad	Fixkosten pro Periode in EUR	variable Stück-kosten in EUR
1	niedrig	5 000,00	4,00
2	mittel	10 000,00	2,00
3	hoch	15 000,00	1,00

Es sind nun die Ausbringungsmengen gesucht, bei denen die einzelnen Maschinen zu den niedrigsten Gesamtkosten führen. Dazu werden zunächst Maschine 1 und Maschine 2 miteinander verglichen:

$$K_{FM1} + k_{vM1} \cdot x = K_{FM2} + k_{vM2} \cdot x$$

$$x (k_{vM1} - k_{vM2}) = K_{FM2} - K_{FM1}$$

$$x = \frac{K_{FM2} - K_{FM1}}{k_{vM1} - k_{vM2}} = \frac{10\,000,00\ EUR - 5\,000,00\ EUR}{4,00\ EUR/Stück - 2,00\ EUR/Stück} = 2\,500\ Stück$$

Bis zu einer Ausbringungsmenge von 2 500 Stück bietet sich die Maschine 1 an, ab einer Ausbringung von 2 500 Stück ist Maschine 2 günstiger.

Nun ist Maschine 2 mit Maschine 3 zu vergleichen:

$$x = \frac{K_{FM3} - K_{FM2}}{k_{vM2} - k_{vM3}} = \frac{15\,000,00\ EUR - 10\,000,00\ EUR}{2,00\ EUR/Stück - 1,00\ EUR/Stück} = 5\,000\ Stück$$

Wird mit einer durchschnittlichen Ausbringungsmenge zwischen 2 500 und 5 000 Stück gerechnet, so wäre Maschine 2 die kostengünstigste Alternative. Ist jedoch eine Ausbringungsmenge zu erwarten, die durchschnittlich über 5 000 Stück pro Periode liegt, so wäre Maschine 3 die aus Kostengesichtspunkten zu wählende Alternative.

7 Neuere Entwicklungen der Kostenrechnung und des Kostenmanagements

Einsicht in die Grenzen traditioneller Kostenrechnungssysteme

7.1 Grundlagen und Aufgaben des Kostenmanagements

7.1.1 Begriff und Aufgaben des Kostenmanagements

Kosten können unter zwei Gesichtspunkten betrachtet werden. Einerseits interessieren die Ermittlung und die Zurechnung der Kosten auf Bezugsobjekte. Dies ist die Sichtweise der traditionellen Kostenrechnung. Andererseits sind Kosten aber auch Gegenstand von Gestaltungsmaßnahmen, das heißt, die Kosten sollen nicht nur korrekt ermittelt und abgebildet werden, sondern sie sollen vielmehr auch beeinflusst werden. Maßnahmen zur Beeinflussung der Kosten werden unter dem Begriff **Kostenmanagement** zusammengefasst (vgl. zum Folgenden insbesondere Burger, 1994; Hardt, 2002).

> **Das Kostenmanagement soll durch die langfristige Verbesserung der Kostenposition zur dauerhaften Sicherung der Wettbewerbsfähigkeit des Unternehmens beitragen. Hierbei stehen die traditionelle Kostenrechnung und das Kostenmanagement jedoch nicht unabhängig nebeneinander, sondern besitzen gegenseitige Abhängigkeiten.**

Definition

Denn ein Kostenmanagement setzt voraus, dass die Kosten rechnerisch erfasst und abgebildet werden, es benötigt also kostenrechnerische Ausgangsgrößen.

Das Kostenmanagement umfasst die Gesamtheit aller Steuerungsmaßnahmen, die der frühzeitigen und vorausschauenden Beeinflussung von **Kostenstruktur** und **Kostenverhalten** sowie der **Senkung des Kostenniveaus** dienen. Somit setzt das Kostenmanagement an folgenden Punkten an: Kostenniveau, Kostenverlauf/Kostenverhalten und Kostenstruktur.

Beim **Kostenniveau-Management** strebt man im Regelfall eine Reduzierung der anfallenden Kosten an. Ansatzpunkte bieten dabei sowohl die Mengen- als auch die Wertkomponente der Kosten.

Beim **Kostenverlauf-Management** steht die Abhängigkeit der Kosten von Einflussgrößen im Mittelpunkt, also das Kostenverhalten. Als zentrale Einflussgröße gilt dabei die Beschäftigung.

Beim **Kostenstruktur-Management** steht die Zusammensetzung der Kosten im Mittelpunkt. Die beiden wesentlichen Kriterien sind die Zusammensetzung nach fixen und variablen Kosten und die nach Einzel- und Gemeinkosten.

7.1.2 Ursachen für eine Erweiterung der Kostenrechnung zum Kostenmanagement

Die Vorgehensweise der traditionellen Kostenrechnung, die die Gesamtkosten eines Produktes erst nach der Konstruktion bestimmt, diese mit einem Gewinnaufschlag versieht und daraus die Verkaufspreise ermittelt, führt zu hohen Verkaufspreisen und kann somit den Verlust der Wettbewerbsfähigkeit bedeuten, denn letztendlich entstehen Preise auf Märkten. Eine weitere Ursache für die Entwicklung zum Kostenmanagement ist die **zunehmende Strategieorientierung der Unternehmen**, die zu längeren Planungshorizonten führt. Des Weiteren steigt durch die zunehmende Automatisierung der Anteil der fixen Kosten. Der Einsatz neuer Fertigungs- sowie IuK-Technologien führt zu steigenden fixen und abnehmenden variablen Kosten und damit verbunden auch zu steigenden Gemein- und abnehmenden Einzelkosten.

Auch die Tatsache, dass bereits in frühen Phasen der Produktentwicklung ein Großteil der Kosten festgelegt, jedoch erst in den späteren Phasen verursacht und damit augenfällig wird, lässt die Bedeutung eines Kostenmanagements im Sinne einer langfristigen Beeinflussung der Kosten stark steigen.

7.1.3 Strategisches und operatives Kostenmanagement

Ein operatives Kostenmanagement liegt dann vor, wenn die Maßnahmen zur Kostengestaltung sich im Rahmen gegebener Kapazitäten bewegen, also von einer gegebenen Ausstattung mit Potenzialfaktoren ausgehen. Die Aufgaben des operativen Kostenmanagements sind unter anderem die Planung, Aufstellung und Auswertung von Kosteninformationen für kurzfristige Entscheidungen, die rechnungswesenorientierte Auswertung und Darstellung der Kosten oder die Durchführung von Soll-Ist-Vergleichen.

Da der Anteil der kurzfristig disponiblen Kosten an den Gesamtkosten tendenziell sinkt und vielfach die kurzfristig fixen Kosten den überwiegenden Teil der Kosten ausmachen, gewinnt ein langfristig orientiertes, strategisches Kostenmanagement zunehmend an Bedeutung. Als Aufgaben des strategischen Kostenmanagements lassen sich beispielhaft die Abschätzung, Auswertung und Beeinflussung der Kostenauswirkungen von strategischen Entscheidungen, die Abschätzung und Analyse von Einflussgrößen auf die strategische Kostenposition, die Analyse, Planung und Vorgabe von Lebenszykluskosten oder die konkurrenzbezogene Analyse, Planung und Vorgabe der Kosten in der Wertschöpfungskette nennen. Das strategische Kostenmanagement kann unter anderem durch die Prozesskostenrechnung unterstützt werden.

7.2 Prozesskostenrechnung

Verfolgt man die Diskussion der letzten Jahre, so kann man wohl sagen, dass kaum ein anderes Kostenrechnungssystem eine solche Aufmerksamkeit erfahren hat, wie die Prozesskostenrechnung. Die Vertreter der Prozesskostenrechnung sehen in ihr den Ausweg aus der heutigen Krise des internen Rechnungswesens, die sowohl in operativer als auch in strategischer Hinsicht in der Lage ist, entscheidungsrelevante Informationen zu liefern (vgl. zur Prozesskostenrechnung: Gleich, 1998).
Die meisten Veröffentlichungen sehen in der Untersuchung und dem dazugehörigen Aufsatz vom Miller/Vollmann „Hidden Factory" aus dem Jahre 1985 den „Startschuss" in die Diskussion um prozessorientierte Kostenrechnungsverfahren. Prozessorientierte Ansätze wurden jedoch bereits schon vorher in der unternehmerischen Praxis verfolgt. So richtete Siemens bereits 1981 in einem Werk, in dem Elektromotoren produziert wurden, ein prozessorientiertes Kostenrechnungssystem ein (Burger, 1994, S. 158).

Die indirekten Leistungsbereiche eines Unternehmens verursachen in der Regel Kosten, die sich den Absatzobjekten bzw. den Kostenträgern nicht direkt zurechnen lassen. Es handelt sich somit in der überwiegenden Mehrzahl um Kostenträger-Gemeinkosten. Im Rahmen der Kostenstellenrechnung lassen sich diese Kosten jedoch häufig einzelnen Kostenstellen genau zuordnen. Somit sind eine Vielzahl dieser Kosten zwar Gemeinkosten in Bezug auf die Kostenträger, jedoch Kostenstellen-Einzelkosten.

Die unzureichende Zurechenbarkeit auf die Kostenträger ist auch darauf zurückzuführen, dass in den indirekten Bereichen das Mengengerüst nicht so offensichtlich ist, wie in den direkten Unternehmensbereichen (z. B. Stücklisten und Arbeitspläne).

7.2.1 Veränderungen der Kostenstruktur

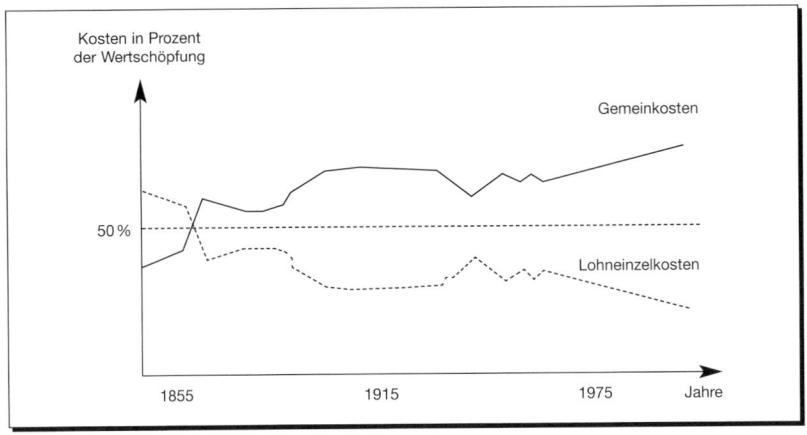

Übersicht 55:
Veränderung der
Kostenstruktur

Miller und Vollmann haben in ihrer Untersuchung gezeigt, dass die Gemeinkosten in der amerikanischen Industrie, bezogen auf die Wertschöpfung, seit
mehr als 100 Jahren stetig angestiegen sind. Der Anteil der Lohneinzelkosten ist in dieser Zeit entsprechend gesunken (vgl. Übersicht 55). Mit einer
Fortsetzung dieses Trends in der Zukunft ist zu rechnen.

Der hohe Gemeinkostenanteil ist auf den bereits oben erwähnten Anstieg bei
den vorbereitenden, planenden, steuernden und kontrollierenden Tätigkeiten
zurückzuführen. Die traditionellen Kostenrechnungssysteme stoßen hier an
die Grenzen ihrer Anwendbarkeit, da der starke Rückgang des Anteils der
Fertigungslöhne diese nicht mehr als geeignete Zuschlagsbasis erscheinen
lässt. Mittlerweile sind Zuschlagsätze von mehreren hundert Prozent auf die
Lohneinzelkosten keine Seltenheit mehr.

Verbunden mit der Kostenstrukturverschiebung von den Einzel- hin zu den
Gemeinkosten ist eine Zunahme der fixen Kosten und ein Rückgang der
variablen Kosten. Da in den indirekten Bereichen überwiegend personal-
intensive Prozesse vollzogen werden, die den Block der fixen Gemeinkosten
schneller Ansteigen lassen, ist der Anteil der kurzfristig beeinflussbaren
Kosten geringer geworden.

7.2.2 Ziele der Prozesskostenrechnung

Ein wesentlicher Entstehungsgrund der Prozesskostenrechnung wird von
ihren Vertretern in der mangelnden Eignung traditioneller Kostenrechnungssysteme gesehen, die anfallenden Gemeinkosten verursachungsgerecht zu
verrechnen. Ein wesentliches Ziel der Prozesskostenrechnung ist deshalb
darin zu sehen, zur Verrechnung der Gemeinkosten geeignetere Schlüssel-
größen als die bisher verwendeten volumenorientierten Bezugsgrößen einzusetzen.

Dabei gelten die indirekten Unternehmensbereiche als „Hidden Factory", in
denen zwar zentrale Unternehmensleistungen erbracht werden, und ohne
die eine Leistungserstellung nicht möglich wäre, die sich jedoch vielfach Versuchen der Effizienzsteigerung aus bestimmten Gründen entziehen. Diese
Gründe liegen vor allem in der erschwerten Output-Messung dieser Stellen
sowie in der fehlenden Prozess- und Kostentransparenz. Gelingt es hier,
bestimmte Sachverhalte aufzuhellen und die Intransparenz zu reduzieren, so
könnten sämtliche Unternehmensbereiche effizient geplant und gesteuert
werden.

Die **Ziele**, die mit der Prozesskostenrechnung verbunden sind, stellen sich
wie folgt dar (vgl. Burger, 1994, S. 159 f.):

● **Erhöhung der Kostentransparenz**: Das prozessorientierte Vorgehen soll
die Transparenz in der Tätigkeitsstruktur in den Gemeinkostenbereichen
erhöhen und die Kostensituation aufhellen.

- **Planung und Kontrolle der Gemeinkosten**: Die Gemeinkosten in den indirekten Bereichen sollen mit Hilfe von Planprozessmengen und Prozesskostensätzen geplant und kontrolliert werden. Dies stellt eine im Vergleich zum herkömmlichen Vorgehen verbesserte Gemeinkostenplanung und -gestaltung dar.

- **Kapazitätssteuerung**: Die Planung der Haupt- und Teilprozesse und das Herunterbrechen auf die Ebene der Kostenstellen ermöglicht es, die benötigten Kapazitäten der Kostenstellen zu bestimmen und somit langfristig anzupassen. Aufgrund dieser Informationen kann eine Kapazitätssteuerung in den einzelnen Kostenstellen erfolgen.

- **Verbesserung der Produktkalkulation**: Im Rahmen der Produktkalkulation führt das prozessorientierte Vorgehen im Vergleich zu den traditionellen Verfahren zu einer verursachungsgerechteren Verrechnung von Leistungen der indirekten Bereiche. Strategische Fehlentscheidungen, zum Beispiel bezüglich der Anzahl der Produktvarianten oder der Preisgestaltung bei Auftragsfertigung, sollen dadurch vermieden werden.

7.2.3 Vorgehensweise bei der Prozesskostenrechnung

Definition

Die Prozesskostenrechnung ist als eine auf die Gemeinkosten konzentrierte, an den speziellen Problemstellungen und Gegebenheiten des deutschen Rechnungswesens ansetzende, aktivitätsorientierte Rechnung zu verstehen (Horvath, 1990).

Dem Vorgehen bei der **Prozesskostenrechnung** liegen folgende Sachverhalte zugrunde: die Betrachtung der Vollkosten, der Verzicht auf indirekte Bezugsgrößen in den indirekten Leistungsbereichen, die Betrachtung von kostenstellenübergreifenden Prozessen und die sorgfältige Analyse der gemeinkostentreibenden Faktoren (Kostentreiber). Die Prozesskostenrechnung kann lediglich ein zusätzliches System darstellen, da ein Verzicht auf die Systeme der Teilkostenrechnung nicht sinnvoll ist.

Durch die Prozesskostenrechnung kann die Transparenz der Entscheidungen strategischer Maßnahmen erhöht werden.

Man kann dabei zwischen Haupt- und Teilprozesse unterscheiden. Hauptprozesse sind kostenstellenübergreifende Ketten von Aktivitäten, die dem gleichen Kosteneinflussfaktor (Kostentreiber) unterliegen. Teilprozesse stellen eine Kette homogener Aktivitäten innerhalb einer Kostenstelle dar. Teilprozesse können einem oder mehreren Hauptprozessen zugeordnet werden. Sowohl für die Teil- als auch für die Hauptprozesse sind die Prozesskosten zu ermitteln.

Wesentliche Anforderungen für den sinnvollen Einsatz der Prozesskostenrechnung sind der repetitive Charakter der Prozesse und die Proportionalität von Prozesskosten und Kostentreiber.

Die Prozesskostenrechnung wird häufig auch als **Activity Based Costing** bezeichnet. Es existieren jedoch kleine Unterschiede.

Die Prozesskostenrechnung versucht die Aussagemängel traditioneller Kostenrechnungssysteme zu vermeiden, wie etwa eine verursachungsgerechte Zuordnung indirekter Kosten, die Kostenermittlung einer Auftragsabwicklung, einer Variante oder der Betreuung eines Händlers.

Die Konzeption der Prozesskostenrechnung ist auf die prozessorientierte Verrechnung der Gemeinkosten der indirekten Bereiche ausgerichtet. Demnach kann die Planung und Erfassung der Einzelkosten sowie der variablen Produktionsgemeinkosten analog zur Grenzplankostenrechnung als flexible Plankostenrechnung durchgeführt werden.

Das Vorgehen in der Prozesskostenrechnung lässt sich grob folgendermaßen skizzieren:

● Identifizierung und Abgrenzung der zur Durchführung der Prozesse in den Kostenstellen erforderlichen Tätigkeiten bzw. Arbeitsschritte. Diese werden als Teilprozesse der Kostenstellen bezeichnet. Ausführliche Tätigkeits- und Arbeitszeitanalysen sind hier erforderlich.

● Erfassung der Kosten je Teilprozess je Kostenstelle. Die Erfassung kann eine Planung oder eine Ermittlung sein. Der Planungsansatz basiert auf einer Vorgabe von Planzahlen für die jeweils durchzuführenden Teilprozesse als Bezugsgröße (Planprozessmengen). Der so genannte Teilprozesskostenverrechnungssatz ergibt sich aus der Division der Summe der Teilprozesskosten durch die Prozessmenge. Er gibt die Stückkosten je Prozess an.

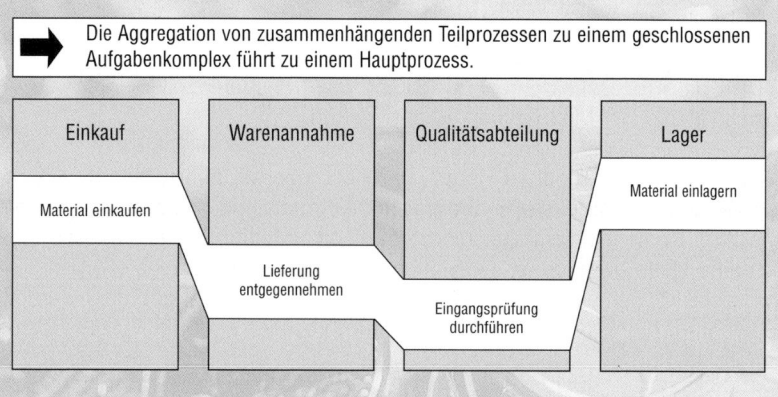

➡ Die Aggregation von zusammenhängenden Teilprozessen zu einem geschlossenen Aufgabenkomplex führt zu einem Hauptprozess.

| Einkauf | Warenannahme | Qualitätsabteilung | Lager |

Material einkaufen

Material einlagern

Lieferung entgegennehmen

Eingangsprüfung durchführen

Übersicht 56:
Aggregation der
Teilprozesse zu
Hauptprozessen

- Aggregation der Teilprozesse zu kostenstellenübergreifenden Hauptprozessen. Die Hauptprozesse werden einerseits anhand der wichtigsten Kosteneinflussgrößen (Kostentreiber) und andererseits anhand der zusammenhängenden Teilprozesse gebildet.

- Proportionale Verrechnung der Hauptprozesskosten auf die Produktions- bzw. Absatzmengen, die die jeweiligen Hauptprozesse in Anspruch nehmen. Die proportionale Verrechnung entspricht jedoch nur dann dem Verursachungsprinzip, wenn konstante Hauptprozesskoeffizienten (konstante Verhältnisse zwischen Bezugsgrößen der Hauptprozesse und den jeweiligen Outputmengen) vorliegen, also die Lose zum Beispiel stets gleich groß sind.

7.3 Zielkostenrechnung

Definition

Das Zielkostenmanagement (Target Costing) stellt eine aus Japan kommende, relativ neue Form der Kostenrechnung dar. Es ist vornehmlich in Unternehmen mit intensivem Wettbewerb und hohem Innovationsdruck vorzufinden. Seine Hauptaufgaben werden in der Marktorientierung, dem Kostenmanagement in frühen Phasen des Produktlebenszyklus und im dynamischen Kostenmanagement gesehen.

- **Marktorientierung** als Hauptaufgabe: Sie stellt die wichtigste Aufgabe dar und soll gewährleisten, dass das Kostenmanagement sich nicht an herrschenden Kostenmaßstäben, sondern an Zielgrößen orientiert, die aus wettbewerbsfähigen Marktpreisen abgeleitet werden. Die Bestimmung der Zielkosten auf Basis der Marktpreise soll eine marktorientierte Steuerung der Unternehmensprozesse sichern.

- **Kostenmanagement in frühen Phasen** als Hauptaufgabe: Diese Aufgabe soll sicherstellen, dass bereits bei der Konzeption und Gestaltung von Produkten die Orientierung an den erzielbaren Marktpreisen berücksichtigt wird, da in frühen Phasen des Produktlebenszyklus noch viele kostenbestimmende Produktmerkmale beeinflussbar sind und somit ein weiter Raum für die Kostensteuerung eröffnet werden kann.

- **dynamisches Kostenmanagement** als Hauptaufgabe: Im Rahmen dieser Aufgabe sollen die gegebenen Kostenstrukturen verändert und die an Marktpreisen orientierten Zielkosten auch wirklich erreicht werden. Des Weiteren sollen hier Vorgaben für die Kostenreduzierung im Fertigungsprozess erarbeitet werden.

Zielkosten stellen dabei die durchschnittlichen Produktionsstückkosten über den gesamten Produktlebenszyklus dar. Eine alleinige Betrachtung von Fertigungs- und Materialkosten reicht dabei nicht aus. Bei der Zielkostenfestlegung sollten deshalb neben den Fertigungs- und Materialkosten auch die in der Vergangenheit stark angestiegenen Gemeinkosten in den indirekten Bereichen (z. B. Forschung und Entwicklung) berücksichtigt werden. Die Einbindung dieser Gemeinkosten könnte zum Beispiel mit Hilfe der Prozesskostenrechnung erfolgen.

Grundwissen

Unternehmensführung

Organisation

Kostenrechnung

Tipps zur IHK-Prüfung

In allen Prüfungen findet man einen schriftlichen und einen mündlichen Prüfungsteil. Einige Prüfungen – wie z. B. die der Betriebswirte IHK und der Technischen Betriebswirte IHK – verlangen inzwischen eine Projektarbeit als Hausarbeit. Dazu werden vom Verlag – passend zu dieser Reihe – gesonderte Unterlagen und Informationen publiziert.

1 Tipps zur schriftlichen Prüfung

Kenntnis der Techniken und Regeln zur Bearbeitung von Klausuren
Fähigkeit zur Anwendung

1. Nach dem Aushändigen der Prüfungsaufgaben durch die Aufsichten der IHK verschaffen Sie sich am besten zunächst einen **Überblick** über die Gesamtmenge der Aufgaben und die Vollständigkeit. Die Punktsumme je Prüfungsfach beträgt immer 100.

2. Verschaffen Sie sich diesen Überblick auch, um kurzfristig zu entscheiden, **mit welcher Aufgabe Sie anfangen**. Aufgaben, die einem leicht fallen, sollte man zuerst bearbeiten, um Punkte zu sammeln und mit einem Erfolgsgefühl weiterzumachen. Man muss also nicht mit der Aufgabe 1 beginnen.

3. Wenn Sie feststellen, dass Sie sich an einer Aufgabe festzubeißen drohen, brechen Sie mit der Beantwortung ab und wechseln zu einer anderen Aufgabe. Lassen Sie aber beim **„Abbruch"** Platz, damit Sie dort später weiter arbeiten können und den Prüfer bei der Korrektur nicht suchen lassen, wo der Rest steht.

4. Kammerprüfungen benutzen fast durchgängig Verben, wie „nennen Sie", „beschreiben Sie" oder „erläutern Sie" in den Arbeitsaufträgen. Beachten Sie unbedingt den Unterschied in der damit geforderten und erwarteten **Beantwortungstiefe und -breite**. Schreiben Sie aber nicht mehr als verlangt wird.

   • Bei **„Nennen Sie** fünf Bestandteile ..."** wird erwartet:
   stichwortartige Aufzählung mit klar unterscheidbaren Nennungen.
   Nennt man mehr als fünf Bestandteile, muss der Prüfer entscheiden, welche fünf gelten sollen. Mehr als fünf werden nämlich nicht gewertet. Es ist bei Prüfern üblich, in der Reihenfolge der Nennungen zu bewerten, sich also nicht die fünf richtigen herauszunehmen. Man hat rechtlich keinen Anspruch darauf.

   • Bei **„Beschreiben Sie** die Bestandteile ..."** wird erwartet:
   In ganzen Sätzen alle („die") Bestandteile darstellen, ohne Erläuterungen, Begründungen oder Anwendungen.

- Bei „**Erläutern Sie** die Bestandteile ..." wird erwartet:
  In ganzen Sätzen alle („die") Bestandteile darstellen und zusätzlich Unterschiede, Gemeinsamkeiten, Begründungen bzw. eigene Stellungnahmen hinzufügen.

5. **Lesen Sie** bei der Bearbeitung der Aufgaben **stets genau**. Jedes Wort hat Bedeutung. Benutzen Sie einen **Textmarker**, um beim Lesen optisch und sachlich den Text zu strukturieren durch die Kennzeichnung der wichtigen Angaben. Stellen Sie eventuell Zahlen und Fakten noch einmal für sich sortiert zusammen, damit Sie diese stets verfügbar haben.

6. Erhalten Sie Auswahlaufgaben, wählen Sie nicht nur nach den Überschriften aus, sondern **lesen Sie** jede Aufgabe wenigstens **im Überblick**.

7. **Antworten Sie nur auf das, was gefragt wird**. Schreiben Sie mehr, verärgern Sie leicht den Korrektor, weil er sich mit mehr Text als notwendig befassen muss. Prüfer sind i.d.R. berufstätig und korrigieren abends oder am Wochenende. Sie verschwenden mit zu viel Text nicht nur Ihre, sondern auch seine Zeit.

8. **Schreiben Sie sauber**. Undeutliche Schrift ist für den Leser eine Quälerei. Schlechte Schrift und unordentliche Darstellungen schaffen Unmut und lassen gegebenenfalls Unkenntnis vermuten.

9. Geben Sie stets an, bei welcher Frage Sie sind; insbesondere wenn Sie eine neue Seite oder ein neues Blatt beginnen. Der Prüfer rätselt sonst, welche Aufgabe Sie wohl gerade bearbeiten.

10. Wenn Sie während der Prüfung feststellen, dass etwas fehlen sollte (z.B. Anlagen, Zahlen), dann bitten Sie die **Prüfungsaufsicht** zu sich. Sie wird die Situation klären (evt. bei der Prüfungssachbearbeitung). Wenn Sie dann trotzdem nicht weiterkommen, schreiben Sie, mit welcher Unterstellung oder **Annahme** Sie weitergearbeitet haben. Dann weiß der Korrektor Bescheid.

11. Der Gebrauch von unerlaubten Hilfsmitteln (z.B. Handy, Spickzettel, Abgucken) sollte unbedingt unterbleiben. Das ist prüfungsrechtlich eine Täuschungshandlung und **führt sofort zum Ausschluss**. Das Mitbringen des Handys ist verboten. Wird es dennoch gebraucht, wenn Sie während der schriftlichen Prüfung herausgehen, ist das prüfungsrechtlich eine Täuschungshandlung und fuhrt zum Auschluss und Nichtbestehen.Sie können sich nicht damit herausreden, Sie hätten privat in der noch laufenden Prüfungszeit telefoniert. Die Aufsichten sind sehr trainiert auf das Entdecken von Täuschungshandlungen. Es lohnt sich wirklich nicht!

12. Fühlen Sie sich vor Beginn der Prüfung krank und treten vor Bekanntgabe der Aufgaben nicht zurück, können Sie nachträglich nicht mehr **Krankheit als wichtigen Rücktrittsgrund** geltend machen. Rücktritt wegen Krankheit sollte durch eine ärztliche Bescheinigung bestätigt werden, damit z.B. auch die Prüfungsgebühr nicht „verbraucht" wird, sondern bis zur Fortsetzung im nächsten Prüfungstermin stehen gelassen werden kann.

2 Tipps zur mündlichen Prüfung

Kenntnis wirksamer Verhaltensmuster in mündlichen Prüfungssituationen
Fähigkeit zur Anwendung

1. Ein **ordentliches** und ordentlich gekleidetes **Auftreten** (Anzug ist nicht notwendig) des Prüflings in der Prüfung lässt die Wertschätzung gegenüber der Prüfungssituation und auch gegenüber den Prüfern erkennen. **Pünktliches Erscheinen** zur eingeladenen Uhrzeit ist ein Muss.

2. Ein nicht überzogen selbstbewusstes, **bescheiden-natürliches Auftreten** (nicht unterwürfig) ist ratsam.

3. Trotz möglicher Angstgefühle muss sich ein Prüfling ein ggf. despotisches oder offensichtlich **ungerechtes Verhalten eines Prüfers** nicht gefallen lassen. Man sollte ruhig darauf hinweisen, dass man ein solches Verhalten nicht gewohnt ist und auch nicht billigt.

4. Versteht man eine Frage nicht oder braucht man **Bedenkzeit**, sollte man formulieren: „Ich bitte Sie, die Frage noch einmal zu wiederholen. Ich habe sie nicht verstanden!" (alternativ: „ ... war im Augenblick bei einem anderen Gedanken").

5. **Reden Sie nach der Fragestellung nicht einfach darauf los.** Denn Prüfer gehen gerne auch auf Stichworte ein, die der Prüfling gibt, vor allem wenn er vermutet, dass Sie nicht wissen, was Sie sagen, oder wenn damit ein bevorzugtes Thema des Prüfers angesprochen wurde. Wenn sich daraus ein neues Prüfungsthema entwickelt und Sie auf dem Gebiet nicht sicher sind, haben Sie ein Problem.
Andererseits: Wenn Sie sich sicher fühlen, können Sie damit u.U. den weiteren Prüfungsverlauf zu Ihren Gunsten beeinflussen.

6. Bei Fragen zu komplizierteren Sachverhalten können Sie sich ruhig **Bedenkzeit** nehmen, bevor Sie antworten. Spontaneität zahlt sich nicht immer aus.

7. Erhalten Sie Fragen, die auch Gedächtnisleistungen verlangen (Zahlen etc.), bitten Sie ruhig und freundlich um Schreibmaterial, um sich Stichworte zu notieren und Lösungen zu entwickeln. Eventuell steht im Raum auch eine Tafel oder ein Flipchart. Haben Sie Mut, danach zu fragen, ob Sie diese **Medien** nutzen können. Es vermittelt einen sicheren Eindruck.

8. Wissen Sie zu einer Frage nichts oder nur sehr wenig, haben Sie den Mut, um eine andere **Frage** (evt. **aus einem anderen Sachgebiet**) zu bitten. Schlagen Sie ggf. sogar vorsichtig selbst ein Sachgebiet vor (in dem Sie sich natürlich sicher fühlen müssen).

9. Werden Sie in einer Gruppe geprüft: Bitten Sie, dass Sie nicht „abgelegte" Fragen der Mitprüflinge erhalten, sondern **eigene**, neue **Fragestellungen** bekommen.

10. Trotzdem sollten Sie in einer Gruppenprüfung **stets das gesamte Prüfungsgeschehen aufmerksam verfolgen**. Sie sehen den Gesamtzusammenhang des Prüfungsverlaufs und lernen, welcher Fragestil vorherrscht und welche Antworten und welcher Antwortstil (kurze knappe Sätze, etwas ausholende Darstellung etc.) gewünscht werden.

11. Für Ihre spätere **Rekonstruktion der mündlichen Prüfung** sind nicht nur die Zählung der angesprochenen **Themengebiete**, sondern auch die Zahl der abgeleiteten Fragen dazu maßgebend; weiterhin, ob der Prüfer **nachfragen** musste und ob er **Hilfestellungen** geben musste. Man täuscht sich, was alles in 10 bis 15 Minuten Prüfungszeit passiert ist. Man täuscht sich häufig auch in der **Prüfungszeit**, die vergangen ist. Die „Zeit läuft" mit der ersten Fach- und Sachfrage (ob schriftlich oder mündlich gestellt).

12. Typische Fehler von Prüflingen sind:

- unklar und allgemein zu antworten, wo eine klare Frage im Raum steht;

- weit ausholend und weitschweifend zu antworten;

- nicht nachzufragen, wenn eine Frage (akustisch oder sachlich) unklar gestellt wurde.

▌ Allgemeiner Hinweis

Es ist grundsätzlich ratsam, die schriftliche und die mündliche Prüfungssituation zu **üben**, bevor man in die Prüfung geht. So lernt man, auch mit seiner Angst, die jeder Prüfer respektiert, umzugehen.

Übrigens: auch Prüfer können Angst haben, das ist menschlich. Auch von daher brauchen Sie vor Ihrer **„Prüfungsangst** keine so große Angst zu haben" und müssen sie daher auch nicht zwanghaft verstecken.

Aufgaben

A Unternehmensführung

1. Was gehört zu den Aufgaben der Unternehmensführung?

2. Was bedeutet Management by Objektives?

3. Erläutern Sie den Begriff Motiv.

4. Erläutern Sie den Begriff Motivation.

5. Was versteht man unter Führungsprinzipien?

6. Erläutern Sie den Begriff Operations Research.

7. Nennen Sie fünf verschiedene Formen von Teilplänen.

8. Erläutern Sie den Begriff strategische Planung.

9. Was versteht man unter operativer Planung?

10. Nennen Sie die einzelnen Schritte einer Wertanalyse.

B Organisation

1. Ein kaufmännischer Auszubildender untersteht sowohl seinem Ausbilder, der zur Personalabteilung gehört, als auch dem jeweiligen Abteilungsleiter, dem er im Laufe seiner Ausbildung zugeteilt wird. Welche Organisa-tions-form des Instanzenweges findet er vor? Welche Schwierigkeiten können damit für ihn sowie für die betroffenen Instanzen verbunden sein? Worin sehen Sie die Vorteile dieser Regelung?

2. Die Delegation der Entscheidungsbefugnisse ist heute in fast jeder Unternehmung ein wichtiges Thema, besonders angesichts des vielfach praktizierten Abbaus von Hierarchieebenen.

   Vergleichen Sie die beiden Ablaufdiagramme und bewerten Sie die einge-schlagenen Wege.

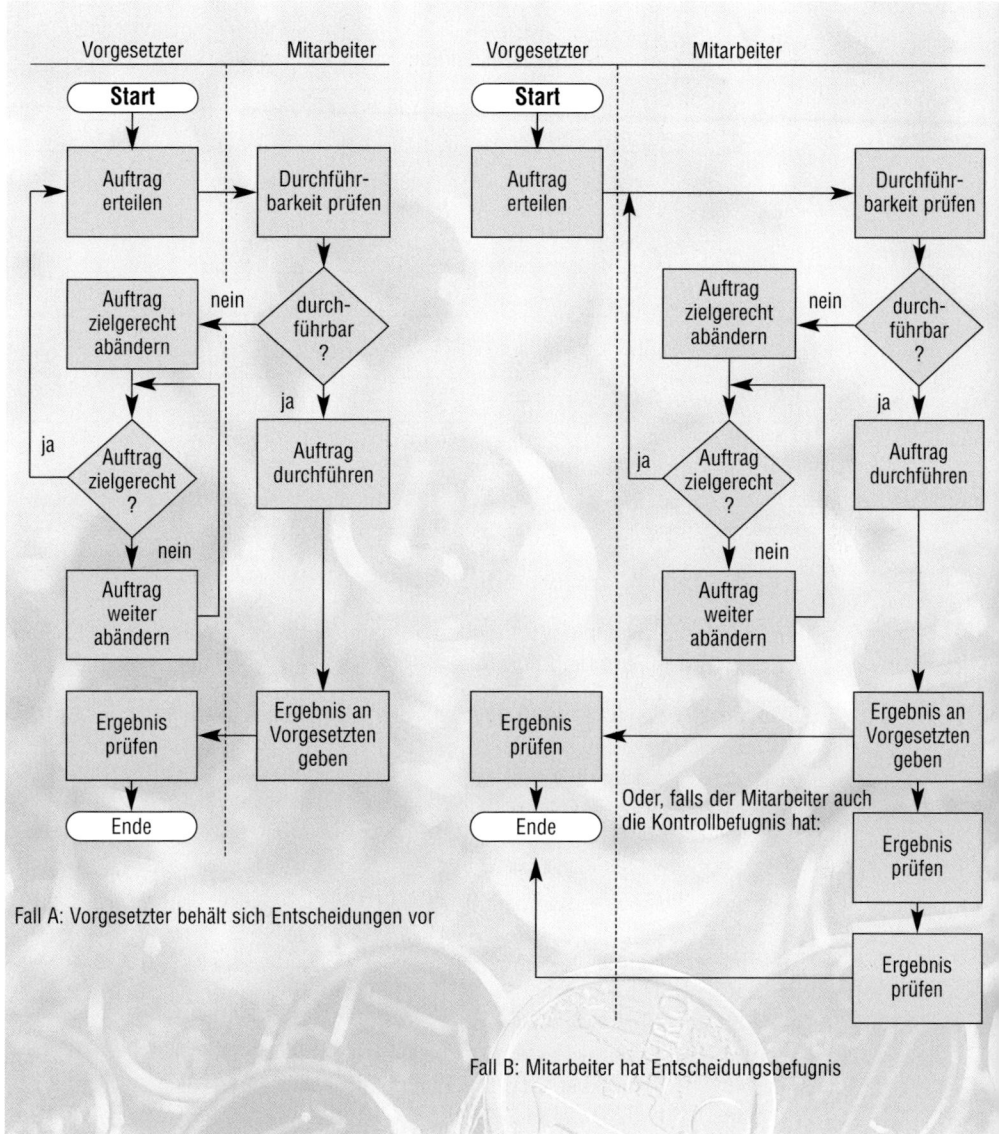

Fall A: Vorgesetzter behält sich Entscheidungen vor

Fall B: Mitarbeiter hat Entscheidungsbefugnis

3. Entscheiden Sie, wer bei einer Matrixorganisation mit Produktmanagement zuständig ist für die Bestimmung von

a) Produktionsmengen,
b) Bezugsquellen,
c) Produktionszeitpunkten,
d) Maschineneinsatz in der Herstellung,
e) Lagerhaltung,
f) Werbung.

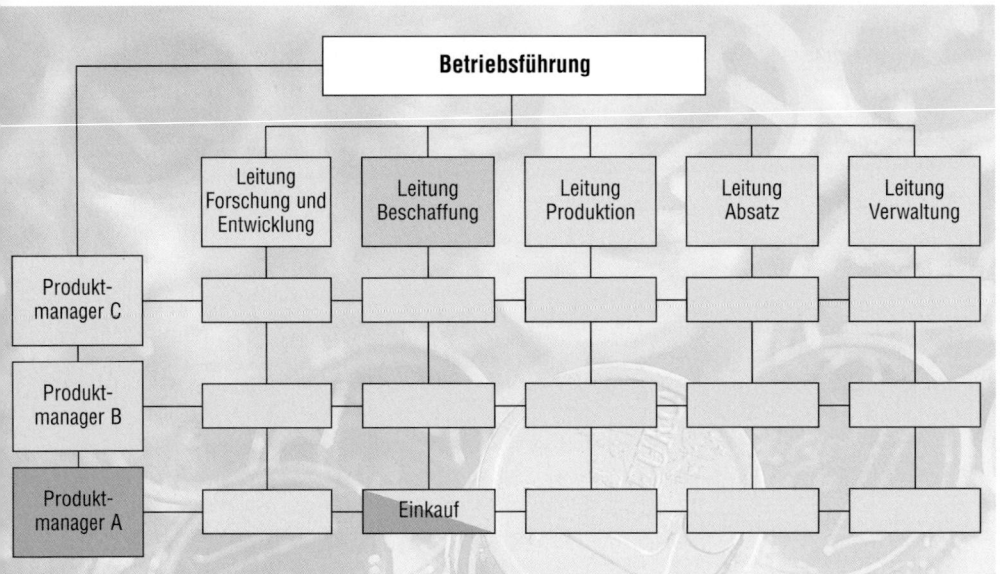

4. Erstellen Sie nach der folgenden Vorgangsliste „Schulneubau" ein Balkendiagramm (Ganttdiagramm).

Vorgangs- nummer	Vorgangsbezeichnung	Vorgänger	Nachfolger	Dauer/ Wochen
10	Baugrube ausheben	–	20	1
20	Fundamentierung und Unterkellerung	10	30	12
30	Heizöltank installieren	20	40	1
40	Kellerdecke gießen	30	50, 60	2
50	Brenner installieren	40	110	3
60	Mauerwerk errichten und Geschossdecken einziehen	40	70, 80, 90	24
70	Dach decken	60	190	2
80	Zwischenwände einziehen	60	100, 110	4
90	Schulhof umzäumen	60	100	1
100	elektrische und sanitäre Installation	80, 90	120	4
110	Heizungsrohre installieren	50, 80	140	3
120	Fenster und Türen einsetzen	100	130, 140	3
130	Schulhof anlegen	120	190	4
140	Putzarbeiten	110, 120	150	4
150	Anstreicherarbeiten	140	160	4
160	Heizkörperinstallation	150	170	1
170	Leuchtkörper-, Schalter- und Steckdoseninstallation	160	180	1
180	Fußbodenarbeiten	170	190	4
190	Einzug	70, 130, 180	–	1

5. Erstellen Sie anhand der in der vorigen Aufgabe dargestellten Vorgangsliste
„Schulneubau" einen vollständigen Netzplan (Vorgangsknotennetzplan).

6. Erörtern Sie, den aufgezählten Kriterien folgend, die Unterschiede zwischen der Führung im Linien-Management und im Projekt-Management.

   a) Stellung in der betrieblichen Hierarchie,
   b) Zeitlicher Rahmen,
   c) Leistungsdruck,
   d) Art bzw. Vielfalt der fachlichen Kompetenz,
   e) Disziplinäre Autorität (Amtsautorität),
   f) Soziale Kompetenz.

7.

Da sind zum Beispiel die Rangabzeichen in einer Kölner Versicherungszentrale. Herausragendes Kennzeichen der gemeinsam in einem Großraum arbeitenden Angestellten ist der Schreibtisch. Der Sachbearbeiter – niederster Rang – sitzt vor einer schmalen Arbeitsplatte, in die nur zur Rechten ein paar Aktenfächer eingehängt sind. Hat er mehrere Akten zu verwalten, so darf er rollbare Aktenwägelchen benutzen. Beileibe aber keinen doppelseitig mit Aktenfächern ausgestatteten Schreibtisch. Der steht nur der zweiten Kaste zu, den Büroleitern. Handlungsbevollmächtigten – dem dritten Rang – wird der gleiche Schreibtisch zugeteilt, jedoch an der Front durch eine hervorstehende rechteckige Tischverlängerung imponierender gestaltet. Auch Prokuristen steht dieser Typ zu, doch wird er nach vorn und auch noch nach beiden Seiten durch dreieckig hervorragende Anbauten repräsentativ vergrößert. Die verleihen dem Schreibgiganten die Gestalt eines flachen Winkels, zwischen dessen Schenkeln der Prokurist thront. Die Direktoren? Sie diktieren hinter individuellen Tischen. Hinzu kommt die Rangordnung im Zimmer selbst. Der Ranghöchste regiert immer am Fenster und bekommt das Licht von links. Nummer zwei arbeitet gegenüber am Fenster mit dem Licht von rechts. Nummer drei folgt in möglichst engster und möglichst linker Fensternähe und Nummer vier in der dunklen Ecke nahe der Tür und der Zugluft.

Originellstes Rangsymbol ist der Arbeitsbeginn. Zwar gibt es Betriebe, in denen vom Vorstandsvorsitzenden bis zum Boten jeder Punkt halb acht Uhr mit der Arbeit beginnt. Aber viel häufiger findet sich etwas Ähnliches wie die Eintreffens-Rangordnung in einem rheinischen Verbandsbürohaus. Dort geht das so vor sich: Arbeitsbeginn acht Uhr. Es erscheinen die Boten, Pförtner und Sonstigen. Acht Uhr fünfzehn: Die Stenotypistinnen treten auf: Acht Uhr dreißig: Die Sekretärinnen, danach die Chefsekretärinnen, 15 Minuten später die jüngeren Referenten. Gegen neun Uhr die älteren Referenten. Dann die Vizeabteilungschefs und schließlich um halb zehn Uhr die Abteilungschefs. Und ein Donnerwetter von oben überfällt jeden, der später kommt, als er zu spät kommen darf. Sanfte Missachtung von unten erntet, wer früher erscheint, als es ihm nach dem Feudalkodex zusteht. ...

Dieter Wildt,
Der Kampf um den
größeren
Schreibtisch,
in: Kölner
Stadt-Anzeiger

Erörtern Sie in der Gruppe folgende Fragen:

1. Stammt diese Darstellung nach Ihrer Einschätzung aus einer längst überholten Zeit? Erkennen Sie Ähnlichkeiten mit der betrieblichen Praxis, wie Sie sie vorgefunden haben bzw. zurzeit vorfinden? Gibt es neue Formen für den gleichen Sachverhalt?

2. Stellen Sie die Ausstattungsfrage in Zusammenhang mit Führungsstilen.

3. Stellen Sie die dargestellten Verhaltensmuster in Zusammenhang mit Linienmanagement und Projekt-Management.

C   Kostenrechnung

▍Grundlagen der Kostenrechnung

1. Teilgebiete des Rechnungswesens
In welche beiden großen Bereiche lässt sich das betriebliche Rechnungswesen abhängig vom Adressatenkreis einteilen, und wie lassen sich diese beiden Bereiche weiter differenzieren?

2. Aufgaben der Kostenrechnung
Welche Aufgaben hat die Kostenrechnung? Füllen Sie dazu bitte die folgende Abbildung aus und beschreiben Sie kurz, was unter den einzelnen Aufgaben zu verstehen ist.

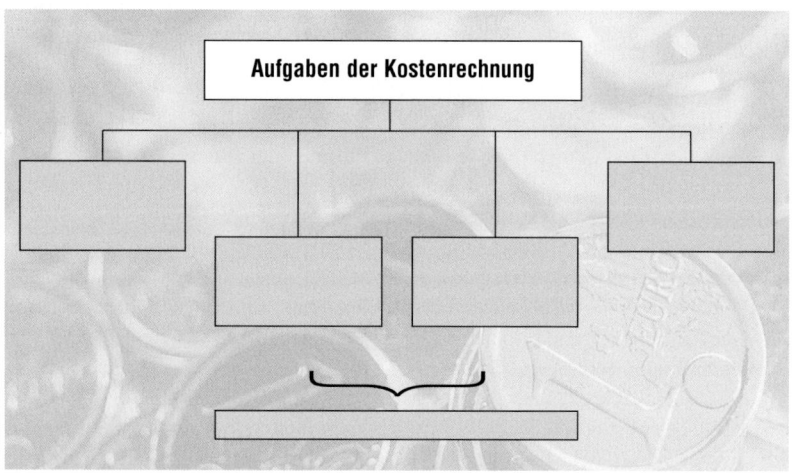

3. Grundbegriffe des Rechnungswesens
Grenzen Sie bitte die Begriffspaare Auszahlung, Einzahlung, Ausgabe, Einnahme, Aufwand, Ertrag, Kosten und Leistung voneinander ab, indem Sie die folgende Tabelle ausfüllen:

	Strömungsgröße ...	... hat Auswirkungen auf Bestandsgröße
Auszahlung		
Einzahlung		$+$ _____ $=$
Ausgabe		$+$
Einnahme		$./.$ _____ $=$
Aufwand		
Ertrag		$+$ _____ $=$
Kosten		$./.$
Leistung/ Betriebsertrag		$=$ _____

4. Grundbegriffe des Rechnungswesens
Bitte grenzen Sie den Aufwand von den Kosten ab, indem Sie die folgende Abbildung ausfüllen:

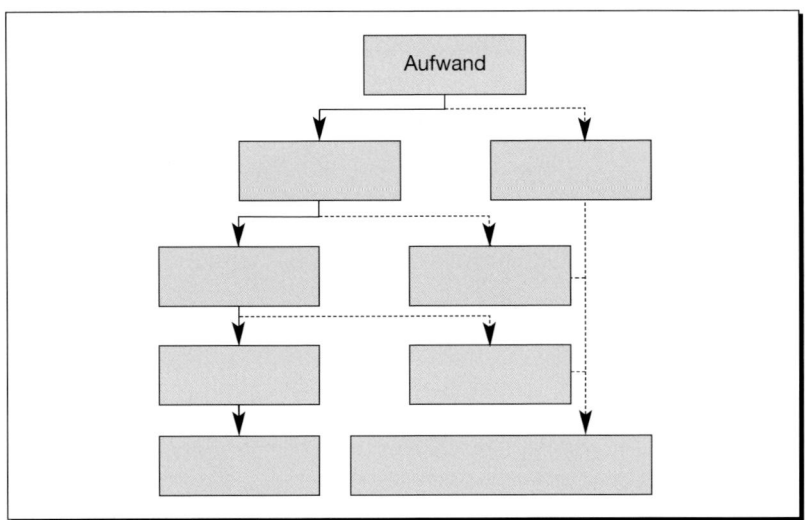

5. Prinzipien der Kostenrechnung
Beschreiben Sie bitte kurz, was man unter Tragfähigkeits- und Verursachungsprinzip versteht.

6. Kosten und Beschäftigung
Bitte vervollständigen Sie die folgenden Tabelle:

_____ Gesamtkosten

Ausbringungsmenge	Gesamtkosten	Durchschnittskosten	Grenzkosten
1	15		
2	30		
3	45		
4	60		
5	75		

_____ Gesamtkosten

Ausbringungsmenge	Gesamtkosten	Durchschnittskosten	Grenzkosten
1	100		
2	195		
3	285		
4	370		
5	450		

_____ Gesamtkosten

Ausbringungsmenge	Gesamtkosten	Durchschnittskosten	Grenzkosten
1	100		
2	205		
3	315		
4	430		
5	550		

_____ Gesamtkosten

Ausbringungsmenge	Gesamtkosten	Durchschnittskosten	Grenzkosten
1	100		
2	80		
3	65		
4	55		
5	48		

_____ Gesamtkosten

Ausbringungsmenge	Gesamtkosten	Durchschnittskosten	Grenzkosten
1	100		
2	100		
3	100		
4	150		
5	150		
6	150		
7	200		
8	200		
9	200		
10	250		

_____ Gesamtkosten

Ausbringungsmenge	Gesamtkosten	Durchschnittskosten	Grenzkosten
1	100		
2	100		
3	100		
4	100		
5	100		

7. Kosten und Beschäftigung, Break-Even-Point
In einem Unternehmen fallen Fixkosten in Höhe von 180 000,00 EUR pro Monat an. Diese entstehen zum Beispiel für Miete der Betriebsgebäude, Abschreibungen der maschinellen Anlagen oder die Gehälter der Angestellten.

In dem Unternehmen wird nur ein Produkt hergestellt. Die Kapazität kann deshalb in Stückzahlen gemessen werden und beträgt im Monat 15 000 Stück. Die Kapazitätsauslastung beträgt 75 Prozent.

Bei dieser Beschäftigung entstehen Gesamtkosten in Höhe von 450 000,00 EUR. Die variablen Kosten nehmen einen proportionalen Verlauf an.

Beantworten Sie bitte folgende Fragen:
- Wie hoch sind die Durchschnittskosten bei dieser Ausbringungsmenge?

- Wie hoch sind die Grenzkosten bei dieser Ausbringungsmenge?

- Wie hoch sind Gesamtkosten, Durchschnittskosten und Grenzkosten bei einer Auslastung von 65 Prozent?

- Angenommen, das Unternehmen könnte die gesamte Produktion zu einem Stückpreis von 47,75 EUR absetzen. Ab welcher Auslastung würde das Unternehmen dann in die Gewinnzone eintreten?

- Angenommen, die Ausbringung beträgt aufgrund geringer Nachfrage lediglich 8 000 Stück. Welchen Stückpreis müsste die Unternehmung dann verlangen, um die Gesamtkosten in dieser Periode zu decken?

Kostenartenrechnung

1. Einzel- und Gemeinkosten
Grenzen Sie bitte Einzel- und Gemeinkosten voneinander ab.

2. Kalkulatorische Kosten
Welche kalkulatorischen Kostenarten werden unterschieden?

3. Kalkulatorische Abschreibungen
Eine Büroeinrichtung mit Anschaffungswert 18 000,00 EUR soll arithmetisch degressiv in der Kostenrechnung abgeschrieben werden. Bitte ermitteln Sie die jährlichen Abschreibungsbeträge, wenn der Abschreibungszeitraum acht Jahre betragen soll.

Kostenstellenrechnung

1. Bildung von Kostenstellen
Skizzieren Sie bitte kurz, welche Grundsätze bei der Bildung von Kostenstellen berücksichtigt werden sollten.

2. Kostenstellenarten
Nennen Sie vier Beispiele für Kostenstellen, wenn diese nach den betrieblichen Funktionen gebildet werden. Welche Kostenstellen unterscheidet man, wenn man die Art der Verrechnung der Kosten als Differenzierungskriterium zugrunde legt?

3. Zweck der Kostenstellenrechnung
   Beschreiben Sie kurz, welche Zwecke mit der Kostenstellenrechnung verfolgt werden.

4. Anbauverfahren
   In einem Betrieb sind die Hilfskostenstellen Stromerzeugung und Reparaturstelle eingerichtet. Des Weiteren gibt es die Hauptkostenstellen Material, Fertigung, Verwaltung und Vertrieb. Die Hilfskostenstellen erbringen die folgenden Leistungen in kWh (Strom) bzw. in Stunden (Reparatur) für die Hauptkostenstellen:

	Strom-stelle	Reparatur-stelle	Material	Fertigung	Verwaltung	Vertrieb	Summe
Stromstelle (kWh)		20 000	20 000	120 000	10 000	10 000	180 000
Reparaturstelle (Std.)	100		600	2 800	300	500	4 300

Verrechnungssatz für Stromstelle:

Verrechnungssatz für Reparaturstelle:

Die innerbetriebliche Leistungsverrechnung ergibt im BAB damit folgendes Bild:

Betriebsabrechnungsbogen

Kostenarten	Kostenstellen						
	Summe	Hilfskostenstellen		Hauptkostenstellen			
		Strom	Reparatur	Material	Fertigung	Verwaltung	Vertrieb
Primäre Gemein-kosten	1 200 00	20 000	60 900	250 000	650 000	150 000	69 100
Umlage Strom							
Umlage Repara-turen							
Gemein-kosten							

5. Stufenleiterverfahren
   Ausgehend von obiger Aufgabe wird die Hilfskostenstelle Reparaturen nun auch mit den Kosten der Stromstelle belastet. Erst im Anschluss kann der Verteilungsschlüssel für die Reparaturstelle gebildet werden, da dann auch Stromkosten darin enthalten sind. Der Verrechnungssatz für eine kWh verringert sich, da nun auch die von der Reparaturstelle abgenommenen Leistungseinheiten mit berücksichtigt werden.

   Verrechnungssatz Stromstelle =

   Kosten der Reparaturstelle =

   Verrechnungssatz Reparaturstelle =

Betriebsabrechnungsbogen

Kostenarten		Kostenstellen					
	Summe	Hilfskostenstellen		Hauptkostenstellen			
		Strom	Reparatur	Material	Fertigung	Verwaltung	Vertrieb
Primäre Gemein-kosten	1 200 000	20 000	60 900	250 000	650 000	150 000	69 100
Umlage Strom							
Umlage Repara-turen							
Gemein-kosten	1199 981,20 ≈ 1 200 000,00						

6. Zuschlagssätze

Ermitteln Sie bitte mit Hilfe der im folgenden BAB enthaltenen Angaben den Materialgemeinkosten-, Fertigungsgemeinkosten- und Verwaltungs- und Vertriebsgemeinkostenzuschlagssatz.

Betriebsabrechnungsbogen

Kostenarten		Kostenstellen					
	Summe	Hilfskostenstellen		Hauptkostenstellen			
		Strom	Reparatur	Material	Fertigung	Verwaltung	Vertrieb
Material-einzel-kosten	500 000						
Fertigungs-einzel-kosten	250 000						
Herstell-kosten							
Primäre Gemein-kosten	1 200 000	20 000	60 900	250 000	650 000	150 000	69 100
Umlage Strom				2 500	15 000	1 250	1 250
Umlage Repara-turen				8 700	40 600	4 350	7 250
Gemein-kosten	1 200 000						
Zuschlags-sätze							

Kostenarten	Summe	Hilfskostenstellen		Hauptkostenstellen			
		Strom	Reparatur	Material	Fertigung	Verwaltung	Vertrieb
Primäre Gemein-kosten	1 200 000,00	20 000,00	60 900,00	250 000,00	650 000,00	150 000,00	69 100,00
Umlage Strom				2 500,00	15 000,00	1 250,00	1 250,00
Umlage Repara-turen				8 700,00	40 600,00	4 350,00	7 250,00
Gemein-kosten	1 200 000,00			261 200,00	705 600,00	155 600,00	77 600,00
Zuschlags-sätze				52,24 %	282,24 %	13,58 %	

Materialgemeinkostenzuschlagssatz =

$$\frac{\text{Material - Gemeinkosten}}{\text{Material - Einzelkosten}} \cdot 100 = \frac{261\,200,00 \text{ EUR}}{500000,00 \text{ EUR}} \cdot 100 = 52,24\,\%$$

Fertigungsgemeinkostenzuschlagssatz =

$$\frac{\text{Fertigung - Gemeinkosten}}{\text{Fertigung - Einzelkosten}} \cdot 100 = \frac{705\,600,00 \text{ EUR}}{250\,000,00 \text{ EUR}} \cdot 100 = 282,24\,\%$$

Verwaltungs- und Vertriebsgemeinkostenzuschlagssatz =

$$\frac{\text{Verw.- und Vertr. - Gemeinkosten}}{\text{Herstellkosten}} \cdot 100 = \frac{233\,200,00 \text{ EUR}}{1\,716\,800,00 \text{ EUR}} \cdot 100 = 13,58\,\%$$

▌ Kostenträgerrechnung

1. Zweck der Kostenträgerrechnung
   Beschreiben Sie kurz die Zwecke der Kostenträgerrechnung.

2. Differenzierende Lohnzuschlagskalkulation
   In einem Unternehmen werden die Materialgemeinkosten entsprechend der Höhe der Materialeinzelkosten auf die einzelnen Kostenträger verteilt. Insgesamt fallen in einer Periode Materialeinzelkosten in Höhe von 250 000,00 EUR an. Die Materialgemeinkosten betragen für diesen Zeitraum 312 500,00 EUR. Ein Erzeugnis dieses Unternehmens verursacht Materialeinzelkosten in Höhe von 80,00 EUR. Dieses Produkt wird in einer Menge von 1 000 Einheiten hergestellt. Zur Fertigung dieses Erzeugnisses musste ein Werkzeug hergestellt werden, dass 30 000,00 EUR an Kosten verursachte und nach Fertigung der 1000 Stück nicht mehr einsetzbar ist. Die Lohneinzelkosten betragen für dieses Erzeugnis 20,00 EUR. In dieser Periode fallen insgesamt für alle Erzeugnisse Lohneinzelkosten in Höhe von 150 000,00 EUR an. Die Fertigungsgemeinkosten betragen 240 000,00 EUR.

Die Verwaltungsgemeinkosten betragen 147 375,00 EUR und die Vertriebsgemeinkosten 343 875,00 EUR. Das betrachtete Erzeugnis wird in einer speziellen Verpackung zum Versand gebracht, die pro Einheit Kosten in Höhe von 15,00 EUR verursacht.

Beantworten Sie bitte folgende Fragen:

● Wie hoch ist der Materialgemeinkostenzuschlagssatz?

● Wie hoch sind die Materialkosten pro Stück des betrachteten Erzeugnisses?

● Wie hoch ist der Fertigungsgemeinkostenzuschlag?

● Wie hoch sind die Fertigungs- und die Herstellkosten für das betrachtete Erzeugnis?

● Wie hoch sind die gesamten Herstellkosten des Unternehmens?

● Wie hoch ist der Verwaltungsgemeinkostensatz?

● Wie hoch sind die Verwaltungsgemeinkosten des betrachteten Erzeugnisses?

● Wie hoch ist der Zuschlagssatz für die Vertriebsgemeinkosten?

● Wie hoch sind die Vertriebsgemeinkosten des betrachteten Produktes?

● Wie hoch sind die Selbstkosten des betrachteten Produktes?

Kostenrechnungssysteme

1. Flexible Plankostenrechnung zu Vollkosten
Für eine Periode wurde eine Planbeschäftigung von 25 000 Fertigungsstunden ermittelt. Weiterhin gehen aus der Planung Plankosten in Höhe von 2 825 000,00 EUR hervor, von denen 1 200 000,00 EUR Planfixkosten sind.

Nach Ablauf der Periode wird eine Istbeschäftigung von 21 250 Fertigungsstunden und Istkosten in Höhe von 2 772 500,00 EUR festgestellt.

Ermitteln Sie bitte folgende Werte:
● PKVS
● prop. PKVS
● verrechnete Plankosten
● Sollkosten
● ΔV
● ΔB
● Nutzkosten
● Leerkosten

Deckungsbeitragsrechnung

1. Annahme oder Ablehnung eines Auftrages
Die Spedition Gerret unterhält ein Lager für einen Großkunden. Dieses Lager besitzt eine Kapazität von 8 000 Palettenstellplätzen und ist zurzeit zu 65 Prozent ausgelastet. Es weist folgende Kostenstruktur auf:

- Fixkosten: 450 000,00 EUR / Jahr
- Variable Kosten: 2,50 EUR / Palette

Pro Monat und eingelagerter Palette erhält Spedition Gerret einen Erlös von 12,00 EUR.

Die Geschäftsleitung hat nun über die Annahme oder Ablehnung eines Zusatzauftrages zu entscheiden, bei dem 900 Paletten für einen Monat für einen Stückerlös von 7,50 EUR eingelagert werden sollen.

Füllen Sie zur Entscheidungsunterstützung bitte folgende Tabelle aus:

	Ablehnung des Auftrages	Annahme des Auftrages
Verkaufserlöse		
Fixkosten		
variable Kosten		
Gesamtkosten		
Betriebsergebnis		

2. Beurteilung von Erweiterungsinvestitionen
   In einem produzierenden Unternehmen entstehen Fixkosten in Höhe von 120 000,00 EUR pro Monat. Es handelt sich um ein Einprodukt-unternehmen. Der BEP liegt bei einer Ausbringung von 7 500 Stück, wobei ein Stückerlös von 36,00 EUR erzielt wird. Es wird geplant, eine Erweiterungsinvestition in Höhe von 648 000,00 EUR für eine Maschine zu tätigen, die über sechs Jahre linear abgeschrieben wird. Wie viel Erzeugniseinheiten müssen mehr gefertigt (und abgesetzt) werden, um unter den neuen Gegebenheiten den BEP zu erreichen?

3. Beurteilung von Kostenänderungen
   Welchen Einfluss haben steigende (sinkende) Fixkosten auf die Deckungsbeiträge?

   Welchen Einfluss haben steigende (sinkende) variable Stückkosten auf die Deckungsbeiträge?

Lösungen

A   Unternehmensführung

Zu Aufgabe 1:

Zu den Aufgaben der Unternehmensführung gehören die leitenden und dispositiven Tätigkeiten zur Kombination der Produktionsfaktoren.

Zu Aufgabe 2:

Beim Management by Objektives werden allen Bereichen und Mitarbeitern durch die Unternehmensleitung Zielvorgaben gegeben, die sie innerhalb eines Planungszeitraumes zu erreichen haben oder realisieren sollen. Das Managementsystem setzt eine gut strukturierte Organisation voraus und bedarf eines kooperativen Führungsstils.

Zu Aufgabe 3:

Unter Motiv versteht man die Beweggründe menschlichen Verhaltens, die einen Menschen in einer bestimmten Situation bei bestimmten Umweltreizen zu einem bestimmten Verhalten bringen. Bekannt sind diese Beweggründe als Bedürfnis, Trieb, Streben etc.

Zu Aufgabe 4:

Die gedanklichen und emotionalen Prozesse, die dazu führen, dass Motive aktualisiert und in Handlungen umgesetzt werden, bezeichnet man als Motivation.

Zu Aufgabe 5:

Führungsprinzipien sind Zielvorstellungen zum Umgang mit allen Mitarbeitern im Unternehmen. Sie spiegeln die Normen- und Wertvorstellungen der Unternehmensleitung wider.

Zu Aufgabe 6:

Operations Research ist eine Methode aus dem Bereich der Unternehmensforschung, die zur Beschaffung und Analyse quantitativer Daten dient. Mit OR wird versucht, strategische und weitreichende Entscheidungen innerhalb des Unternehmensführungsprozesses durch mathematische Berechnungen zu fundieren, wobei alle Alternativen berücksichtigt werden.

Zu Aufgabe 7:

Absatzplan, Investitionsplan, Produktionsplan, Finanzplan, Fertigungsplan.

Zu Aufgabe 8:

Unter strategischer Planung versteht man alle durch die Unternehmensleitung langfristig festgelegten Geschäftsfelder und Produktionsprogramme
anhand der ermittelten Unternehmenspotenziale.

Zu Aufgabe 9:

Mit operativer Planung werden die kurz- bis mittelfristig festgelegten Ziele zu
den Programmplänen innerhalb der einzelnen Funktionsbereiche.

Zu Aufgabe 10:

Vorbereitung, Ermittlung des Istzustandes, Prüfen des Istzustandes,
Ermittlung von Alternativen, Prüfen der Alternativen, Vorschlag und
Realisierung einer Lösung.

B   Organisation

Zu Aufgabe 1:

Es liegt die Organisationsform „Mehrliniensystem" vor.

Schwierigkeiten können für den Auszubildenden dann entstehen, wenn nicht
eindeutig festgelegt ist, wessen Anordnungen im Zweifelsfall Vorrang haben.
Schwierigkeiten zwischen den Instanzen „Ausbilder" und „Abteilungsleiter"
entstehen aus dem Koodinierungsbedarf. Der Ausbilder ist für den zeitlichen
(bildungs-)inhaltlichen Einsatz des Auszubildenden verantwortlich und regelt
außerdem die Koordination mit Schule und zuständiger Stelle (Industrie- und
Handelskammer). Der Abteilungsleiter ist für fachgerechte Durchführung der
Aufgaben, mit denen der Auszubildende betraut ist, verantwortlich. Außerdem fällt in seinen Entscheidungsbereich die Aufgabenkoordinierung zwischen den Mitarbeitern seiner Abteilung. In dieses System ist der Auszubildende schließlich eingebunden.

Die Vorteile der Regelung sind vor allem darin zu sehen, dass beide
Instanzen über besondere fachliche Qualifikationen verfügen. Sie nehmen
die betreffenden Aufgaben ständig wahr und verfügen demgemäß über spezielle Kenntnisse in ihrem Aufgabengebiet. Der Ausbilder beispielsweise
kennt die speziellen rechtlichen Regelungen wie Freistellung für den Berufs-
schulunterricht oder die arbeitsrechtliche Bestimmungen für Jugendliche.

Zu Aufgabe 2:

Fall A entspricht einer dirigistischen oder autoritären Betriebsstruktur. Aufgaben und Befugnisse fallen weitgehend auseinander.
Im **Fall B** besteht eine weitgehende Übereinstimmung zwischen Aufgaben
und Befugnissen. Im Fall B wurde eine funktionale Organisation angestrebt.
bei der jeder die Kompetenzen hat, die er zur vollständigen Erledigung seiner Aufgabe braucht.

Der **Fall A** entspricht einer hierarchischen Ordnung, in der der Vorgesetzte sich alle Entscheidungen vorbehält und der Mitarbeiter nur ausführende Aufgaben hat.

Nachteile:
- Unselbstständigkeit der Mitarbeiter; dauernde Überwachung
- Zeitverzögerungen, wenn bei dringenden Entscheidungen immer erst der Vorgesetzte eingeschaltet werden muss
- unsachgemäße Entscheidungen durch Vorgesetzte, die die Situation nicht so gut kennen
- geringes Interesse der Mitarbeiter an ihrer Arbeit

Fall B versucht diese Nachteile abzubauen, indem der Mitarbeiter zusätzliche Befugnisse erhält:
- Auftrag zielgerecht abändern, nach Prüfung der Durchführbarkeit
- u. U. Ergebnis prüfen

Unbedingte Voraussetzungen für Fall B sind:
- Klare Zielsetzung
- ausreichende Information (= gute Kommunikation)

Zu Aufgabe 3:

a) Vorschlag: Leiter Absatz; Entscheidung: Produktmanager; Beratung: Leiter Produktion

b) Leitung Beschaffung

c) Vorschlag: Leitung Produktion; Entscheidung: Produktmanager; Beratung: Leitung Absatz

d) Leitung Produktion

e) Vorschlag: Leitung Produktion; Entscheidung: Produktmanager; Beratung: Leitung Absatz

f) Leitung Absatz

Die Lösungen b), d) und f) kommen durch Delegation von Entscheidungsaufgaben zustande. Es wäre auch denkbar, dass die Produktmanager sich alle Entscheidungen vorbehalten.

Zu Aufgabe 4:

Dauer in Wochen

Skala: 1 2 4 6 8 10 12 14 16 18 20 22 24 26 28 30 32 34 36 38 40 42 44 46 48 50 52 54 56 58 60 62 64 66

Vorgangsbezeichnung:

- Baugrube ausheben
- Fundamentierung und Unterkellerung
- Heizöltank installieren
- Kellerdecke gießen
- Brenner installieren
- Mauerwerk errichten und Geschossdecken einziehen
- Dach decken
- Zwischenwände einziehen
- Schulhof umzäumen
- elektrische und sanitäre Installation
- Heizungsrohre installieren
- Fenster und Türen einsetzen
- Schulhof anlegen
- Putzarbeiten
- Anstreicherarbeiten
- Heizkörperinstallation
- Leuchtkörper-, Schalter- und Steckdoseninstallation
- Fußbodenarbeiten
- Einzug

Balkendiagramm „Schulneubau"

Zu Aufgabe 5:

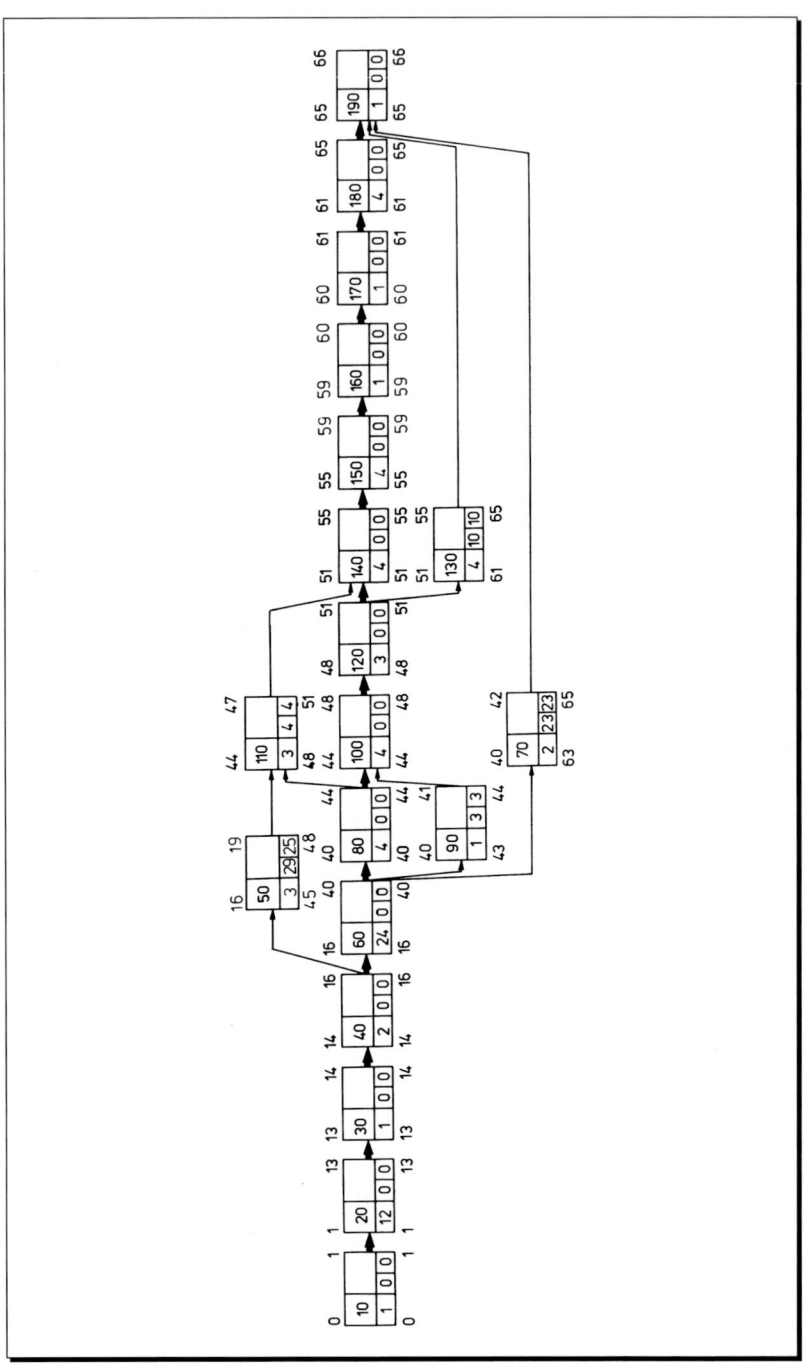

Zu Aufgabe 6:

	Linien-Management	Projekt-Management
a	Klare Positionierung im System	ohne Positionierung im System
b	unbefristet	befristet
c	ständiger, d. h. gleichbleibender Ergebnisdruck	Ergebnisdruck durch die zeitliche Vorgabe bestimmt (Zwischenberichte, Endpräsentation)
d	in der Regel spezialisierte Fachkompetenz, z. B. im Personalwesen, im Marketing, im Rechnungswesen usw.	Der Projektleiter ist sicher auch Fachmann auf einem Gebiet, aber für diese Funktion sind fachübergreifende Kenntnisse notwendig.
e	ist durch die Position vorhanden („Amtsautorität")	grundsätzlich keine oder höchstens partiell (z. B. dann, wenn ein Mitglied wegen Unfähigkeit ausgetauscht werden muss)
f	für jeden Vorgesetzten „eigentlich" nötig; wird gestützt durch die Verantwortung für die Disziplin im entsprechenden Betriebsbereich	obligatorisch; ohne Sozialkompetenz ist eine Führungskraft im Projekt nicht vorstellbar; Motivations- und Integrationskompetenz sind die zentralen Führungseigenschaften

Zu Aufgabe 7:

Diskussionsabhängige Lösung.

C Kostenrechnung

▌ Grundlagen der Kostenrechnung

Zu Aufgabe 1:

In Abhängigkeit vom Adressatenkreis unterscheidet man das interne und das externe Rechnungswesen. Während sich das interne Rechnungswesen primär an unternehmensinterne Adressaten (z. B. Unternehmensleitung, Fachabteilungen, ...) richtet, ist das externe Rechnungswesen vor allem an unternehmensexterne Adressaten (z. B. Finanzamt, Gläubiger, ...) gerichtet.

Die Teilbereiche des betrieblichen Rechnungswesens, die dem externen Rechnungswesen zuzuordnen sind, sind die Finanzbuchhaltung und die Bilanz. Das interne Rechnungswesen lässt sich weiter in die Kostenrechnung, die betriebliche Statistik und die Planungsrechnung differenzieren.

Zu Aufgabe 2:

Die Darstellungsaufgabe besteht darin, den Werteverzehr und die dazugehörige Leistungsentstehung zahlenmäßig zu ermitteln und abzubilden (Ermittlungsfunktion).

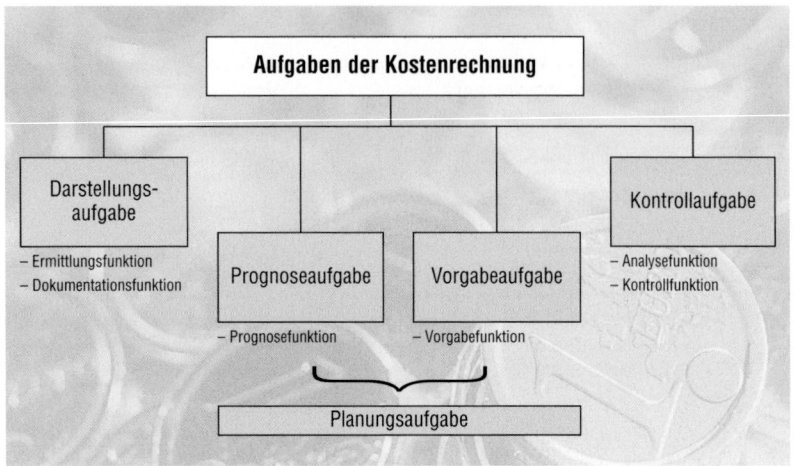

Des Weiteren dient die Darstellung des betrieblichen Leistungsprozesses auch der Dokumentation des betrieblichen Geschehens (Dokumentationsfunktion).

Die Prognoseaufgabe der Kosten- und Leistungsrechnung besteht darin, dass Informationen über voraussichtliche Konsequenzen von Entscheidungen geliefert werden.

Die Vorgabeaufgabe ist darin zu sehen, dass die Unternehmensmitglieder durch die Vorgabe von Budgets dazu angehalten werden sollen, die zur Verfügung stehenden Mitteln zielgerichtet einzusetzen.

Unter der Kontrollaufgabe der Kostenrechnung versteht man die Regelung des Leistungsprozesses durch Überwachung und Beseitigung erkannter Störungen.
Bestimmte Entwicklungen sollen im Rahmen der Kontrollaufgabe möglichst frühzeitig erkannt und analysiert werden (Analysefunktion).

Zu Aufgabe 3:

	Strömungsgröße ...	... hat Auswirkungen auf Bestandsgröße
Auszahlung	Abgang liquider Mittel (Bargeld und Sichtguthaben) pro Periode.	Kassenbestand + jederzeit verfügbare Bankguthaben = Zahlungsmittel-bestand / Kasse
Einzahlung	Zugang liquider Mittel (Bargeld und Sichtguthaben) pro Periode, ebenfalls pagatorischer Begriff.	
Ausgabe	Wert aller zugegangenen Güter und Dienstleistungen pro Periode (= Beschaffungswert), pagatorischer Begriff.	Zahlungs-mittelbestand + alle übrigen Forderungen ./. Verbindlichkeiten = Geldvermögen
Einnahme	Wert aller veräußerten Leistungen pro Periode (= Erlös, Umsatz), pagatorischer Begriff.	
Aufwand	Wert aller verbrauchten Güter und Dienstleistungen pro Periode. Es muss ein Verbrauch an Gütern vorliegen, damit es sich um Aufwand handelt, weshalb Aufwendungen auch stets erfolgswirksam sind.	Geldvermögen + Sachvermögen = Gesamtvermögen
Ertrag	Wert aller erbrachten Leistungen pro Periode, pagatorischer Begriff. Bei Erträgen muss eine Leistungsentstehung vorliegen.	
Kosten	Wert aller verbrauchten Güter und Dienstleistungen pro Periode und zwar für die Erstellung der eigentlichen (typischen) betrieblichen Leistungen, kalkulatorischer Begriff.	Gesamtvermögen ./. nicht betriebsnotwendige Vermögensteile = betriebsnotwendiges Vermögen
Leistung/ Betriebsertrag	Wert aller erbrachten Leistungen pro Periode im Rahmen der eigentlichen (typischen) betrieblichen Tätigkeit, kalkulatorischer Begriff.	

Zu Aufgabe 4:

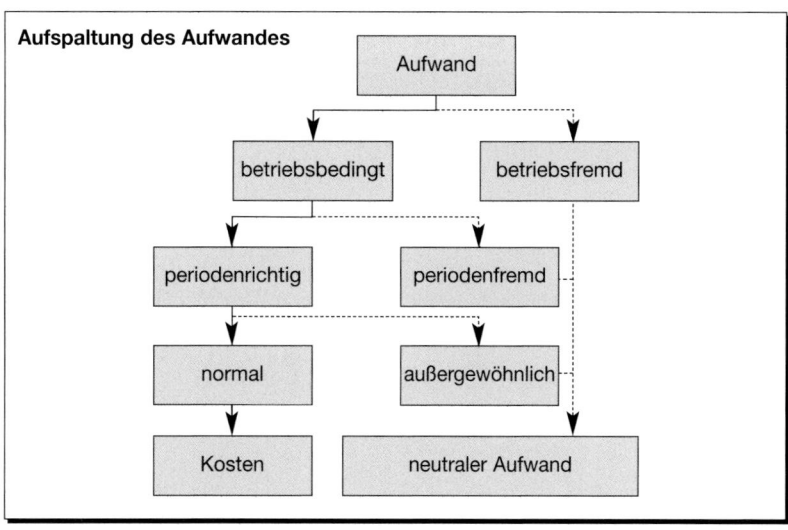

Aufspaltung des Aufwandes

Quelle: verändert: Haberstock, 1992

Zu Aufgabe 5:

Tragfähigkeitsprinzip: Es handelt sich hier um einen Spezialfall des Durchschnittsprinzips. Die nicht nach dem Verursachungsprinzip zurechenbaren Kosten, vor allem die fixen Kosten, werden im proportionalen Verhältnis der Absatzpreise bzw. Deckungsbeiträge der einzelnen Kostenträger eben diesen Kostenträgern zugerechnet. Da die Absatzpreise dann die Höhe der zugerechneten Kosten beeinflussen, ist dieses Verrechnungsprinzip für Kontrollzwecke relativ ungeeignet.

Verursachungsprinzip: Es ist das dominierende Prinzip in der Kostenverrechnung. In seiner speziellsten Form besagt es, dass dem einzelnen Kostenträger nur die Kosten zugerechnet werden dürfen, die dieser verursacht hat, die also bei Erstellung einer zusätzlichen Einheit zusätzlich anfallen bzw. bei Nichterstellung wegfallen würden. Allgemeiner besagt es, dass einem bestimmten Bezugsobjekt nur die Kosten angerechnet werden dürfen, die dieses verursacht hat. Bezugsobjekte können neben Kostenträgern zum Beispiel Produktgruppen, Kostenstellen oder Betriebsbereiche sein.

Zu Aufgabe 6:

proportionale Gesamtkosten

Ausbringungsmenge	Gesamtkosten	Durchschnittskosten	Grenzkosten
1	15	15	15
2	30	15	15
3	45	15	15
4	60	15	15
5	75	15	15

degressive Gesamtkosten

Ausbringungsmenge	Gesamtkosten	Durchschnittskosten	Grenzkosten
1	100	100	100
2	195	97,5	95
3	285	95	90
4	370	92,5	85
5	450	90	80

progressive Gesamtkosten

Ausbringungsmenge	Gesamtkosten	Durchschnittskosten	Grenzkosten
1	100	100	100
2	205	102,5	105
3	315	105	110
4	430	107,5	115
5	550	110	120

regressive Gesamtkosten

Ausbringungsmenge	Gesamtkosten	Durchschnittskosten	Grenzkosten
1	100	100	100
2	80	40	-20
3	65	21,67	-15
4	55	13,75	-10
5	48	9,6	-8

intervallfixe Gesamtkosten

Ausbringungsmenge	Gesamtkosten	Durchschnittskosten	Grenzkosten
1	100	100	50
2	100	50	0
3	100	33,33	0
4	150	37,5	50
5	150	30	0
6	150	25	0
7	200	28,57	50
8	200	25	0
9	200	22,22	0
10	250	25	50

fixe Gesamtkosten

Ausbringungsmenge	Gesamtkosten	Durchschnittskosten	Grenzkosten
1	100	100	100
2	100	50	0
3	100	33,33	0
4	100	25	0
5	100	20	0

Zu Aufgabe 7:

- Durchschnittskosten: $\dfrac{\text{Gesamtkosten}}{\text{Ausbringungsmenge}} = \dfrac{450\,000}{11\,250} = 40,00$

- Da die variablen Kosten einen proportionalen Verlauf annehmen, sind die Grenzkosten gleich den variablen Stückkosten. Diese ergeben sich, wenn man von den Gesamtkosten die Fixkosten subtrahiert (variable Kosten) und diese durch die Ausbringungsmenge von 11 250 dividiert: 24,00 Euro

- Bei Auslastung von 65 Prozent:

  Gesamtkosten = Fixkosten + variable Kosten

  180 000,00 EUR + 9 750 Stück · 24,00 EUR/Stück

  414 000,00 EUR

- Gewinnzone bei Stückpreis von 47,75 EUR:

  Der BEP liegt da, wo sich Kosten und Erlöse genau entsprechen:

  $$\text{Erlöse} = \text{Kosten}$$

  $$p \cdot x = K_f + K_v$$

  $$p \cdot x = K_f + k_v \cdot x$$

  $$x = \frac{K_f}{p - k_v} = \frac{180\,000,00}{47,75 - 24,00} = 9\,750$$

- Benötigter Stückpreis bei Ausbringungsmenge von 8000 Stück:

  $$\text{Erlöse} = \text{Kosten}$$

  $$p \cdot x = K_f + K_v$$

  $$p \cdot x = K_f + k_v \cdot x$$

  $$x = \frac{K_f}{x} + k_v = \frac{180\,000,00}{8\,000} + 24,00 \text{ EUR} = 46,50 \text{ EUR}$$

▌ Kostenartenrechnung

Zu Aufgabe 1:

Einzelkosten lassen sich direkt den einzelnen betrieblichen Leistungen zuordnen. Das Verursachungsprinzip ist hier in vollem Maße erfüllt. Einzelkosten werden unmittelbar aus der Kostenartenrechnung ohne Verrechnung über die Kostenstellen auf die Kostenträger kalkuliert.

Gemeinkosten lassen sich nicht unmittelbar, sondern nur indirekt einem einzelnen Kostenträger zurechnen. Das Verursachungsprinzip ist hier schwerer oder gar nicht einzuhalten, da sie nicht von einer Einheit, sprich einem Kostenträger allein, verursacht worden sind. Lediglich die Gemeinkosten gehen in die Kostenstellenrechnung ein. Dort werden sie mit Hilfe bestimmter Verteilungsschlüssel verteilt.

Zu Aufgabe 2:

kalkulatorische Abschreibungen, kalkulatorische Zinsen, kalkulatorische Wagnisse, kalkulatorischer Unternehmerlohn, kalkulatorische Miete

Zu Aufgabe 3:

$$D = \frac{2 \cdot 18\,000}{8 \cdot (8 + 1)} = \frac{36\,000}{72} = 500$$

Für die erste Periode ergibt sich demnach folgender Abschreibungsbetrag

Abschreibung in EUR	Restwert am Ende der Periode in EUR
	18 000
$a_1 = 500 \cdot (8 + 1 - 1) = 500 \cdot 8 = 4\,000$	14 000
$a_2 = 500 \cdot (8 + 1 - 2) = 500 \cdot 7 = 3\,500$	10 500
$a_3 = 500 \cdot (8 + 1 - 3) = 500 \cdot 6 = 3\,000$	7 500
$a_4 = 500 \cdot (8 + 1 - 4) = 500 \cdot 5 = 2\,500$	5 000
$a_5 = 500 \cdot (8 + 1 - 5) = 500 \cdot 4 = 2\,000$	3 000
$a_6 = 500 \cdot (8 + 1 - 6) = 500 \cdot 3 = 1\,500$	1 500
$a_7 = 500 \cdot (8 + 1 - 7) = 500 \cdot 2 = 1\,000$	500
$a_8 = 500 \cdot (8 + 1 - 8) = 500 \cdot 1 = 500$	0

Kostenstellenrechnung

Zu Aufgabe 1:

1) Für jede Kostenstelle sollten sich genaue Maßstäbe (Bezugsgrößen) der Kostenverursachung identifizieren lassen.

2) Jede Kostenstelle sollte ein selbstständiger Verantwortungsbereich sein, um der Kontrollfunktion der Kostenrechnung gerecht zu werden.

3) Bei der Bildung von Kostenstellen sollte das Wirtschaftlichkeitsprinzip berücksichtigt werden.

Zu Aufgabe 2:

Materialstellen, Fertigungsstellen, Vertriebsstellen, Verwaltungsstellen

Nach der Art der Verrechnung unterscheidet man:

- **Hauptkostenstellen** sind alle Kostenstellen, deren Kosten nicht auf andere Kostenstellen, sondern direkt auf die Kostenträger verrechnet werden.

- **Hilfskostenstellen** sind dementsprechend alle Kostenstellen, deren Kosten nicht direkt auf die Kostenträger, sondern erst auf andere (Hilfs- oder Haupt-) Kostenstellen umgelegt werden.

Zu Aufgabe 3:

- Die **Kontrolle der Wirtschaftlichkeit** soll an den Stellen möglich sein, an denen die Kosten tatsächlich entstanden sind. Nur so können die Kostenstellenleiter zu einem verantwortlichen Handeln angeregt werden und auch für eventuelle Kostenüberschreitungen verantwortlich gemacht werden.

- Die **Erhöhung der Kalkulationsgenauigkeit** bei unterschiedlicher Beanspruchung der Kostenstellen durch die Kostenträger. Die unterschiedlichen betrieblichen Leistungen, die Kostenträger, beanspruchen die einzelnen Kostenstellen in der Regel in unterschiedlichem Ausmaß. Würde man keine Kostenstellenrechnung durchführen und nur einen Gemeinkostenzuschlag verwenden, so würde dies die Kalkulationsergebnisse erheblich verzerren. Eine verursachungsgerechte Verrechnung der Gemeinkosten wäre so nicht möglich.

- Die **Lieferung der relevanten Kosten** aus den einzelnen Betriebsbereichen. So kann für die einzelnen Betriebsbereiche auch ein Kostenstellenergebnis ermittelt werden, wenn den kostenstellenbezogenen Kosten die kostenstellenbezogenen Erlöse gegenübergestellt werden.

Zu Aufgabe 4:

Verrechnungssatz für Stromstelle:

In der Stromstelle fallen Kosten in Höhe von 18 000,00 EUR an. Die an die Reparaturstelle abgegebenen Leistungen werden nicht berücksichtigt. Somit sind die Kosten auf 160 000 kWh zu beziehen:

$$\text{Verrechnungssatz Stromstelle} = \frac{20\,000,00 \text{ EUR}}{160\,000 \text{ kWh}} = 0,125 \text{ EUR/kWh}$$

Verrechnungssatz für Reparaturstelle:

In der Reparaturstelle fallen Kosten in Höhe von 60 000,00 EUR an. Die für die Stromstelle geleisteten Stunden werden nicht berücksichtigt. Somit sind die Kosten auf 4 200 Stunden zu beziehen:

$$\text{Verrechnungssatz Reparaturstelle} = \frac{60\,900,00 \text{ EUR}}{4\,200 \text{ Std.}} = 14,50 \text{ EUR/Std.}$$

Die innerbetriebliche Leistungsverrechnung ergibt im BAB damit folgendes Bild:

Betriebsabrechnungsbogen

Kostenarten	Summe	Kostenstellen					
		Hilfskostenstellen		Hauptkostenstellen			
		Strom	Reparatur	Material	Fertigung	Verwaltung	Vertrieb
Primäre Gemeinkosten	1 200 000	20 000	60 900	250 000	650 000	150 000	69 100
Umlage Strom				2 500	15 000	1 250	1 250
Umlage Reparaturen				8 700	40 600	4 350	7 250
Gemeinkosten	1 200 000			261 200	705 600	155 600	77 600

Zu Aufgabe 5:

Verrechnungssatz Stromstelle $= \dfrac{20\,000,00\text{ EUR}}{180\,000\text{ kWh}} = 0,111$ EUR/kWh

Kosten der Reparaturstelle =
60 900,00 EUR + 20 000 kWh × 0,111 EUR/kWh = 63 120,00 EUR

Verrechnungssatz Reparaturstelle $= \dfrac{63\,120,00\text{ EUR}}{4\,200\text{ Std.}} = 15,029$ EUR/Std.

Betriebsabrechnungsbogen

Kostenarten	Kostenstellen						
	Summe	Hilfskostenstellen		Hauptkostenstellen			
		Strom	Reparatur	Material	Fertigung	Verwaltung	Vertrieb
Primäre Gemeinkosten	1 200 000	20 000	60 900	250 000	650 000	150 000	69 100
Umlage Strom			2 220	2 220	13 320	1 110	1 110
Umlage Reparaturen				9 017,40	42 081,20	4 508,70	7 514,50
Gemeinkosten	1 199 981,20 ≈ 1 200 000,00			261 237,40	705 401,20	155 618,70	77 724,50

Zu Aufgabe 6:

Betriebsabrechnungsbogen

Kostenarten	Kostenstellen						
	Summe	Hilfskostenstellen		Hauptkostenstellen			
		Strom	Reparatur	Material	Fertigung	Verwaltung	Vertrieb
Material-einzel-kosten	500 000						
Fertigungs-einzel-kosten	250 000						
Herstell-kosten	1 716 800						
Primäre Gemein-kosten	1 200 000	20 000	60 900	250 000	650 000	150 000	69 100
Umlage Strom				2 500	15 000	1 250	1 250
Umlage Repara-turen				8 700	40 600	4 350	7 250
Gemein-kosten	1 200 000			261 200	705 600	155 600	77 600
Zuschlags-sätze				52,24 %	282,24 %	13,58 %	

Materialgemeinkostenzuschlagssatz =

$$\frac{\text{Material - Gemeinkosten}}{\text{Material - Einzelkosten}} \cdot 100 = \frac{261\,200,00 \text{ EUR}}{500\,000,00 \text{ EUR}} \cdot 100 = 52,24\,\%$$

Fertigungsgemeinkostenzuschlagssatz =

$$\frac{\text{Fertigung - Gemeinkosten}}{\text{Fertigung - Einzelkosten}} \cdot 100 = \frac{705\,600,00 \text{ EUR}}{250\,000,00 \text{ EUR}} \cdot 100 = 282,24\,\%$$

Verwaltungs- und Vertriebsgemeinkostenzuschlagssatz =

$$\frac{\text{Verwaltungs- u. Vertriebsgemeinkosten}}{\text{Herstellkosten}} \cdot 100 = \frac{233\,200,00 \text{ EUR}}{1\,716\,800,00 \text{ EUR}} \cdot 100 = 13,58\,\%$$

▌ Kostenträgerrechnung

Zu Aufgabe 1:

Die Kostenträgerrechnung

- stellt die Grundlage zur **Bewertung der Bestände** an Halb- und Fertigfabrikaten dar.

- ist die Grundlage der **Planung und Kontrolle** des Periodenerfolgs.

- stellt die Grundlage für **preispolitische Entscheidungen** dar, indem sie Informationen über Preisuntergrenzen zur Verfügung stellt.

Zu Aufgabe 2:

- Materialgemeinkostenzuschlagssatz: 125 Prozent
- Materialkosten pro Stück: 180,00 EUR
- Fertigungsgemeinkostenzuschlag: 160 Prozent
- Fertigungs- und die Herstellkosten: 82,00 EUR / 262,00 EUR
- Gesamte Herstellkosten des Unternehmens: 982 500,00 EUR
- Verwaltungsgemeinkostensatz: 15 Prozent
- Verwaltungsgemeinkosten des betrachteten Erzeugnisses: 39,30 EUR
- Zuschlagssatz für die Vertriebsgemeinkosten: 35 Prozent
- Vertriebsgemeinkosten des betrachteten Produktes: 91,70 EUR
- Selbstkosten des betrachteten Produktes: 408,00 EUR

▌ Kostenrechnungssysteme

Zu Aufgabe 1:

PKVS = Plangesamtkosten/Planbeschäftigung
= 2 825 000,00 EUR : 25 000 Fert.-Std. = 113,00 EUR/Fert.-Std.

prop. PKVS = var. Plankosten : Planbeschäftigung
= (Plangesamtkosten − Planfixkosten) : Planbeschäftigung
= (2 825 000,00 EUR − 1 200 000,00 EUR) : 15 000 Fert.-Std.
= 1 625 000,00 EUR : 25 000 Fert.-Std. = 65,00 EUR/Fert.-Std.

verrechnete Plankosten = PKVS · Istbeschäftigung
= 113,00 EUR/Fert.-Std. · 21 250 Fert.-Std.
= 2 401 250,00 EUR

Sollkosten = Planfixkosten + prop. PKVS · Istbeschäftigung
= 1 200 000,00 EUR + 65,00 EUR/Fert.-Std. · 21 250 Fert.-Std.
= 2 581 250,00 EUR

Verbrauchsabweichung ΔV = Istkosten − Sollkosten
= 2 772 500,00 EUR − 2 581 250,00 EUR
= 191 250,00 EUR

Beschäftigungsabweichung ΔB = Sollkosten – verrechnete Plankosten
= 2 581 250,00 EUR – 2 401 250,00 EUR
= 180 000,00 EUR

Nutzkosten = Planfixkosten : Planbeschäftigung · Istbeschäftigung
= 1 200 000,00 EUR : 25 000 Fert.-Std. · 21 250 Fert.-Std.
= 1 032 000,00 EUR

Leerkosten = Planfixkosten – Nutzkosten
= 1 200 000,00 EUR – 1 032 000,00 EUR
= 168 000,00 EUR

▌ Deckungsbeitragsrechnung

Zu Aufgabe 1:

Die Stückkosten auf Vollkostenbasis in der Ausgangssituation betragen nach diesen Angaben:

$$k_{ges} = \frac{37\,500,00\ EUR}{5\,200\ Stück} + 2,5 = 9,71\ EUR$$

Der dazugehörige Stückgewinn ergibt sich dann zu:

$$g = p - k_{ges} = 12 - 9,71 = 2,29$$

Wird der Auftrag angenommen, so ergeben sich die vollen Durchschnittskosten zu:

$$k_{ges} = \frac{37\,500,00\ EUR}{6\,100\ Stück} + 2,5 = 8,65\ EUR$$

Aus der Vollkostenperspektive müsste der Zusatzauftrag auf jeden Fall abgelehnt werden, da die erzielbaren Stückerlöse in Höhe von 7,50 EUR nicht die vollen Stückkosten in Höhe von 8,65 EUR decken würden.

Der palettenbezogene Deckungsbeitrag ist:

$$db = p - k_v = 7,50 - 2,50 = 5$$

Der Auslastungsgrad des Lagers würde von 65 Prozent auf 76,25 Prozent steigen.
Der Einfluss auf das Betriebsergebnis von Annahme bzw. Ablehnung des Auftrages kann der folgenden Tabelle entnommen werden:

	Ablehnung des Auftrages	Annahme des Auftrages
Verkaufserlöse	62 400,00 EUR	69 150,00 EUR
Fixkosten	37 500,00 EUR	37 500,00 EUR
variable Kosten	13 000,00 EUR	15 250,00 EUR
Gesamtkosten	50 500,00 EUR	52 750,00 EUR
Betriebsergebnis	11 900,00 EUR	16 400,00 EUR

Die Annahme dieses Auftrages hätte also positive Auswirkungen auf das Betriebsergebnis, obwohl die Stückerlöse aus Vollkostenperspektive nicht zur Deckung des gesamten Stückkosten in der Lage wären.

Zu Aufgabe 2:

Zunächst muss dazu der Stückdeckungsbeitrag ermittelt werden, wofür wiederum zunächst die variablen Stückkosten zu ermitteln sind:

$$K_{Ges} = E$$
$$K_F + K_V = E$$
$$K_F + k_V \cdot x = p \cdot x$$
$$k_V = p - \frac{K_F}{x}$$
$$k_V = 36 - \frac{120\,000}{7\,500}$$
$$k_V = 36 - 16 = 20$$

Der Stückdeckungsbeitrag beträgt somit:

$$db = p - k_V = 36 - 20 = 16$$

Der Stückdeckungsbeitrag in Höhe von 16,00 EUR bleibt unverändert, da sich lediglich die Fixkosten erhöhen. Eine lineare Abschreibung über sechs Jahre bedeutet einen jährlichen Abschreibungsbetrag in Höhe von 108 000,00 EUR. Monatlich erhöhen sich die Fixkosten also um 9 000,00 EUR. Nun ist zu ermitteln, wie viel Deckungsbeiträge benötigt werden, um diese zusätzlichen Fixkosten zu decken:

$$x = \frac{K_{Fneu} - K_{Falt}}{db} = \frac{129\,000 - 120\,000}{16} = \frac{9\,000}{16} = 562,5$$

Die Ausbringung muss also um 563 Stück steigen, damit bei dem erhöhten Fixkostenblock wieder die Gewinnschwelle erreicht wird.

Zu Aufgabe 3:

Fixkosten steigen (sinken): Wenn die Fixkosten steigen (sinken), bedeutet dies bei konstanten Stückdeckungsbeiträgen, dass mehr (weniger) Stückdeckungsbeiträge benötigt werden, um wieder den BEP zu erreichen. Die Beschäftigung muss steigen (sinken).

Variable Stückkosten steigen (sinken): Steigende (sinkende) variable Stückkosten bedeuten, dass die Stückdeckungsbeiträge kleiner (größer) werden. Um den gleichen Fixkostenblock zu decken, sind deshalb mehr (weniger) Stückdeckungsbeiträge notwendig. Auch hier muss die Beschäftigung steigen (sinken), um den BEP zu erreichen.

Literaturhinweise

A Unternehmensführung

Bröckermann, Reiner: Personalführung, Wirtschaftsverlag Bachem, Köln 2000

Ehrmann, Harald: Unternehmensplanung, Kiehl-Verlag, Ludwigshafen 1997

Olfert, Klaus; Pischulti, Helmut: Kompakt-Training Unternehmensführung, Kiehl-Verlag, Ludwigshafen 1999

Rahn, Horst-Joachim: Unternehmensführung, Kiehl-Verlag, Ludwigshafen 2000

B Organisation

Anger, G., Bracey, J., Dr. Christ, H., Müller, H.: Handlungsfeld Personalwirtschaft, Köln 1996

Beiderwieden, A., Pürling, E.: Projektmanagement, Köln 2001

Berresheim, K., Dr. Christ, H., Walther, G.: Betriebliche Organisationslehre, Köln 1987

Dax, E., Döring, T., Hagel, H.: Handlungsfeld Wirtschaftsinformatik/Organisation, Köln 1998

Frese, E.: Grundlagen der Organisation, Wiesbaden 1987

Grochla, E.: Unternehmensorganisation, Hamburg 1972

Kosiol, E.: Organisation der Unternehmung, Wiesbaden 1962

Madauss, B.: Efficient Project Management Concepts, in: Billing/Madauss/Schneider: Industrial Corporation through Project Management, Köln 1989

Schanz, G.: Personalwirtschaftslehre, München 1993

Scholz: Personalmanagement, München 1994

Wöhe, G.: Einführung in die Allgemeine Betriebswirtschaftslehre, München 1973

C Kostenrechnung

Burger, Anton: Kostenmanagement, München: Oldenbourg 1994

Coenenberg, Adolf Gerhard: Jahresabschluß und Jahresabschlußanalyse. Betriebswirtschaftliche, handels- und steuerrechtliche Grundlagen. 13., überarb. Aufl. Landsberg am Lech: Verl. Moderne Industrie, 1991

Däumler, Klaus-Dieter; Grabe, Jürgen: Kostenrechnung. Band 2. Deckungsbeitragsrechnung 5., überarb. u. erw. Herne: Verl. Neue Wirtschafts-Briefe 1994.

Döring, Ulrich; Buchholz, Rainer: Buchhaltung und Jahresabschluß: mit Aufgaben und Lösungen. Hamburg: S + W, Steuer- und Wirtschaftsverlag 1991.

Fröhling, Oliver: Dynamisches Kostenmanagement: konzeptionelle Grundlagen und praktische Umsetzung im Rahmen eines strategischen Kosten- und Erfolgs-Controlling. München: Vahlen 1994.

Haberstock, Lothar: Kostenrechnung. Berlin: Erich Schmidt Verlag 2002

Hardt, Rosemarie: Kostenmanagement. München: Oldenburg 2002.

Heinen, Edmund; Dietel, Bernhard: Industriebetriebslehre: Entscheidungen im Industriebetrieb. 9., vollständig neu bearb. und erw. Aufl. Wiesbaden: Gabler, 1991.

Horváth, Péter: Controlling. 3., neubearb. Aufl. München: Vahlen, 1990.

Hummel, Siegfried; Männel, Wolfgang: Kostenrechnung. Band I Grundlagen, Aufbau und Anwendung. 4., völlig neu bearb. und erw. Aufl. Wiesbaden: Gabler 1986.

Kilger, Wolfgang: Einführung in die Kostenrechnung. 3., durchges. Aufl. Wiesbaden: Gabler, 1987.

Kilger, Wolfgang: Einführung in die Kostenrechnung. Opladen: Westdt. Verlag 1976.

Kilger, Wolfgang; Vikas, Kurt: Flexible Plankostenrechnung und Deckungsbeitragsrechnung 10., vollst. überarb. und erw. Aufl. Wiesbaden: Gabler, 1993.

Moews, Dieter: Kosten- und Leistungsrechnung. 6., erg. Aufl. München Oldenbourg, 1996.

Schierenbeck, Henner: Grundzüge der Betriebswirtschaftslehre. 11. Auflage Wien: Verlag für Geschichte und Politik 2003

Schweitzer, Marcell; Küpper, Hans-Ulrich: Systeme der Kosten- und Erlösrechnung. 6., vollst. überarb. und erw. Aufl. München: Vahlen 1995

Wöhe, Günter: Das betriebliche Rechnungswesen: Jahresabschluß, Kostenrechnung, Statistik und Vergleichsrechnung. München: Vahlen 2002.

Zahn, Erich; Schmidt, Uwe: Produktionswirtschaft I, Grundlagen und operatives Produktionsmanagement, Stuttgart: UTB 1996

Sachwortverzeichnis

W
Wahrscheinlichkeitsrechnung 30
Wirtschaftlichkeit 92
Workflowanalyse 35

Z
Zentralabteilungen 112
Zentralisation 106
Zeitdezentralisation 108
Zeitzentralisation 108
Zielausschluss 90
Zielebene 90
Zielharmonie 90

Zielidentität 90
Ziele-Indifferenz 18, 90
Ziele-Komplementarität 18
Ziele-Konkurrenz 18
Zielkostenmanagement 311
Zielwiderspruch 90
Zuordnung von Menschen und
  Sachmitteln 89
Zusatzkosten 176 f.
Zuschlagskalkulation 50
Zweckaufwand 176
Zweckbeziehungsanalyse 97